MÍSTICA Y MÍSTICOS

VEN, ESPÍRITU CREADOR

Meditaciones sobre el *Veni Creator*

RANIERO CANTALAMESSA

Prólogo del
Cardenal Joseph Ratzinger

MONTE CARMELO

Título original:

Il canto dello Spirito.
Meditazioni sul Veni creator
Ancora Ediciones,
Milán, sobre la 2ª edición de 1998

Traductores:

Felicita Di Fido y *Rafael Claudin,*
revisado por *Pablo Cervera.*
Edición española revisada y corregida por el autor.

http://www.montecarmelo.com
editorial@montecarmelo.com

Impreso en España. Printed in Spain
I.S.B.N.: 978 - 84 - 8353 - 085 - 6
Depósito Legal: BU - 366 - 2007

Impresión y Encuadernación:
"Monte Carmelo" - Burgos

PRÓLOGO[*]

En la teología occidental el tema del «Espíritu Santo» ocupó durante largo tiempo tan sólo un lugar modesto, a pesar de algunas excepciones dignas de elogio como por ejemplo J. A. Möhler (1796-1838). En realidad, se podía hablar del Espíritu Santo como del Dios desconocido. Eso cambió con el nuevo planteamiento del Concilio Vaticano II. En las décadas anteriores al Concilio se había hecho sumo hincapié en la exposición de la Encarnación –la encarnación de la Palabra Eterna– como el centro de toda la teología, en absoluto injustamente; aunque con ello la imagen de la Encarnación quedó visiblemente limitada. El maravilloso misterio de que Dios baje a lo material, al mundo pecador, a nuestro mundo, se una a él, viva entre nosotros y se haga hombre, y sea hombre para siempre, se vio con razón como la novedad regocijante de la fe cristiana.

Pero allí donde la entrada de lo divino en el mundo de lo corporal y material no se contemple junto con el acontecimiento pascual –con la trasformación de la «carne» en la cruz y la resurrección–, surge una visión defectuosa de Dios y del hombre. No pocas veces la Encarnación se vio muy próxima a la Institución. Möhler caracterizó irónicamente ya esta forma angosta de la teología de la

---

[*] Escrito para la edición alemana, Herder 1999.

Encarnación en el siglo pasado con la expresión: Dios creó la jerarquía y con ello, de una vez por todas, ha hecho bastante por la Iglesia hasta el final de los tiempos.

En el renovado encuentro con la Escritura y con los Padres, así como en el diálogo ecuménico, a los que dio pie el Vaticano II, esta estrechez se rompió en favor de una imagen de la Encarnación formada a partir de la Pascua y a favor de una consolidada apertura trinitaria de la Cristología, en la que se ha esforzado también luego con insistencia el «Catecismo de la Iglesia católica». Se tomó nueva conciencia de lo unidos que Pablo y Juan ven a Cristo y al Espíritu Santo.

Pensemos siquiera en la magnífica –aunque a veces malentendida– expresión de la segunda Carta a los Corintios: *El Señor es Espíritu* (2 Cor 3,17); pensemos en el discurso de despedida de Jesús, en el que el Señor une inseparablemente su vuelta con la venida del Espíritu Santo, liga entre sí su palabra y la del Espíritu Santo: el Espíritu de la verdad conducirá a la totalidad de la aún no soportable verdad, y por ello no hablará de sí, sino de Cristo glorificado, como Cristo no habla de sí, sino del Padre glorificado (cfr. Jn 16,13s.). Se partió en busca de una cristología «pneumatológica» y esto no pudo dejar de tener repercusiones en la religiosidad, que ahora se ha hecho más trinitaria, más «espiritual», que debía aprender a ver un Cristo más desde la Pascua y desde el Espíritu Santo.

Diferentes procesos han ido fortaleciendo estos primeros impulsos después del Concilio. Primero hubo concretamente un encuentro más profundo con las Iglesias del Este y su teología, que promovió la ampliación del horizonte teológico a la presencia del Espíritu Santo. Para la praxis llegó a ser importante que el fenómeno del pentecostalismo nacido en el mundo protestante en la forma del movimiento de renovación carismática, ahora –de diverso modo–, también era familiar en la Iglesia católica.

Mientras que por una parte una ola de racionalismo y de nuevo iluminismo sacudía a la Iglesia católica y se difundía como la escarcha en la vida de la fe, se vivenció un nuevo Pentecostés y se experimentó con alegría la presencia del Espíritu en las comunidades de la Renovación Carismática así como en otros movimientos, que se construían y se reconocían como un don del Espíritu Santo a la Iglesia. Finalmente se añadió un tercer factor: que la búsqueda del Espíritu Santo proporcionó una nueva temática y, claro, también planteó nuevas preguntas. En el diálogo interreligioso no raramente se consideró el vínculo con Cristo, como el único Salvador de todos los hombres, como una restricción.

El tema del Espíritu Santo parece ofrecer en este punto muy amplias posibilidades. Así tenemos por ejemplo la expresión de san Ireneo de que el Hijo y el Espíritu son ambas manos del Padre, interpretada en ciertos lugares como que hay dos «Economías» de Dios en el mundo –dos formas en que Dios lleva a los hombres a la santidad: la «Economía» cristológica y la pneumatológica. Si la Iglesia es el ámbito santo de Cristo, las religiones son el campo donde actúa la otra mano del Espíritu Santo. Es evidente que semejante separación de Cristo y el Espíritu Santo va directamente en contra de la fe de la Escritura y no tiene nada que ver con la «cristología pneumatológica», tal como la indagamos a partir del último Concilio. Pero el inconveniente de preguntar cómo Cristo y el Espíritu actúan juntos en la historia, cuál es el radio del Espíritu Santo y su modo de presencia divina en la historia, aun siendo tal, puede conducir no obstante a una reflexión fecunda.

Significativas obras teológicas sobre el Espíritu Santo que han surgido después del Concilio, se pueden considerar como fruto del impulso del Vaticano II. En Alemania están sobre todo H. Mühlen y Chr. Schütz, que han publicado importantes trabajos sobre pneumatología; hay que mencionar también especialmente la gran Suma de conocimiento histórico y actual sobre el Espíritu Santo que Y. Congar nos ha donado. Estas obras encierran una riqueza de conocimientos pero requieren de mediación para la concreta vida cristiana. Es sobre este terreno sobre el que se asienta el libro de Raniero Cantalamessa.

El autor fue primero profesor de Historia de la Literatura Cristiana Antigua en la Universidad Católica de Milán y en ese tiempo publicó gran número de trabajos importantes, especialmente sobre la historia de la cristología en la Iglesia antigua. Renunció luego a la cátedra para dedicarse totalmente al servicio de la renovación de la Iglesia con la fuerza del Espíritu Santo. Está vinculado al Movimiento Carismático pero trabaja libremente de múltiples maneras en favor de una nueva presencia del Evangelio de Jesucristo en nuestro tiempo. En Italia es uno de los escritores religiosos más leídos, uno de los guías espirituales del hombre creyente y del que busca.

Sus libros, sus predicaciones en la televisión, sus conferencias, su actividad como Predicador de la Casa Pontificia le han hecho ampliamente conocido. Pero lo que le da peso en la vida del catolicismo italiano es en última instancia, sin embargo, su convincente fe y la riqueza interior de sus obras que se muestra precisamente también en este libro sobre el Espíritu Santo. Desde el primer momento se ve el conocimiento insólito de los Padres que él tiene y lo profundamente que vive de la Palabra de la Sagrada Escritura. Pero no se queda en los Padres, sino que conoce la Edad media y los Reformadores; el tesoro de sus citas llega hasta los espirituales afroamericanos, a escritores no cristianos como R. Tagore y toma ejemplos del mundo de la informática de modo que desde un ámbito de nuestra vida aparentemente lejano de Dios reciben luz sorprendentes conocimientos.

Con todo, el diligente tratamiento de los textos nunca se detiene en lo meramente histórico; en el pasado se descubre el presente y conceptos aparentemente muy lejanos se hacen de repente prácticos, se convierten en orientaciones practicables para nuestra vida. La obra se ha construido como un comentario al «*Veni Creator Spiritus*», himno al Espíritu Santo del teólogo alemán medieval Rábano Mauro (780-856) pero no es una obra sobre un texto, sino una obra sobre el Espíritu Santo mismo.

Me alegro de que el libro en la cuidada traducción de la primera edición se publique ahora en alemán y espero que, como en Italia, también en los países de lengua alemana tenga muchos lectores a los que pueda procurar un encuentro personal con el Espíritu Santo, con el Dios viviente.

Roma, Pentecostés 1999
CARDENAL JOSEPH RATZINGER

INTRODUCCIÓN

El año dos mil se inició en las Iglesias cristianas de Occidente con el solemne canto del *Veni creator*. Exactamente como se iniciaban -a partir de los primeros decenios del segundo milenio- cada año nuevo, cada siglo, cada cónclave, cada concilio ecuménico, cada sínodo, cada reunión importante en la vida de la iglesia, así como las ordenaciones sacerdotales o episcopales, y también, en el pasado, las coronaciones de los reyes. Desde que se compuso, en el siglo IX, se ha oído incesantemente en la cristiandad latina, sobre todo en la fiesta de Pentecostés, como una larga y solemne invocación -*epíclêsis*- sobre toda la humanidad y la Iglesia.

Esto, naturalmente, no es el único vínculo entre el Espíritu Santo y el citado jubileo del dos mil. El jubileo es un acontecimiento *espiritual,* sobre todo porque fue «por obra del Espíritu Santo» por lo que el Verbo nació de María Virgen. Ése fue el momento en que más claramente el Paráclito se manifestó al mundo como Espíritu *creador.* Decía san Ambrosio: «No podemos dudar de que sea creador ese Espíritu que nosotros sabemos que es el autor de la encarnación del Señor»[1]. Él es -junto con el Padre- el gran protagonista de este momento de la historia.

---

[1] San Ambrosio, *El Espíritu Santo,* II, 5. 41.

Como todas las cosas que vienen del Espíritu, el *Veni creator* no se ha desgastado con el uso, sino que se ha enriquecido. Si la Escritura, como dice san Gregorio Magno, «crece a fuerza de ser leída»[2], el *Veni creator,* al igual que otros venerables textos de la liturgia, ha ido creciendo a lo largo de los siglos, a fuerza de ser cantado. Se ha ido cargando de toda la fe, la devoción y el anhelo del Espíritu de las generaciones que lo han cantado antes que nosotros. Y ahora, gracias a la comunión de los santos, cuando lo canta incluso el más modesto coro de fieles, Dios lo escucha así, con esta inmensa «orquestación».

Por todas estas razones, es importante llegar preparados, tras haber «repasado» convenientemente este canto, en el momento en que, con él, se invocará al Espíritu Santo sobre este milenio. Es el objetivo al que pretenden servir las páginas de este libro.

A lo largo de las distintas meditaciones, sobre todo en la última, iremos proporcionando datos respecto al origen del himno. Por el momento, baste saber algunos datos esenciales. El que hoy está considerado como el autor más probable del *Veni creator* es Rábano Mauro, abad de Fulda, Alemania, y arzobispo de Maguncia, que vivió entre finales del siglo VIII y la primera mitad del IX, y fue uno de los mayores teólogos de su tiempo y un profundo conocedor de los Padres. El primer testimonio del uso oficial del himno lo tenemos en las actas del concilio de Reims de 1049, cuando «en el momento en que el Papa hizo su entrada en el aula, el clero cantó con gran devoción el himno *Veni creator Spiritus*»[3]. Aunque seguramente en algunas iglesias locales y monasterios llevaban tiempo cantándolo. A partir de entonces, el himno se ha ganado un puesto fijo en la liturgia de toda la Iglesia.

El *Veni creator* es un texto eminentemente ecuménico, lo cual contribuye también a hacer que sea particularmente idóneo para nuestra época. Es el único himno latino antiguo que ha sido acepta-

---

[2] SAN GREGORIO MAGNO, *Comentario moral a Job*, XX, I: CC 143 A, 1003.
[3] Cfr. MANSI, *Sacrorum conciliorum collectio*, XIX (Venecia, 1774) 740.

do por todas las grandes Iglesias nacidas de la Reforma. Lutero se ocupó personalmente de hacer una versión del mismo. El himno fue introducido, desde el principio, en el rito de la ordenación episcopal de la Iglesia anglicana, y en Pentecostés ocupa un puesto de honor también entre los himnos de las iglesias de origen calvinista. El *Veni creator* permite, pues, a todos los cristianos estar unidos en la invocación al Espíritu Santo, que es aquel que ha de conducirnos a la unidad plena, así como nos conduce a la verdad plena.

Pero el *Veni creator* ha tenido un éxito extraordinario incluso fuera del ámbito eclesial, en el campo de la cultura. Goethe hizo una magnífica traducción del mismo al alemán, así como los poetas Tersteegen y Angelo-Silesio. Los músicos se han interesado por él. Bach le puso música a la traducción de Lutero; Gustav Mahler lo eligió como texto para su obra coral llamada *Sinfonía de los mil,* por no hablar de muchos otros artistas menos conocidos. Con todo, ninguno de ellos ha podido igualar hasta ahora el sencillo encanto del gregoriano, que parece haber nacido al mismo tiempo que las palabras. Escuchar esta melodía, al comienzo de un retiro o en una reunión pastoral, es como entrar en seguida en la atmósfera misteriosa y sugestiva del Espíritu.

¡Pero éste no es un libro sobre el *Veni creator,* sino sobre el Espíritu Santo! El himno no es más que el mapa que vamos a usar para ir descubriendo el territorio. Hoy en día, cuando se quiere aprender rápidamente un idioma, se utiliza el método de la «inmersión total» (*full immersion*). Durante un cierto tiempo, evitamos cualquier oportunidad de hablar nuestro idioma y otras lenguas. Hablamos, escuchamos y pensamos únicamente en el idioma que nos interesa: nos «sumergimos» totalmente en la cultura y en las costumbres de la gente que lo habla. Eso mismo pretendemos hacer los que deseamos aprender la lengua del Espíritu Santo. ¡Una lengua «extranjera» para nosotros que somos carne y hablamos la lengua de la carne!

Si, por un lado, las palabras del *Veni creator* constituyen la flor y nata de la revelación bíblica y de la tradición patrística sobre el

Espíritu Santo, por otro, precisamente porque todas ellas están extraídas de la Biblia, se revelan como «estructuras abiertas», capaces de acoger las cosas nuevas del Espíritu que la Iglesia mientras tanto ha vivido y descubierto. Nuestra reflexión seguirá el mismo sistema. Empezaremos cada vez por la rica base bíblica y teológica codificada en el himno, y a continuación nos iremos abriendo a las nuevas perspectivas, sobre todo con vistas a sacar de su enseñanza inspiración para nuestra vida. Las palabras de nuestro himno son como panales llenos de miel, y nuestro trabajo se parece al del apicultor cuando extrae la miel de los panales.

El *Veni creator,* sin embargo, no es solamente un himno bello, rico en inspiraciones. Encierra en sí una grandiosa visión teológica sobre el Espíritu Santo en la historia de la salvación; visión que, como espero, podremos percibir a medida que avancemos en la lectura. Tiene, además, la ventaja de ser teología orante, en clave de doxología, o sea de alabanza, que es la única clave en la que se puede hablar adecuadamente del Espíritu.

¿En qué fuentes se inspiró el autor a la hora de escribir su himno, y en cuáles nos inspiramos nosotros hoy al comentarlo? Para el Padre, además de la Escritura, disponemos de la *filosofía*, que a su vez está en condiciones de decirnos algunas cosas sobre Dios: para el Hijo, además de la Escritura, nos ayuda la historia, porque él se hizo carne y entró visiblemente en nuestra historia. En cambio, para el Espíritu Santo, ¿a qué vamos a recurrir, aparte de la Escritura? La respuesta es: ¡a la experiencia!

No solamente la experiencia personal de cada creyente, sino también, y sobre todo, la experiencia que la Iglesia ha tenido de él a lo largo de los siglos, y que se llama Tradición. Si «la Ley estaba preñada de Cristo», como decían los Padres, ¡la Iglesia está preñada del Espíritu Santo! Lo que hacen falta son manos delicadas, como las de una comadrona, para dar a luz los frutos del Espíritu que en ella maduren.

Y aún hay más: no se trata sólo de la experiencia que la Iglesia haya tenido del Espíritu *en el pasado*, sino también de la que tenga *hoy*. El hecho de que en nuestro siglo haya surgido lo que ha sido definido como «el movimiento de despertar del Espíritu de más grandes proporciones de toda la historia de la cristiandad», ha creado una situación nueva y más ventajosa para hablar del Espíritu. Situación que será ampliamente valorada a lo largo de estas páginas.

Para ser fieles al carácter ecuménico del *Veni* creator, nos esforzaremos por inspirarnos no solamente en la tradición católica, sino también en la ortodoxa y la protestante. Será, por tanto, una especie de canto «a tres voces».

Para hablar del Espíritu Santo, puede que el símbolo, la imagen, el canto, la profecía y la poesía nos sirvan mejor que los conceptos y el razonamiento. Por eso, vamos a dejar mucho espacio, sobre todo en los textos citados al final de cada capítulo, al himnario de las distintas tradiciones litúrgicas cristianas, donde todas estas formas son las que más se utilizan.

Pero aún más espacio vamos a conceder al testimonio de los santos, convencidos, como decía san Basilio, de que «el Espíritu es el lugar de los santos y el santo es el lugar del Espíritu»[4]. El santo es el «lugar» por excelencia en el que se manifiesta el Espíritu «Santo».

El libro se subtitula *El canto del Espíritu* porque se trata de un comentario al *Veni creator*, que ha sido, y sigue siendo, el canto por excelencia del Espíritu (una especie de *Te Deum* y de *Gloria* en honor al Espíritu Santo que, por desgracia, está casi del todo ausente en estos dos cantos trinitarios); pero también porque el libro pretende ser, en sí mismo, un humilde canto de gratitud y de alabanza al Espíritu, en el momento en que entramos en el nuevo milenio.

«Cantad al Señor un cántico nuevo», nos dice a menudo la Escritura. ¿Es posible hoy en día cantar al Espíritu un cántico «nuevo»? ¿Qué podemos decir de nuevo de él, que no se haya dicho ya? Sí, es posible, porque él hace nuevas todas las cosas. Su mis-

---

[4] SAN BASILIO MAGNO, *Sobre el Espíritu Santo,* XXVI, 62: PG 32, 184 A.

ma presencia es novedad. ¡El mismo Espíritu Santo es el cántico siempre nuevo de la Iglesia! Él «rejuvenece» todo lo que toca, incluidas las palabras antiguas que los hombres han intentado balbucear sobre él.

Por tanto, hago mías las palabras con las que san Gregorio Nacianceno iniciaba uno de sus poemas en honor al Espíritu Santo: «¿A qué esperas, alma mía, mi corazón? / Del Espíritu la gloria has de cantar»[5].

Vamos a citar aquí, en forma bilingüe, el texto latino del himno junto con una moderna versión métrica del mismo. Al comienzo de cada estrofa, en cambio, yo voy a hacer una traducción literal, que será sobre la que se base el comentario.

---

[5] SAN GREGORIO NACIANCENO, *Poemas dogmáticos*, III: PG 37, 408 A.

Veni, creator Spiritus,
mentes tuorum visita,
imple superna gratia
quae tu creasti pectora.

Qui Paraclitus diceris,
donum Dei altissimi,
fons vivus, ignis, caritas,
et spiritalis unctio.

Tu septiformis munere,
dexterae Dei tu digitus,
tu rite promissum Patris
sermone ditans gutura.

Accende lumen sensibus,
infunde amorem cordibus,
infirma nostri corporis
virtute firmans perpeti.

Hostem repellas longius,
pacemque dones protinus
ductore sic te praevio
vitemus onme noxium.

Per te sciamus da Patrem,
noscamus atque Filium,
te utriusque Spiritum
credamus omni tempore.
Amen.

Ven, Creador Espíritu,
visita nuestras almas,
tu don divino llene
los pechos que creaste.

Te llamas el Paráclito,
el don del Dios Altísimo,
fuente viva, amor, fuego
y espiritual ungüento.

Autor de siete dones,
de Dios dedo derecho,
fiel promesa del Padre
que por nosotros hablas.

Alumbra los sentidos,
el corazón inflama,
y sin cesar conforta
nuestra vida tan frágil.

Ahuyenta al enemigo,
danos la paz muy pronto,
contigo como guía
todo mal evitemos.

Danos ir hacia el Padre
conocer a Dios Hijo,
y confiar en ti siempre,
de entrambos el Espíritu
Amén.

ABREVIATURAS

AHMA	Anacleta Hymnica Medii Aevi, ed. C. Blume.
CC	Corpus Christianorum.
CinSS	*Credo in Spiritum Sanctum. Actas del Congreso Teológico Internacional de Neumatología.* 2 vol (Librería Editrice Vaticana 1983).
CM	Corpus Christianorum. Continuatio Mediaevalis.
CSCO	Corpus Scriptorum Christianorum Orientalium.
CSEL	Corpus Scriptorum Ecclesiasticorum Latinorum.
Dict. Spir.	Dictionnaire de Spiritualité, París, 1936ss.
DBSuppl.	Dictionnaire de la Bible Supplément.
DS	Denzinger-Schonmetzer, *Enchiridion Simbolorum* (Herder 1967).
Escritos	San Francisco de Asís, *Escritos, Biografías, Documentos de la época* (BAC 399, Madrid 1993).
GCS	Griechische Christliche Schriftsteller.
JAWG	Jahrbuch der Akademie der Wissenschaften zu Gottingen.
PG	Patrologia Graeca.
PL	Patrologia Latina.
PLS	Patrologia Latina. Supplementum.
PS	Patrologia Siriaca.
SCh	Sources Chrétiennes.
ThWNT	Theologisches Worterbuch zum Neuen Testament.
WA	Weimar Ausgabe (Opera omnia de Lutero).

NOTA: Las obras de los Padres, de las que existen distintas ediciones igualmente válidas y que tienen una división comúnmente aceptada, están citadas sin la indicación de la edición.

I

¡VEN, ESPÍRITU SANTO!

El Espíritu Santo, misterio de fuerza y ternura

1. *«Ruah», el nombre del Espíritu*

La primera estrofa del *Veni creator*, traducida al pie de la letra, dice así:

«Ven, Espíritu creador,
visita nuestras mentes,
llena de gracia celestial
a los corazones que has creado».

El tema de esta meditación introductoria son las dos primeras palabras del *Veni creator*: «¡Ven, Espíritu!», y en particular el nombre *Espíritu*. Lo primero que conocemos de una persona normalmente es su nombre. Con él la llamamos, la distinguimos de las demás y la recordamos. También la tercera persona de la Trinidad tiene un nombre, aunque, como veremos, de una naturaleza un tanto especial. Se llama Espíritu.

Pero Espíritu es el nombre traducido; cuando se ama de verdad a una persona, se desea conocer todo de ella, empezando por su verdadero nombre «de pila». El verdadero nombre del Espíritu, aquél por el que le conocieron los primeros destinatarios de la revelación, es *ruah*. ¡Es tan dulce invocar a veces al Espíritu con esta palabra salida de los labios de los profetas, de los salmistas, de María, de Jesús, de Pablo! La otra etapa por la que el nombre del Espíritu Santo ha pasado antes de llegar a nosotros es la de *pneuma.* Con este nombre se le señala en los escritos del Nuevo Testamento.

Para los judíos el nombre era tan importante que casi se identificaba con la persona misma. Santificar el nombre de Dios es santificar y honrar al propio Dios. Además, no se trata de un calificativo meramente convencional, como nos ocurre a nosotros hoy en día; siempre dice algo de la propia persona, de su origen o función.

Eso ocurre también con el nombre *ruah,* que contiene la primera y fundamental revelación sobre la persona y la función del Espíritu Santo. Por eso es importante que empecemos con él nuestro camino de búsqueda de la realidad del Espíritu.

¿Qué significa *ruah* en hebreo? En su origen, y en su raíz, significa el espacio atmosférico entre cielo y tierra, que puede ser sereno o agitado: un espacio abierto, como una pradera, donde se percibe más fácilmente el soplo del viento; por extensión, el «espacio vital» en que el hombre se mueve y respira. Este significado primordial del término ha dejado un rastro en la posterior teología del Espíritu Santo. En efecto, con mucha frecuencia se habla de él, sobre todo en el Nuevo Testamento, con un adverbio de lugar. La preposición que se utiliza para hablar de él es *en,* así como para el Padre es *de,* y para el Hijo *por:* «Por el Padre, por medio del Hijo, en el Espíritu Santo». El Espíritu Santo es el espacio espiritual, una especie de «ambiente vital», donde se produce el contacto con Dios y con Cristo.

Pero dejemos a un lado estos significados remotos, que pronto serían superados en la misma lengua hebrea, y vayamos al sentido que esta palabra suele tener en la Biblia. *Ruah* significa dos cosas que están estrechamente relacionadas: el viento y la respiración. Esto vale también para el nombre griego *pneuma* y para el latín *spiritus.* También el castellano, Espíritu, ha conservado este parentesco originario con el viento y la respiración: *espíritu y espirar* proceden de la misma raíz. (Esta asociación está presente también en los idiomas anglosajones: el alemán *Geist* y el inglés *Ghost,* en efecto, derivan ambos de la raíz común *gast,* que significa respiración).

Viento y soplo, por tanto, son más que meros símbolos del Espíritu Santo. En este caso, símbolo y realidad están tan ligados que se ocultan bajo el mismo nombre. A nosotros nos es difícil comprender la repercusión que ha tenido, en el desarrollo de la revelación, el hecho de que cada vez que nosotros en la Biblia leemos «viento», los Padres leyeran también «espíritu», y cada vez que nosotros leemos «espíritu», ellos leyeran también «viento». No es el Espíritu Santo el que ha dado su nombre al viento, es el viento el que ha dado su nombre al Espíritu Santo. En otras palabras, el signo ha precedido el significado porque, en la experiencia humana, no viene antes lo espiritual y después lo material, sino a la inversa: primero viene lo material y después lo espiritual (cfr. 1 Cor 15,46).

Vamos a empezar así nuestra escuela de neumatología al aire libre que proseguirá, a lo largo del *Veni creator,* con otros símbolos naturales del Espíritu Santo: el agua, el fuego, el aceite, la luz. La Biblia gusta de instruirnos sobre las realidades más espirituales sirviéndose de los símbolos más materiales y elementales que hay en la naturaleza. De ese modo, los dos «libros» escritos por Dios -el de la creación, hecho de cosas y elementos mudos, y el de la Biblia, hecho de letras y palabras- se iluminan y se explican mutuamente. Es la misma economía que se encuentra en los sacramentos: gracias al signo, la palabra se hace visible, y gracias a la palabra el signo se hace audible.

Como he subrayado antes, fueron dos los significados físicos fundamentales de *ruah* de los que Dios se sirvió para revelarnos la realidad inefable de su Espíritu: el del viento y el del soplo o respiración. Recordemos, a este respecto, algunos de los pasajes más significativos de la Biblia, no con el mero intento de demostrar que lo que estamos diciendo es cierto y está documentado, sino porque cada uno de estos pasajes es una perla que debemos recoger, una flor cuyo néctar queremos succionar.

Al comienzo del Génesis se habla del «Espíritu de Dios» que aleteaba sobre las aguas (cfr. Gn 1,2). Aquí la cercanía entre Espíritu y viento es tal que los traductores modernos con frecuencia no saben si traducir esta expresión con «Espíritu de Dios» o con «viento de Dios», o «viento impetuoso» y, de hecho, se decantan ora por una ora por otra traducción. Un poco después, leemos que

> «Dios formó al hombre del polvo de la tierra, *sopló* en su nariz el hálito de vida» (Gn 2,7).

Y el resto de la Biblia ve en este «soplo» una primera manifestación, embrionaria, del Espíritu Santo (cfr. 1 Cor 15,45). Vemos así inauguradas las dos imágenes fundamentales que están destinadas a hacerse cada vez más explícitas, a lo largo de la revelación. En los Hechos de los Apóstoles, el Espíritu Santo aparece mediante el signo del viento impetuoso (Hch 2,2); en el Evangelio de Juan, el Resucitado comunica el mismo Espíritu mediante el signo del soplo y de la respiración, con un gesto que evoca a propósito el de los orígenes:

> «Sopló sobre ellos y les dijo: "Recibid el Espíritu Santo"» (Jn 20,22).

Juan vio, en el instante en que Jesús expiró en la cruz, el momento en que «entregó el Espíritu» (cfr. Jn 19,30). Con todo, no ignora la otra imagen, la del viento impetuoso, ya que es precisamente él quien cita aquella palabra de Jesús:

> «El viento sopla donde quiere; oyes su rumor, pero no sabes ni de dónde viene ni adónde va. Lo mismo sucede con el que nace del Espíritu» (Jn 3,8).

(Aquí, como en muchas otras ocasiones, Jesús se nos muestra como el gran «poeta del Espíritu».) La imagen del *viento impetuoso* y del *vendaval* sirve para expresar la potencia, la libertad y la trascendencia del Espíritu divino. El viento, en efecto, es por excelencia -en la Biblia, pero también en la naturaleza- la manifestación de una fuerza arrolladora e indomable. Es capaz de «remover los montes y quebrar las peñas» (1 Re 19,11), de «subir las olas a los cielos y bajarlas al abismo» (cfr. Sal 107,25-26). No hay nada que pueda remover verdaderamente el océano, excepto el viento.

En cambio, las imágenes de la *respiración,* del *susurro* o de la *brisa* ligera, sirven para expresar la bondad, la delicadeza, la quietud y la inmanencia del Espíritu de Dios. La respiración es lo más «íntimo», vital y personal del hombre.

Los que estudian el fenómeno religioso -es decir, el modo en que se expresa el sentimiento religioso en las distintas culturas-han destacado un hecho que se observa constantemente en todas las formas superiores de religiosidad, pero especialmente en la Biblia: lo divino se percibe como un misterio «terrible y fascinante», o sea, capaz de suscitar temor y amor a un tiempo, de aterrorizar y atraer[1]. San Agustín escribe que cuando por primera vez percibió de cerca el misterio de Dios, se estremeció «de amor y espanto», y que pensar en él le hacía al mismo tiempo «estremecerse y arder de deseo»[2]. La Biblia confirma ampliamente esta observación. «Tú eres temible, ¿quién puede resistir al estallido de tu ira?» (Sal 76,8) es una frase que se dirige al mismo Dios cuyo amor es ensalzado en otras partes: «Celebran el recuerdo de tu inmensa bondad, y cantan alegres a tu fidelidad. El Señor es clemente y compasivo, paciente y rico en amor. El Señor es bondadoso con todos, a todas sus obras alcanza su ternura» (Sal 145,7-9). No es que Dios sea complicado o que cambie de naturaleza (él es la sencillez misma del ser); somos nosotros quienes no conseguimos abarcar, con una sola mirada, su realidad infinita y absolutamente sencilla. Necesitamos dos ángulos diferentes para conocerle, así como necesitamos dos ojos para conocer la profundidad de los objetos.

---

[1] Cfr. R. Otto, *Lo Santo* (Madrid 2005).
[2] San Agustín, *Confesiones,* VII, 10,16: XI, 9, 11.

Pues bien, el Espíritu Santo personifica, de la manera más evidente, este misterio de Dios que es, al mismo tiempo, poder absoluto y ternura sin límites, movimiento imparable y quietud infinita. Vamos a reflexionar sobre estas dos características. Nos ayudará a comprender gran parte de la revelación bíblica sobre el Paráclito. Ahora mismo, el símbolo del viento y del soplo ya no nos sirve: ya ha cumplido su misión, que era la de ayudarnos a elevarnos del plano natural al sobrenatural. Pobres de nosotros si no hiciéramos esta distinción entre el símbolo y la realidad. Seguiríamos estando en la fase de los filósofos estoicos que nunca llegaron a dar el salto cualitativo entre soplo y espíritu, y acabaron por concebir el Espíritu divino ora como «hálito que atraviesa el universo» (cfr. Sab 7, 24-25) mezclándose con él, ora como «fuego creador», pero siempre de naturaleza material. Caeríamos así en el panteísmo o en el materialismo, destruyendo la misma noción de espíritu, tal y como hoy la entendemos los cristianos.

2. *El Espíritu viene en ayuda de nuestra flaqueza*

Reflexionemos, pues, en el Espíritu, en primer lugar como misterio de poder y trascendencia. Representa lo «numinoso» (es decir, el absolutamente otro, lo trascendente) en estado puro.

Con razón, la Secuencia de Pentecostés aplica este concepto al Espíritu Santo cuando lo invoca diciendo:

> «Sin tu divino poder *(numen)*,
> nada inocente hay en el hombre».

En el Antiguo Testamento se habla a menudo del Espíritu de Dios que «se apodera» de determinadas personas como un ciclón, o que las «invade» -como ocurre, por ejemplo, con Sansón comunicándoles una fuerza sobrenatural[3]. Aumenta esta revelación de

---

[3] Cfr. Jue 6,34; 13,25; 14,6.

poder el calificativo de «Santo» -*qadosh*- que, a partir de Is 63,10 y del Sal 51, se relaciona cada vez más a menudo con el Espíritu; más aún, acaba por formar con él un único nombre compuesto.

Pero, ¿qué significa en hebreo *qadosh?* La palabra «santo» se ha ido refinando, pero también desvirtuando, en el uso moderno. Ha adquirido el significado, casi únicamente moral, de «bueno», «piadoso», «puro». Se ha convertido en un término tranquilizador. Sin embargo, para Isaías, cuando oyó que los serafines proclamaban tres veces esta palabra, a la vez que «los quicios y dinteles temblaban y el templo estaba lleno de humo», no era precisamente una palabra tranquilizadora, tanto es así que exclamó: «¡Ay de mí, estoy perdido!» (cfr. Is 6,3-5). En efecto, «santo» es un término absolutamente «numinoso», es decir, lleno de lo divino: expresa el sentido de separación, de trascendencia, de alteridad absoluta, y por tanto nos exige, para mantenernos en su presencia, adoración, silencio y purificación. «¿Quién podrá estar en presencia del Señor, este Dios santo?» (1 Sm 6,20). Decir que Dios es santo, es como decir que es «fuego devorador». «Santo» se relaciona incluso con «terrible»: «Santo y temible es su nombre» (Sal 111,9). No se refiere sólo a la esfera moral, sino también a la del ser: «Yo soy Dios, no un hombre; en medio de ti yo soy el Santo» (Os 11,9). «Santo» es lo que pertenece a la esfera de lo divino, opuesta a la de lo humano. Todo esto está contenido en «santo», el atributo por excelencia del Espíritu.

En el Nuevo Testamento, este significado «arrollador» del soplo divino suele expresarse mediante el binomio «Espíritu y poder». Dios ungió a Jesús de Nazaret «con Espíritu Santo y poder» (Hech 10,38). Tras su bautismo en el Jordán, Jesús regresó a Galilea «lleno de la fuerza del Espíritu» (Lc 4,14). Al Espíritu se le define como «el poder del Altísimo» (Lc 1,35) o «la fuerza que viene de lo alto» (Lc 24,49). También el antiguo carácter «terrible», o numinoso, del Espíritu vuelve a manifestarse en alguna ocasión, como cuando el Espíritu, «engañado» por Ananías, le da muerte, o cuando deja ciego a Elimas, el mago, que se oponía a la misión de Pablo[4].

---

[4] Cfr. Hech 5,3ss; 13,9ss.

A la venida del Espíritu Santo en Pentecostés se la describe a propósito con los mismos rasgos de la teofanía del Sinaí (cfr. Ex 19,19-20). Es una manera indirecta de afirmar que el misterio del Espíritu no es inferior ni diferente al del propio Dios. Idéntico misterio, idénticos efectos: los presentes quedan «atónitos», «estupefactos», «perplejos». Antes de atribuir, de un modo explícito, al Espíritu los mismos honores y la misma soberanía absoluta de Dios, la Escritura lo ha hecho de esta manera indirecta, pero quizá precisamente por eso aún más eficaz.

Pero vamos a considerar el aspecto práctico de nuestra reflexión, que es el que más nos importa. ¿Qué pretende inculcarnos la Biblia con esta revelación del Espíritu Santo como fuerza y poder? ¿Qué podemos deducir de ella para nuestra vida de fe? En mi opinión, sobre todo esto: ¡que el Espíritu Santo es la única fuerza verdadera, el único poder real que sostiene a la Iglesia! Como cada uno de los creyentes, la Iglesia no vive de su propia fuerza. Su fuerza no está en los «ejércitos», ni en los «carros y caballos», o cosas por el estilo.

> «Ni el valor ni la violencia cuentan, sino mi espíritu, dice el Señor todopoderoso. ¿Qué eres tú, inmensa montaña de escombros? Para Zorobabel eres un llano» (Zac 4,6b-7).

La fuerza de la Iglesia tampoco está en los sabios razonamientos, la inteligencia, la diplomacia, la filosofía, el derecho canónico, la organización. Pablo decía:

> «El evangelio que os anunciamos no se redujo a meras palabras, sino que estuvo acompañado de la fuerza y plenitud del Espíritu Santo» (1 Tes 1,5).

Por tanto, es del Espíritu Santo de quien la Iglesia, y todo predicador, recibe el poder de convencer y convertir, de penetrar en el corazón de una cultura, y de abatir en ella los baluartes que se levantan contra Cristo, induciendo a los pueblos a la obediencia de la fe[5]. Por consiguiente, el Espíritu Santo es la fuente y el secreto

---

[5] Cfr. 2 Cor 10,3-5; Rom 15,18ss.

del valor y la audacia del creyente. Respecto a los apóstoles, en un momento difícil de su misión, leemos:

«Todos quedaron llenos del Espíritu Santo y se pusieron a anunciar la palabra de Dios con toda valentía *(parrhesia)*» (cfr. Hech 4,31).

El Espíritu Santo es la fuerza de los profetas, de los apóstoles y de los mártires: «Yo estoy lleno de fuerza, de espíritu del Señor, de justicia y de valor» (Miq 3,8). Y Pablo dice: «Porque Dios no nos ha dado un espíritu de temor, sino de fortaleza» (2 Tim 1,7). Hablando de los cristianos que se veían obligados a luchar con las fieras en la arena, Tertuliano llama al Espíritu Santo «el entrenador de los mártires»[6]. Cirilo de Jerusalén, a su vez, escribe: «Los mártires dan su testimonio gracias a la fuerza del Espíritu Santo»[7].

Por tanto, no es del todo cierto que «el valor no se puede inventar»[8]. Al menos en el plano espiritual, «el Espíritu viene en ayuda de nuestra flaqueza» (Rom 8,26). Es más, la misma flaqueza puede ser una ocasión privilegiada para experimentar el poder del Espíritu Santo. Todas las cosas de la Iglesia y de cada creyente, o toman fuerza del Espíritu Santo, o no tienen ninguna fuerza.

3. *El Espíritu Santo colma nuestra soledad*

Pasemos ahora a la segunda característica: el Espíritu Santo como misterio de la bondad y suavidad, de la condescendencia y cercanía de Dios, y también como misterio de quietud. En Occidente a veces se ha intentado expresar este conjunto de características con el versículo bíblico que, en la Vulgata latina, decía: «¡Qué bueno y suave es, Señor, tu Espíritu en todas las

---

[6] Tertuliano, *A los mártires*, 3, 3: CC 1, 5.
[7] Cirilo de Jerusalén, *Catequesis*, XVI, 21.
[8] A. Manzoni, *Los novios* (Rialp, Madrid 2007) cap. 25.

cosas!» (Sab 12,1). En un discurso de Pentecostés, el papa
Inocencio III exclama:

> «¡Qué dulce es este Espíritu,
> qué agradable, qué suave!
> ¡Sólo lo conoce quien lo ha saboreado!»[9].

En las lenguas semíticas, *Espíritu* es un nombre femenino, lo
cual ha hecho que en ciertos ambientes (en especial entre los antiguos autores sirios) se desarrollara una rica doctrina del Espíritu
Santo como «madre», que destacaba estos rasgos «mansos y dulces» de su personalidad. La desgracia de Adán después de la culpa -como dice uno de estos autores- fue que

> «ya no veía al verdadero Padre de los cielos,
> ni a la buena y benigna Madre, la gracia del Espíritu,
> ni al dulce y adorable Hermano, el Señor»[10].

El abuso que en un principio los gnósticos habían hecho de
este tema, hizo que la gran Tradición de la Iglesia le diera carpeta-
zo en seguida. Sin embargo, una cosa es cierta: de las tres divinas
Personas, el Espíritu Santo es sin duda la que, en la revelación y
en el lenguaje, está menos caracterizada en sentido masculino (la
primera persona es «padre», la segunda es «hijo» y ha sido, históricamente, un «varón»).

Si bien evitaban especular sobre el Espíritu como «madre», a
los autores ortodoxos no les asustó utilizar este título, hablando de
las funciones del Paráclito. Decía un autor antiguo que cuando el
Espíritu Santo nos enseña a clamar *¡Abba!,* se comporta

> «como una madre que enseña a su niño a decir "papá" y repite
> este nombre con él, hasta que consigue acostumbrarle a llamar al
> padre hasta en sueños»[11].

---

[9] INOCENCIO III, *Discursos*, XXV: PL 217, 427 A.
[10] *Homilías espirituales*, atribuidas a MACARIO, 28, 4: PG 34, 712ss.
[11] DIADOCO DE FOTICÉ, *Cien capítulos*, 61: SCh 5, 121.

Una mirada a la situación que ha tenido la mujer en las épocas pasadas pone en evidencia un hecho innegable: las mujeres han sido marginadas en todos los aspectos de la vida. En todos los ámbitos, excepto el ámbito estrictamente privado de la familia, las mujeres se sitúan en un peldaño claramente inferior al del hombre: filosofía, literatura, arte, política, etc. Sólo hay un ámbito que comparten con los hombres en absoluta igualdad, y afortunadamente es el más importante: el de la santidad. Es difícil establecer si en la historia de la Iglesia han sido más numerosos y más grandes los santos o las santas, a pesar de que para las mujeres sin duda ha sido más difícil, si no llegar a ser santas, al menos ser reconocidas como tales. El Espíritu Santo ha santificado tanto a los hombres como a las mujeres, respetando la característica de cada uno de los dos sexos: con una santidad masculina en el primer caso y femenina en el segundo. En los varones se ha manifestado preferentemente como misterio de poder, fuerza y valor, y en las mujeres como misterio de ternura, acogida y suavidad.

Decíamos que *ruah,* como soplo y respiración, indica lo más íntimo y secreto que hay en Dios y lo más íntimo y secreto que hay en el hombre, su principio vital, su misma alma. En este sentido, está escrito que nadie conoce lo íntimo del hombre a no ser el mismo espíritu del hombre que está en él, y nadie conoce las cosas de Dios salvo el Espíritu de Dios (cfr. 1 Cor 2,11).

Del Espíritu divino, que entra en el hombre para habitar en él de manera estable, se empieza a hablar relativamente tarde en la Escritura. Es, en efecto, una conquista notable, un paso hacia adelante en la comprensión de la acción del Espíritu con respecto a las manifestaciones externas y carismáticas. Isaías habla del Espíritu que Dios infundió en Moisés (cfr. Is 63,11), de un Espíritu que estará con nosotros (cfr. Is 59,21), de un Espíritu al que se puede entristecer (cfr. 63,10). Pero es en el Nuevo Testamento donde se destaca este aspecto plenamente. Al prometer el Espíritu, Jesús dice: «El Espíritu vive en vosotros y está en vosotros» (cfr. Jn 14,17), de manera estable, no sólo de paso, como antes. Nos convertimos en su templo (cfr. 1 Cor 3,17; 6,19). De ahí la hermosa definición de «dulce huésped del alma» (*dulcis hospes animae)* que leemos en la Secuencia de Pentecostés.

¿Qué nos dice a nosotros este segundo modo tan «fascinante» mediante el cual el Espíritu se nos presenta, y que integra y enriquece el primer modo «terrible»? San Basilio lo dice con una frase sencilla y magnífica: el Espíritu Santo es aquel que crea «la intimidad *(oikeiosis)* con Dios»[12]. La imagen es bíblica. En la carta a los Efesios leemos:

> «Gracias a él (Cristo) unos y otros, unidos en un solo Espíritu, tenemos acceso al Padre. Por tanto, ya no sois extranjeros o advenedizos, sino conciudadanos dentro del pueblo de Dios; sois familia *(oikeioi)* de Dios (...). En el Señor también vosotros vais formando conjuntamente parte de la construcción, hasta llegar a ser, por medio del Espíritu, morada de Dios» (Ef 2,1822).

El término utilizado en ambos casos tiene una gama de significados que hacen que el concepto sea aún más sugestivo; significa apropiación, atracción, afecto, familiaridad. En el Espíritu Santo, Dios se hace nuestro, nos atrae hacia sí, nos quita ese miedo y esa especie de malestar que sentimos en su presencia y que hemos heredado de la culpa de Adán. ¡Por el Espíritu, con Dios estamos «en casa»! Juan, por su parte, escribe:

> «En esto conocemos que permanecemos en él, y él en nosotros: en que él nos ha dado su Espíritu» (1 Jn 4,13).

En eso consiste la intimidad con Dios, fuera de toda metáfora e imagen humana: Dios en nosotros y nosotros en Dios, y todo gracias a la presencia del Espíritu Santo. Íntimo es el superlativo de *intus*, que significa «dentro». Por tanto, tiene razón san Agustín al afirmar que Dios es «más íntimo a mí que yo mismo»[13], más presente a mí mismo que yo.

---

[12] San Basilio Magno, *Sobre el Espíritu Santo,* XIX, 49: PG 32, 157 A.
[13] San Agustín, *Confesiones,* III, 6, 11.

Intimidad es una de las pocas palabras humanas que siempre tiene únicamente sentidos positivos: intimidad de la familia, de la pareja, de la casa, del corazón. En la intimidad con otra persona se produce la reconciliación entre identidad y alteridad, entre ser uno mismo y relacionarse, entre el yo y el tú. En toda intimidad santa actúa de algún modo, el Espíritu Santo. Así como del Padre procede toda familia (cfr. Ef 3,15), del mismo modo de él procede toda intimidad. En efecto, no es el lugar el que crea la intimidad, sino el amor, y el amor viene del Espíritu Santo. En toda auténtica experiencia humana de intimidad, incluida la conyugal, la persona busca la intimidad con Dios, la intimidad total: busca, tal vez sin saberlo, ese centro del ser, ese punto de fusión, ese lugar de reposo, más allá del cual sabe que no hay otro más profundo ni que la haga más feliz.

De aquí también podemos sacar una consecuencia práctica. El Espíritu Santo es la respuesta y el remedio a nuestra soledad, otra de las grandes y universales causas de sufrimiento, junto con el miedo y la flaqueza. ¿Qué es lo que rompe verdaderamente la soledad? Desde luego no es estar entre la muchedumbre, sino más bien tener un amigo, un interlocutor, un compañero. Éste es para nosotros, si lo aceptamos, el Espíritu Santo. El Espíritu Santo, sigue diciendo san Basilio, fue para Jesús, durante su vida terrena, «el compañero inseparable»[14], y eso es lo que quiere ser también para nosotros. San Juan Crisóstomo añade que Jesús «siempre fue asistido por el dulcísimo Espíritu consustancial a él», así como Moisés, a lo largo de toda su vida, tuvo como compañero y consejero a su hermano Aarón[15].

Si la flaqueza puede ser una oportunidad para experimentar la fuerza del Espíritu, la soledad puede ser la ocasión y el estímulo para sentir a este «dulce huésped». Gracias a la fe, nadie está verdaderamente solo en este mundo. Cuando no podemos hablar de algo con nadie, podemos aprender, poco a poco, a hablar de ello

---

[14] San Basilio Magno, *Sobre el Espíritu Santo*, XVI, 39: PG 32, 140 C.
[15] San Juan Crisóstomo, *Catequesis bautismales*, III, 26: SCh 50, 166.

con este huésped «discreto» que es también «consolador perfecto» y «consejero admirable».

Como misterio de *quietud,* el Espíritu Santo es también la respuesta a nuestra *inquietud.* Nuestro corazón está inquieto, es decir, insatisfecho, anda buscando, y precisamente el Espíritu Santo es el lugar de su descanso, donde se sosiega y pacifica[16]. En la Secuencia de Pentecostés invocamos al Paráclito como «descanso de nuestro esfuerzo» *(in labore requies).* Entre los fenómenos más corrientes que se observan en el ámbito pentecostal y carismático, está el llamado «descanso en el Espíritu», un fenómeno que requiere mucho discernimiento, pero cuyo carácter auténticamente espiritual, en muchos casos, no se puede negar. La persona, «tocada» por el Espíritu, se cae, pero dulcemente como si alguien la depositara sobre el suelo: toda actividad mental cesa, y cuando después quiere describir a los demás lo que ha sentido en esos momentos sólo encuentra una palabra para hacerlo: paz, paz, mucha paz.

Para terminar esta reflexión sobre las dos maneras que tiene el Espíritu Santo de manifestarse, debemos precisar que no es necesario -y puede que tampoco sea posible- experimentar al mismo tiempo al Espíritu Santo en su aspecto de fuerza y en el de dulzura e intimidad, en su dinamismo y en su quietud. Él se ha ido revelando cada vez bajo una y otra forma, y nosotros también lo sentimos, bien de un modo bien del otro, según la necesidad, las disposiciones y la gracia del momento. Moisés, en el Sinaí, percibió a Dios en el trueno y en el sonido de la trompeta (cfr. Ex 19,18-19); en cambio, Elías, en el monte Horeb, lo percibió en un ligero susurro (cfr. 1 Re 19,12).

4. A la escuela del «hermano viento»

Ahora podemos invocar el símbolo -el viento y el soplo- para que nos ayude a fijar el contenido de nuestra contemplación en

---

[16] San Agustín, *Confesiones,* I, 1, 1; XIII, 9, 10.

imágenes visuales y a traducirlo a nuestra vida. Los símbolos son «funcionales»: más que decirnos lo que *es* el Espíritu, nos dicen lo que *hace,* y es bajo este aspecto como nos interesan en este momento. Vámonos, pues, a la escuela del «hermano viento», como lo llamaba san Francisco de Asís. ¡Cuántas cosas nos recordará el viento, en su momento, si lo observamos ahora con nuevos ojos, iluminados por la palabra de Dios! El lenguaje de las palabras y de los pueblos cambia con el tiempo, el de las cosas no. El «hermano viento» habla hoy como hablaba en tiempos de Ezequiel, como al comienzo del mundo.

Observamos, por ejemplo, lo que ocurre cuando sopla un viento impetuoso. Los árboles se doblan y los robustos cedros del Líbano que intentan resistir, se quebrantan. Nos acordamos entonces de aquella plegaria de la Iglesia que dice: «Dobla ante ti nuestras rebeldes voluntades». Vemos, por el contrario, que las hojitas que se doblan dócilmente al paso del viento no sufren ningún daño, al menos mientras estén verdes. Nuestras almas deberían ser siempre sensibles y dóciles al Espíritu, como lo son las hojas al viento. En un escrito cristiano del siglo II, el alma humana es comparada a un arpa eólica -es decir, que suena al paso del viento- y el Espíritu Santo al viento que mueve las «cuerdas» del alma arrancando de ella sonidos armoniosos:

«Como el viento pasa sobre la cítara
y las cuerdas hablan,
así en mis miembros resuena
el Espíritu del Señor, y yo hablo en su amor»[17].

¡Qué esfuerzo supone caminar o remar contra el viento! ¡En cambio, qué agradable es hacerlo con el viento favorable! ¡Qué duro es hacer las cosas sin el Espíritu Santo! Pero, ¡qué fácil es hacerlas con él!

[17] *Odas de Salomón,* 6, 1-2 [*The Old Testament Pseudepigrapha,* 2 (Nueva York, 1985) 738].

El viento fecunda. Transporta las semillas de las flores y de las plantas y las deposita en los cálices de otras flores, o en la tierra, a fin de que germinen. Eso es lo que hace el Espíritu Santo con la semilla de la palabra de Dios.

Los Padres fueron los primeros en acudir a la escuela de neumatología del «hermano viento». Cuando en primavera sopla el viento suave Favonio -decía uno de ellos-, brotan flores de todas las especies y colores y los prados exhalan una fragancia: lo mismo ocurre en el alma, cuando sopla el Espíritu Santo[18]. Otro habla del «soplo del Espíritu que hincha las velas de nuestra fe y de nuestra alabanza»[19].

Hace tiempo, estuve una temporada en una casa para retiros situada en la región más al norte de Irlanda, a orillas del océano. Ese lugar es el reino de las gaviotas. Justo entonces estaba yo empezando a pensar en escribir un comentario al *Veni creator,* y las gaviotas fueron durante algún tiempo mis maestras de neumatología. Me pasaba largos ratos contemplándolas desde lo alto de aquellos arrecifes abruptos y solitarios. Ellas planeaban y planeaban, casi inmóviles, sobre el mar, por encima de los acantilados. Yo tenía ante mis ojos la misma imagen que el escritor sagrado tenía en su mente cuando dijo que al comienzo del mundo el Espíritu de Dios «aleteaba» sobre las aguas, sobre el abismo. Pero sobre todo era impresionante observar cómo las gaviotas conocen el arte de... hacer trabajar al viento. Se ciernen sobre las alas del viento (cfr. Sal 18,11) y se dejan llevar por él, por eso pueden volar durante horas sin cansarse y alcanzar velocidades muy elevadas. ¿No nos dice nada todo esto?

El viento es la única cosa que no se puede de ninguna manera atrapar, ni «embotellar» o enlatar para ponerlo en circulación. Lo hacemos con el agua y hasta con la energía eléctrica, que puede

---

[18] ZENÓN DE VERONA, *Tratados,* I, 33: CC 22, 84.
[19] SAN HILARIO DE POITIERS, *La Trinidad,* I, 37: CC 62, 35.

ser acumulada y encerrada en pilas. Pero con el viento, no. Ya no sería viento, es decir, aire en movimiento: en todo caso sería aire parado, muerto.

Pretender encerrar al Espíritu Santo en conceptos, definiciones, tesis, como en otros tantos botes o latas, como ha intentado hacer el racionalismo moderno, significa perderlo, desperdiciarlo.

Pero hay otra tentación análoga, aunque opuesta, a la racionalista, y es la de querer encerrar al Espíritu Santo en «latas» eclesiásticas: cánones, instituciones, definiciones. El Espíritu crea y anima las instituciones, pero no puede ser institucionalizado él mismo. El viento sopla donde quiere, asimismo el Espíritu reparte sus dones como quiere (cfr. 1 Cor 12,11). Al Espíritu Santo no se le puede «canalizar» rígidamente, ni siquiera en los llamados «canales de la gracia», como si él no fuera libre de actuar incluso fuera de ellos. El Concilio Vaticano II ha reconocido que el Espíritu Santo «ofrece a todo ser humano la posibilidad de ser asociado al misterio pascual, *de un modo que sólo Dios conoce*»[20]. El viento es el símbolo más elocuente de la libertad del Espíritu.

También el otro símbolo -la respiración, el soplo- tiene muchas cosas que recordarnos, en el momento oportuno. ¿Qué ocurre si, por cualquier circunstancia, estamos demasiado tiempo sin respirar? Es la terrible experiencia de la asfixia: «¡Me falta la respiración, me ahogo!». Si supiéramos escuchar el grito de nuestra alma, cuando estamos demasiado tiempo sin oración, privados del Espíritu Santo, oiríamos que ella también grita a su manera: «¡Me falta la respiración, me ahogo!». Cuando alguien está a punto de desmayarse, solemos gritarle: «¡Respira! ¡Respira hondo!». Lo mismo deberíamos decirle a quien está a punto de tirar la toalla y rendirse en la lucha contra el mal: «¡Respira! ¡Respira hondo en el Espíritu Santo mediante la oración!».

---

[20] *Gaudium et spes*, n. 22.

Jesús, la tarde de Pascua, sopló sobre sus discípulos. En el bautismo él ha repetido ese gesto sobre cada uno de nosotros. Según el ritual vigente hasta hace unos años, el sacerdote en un momento de la ceremonia pronunciaba las siguientes palabras: «Sal de este niño (o de esta niña), espíritu inmundo, y deja el sitio al Espíritu Santo». Diciendo esto, soplaba tres veces sobre su cara. Jesús siempre está dispuesto a renovar este gesto sobre quien se le ofrece, a rostro descubierto, para recibir su soplo.

En la Biblia hay un texto en el que están reunidos los tres significados de *ruah* que hemos mencionado en esta primera meditación: el de viento, el de soplo o respiración, y el de Espíritu Santo. Es la visión de los huesos secos, de Ezequiel 37. Aquí símbolo y realidad se entremezclan y, por así decirlo, se persiguen. «Pero no tenían espíritu», o sea, respiración, vida. «¡Espíritu, ven de los cuatro vientos y sopla!»: esto es, «viento, ven de los cuatro puntos cardinales y sopla». «El espíritu penetró en ellos, revivieron y se pusieron en pie.»

Hasta aquí, el símbolo; ahora llega la realidad espiritual: «Infundiré en vosotros mi espíritu, y viviréis». Aquí el espíritu es ya el Espíritu de Dios, el Espíritu Santo; la vida de la que se habla ya no es sólo la vida física.

«¡Espíritu, ven!» Es la *epíclêsis* primordial; de ahí deriva la invocación que abre nuestro himno: *Veni creator Spiritus,* así como la que da comienzo a la Secuencia de Pentecostés: *Veni sancte Spiritus.* Es la primera y única plegaria que la Biblia dirige directamente al Espíritu, y la única que la iglesia ha recogido y que prolonga a lo largo de los siglos. Es el *Marana-tha* del Espíritu, el equivalente de aquel «¡Ven, Señor!», que los primeros cristianos dirigían a Cristo en su culto.

> «Hijo de hombre, estos huesos son el pueblo de Israel. Andan diciendo: "Se han secado nuestros huesos, se ha desvanecido nuestra esperanza, estamos perdidos"» (Ez 37,11).

Ese «pueblo», ahora, somos nosotros. También entre nosotros, en la Iglesia, hay quien anda diciendo: «Se ha desvanecido nuestra esperanza. Estamos perdidos, todo se está desmoronando». Por tanto, a nosotros también se nos promete esa «ráfaga» de Espíritu Santo y esa experiencia de resurrección. Estas meditaciones nuestras persiguen precisamente este objetivo: ayudar a la gente a percibir que el «viento impetuoso» de Pentecostés sigue soplando y que Jesús está siempre «soplando» sobre sus discípulos: que el cenáculo se ha vuelto a abrir y que las aguas de la piscina de Betsaida están siendo de nuevo «agitadas» por el ángel. Quien quiera ser curado, todo lo que tiene que hacer es sumergirse en ella...

No nos cansemos, pues, de introducirnos en esta incesante *epíclêsis* que acompaña la historia de la Iglesia, repitiendo también nosotros:

> *¡Espíritu Santo, ven!*
> *¡Ven, fuerza y dulzura de Dios!*
> *¡Ven, tú que eres movimiento*
> *y quietud al mismo tiempo!*
> *¡Renueva nuestro valor,*
> *llena nuestra soledad en este mundo,*
> *infúndenos la intimidad con Dios!*
> *Ya no decimos, como el profeta:*
> *«Ven de los cuatro vientos»,*
> *como si no supiéramos aún de dónde vienes;*
> *nosotros decimos:*
> *¡ven, Espíritu que sales del costado traspasado de*
> *Jesucristo en la cruz!*
> *¡Ven de la boca del Resucitado!*

II

CREADOR

El Espíritu Santo transforma el caos en cosmos

Veni creator Spiritus. ¡Ven, Espíritu creador! El título de creador es nuevo e insólito. Nuestro himno es quizá el único texto litúrgico en que al Espíritu se le llama con este nombre, en vez del apelativo, por así decirlo, «canónico» de Santo. Es la palabra más fuerte, no solamente del primer verso, sino de todo el himno. Es una especie de ventana que se abre de par en par sobre la Biblia y la Tradición. Una ventana es una pequeña abertura, pero a través de ella abarcamos a veces un inmenso panorama que se ensancha cada vez más, a medida que nos acercamos a ella. También el término *creador* es una palabra breve, pero cuanto más excavamos en su historia, más profundidades insospechadas nos revela.

Cuando el músico Gustav Mahler, hacia el final de su vida, se disponía a escribir una sinfonía coral, se preguntó qué palabras pudieran verdaderamente expresar lo «inaudito». Pasó revista a toda la literatura mundial, incluida la Biblia, y al final eligió el *Veni creator;* para ello organizó el más amplio complejo vocal e instrumental jamás empleado en una ejecución, tanto es así que la obra acabó por llamarse *Sinfonía de los mil.* El primer verso, *Veni creator Spiritus,* contiene el tema de toda la obra y es una especie de grito cósmico que se levanta en oleadas sucesivas con la participación de todas las voces e instrumentos. El autor escribía a un amigo: «Intenta imaginarte al universo mismo que empieza a cantar y a hacer oír su voz. Ya no son simples voces humanas, son los planetas y los soles que dan vueltas».

En estas palabras se nota el entusiasmo aún fresco del artista, pero no están tan fuera de lugar, al menos si pensamos en lo que el *Veni creator* ha suscitado en los corazones a lo largo de los doce siglos que han transcurrido desde que fue compuesto.

1. *El Espíritu Santo creador en la Tradición*

Analizando el título de «creador», constatamos en seguida que no se trata de una elección ocasional, tal vez dictada por exigencias de métrica. Al contrario, es el fruto de todo un filón de la revelación bíblica y de la Tradición de la Iglesia.

El concepto de creador tuvo un papel decisivo en la definición de la divinidad de Jesucristo en el concilio de Nicea (325). Fue el terreno del desencuentro entre arrianos y ortodoxos. Siguiendo el pensamiento filosófico de aquella época, que era el platonismo intermedio, los herejes arrianos distinguían tres grados del ser: el ser no engendrado, que es Dios; el ser intermedio, que es el demiurgo o el dios segundo; y el ser hecho y creado, que es el de las criaturas. A esta tripartición, el pensamiento ortodoxo ratificado en Nicea opone la nueva clasificación cristiana que sólo conoce dos posibilidades: el Ser increado y el ser creado. O se es creador, o se es criatura: no hay término medio.

Llegados a este punto, toda la batalla de la ortodoxia consistirá en demostrar que el Hijo no es una criatura y que por tanto forma parte del ser creador igual que el Padre. La distinción del Credo -«engendrado, no creado» *(genitum non factum)*- permite superar el dilema del arrianismo. En efecto, gracias a ella podemos distinguir entre generación y creación: el Hijo es engendrado, pero no es creado; al contrario, es creador junto con el Padre.

Una vez asegurada la divinidad de Cristo, se utiliza esta arma para resolver el problema de la divinidad del Espíritu Santo. Es otra vez Atanasio, el campeón de Nicea, el primero en utilizar la fuerza de este argumento a favor de la divinidad del Espíritu Santo. Su razonamiento es muy sencillo:

> «Como el Hijo, que está en el Padre, no es una criatura, sino que tiene la sustancia del Padre, así tampoco está permitido contar entre las criaturas al Espíritu que está en el Hijo y que el Hijo tiene en sí mismo, mutilando así a la Trinidad»[1].

Este argumento se basa en un dato fundamental de la experiencia cristiana: los cristianos se sienten transformados y deificados por el contacto del Espíritu.

> «Si el Espíritu Santo fuera una criatura, nosotros no tendríamos, por medio de él, ninguna participación de Dios... Pero si, mediante la participación del Espíritu, nos hacemos partícipes de la naturaleza divina, sin duda sería insensato el que dijera que el Espíritu pertenece a la naturaleza creada y no a la de Dios»[2].

En este terreno le siguen todos los Padres que escriben en defensa de la divinidad del Espíritu Santo[3]. San Ambrosio lo convierte en un baluarte de su doctrina sobre el Espíritu Santo, trasladando este debate también al mundo latino: «¡El Espíritu Santo no es, por tanto, criatura, sino creador!»[4]. La misma expresión *creator Spiritus* se encuentra ya en san Agustín:

> «Ellos no disciernen bien cuando confunden a la criatura con el creador y colocan entre las criaturas al Espíritu creador»[5].

El concilio de Constantinopla del 381 no introduce de manera explícita, en el artículo sobre el Espíritu Santo, el título de «creador», quizá para no repetir lo que, en el mismo Símbolo de fe, se dice del Padre, y utiliza en su lugar el apelativo de ‹Señor» («Creo en el Espíritu Santo, Señor...»). Pero la oposición entre siervo y

---

[1] San Atanasio, *Cartas a Serapio*, I, 21: PG 26, 580 C.
[2] Ibíd., I, 24: PG 26, 585 B.
[3] San Gregorio Nacianceno, *Discursos*, XXXI, 6: PG 36, 140.
[4] San Ambrosio, *El Espíritu Santo*, III, 139-140.
[5] San Agustín, *Exposición sobre los* Salmos, 32, II, 2: CC 38, 259.

señor (o rey) no es más que otra manera de expresar la oposición entre criatura y creador. San Gregorio Nacianceno condena a los que distinguen en Dios a un creador (el Padre), un colaborador (el Hijo) y un siervo (el Espíritu Santo) [6]. Y san Basilio escribe:

> «Si es creado, el Espíritu Santo es ciertamente un siervo; pero si está por encima de la creación, entonces es partícipe de la realeza»[7]

A nosotros hoy nos parece un tanto extraño que no se resuelva el problema de raíz, atribuyendo de manera clara y sencilla al Espíritu Santo el título de «Dios». Pero éste era, hasta ese momento, el modo de proceder de la ortodoxia: evitar aplicar abiertamente el título de «Dios» al Espíritu Santo -permaneciendo así fieles a la letra de la Escritura que habla de «un Dios» (cfr. Ef 4,6)- y proclamar su fe en la absoluta divinidad del Espíritu, atribuyéndole de hecho la *isotimia,* es decir, el mismo honor y veneración que se le atribuyen al Padre y al Hijo. Por ese mismo motivo, el artículo de fe aprobado en Constantinopla en el año 381 no dice que el Espíritu Santo es Dios, sino que «con el Padre y el Hijo recibe la misma adoración y gloria».

Llega un momento en que la fe en el Espíritu Santo como creador empieza a ser profundizada y basada teológicamente en la doctrina trinitaria. Todas las obras que Dios lleva a cabo fuera de sí mismo son comunes a las tres personas divinas[8] y por eso también el Espíritu es creador junto con el Padre y el Hijo. San Agustín perfecciona esta conquista convirtiéndola en un baluarte de la doctrina trinitaria: en Dios todo es común, cuando no está en causa la característica propia de cada persona. Por tanto, también la creación es común a los Tres.

De esta forma definitiva, la idea patrística del Espíritu Santo como creador entra en el *Veni creator.* En otro de sus escritos, Rábano Mauro afirma:

---

[6] Cfr. SAN GREGORIO NACIANCENO, *Discursos*, XXXI, 5: PG 36, 137 D.

[7] SAN BASILIO MAGNO, *Sobre el Espíritu Santo*, XX, 51: PG 32, 161 C.

[8] Cfr. SAN GREGORIO DE NISA, *Contra los macedonianos*, 13: PG 45, 1317.

«Muy oportunamente, al decir que "Al principio creó Dios -que es como decir: el Padre en el Hijo- el cielo y la tierra", ha sido mencionado también el Espíritu Santo: "Y el espíritu de Dios aleteaba sobre las aguas". Con eso se indica que las tres personas de la Trinidad con su poder han cooperado juntas en la creación del mundo»[9].

Más tarde, santo Tomás de Aquino dirá que el Espíritu Santo «es el principio mismo de la creación de las cosas»[10]. Con eso, nos vamos dando cuenta de las profundidades que se esconden detrás de la palabra que proclama al Espíritu «creador».

2. El Espíritu creador en la Escritura

Para atribuir al Espíritu este papel en la creación, los Padres se basan en la Biblia. Gran parte de su argumentación es de tipo negativo: es decir, consiste en demostrar que el Espíritu Santo «no es una criatura». Sin embargo, también hay en ella un lado positivo que pretende demostrar, a partir de la Biblia, que el Espíritu Santo es, de hecho, «creador», y éste es precisamente el lado de su pensamiento que nos interesa. No obstante, vamos a seguir el *método* de los Padres, pero no sus *contenidos*; nosotros también vamos a interrogar a la Biblia, pero vamos a hacerlo con los medios y conocimientos de hoy, no con los de entonces. Aunque, como veremos, en lo fundamental ellos no se equivocaron. La Escritura contiene la idea del Espíritu «creador». La diferencia está en que los Padres destacan el significado ontológico del término, haciendo de la palabra «creador» una definición del ser, o naturaleza, del Espíritu Santo (el Espíritu Santo «es» creador y por tanto «es» Dios), mientras que la Biblia por lo general está interesada en el aspecto funcional y dinámico del término (el Espíritu Santo «crea», actúa como creador).

---

[9] RÁBANO MAURO, *Comentario al Génesis*, I, 1: PL 107, 447.
[10] SANTO TOMÁS DE AQUINO, *Suma contra los gentiles*, IV, 20, n. 3570, vol 3 (Marietti, Turín, 1961) 286.

En la Biblia encontramos dos tipos de afirmaciones acerca del Espíritu creador. En primer lugar, hay palabras que definen al Espíritu en este sentido y le atribuyen explícitamente una función creadora, y hay momentos o acontecimientos en los que el Espíritu Santo está asociado a acciones creadoras de Dios y está implícitamente presentado como el principio de un nuevo nacimiento, de una vida y unas situaciones nuevas. Es verdad que en la mayoría de estos últimos textos se habla de la «nueva creación», la creación espiritual, en Cristo, pero ambas creaciones se evocan mutuamente. El Espíritu Santo es el autor de la nueva creación, así como lo fue de la primera; re-crea lo que ha creado.

Pero es el Nuevo Testamento mismo el primero en establecer esta relación, presentando a menudo las intervenciones del Espíritu Santo en la redención, en concordancia con otros tantos momentos de la creación. Así, por ejemplo, la paloma que aletea sobre las aguas del Jordán evoca al Espíritu que al principio aleteaba sobre las aguas (Gn 1,2), teniendo en cuenta, además, que el verbo utilizado en hebreo sugiere precisamente la idea del ave que incuba a sus crías o aletea sobre las que ya han nacido; Jesús, soplando sobre el rostro de sus discípulos la tarde de Pascua, evoca el momento en que Dios sopla en Adán un «hálito de vida»[11].

El punto de partida de todos estos desarrollos es sin duda el pasaje de Gn 1,2:

«El espíritu de Dios aleteaba sobre las aguas».

Basándose en el sentido de expresiones análogas en los poemas cosmológicos babilónicos, hoy se tiende a dar a *ruah 'elohim* de Genesis 1,2 el sentido puramente naturalístico de viento impetuoso, viendo en ella un elemento del caos primordial, a la vez del abismo y de las tinieblas, y vinculándolo por tanto a lo que precede y no a lo que sigue en el relato de la creación[12].

---

[11] Cfr. Gn 2,7; 1 Cor 15,45.
[12] Così G. VON RAD, *Genesi*. Traduzione e commento di G. von Rad (Paideia, Brescia 1978) 56-57; nótese, sin embargo, que en el *Enuma Elish* el viento aparece como un

Sin embrago, excluir del texto toda referencia, aunque sea embrional, a la realidad divina del Espíritu, atribuyendo la actividad creadora únicamente a la palabra de Dios, significa leer el texto solo a la luz de lo que antecede y no a la luz de lo que sigue en la Biblia, a la luz de los influjos que sufrió y no del influjo que ejerció, contrariamente a lo que sugiere la tendencia más reciente de la hermenéutica bíblica (El modo más seguro para establecer la naturaleza de una semilla desconocida ¿no es acaso ver qué tipo de planta nace de ella?

En efecto, avanzando en la revelación, encontramos alusiones cada vez más explícitas a una actividad creadora del soplo de Dios, en conexión estrecha con la de su palabra. «Los cielos fueron hechos por la palabra (*dabar*) del Señor, por el soplo (*ruah*) de su boca (Sal 33, 6; cf. también Is 11.4: «Su *palabra* será una vara que azotará el viento, con el *soplo* de su boca matará al impío). Espíritu o soplo ciertamente no indica en estos textos el viento natural. A ese mismo texto se refiere otro salmo cuando dice:

«Mandas tu espíritu, son creados, y renuevas la faz de la tierra» (Sal 104, 30).

Por eso, cualquiera que sea la interpretación que se quiera dar a Gn 1, 2, es cierto que la continuación de la Biblia atribuye al Espíritu de Dios un papel activo en la creación.

En los últimos escritos canónicos del Antiguo Testamento la idea del Espíritu que invade el universo se expresa a veces con un lenguaje influenciado por el estoicismo (Sab 1, 7: «El Espíritu del Señor llena el universo y lo abraza todo»; Sab 12, 1: el Espíritu incorruptible de Dios está «en todo», pero el tema mismo es de origen bíblico, no helenístico.

---

aliado del dios creador, no como un elemento hostil que se le opone: cf. R. J. CLIFFORD - R. E. MURPHY, *The New Jerome Biblical Commentary* (Prentice Hall 1990) 8-9.

Esta orientación aparece claramente en el Nuevo Testamento que, como hemos dicho, describe la intervención del Espíritu Santo en la nueva creación, sirviéndose precisamente de las imágenes que aparecen a propósito del origen del mundo. La idea de la *ruah* creadora no puede haber nacido de la nada. ¡No se puede, en un mismo comentario bíblico, traducir Gn 1,2 por «un viento de Dios soplaba sobre las aguas» y después remitirse a ese mismo texto para explicar lo de la paloma en el bautismo de Jesús![13].

Por tanto, no es incorrecto seguir remitiéndose a Gn 1,2 y a los otros testimonios posteriores, para hallar en ellos un fundamento bíblico al papel creador del Espíritu Santo, como hacían los Padres. San Basilio decía: «Si tú adoptas esta explicación, sacarás de ella un gran provecho»[14]. Y es verdad: descubrir en el espíritu de Dios que aleteaba sobre las aguas una primera alusión encubierta a la realidad del Espíritu, nos abre a la comprensión de muchos otros pasajes de la Biblia.

3. *El título de «creador», una «estructura abierta»*

¿Qué nos dice hoy a nosotros, en primer lugar desde el punto de vista teológico y de fe, el título de «creador» que se le ha dado al Espíritu Santo? Lo más importante es lo que han destacado los Padres: ¡el Espíritu Santo es Dios! Con el título de «creador», el autor del himno ha querido hacer por encima de todo una solemne profesión de fe en la divinidad del Espíritu Santo. El título de «creador» es como la clave musical puesta al principio de una sinfonía para determinar el sonido que, a continuación, dará cada nota: estamos hablando del mismo Dios, no de alguna de sus propiedades o de una vaga energía divina. Lo más hermoso del him-

---

[13] Cfr. *The new Jerome Biblical Commentary* (Prentice Hall 1990) 10 y 638.
[14] SAN BASILIO MAGNO, *Hexameron*, II, 6: SCh 26, 168; cfr. también LUTERO, *El Génesis:* WA 42, 8.

no es que está hecho en forma de plegaria. En el Símbolo de fe se habla *del* Espíritu Santo, aquí se habla *al* Espíritu Santo.

Pero el himno y cada una de las palabras que lo componen son «estructuras abiertas». Observamos en seguida que el título de «creador» se revela verdaderamente como un baluarte, un dique inamovible contra el intento de desviar el río de la Tradición, un anticuerpo que se pone a funcionar cada vez que aparece la enfermedad contra la que fue producido antaño por el organismo. Fue en tiempos del idealismo racionalista del siglo XVIII cuando la idea del Espíritu como criatura, rechazada en el siglo IV, volvió a circular, de un modo nuevo y más radical. Al Espíritu, en efecto, ya no se le considera como una realidad hipostática intermedia entre Dios y el hombre, como hacían los antiguos adversarios del Espíritu Santo (llamados *trópicos, o macedonianos o neumatómacos),* sino como el mero espíritu del hombre. Ya no es Espíritu divino, sino espíritu humano, intelecto o razón.

Todas estas nuevas reducciones están excluidas de aquella sencilla invocación inicial del himno: «¡Ven, Espíritu creador!». ¿Qué es lo que afirma el que entona, junto con la Iglesia, estas palabras? Que el Espíritu Santo no está, por naturaleza, dentro de él, no es él. Uno es el que invoca, y otro es el invocado. El que dice: «¡Ven, Espíritu creador!» se confiesa en ese mismo instante criatura, reconoce la infinita diferencia cualitativa. Se coloca en su sitio, en la verdad. No pone a la criatura en el lugar del creador, como hacían los paganos (cfr. Rom 1,25), ni al creador en el lugar de la criatura.

Pero el alcance del título de «creador» no se agota en esta tarea negativa; tiene también una tarea positiva de gran magnitud. Es en este título, en efecto, donde se basa la universalidad cristiana y la posibilidad que hoy tenemos de dialogar con las religiones no cristianas[15]. ¿Qué significa, de hecho, proclamar que el Espíritu Santo

[15] Cfr. H, SCHWARZ, *Reflections on the work of the Spirit outside the Church,* en CinSS II, 1455-1471.

es creador? Significa decir que su campo de acción no está limitado a la Iglesia y a la historia de la salvación, sino que se extiende
como la misma creación. Significa rechazar también la tesis de
aquellos que en la antigüedad reservaban al dominio del Padre la
esfera de los seres -o sea, la más universal-, al Hijo la de las criaturas racionales y al Espíritu Santo la esfera más reducida de los
santificados por la gracia[16]. Ninguna de las tres esferas -la de la
creación, la de la redención y la de la santificación que se lleva a
cabo en la Iglesia- le es ajena. Ninguna época se ve privada de su
presencia activa. Él actúa fuera de la Biblia y dentro de la misma;
actúa antes de Cristo, en el tiempo de Cristo y después de Cristo,
aunque nunca separado de él. Con razón dice Máximo el Confesor:

> «El Espíritu Santo no está ausente de ninguno de los seres... Está
> presente *en todas las cosas,* sencillamente porque es él quien las
> mantiene unidas y las vivifica; está presente de un modo especial
> *en aquellos que están bajo la ley,* está presente en todos los cris-
> tianos de manera distinta y nueva, convirtiéndolos en hijos; está
> presente como autor de sabiduría *en los santos* que, a través de
> una vida divinamente inspirada, se han hecho dignos de la *inha-
> bitación»*[17].

Verdaderamente, «el espíritu del Señor llena el universo, lo
abarca todo, y tiene conocimiento de cuanto se dice» (Sab 1,7).
Nadie puede sustraerse a su luz bienhechora, así como nadie puede sustraerse al calor del sol. «¿Adónde podré ir lejos de tu espíritu?», pregunta el salmista (Sal 139,7). De ello se deduce que no
solamente los carismas sobrenaturales, sino también los dones
naturales y las actividades seculares y laicas derivan, en última
instancia, del Espíritu.

Un documento del Concilio Vaticano II dice que el Espíritu de
Dios actúa en el corazón de todo hombre y lo estimula a plantear-

---

[16] Cfr. ORÍGENES, *Los principios,* I, 3, 5: PG 11, 150ss.
[17] Cfr. SAN MÁXIMO EL CONFESOR, *Capítulos varios,* I, 73: PG 90, 1209.

se el problema religioso. Por tanto, al hablar de la evolución del orden social, afirma que «el Espíritu de Dios, que con su admirable providencia dirige el correr de los siglos y renueva la faz de la tierra, está presente en esta evolución»[18].

Sin duda, el modo de actuar del Espíritu en el ámbito de la creación es cualitativamente distinto, como veremos más adelante, al modo de actuar en el ámbito de la redención y de la Iglesia. Es una relación análoga a la que existe entre las «semillas del Verbo» y el «Verbo total», que se reveló en Jesucristo. Dice santo Tomás de Aquino: «Toda verdad, quienquiera que sea el que la diga, procede del Espíritu Santo»[19].

La elección del título de «creador», hoy en día nos permite también dar un fundamento, no sólo genéricamente teológico, sino incluso neumático y espiritual, al problema de la ecología y de la salvaguardia de la creación. La creación es obra del Espíritu creador: estropearla significa entristecer a su autor. El Espíritu incorruptible de Dios está «en todas las cosas» (Sab 12,1). El salmo que canta los esplendores de la creación (del mar, de los montes, de los manantiales) y que asigna a cada criatura su lugar y su espacio, es también el que atribuye todo esto al Espíritu Santo:

> «Si ocultas tu rostro, se estremecen; si retiras tu soplo, expiran y vuelven al polvo. Envías tu espíritu, los creas, y renuevas la faz de la tierra» (Sal 104,29-30).

Por tanto, no es cierta la acusación según la cual la Biblia, desacralizando las cosas, habría aprobado la explotación de la creación y la violación de la misma por obra del hombre. En las culturas animistas e idólatras, la creación está protegida por la creencia de que en cada ser -bosque, árbol, río- hay un espíritu que los habita. La visión cristiana, a este móvil animista, debería añadir el

---

[18] *Gaudium et Spes*, n. 26.
[19] SANTO TOMÁS DE AQUINO, *Summa theologica*, I-II, q. 109, a. 1 ad 1; AMBROSIASTER, *Primera carta a los Corintios*, 12, 3: CSEL 81, 132.

móvil auténticamente espiritual, por el cual cada cosa forma parte de una armonía y de un orden que es obra del Espíritu creador. La diferencia consiste en que, en este caso, el Espíritu es trascendente, mientras que en la visión sagrada o panteísta, así como en la estoica, el Espíritu forma parte de las cosas mismas.

Ya san Ambrosio había empezado a sustituir por esta visión bíblica del Espíritu creador la pagana, a pesar de que su punto de vista no era el del moderno ecologismo. Refiriéndose a Virgilio, escribe:

> «Algunos poetas paganos dijeron en sus versos que "el cielo y la tierra, y también las esferas de la luna y las estrellas relucientes, están alimentados, en su interior, por el Espíritu". Ellos no niegan que el poder de la creación subsiste gracias al Espíritu, y nosotros, que precisamente leemos esto en la Escritura, vamos a negarlo?»[20].

El título de «creador» representa, pues, la apertura máxima -una apertura de trescientos sesenta grados- en el discurso sobre el Espíritu Santo. No se habría podido obtener este resultado ni siquiera con el título de «santo», porque éste habría limitado de algún modo la acción del Espíritu a la esfera de la santificación y de la gracia. También la inspiración de los poetas y la creación artística, en todas sus manifestaciones, es obra de este Espíritu creador que, sin embargo, trasciende todas estas cosas y no ha de ser identificado con ellas. Con esta aclaración, podemos aceptar la opinión de Goethe, que veía en el *Veni creator* (del cual él mismo hizo una hermosa traducción al alemán y al que le hubiera gustado que todos los domingos se cantara en su casa) una «invocación al genio, que habla con fuerza a todos los hombres dotados de espíritu y alma grande»[21].

---

[20] San Ambrosio, *El Espíritu Santo*, II, 36.
[21] J. W. Goethe, *Traducciones*, en *Gedenkausgabe der Werke*, vol 15 (Zurich-Stuttgart) 131-132 y 1103.

4. *La experiencia del Espíritu como creador*

Lo más importante, sin embargo, también por lo que respecta al Espíritu creador, no es comprenderlo o explicarlo, sino experimentarlo. Pero esto, ¿qué significa? Crear significa sacar de la nada, esto es, sacar de la ausencia de cualquier realidad y de toda posibilidad de llegar a serlo. ¿Cómo puede, pues, un ser que ya existe invocar al Espíritu como creador? Si invoca, quiere decir que existe, y si existe, cómo puede ser otra vez creado?

Aquí hay una profunda implicación religiosa. Invocar sobre nosotros al Espíritu creador supone volver, en la fe, a ese momento en que Dios aún tenía sobre nosotros todo poder, cuando no éramos más que un «pensamiento de su corazón» y él podía hacer de nosotros lo que quisiera, sin menoscabar nuestra libertad. Es devolver a Dios nuestra libertad. Es volver a ponernos, por decisión espontánea, como la arcilla en manos del alfarero, diciéndole las palabras que él mismo inspiró al efecto: «Señor, tú eres nuestro Padre, nosotros somos la arcilla, y tú el alfarero, somos todos obra de tus manos» (Is 64,7).

Invocar sobre nosotros al Espíritu como creador significa, por tanto, abandonarnos a la acción soberana de Dios, con una confianza total; significa ponernos en su presencia con una actitud de criaturas, que es la base de toda auténtica religiosidad. Significa quitar toda condición, y estar dispuestos a todo. Es darle a Dios un cheque en blanco, como hizo María cuando dijo: «Aquí está la esclava del Señor, que me suceda según dices» (Lc 1,38). Los Padres veían en María, en este momento, la suprema manifestación del Espíritu como creador:

> «El poder creador del Altísimo constituyó el cuerpo de Cristo, cuando el Espíritu Santo cubrió con su sombra a la Virgen María»[22].

Invocar al Espíritu como creador significa abrirse a la novedad y también entrar en un gran silencio...

---

[22] Dídimo de Alejandría, *El Espíritu Santo*, 31: PG 39, 1062.

Pero volvamos al texto que está en la base de toda esta reflexión sobre el Espíritu creador -Gn 1,2-, para entender lo que significa el hecho de que en el *Veni creator* invoquemos la acción creadora que es propia del Espíritu, y no la acción divina en general.
¿Qué característica específica y «personal» aporta el Espíritu en la
creación? Eso depende, como siempre, de las relaciones internas
de la Trinidad. El Espíritu Santo no está al principio sino, por así
decirlo, al final de la creación, así como no está al principio sino al
final del proceso trinitario. En la creación -escribe san Basilio- el
Padre es la causa principal, aquel de quien proceden todas las
cosas; el Hijo, la causa eficiente, aquel por medio del cual todas las
cosas han sido hechas; el Espíritu Santo es la causa *perfeccionan-
te*. No es que la fuerza operativa del Padre sea imperfecta; lo que
ocurre es que el Padre quiere existir por medio del Hijo y quiere llevar a la perfección por medio del Espíritu[23].

La acción creadora del Espíritu está, por tanto, en el origen de
la perfección de lo creado; podríamos decir que él no es tanto
aquel que saca el mundo de la nada y le da el ser, sino aquel que
lo transforma de ser informe a ser formado y perfecto. En otras
palabras, el Espíritu Santo es aquel que lleva la creación del caos
al cosmos, que la convierte en algo bonito, ordenado, limpio: un
«mundo», precisamente, según el significado originario de esta
palabra.

> «Cuando el Espíritu empezó a aletear sobre ella, la creación no
> tenía aún ninguna belleza. En cambio, cuando la creación recibió
> la acción del Espíritu, obtuvo todo ese esplendor de belleza que
> la hace resplandecer como "mundo"»[24].

Ahora bien, sabemos que la acción creadora de Dios no se
limita al instante inicial, como se pensaba en la visión *deísta o*

---

[23] Cfr. SAN BASILIO MAGNO, *Sobre el Espíritu Santo*, XVI, 38: PG 32, 136.
[24] SAN AMBROSIO, *El Espíritu Santo*, II, 32. Con ello se extiende al Espíritu Santo la prerrogativa de llevar al universo «del desorden al orden» que Platón había atribuido al
Demiurgo (cfr. Platón: *Timeo*, 30a) y algunos Padres habían aplicado a la persona
del *Logos* (cfr. CLEMENTE DE ALEJANDRÍA, *Stromata*, v. 14).

mecanicista del universo. Dios no «ha sido» creador una vez, lo «es» siempre. Y no solamente en el sentido débil de que «conserva» el ser y gobierna el mundo con su Providencia, sino también en el sentido fuerte de que continuamente sostiene y comunica ser y energía, impulsa, anima y renueva la creación. «Crear es hacer algo continuamente nuevo»[25].

¿Qué significa todo esto aplicado al Espíritu Santo? Significa que él es siempre aquel que lleva del caos al cosmos; en definitiva: del desorden al orden, de la confusión a la armonía, de la deformidad a la belleza, de la vetustez a la novedad. Es evidente que no lo hace mecánicamente y de golpe, pero trabaja en ello y lleva su proceso a buen término. Es aquel que siempre «crea y renueva la faz de la tierra».

> «Si tratas de sustraer el Espíritu a la creación, todas las cosas se mezclan y su vida aparece sin ley, sin orden, sin determinación alguna»[26].
>
> «Sin el Espíritu, la creación entera no puede perdurar»[27].

Esto ocurre en todos los planos: tanto en el macrocosmos como en el microcosmos, que es cada persona individual. Vamos a considerar, ante todo, el gran escenario del mundo y de la historia. En el momento de la muerte de Cristo, los evangelistas observan que «toda la región quedó sumida en tinieblas» (Mc 15,33). Era una alusión encubierta al caos primordial en que la humanidad había caído con el pecado, llegado a su paroxismo con la ejecución de Cristo. Escribe un autor del siglo II:

> «El universo estaba a punto de volver a caer en el caos y de disolverse por la zozobra ante la pasión, si el gran Jesús no hubiera emitido su Espíritu divino, exclamando: "Padre, a tus manos encomiendo mi espíritu" (Lc 23,46). Y he aquí que en seguida,

[25] LUTERO, *Resoluciones sobre las indulgencias*: WA I, 563.
[26] SAN BASILIO MAGNO, *Sobre el Espíritu Santo*, XVI, 38: PG 32, 1373.
[27] SAN AMBROSIO, *El Espíritu Santo*, II, 5, 33.

tras la efusión del Espíritu divino, como reanimado, vivificado y consolidado, el universo volvió a encontrar su estabilidad»[28].

En esta visión grandiosa, es el Espíritu Santo el que, una vez más, lleva el mundo del caos al cosmos. Pero esta vez no es un vago «espíritu de Dios», es el Espíritu que procede de la cruz de Cristo; ya no se trata de un caos físico, sino del caos moral del mal y del pecado; ya no se trata de un cosmos material, sino de la Iglesia, que es «el cosmos del cosmos», es decir, el ornamento del mundo[29].

Esta visión continúa en la forma en que se produce la venida del Espíritu Santo en Pentecostés. El Espíritu transforma el caos lingüístico de Babel en la nueva armonía de las voces. Gracias a él, «ahora todas las lenguas, al unísono, elevan un himno a Dios»[30], como cuando un director de orquesta sube al podio y de repente el chirrido de los instrumentos que están ensayando calla y, en su lugar, se oye una sinfonía admirable.

5. «Veni creator Spiritus»

Apliquemos ahora todo esto también al «pequeño mundo» de nuestro corazón. En efecto, no solamente la Iglesia, sino también cada hombre es definido a veces por los Padres como «el cosmos del cosmos», el ornamento del mundo[31]. Esto puede tener una importancia extraordinaria a la hora de comprender y secundar la acción del Espíritu Santo en nuestra vida de creyentes. «Las tinieblas cubrían el abismo» (Gn 1,2). Pero también el corazón del hombre -dice la Escritura- es un abismo (cfr. Sal 64,7). Hay un caos externo y un caos interno. Nuestro caos es el de la oscuridad que hay en nosotros: el de los deseos, proyectos, propósitos, añoran-

---

[28] *Antigua homilía pascual*, 55: SCh 27, 183.
[29] ORÍGENES, *Comentario al Evangelio de Juan*, VI, 59, 301: SCh 157, 360.
[30] SAN IRENEO, *Contra las herejías*, III, 17, 2.
[31] *Constituciones apostólicas*, VIII, 12, 16: SCh 336, 184; METODIO DE OLIMPO, *La resurrección*, XXXV: GCS 27, 275.

zas contrastantes y en lucha entre sí. Un autor religioso de la Edad Media describe en estos términos su estado espiritual (¡y se trata de un monje trapense que vivía en la más alta contemplación!):

> «Siento, Señor, que la tierra de mi espíritu es aún inconsistente y vacía, que las tinieblas cubren la superficie del abismo... En efecto, ella está inmersa en la confusión como en una especie de caos espantoso y oscuro, ignorando tanto su fin como su origen y su propia naturaleza... Así es mi alma, Dios mío, así es mi alma. Una tierra desierta y vacía, invisible e informe, y las tinieblas cubren la superficie del abismo... Pero el abismo de mi espíritu te invoca, Señor, para que tú crees, también de mí, unos cielos nuevos y una tierra nueva»[32].

Hay un filón de la literatura moderna que no hace otra cosa que retomar, en clave psicológica, este tema del hombre inmerso en el caos, que se debate en el marasmo de sus propias contradicciones: ¡el hombre «del subsuelo»![33]. O bien decide rehacer, en sentido contrario, el camino creativo: esta vez, del ser a la nada, de la luz a las tinieblas. El camino del nihilismo.

¡Qué luz arroja sobre esta experiencia universal de caos la fe en el Espíritu creador! El Espíritu de Dios, que actuaba sobre el caos primordial y dentro del mismo, sigue actuando en el mundo. Al entonar el *Veni creator,* decimos: «Ven, Espíritu Santo, aletea y sopla también sobre mi caos, ilumina mis tinieblas (cfr. Sal 18,29), transfórmame a mí también en un verdadero microcosmos, un pequeño mundo, una cosa bonita, armoniosa, pura: una nueva creación».

Esto es lo que escribe una persona que ha meditado mucho sobre las primeras palabras del *Veni creator:*

> «¡*Veni creator Spiritus!* Ante estas palabras, no consigo estar ni de rodillas, ni sentada, ni de pie, sino desfallecida en el suelo, enco-

---

[32] GUIDO II, *Meditaciones*, V: SCh 163, 148-150.
[33] Cfr. F. DOSTOIEWSKI, *Memorias del subsuelo* (Cátedra, Madrid 2002).

gida y "desalentada", como si fuera un paralítico: o, mejor dicho, como era el barro antes de que Dios insuflara en él la vida. Es el silencio absoluto. Dios es el protagonista del universo, el autor de la vida. Y la invocación se expande como una mancha de aceite a mi alrededor, sobre familiares, amigos, vecinos, conocidos, desconocidos. ¿Cuántos millones de personas hay en el mundo? Sobre todas estas personas: ¡*Veni creator Spiritus!*

Nuevos cielos, nueva tierra, nuevos Adanes, nuevas Evas. Políticos, gobernantes, pobres, infelices, prostitutas, homosexuales, degenerados, todos los pecadores que no saben lo que hacen, todos allí en el suelo, bajo el poder creador del Espíritu de Dios. A este Espíritu creador, que ha creado el modelo humano en la perfección de cada una de sus células, yo entrego este amasijo de nervios, neuronas, astrocitos, hipotálamos, núcleos de la base, todo lo que regula nuestra vida vegetativa, intelectiva, emotiva, para que en sus manos todo pueda ser regenerado armoniosamente, en belleza, en verdad, en pureza. En santidad de hijos. ¡*Veni creator Spiritus*!».

Llevamos en nosotros mismos un vestigio del caos primordial: nuestro inconsciente. Lo que el moderno psicoanálisis ha expresado como paso del inconsciente a la conciencia, del «Es» al «Súper yo», es un aspecto de esta creación que ha de seguir cumpliéndose en nosotros, del paso de lo informe a lo formado. El Espíritu Santo quiere aletear también sobre el caos de nuestro inconsciente, donde se agitan fuerzas oscuras, impulsos contradictorios, donde anidan angustias y neurosis, pero también posibilidades inexploradas. «El Espíritu lo escudriña todo...» (1 Cor 2,10). A quien tenga problemas con su inconsciente (¿y quién no los tiene?), no se le puede dar mejor consejo que el de cultivar una particular devoción al Espíritu Santo y de invocarlo a menudo en su calidad de creador. Él es el mejor psicoanalista y psiquiatra del mundo. La devoción al Espíritu Santo no implica, necesariamente, que se rechacen las ayudas humanas en este campo, pero sin duda las completa y sobrepasa.

Además de este aspecto concreto de la realidad, hay un tiempo en nuestra jornada en el cual es más necesario y espontáneo hacer la experiencia del poder creador del Espíritu, y es el despertar. Cada mañana, que sucede a la noche, es una viva reminiscencia y un símbolo de la salida del mundo del caos primordial. El prodigio se renueva. La misma liturgia nos sugiere esta asociación, sobre todo en algunos himnos de Laudes:

«En la primera claridad del día,
vestidas de luz y silencio,
las cosas emergen de la oscuridad
como al principio del tiempo»[34].

La noche es como una recaída momentánea en el caos. «El sol se pone e irrumpe el horrendo caos»[35]. Angustias, sueños, pesadillas; bien y mal, realidad e irrealidad: todo se mezcla y confunde en la noche. Todo es informe; los sueños son sin tiempo, sin color. A veces, nos despertamos con la sensación de tener que volver a empezar todo desde cero, como si fuéramos unos ateos que nunca hubieran conocido a Dios e ignoran lo que son fe, esperanza y caridad. De ahí la importancia de comenzar cada nuevo día con el Espíritu Santo, para que transforme nuestro caos nocturno en la luz de la fe, de la esperanza y de la caridad. He descubierto que las palabras más hermosas con las que podríamos empezar un nuevo día, son precisamente los dos primeros versos de nuestro himno: «¡Ven, Espíritu creador, visita nuestras mentes!». Siento casi la necesidad física de decirlas, ante el esfuerzo de quitarme de encima la pesadez, la inercia y el olvido de la noche.

Las sucesivas reflexiones de este libro pretenden ayudarnos a alcanzar la luminosa meta que ya hemos divisado en esta meditación: pasar nuevamente del caos al cosmos, emerger como creación nueva, gracias a la acción creadora del Espíritu Santo.

---

[34] Cfr. P. BELTRAME QUATTROCCHI, *I salmi preghiera cristiana* (Sorrento 1986) 424.
[35] PRUDENTIUS, *Cathemerinon*, 5, 3: CC, 126, 23.

Y terminamos con un himno que se reza en la Liturgia de las Horas de los países de habla inglesa (la versión métrica es nuestra):

Espíritu que en el principio aleteabas
sobre el desierto y las tinieblas del mundo
y en armonía mudabas el fango y el caos,
insuflando vida al hombre en lo profundo.

Ven y nuestro desierto haz florecer,
ora tú en nosotros, hijos en el Hijo,
a tu gracia el alma, oh Espíritu, dispón,
danos la vida de la Trinidad[36].

---

[36] Del Himnario de la Abadía de Stanbrook, Inglaterra.

III

LLENA DE GRACIA CELESTIAL LOS CORAZONES QUE HAS CREADO

El Espíritu Santo renueva en nuestros días
los prodigios del primer Pentecostés

Los dos últimos versos de la primera estrofa del *Veni creator* dicen: «Llena de gracia celestial los corazones que has creado».

En el Nuevo Testamento encontramos tres verbos y tres imágenes que expresan la venida del Espíritu Santo a nosotros: ser *bautizados* con Espíritu Santo[1], ser *revestidos* de Espíritu Santo (Lc 24,49) y ser *llenados* del Espíritu Santo. Este último es el verbo que se utiliza más a menudo. De Jesús se dice que «lleno del Espíritu Santo» regresó del Jordán (Lc 4,1); llenos del Espíritu Santo se dice que estaban Juan el Bautista, Isabel y Esteban[2]. Pero sobre todo es el verbo que se utiliza para describir el milagro de Pentecostés: «Todos quedaron llenos del Espíritu Santo» (Hech 2,4).

El presente verso del *Veni creator* evoca, por tanto, el acontecimiento de Pentecostés. La palabra «gracia» indica aquí al Espíritu Santo en persona. Al Paráclito -escribe en otra parte el autor de nuestro himno- se le llama gracia, «por cuanto nos es dado gratuitamente, no por nuestros méritos, sino por voluntad divina»[3]. Por

---

[1] Cfr. Mt 3,11; Jn 1,33; Hech 1,5.
[2] Cfr. Lc 1,15.41; Hech 6,5.7.55.
[3] RÁBANO MAURO, *El universo*, I, 3: PL 111, 25; cfr. SAN ISIDORO DE SEVILLA, *Etimologías*, VII, 3, 20: PL, 82, 269.

tanto, lo que pedimos al Espíritu Santo es que nos llene de sí mismo, no solamente de alguno de sus dones, por muy sublime que sea. En un himno muy antiguo, que se atribuye a san Ambrosio, se pide al Espíritu Santo que «se derrame y llene el corazón de sí mismo»[4]. Este modo de expresarse llegará a ser común más adelante, precisamente por la influencia del *Veni creator*. La Secuencia de Pentecostés dirige al Espíritu la siguiente plegaria: *«Llena* el fondo del alma, divina luz». Y una antífona del siglo x, que se sigue utilizando en la liturgia, dice:

> «Ven, Espíritu Santo, *llena* los corazones de tus fieles y enciende en ellos la llama de tu amor».

También el autor del *Veni creator* pudo haber dicho directamente: «Llena *de ti* el corazón de tus fieles»; pero, al introducir la palabra «gracia», dio una nueva dimensión al discurso, enriqueciéndolo enormemente. Atrajo a la órbita del Espíritu toda la obra de Cristo. Estableció un nexo indisoluble entre *neumatología y cristología*. La gracia es, en efecto, el punto de encuentro entre la obra de Cristo y la del Espíritu: el primero es el *autor* de la gracia; el segundo es, por así decirlo, el *contenido*.

> «¿Qué quiere decir que Dios da la *gracia* a los humildes? ¡Pues que les da el Espíritu Santo!»[5].

Lo que pedimos, pues, con las palabras ya mencionadas, es nada menos que lo siguiente: que se realice para nosotros una nueva efusión del Espíritu, un nuevo Pentecostés. Pero ya conocemos la característica del himno, que es la de hacer brotar la aplicación práctica de las profundidades bíblicas y teológicas, la de fundir teología y espiritualidad, doctrina y experiencia. Por tanto, también esta vez tenemos que tratar de sacar a la luz los funda-

---

[4] Cfr. SAN AMBROSIO, *Nunc Sancte nobis Spiritus*, en *Opera omnia*, vol. 22 (Biblioteca Ambrosiana, Milán 1994) 88.
[5] SAN AGUSTÍN, *Discursos*, 270, 6: PL 38, 1243.

mentos teológicos, para llegar después a la decisión existencial expresada, *in crescendo,* por los tres verbos: «¡Ven, visita, llena!».

1. *El Espíritu Santo y el regreso de las criaturas a Dios*

Tras enfocar la obra del Espíritu Santo en la creación, san Basilio inicia un nuevo capítulo de su tratado diciendo:

> «Respecto al plan de salvación para el hombre por obra de nuestro gran Dios y Salvador Jesucristo (cfr. Tit 2,13), establecido según la bondad de Dios, ¿quién podría negar que se realiza por medio de la gracia del Espíritu Santo?»[6].

Un gran descubrimiento acerca del Espíritu Santo, que se irá concretando poco a poco, empieza a abrirse paso en estas palabras. De forma diacrónica -en relación con el *tiempo*-, el Espíritu Santo actúa primero en la creación y después en la redención; de forma sincrónica -en relación con el *espacio*-, actúa tanto en el ámbito del mundo como en el de la Iglesia.

La idea pasa al mundo latino donde posteriormente se va concretando. San Ambrosio, después de hablar del Espíritu creador, dedica toda una sección de su tratado al Espíritu en la economía de la salvación. Dice, entre otras cosas:

> «El Espíritu es el autor de la regeneración espiritual, en la que somos creados según Dios, para ser hijos de Dios»[7].

Por la primera creación, somos *criaturas* de Dios; por la segunda creación, somos también *hijos* de Dios. La nueva creación, por tanto, no es otra cosa que el nuevo nacimiento «de lo alto», o «del Espíritu», del que habla Jesús en el Evangelio (cfr. Jn 3,3.5). Según san Agustín, por la primera creación somos *hombres,* por la segunda somos *cristianos.* También el don de ser creados es gracia, por cuanto es dado gratuitamente; pero bien dis-

---

6 SAN BASILIO MAGNO, *Sobre el Espíritu Santo,* XVI, 39: PG 32, 140B.
7 SAN AMBROSIO, *El Espíritu Santo,* II, 62-69.

tinta es la gracia por la cual somos cristianos. En el primer caso no teníamos ningún mérito que nos hiciera *dignos* del don, en el segundo teníamos muchos deméritos que nos hacían *indignos* del mismo. Por eso no llamamos gracia a la creación, o la llamamos gracia sólo en un sentido genérico, mientras que reservamos el término de gracia a la redención[8].

El Espíritu, por tanto, actúa tanto en el orden de la naturaleza como en el de la gracia. Esta visión patrística la llevan a su apogeo los teólogos medievales. Hablando de creación y redención, san Buenaventura escribe:

> «Ambas obras están regadas por el poder del Espíritu Santo: las obras de la creación son conservadas por él, las obras de la redención son perfeccionadas por él»[9].

Santo Tomás de Aquino ha construido toda su *Summa theologica* sobre este esquema: «las criaturas salen de Dios», y «las criaturas vuelven a Dios». Dice así:

> «Conviene que, por aquellas cosas mediante las cuales al principio las criaturas han salido de Dios, por esas mismas cosas se produzca también su regreso a Dios... Por tanto, así como hemos sido creados por medio del Hijo y del Espíritu Santo, del mismo modo, por medio de ellos somos conducidos hacia nuestro fin último»[10].

Si en ello hay que hacer alguna distinción entre el Hijo y el Espíritus Santo, ésta, según uno de los primeros teólogos latinos que escribió sobre la Trinidad, consiste en el hecho de que al Hijo se le atribuye, en particular, la salida de Dios *(progressio)* y al Espíritu Santo su regreso *(regressus)* a Dios[11].

---

[8] Cfr. SAN AGUSTÍN, *Discursos*, 26, 5: CC 41, 351ss.
[9] SAN BUENAVENTURA, *Sermones sobre los santos*, I (Quaracchi, IX, p. 468).
[10] SANTO TOMÁS DE AQUINO, *El libro de las sentencias*, I d., 14, q. 2, a. 2.
[11] Cfr. MARIO VITORINO, *Himnos a la Trinidad*, 3, 72-73: CSEL. 83, I, 295.

El Espíritu Santo extiende, por tanto, su acción a lo largo de toda la historia de la salvación. Al igual que el sol, «en un extremo del cielo tiene su salida, y su órbita llega hasta el otro extremo: y no hay nada que escape a su calor» (Sal 19,7).

> «El Espíritu de Dios estuvo junto a los hombres desde el principio y en todas las economías de Dios, prediciendo el futuro, mostrando el presente y contando el pasado» [12].

No se trata de acotar para el Espíritu Santo unos ámbitos específicos de competencia, relegándolo a ellos, como tal vez se intentó hacer en el pasado. Al contrario, todo el cosmos y toda la historia le pertenecen; todo es de su competencia, como, naturalmente, todo, de distinta manera, es de competencia del Padre y del Hijo. Se trata más bien de descubrir la particular «impronta» que cada Persona confiere a las obras divinas.

Esto deja sin fundamento la tesis de Joaquín de Fiore, que al Espíritu Santo reservaba la tercera y última *época de la historia*. La idea de una tercera era puede ser correcta sólo si se aplica, no a la *realidad* y a la acción del Espíritu, sino a su *revelación* y a su forma de manifestarse a nosotros. En este sentido, la aplica san Gregorio Nacianceno, que distingue tres fases en la revelación de la Trinidad: en el Antiguo Testamento, se reveló plenamente el Padre y fue prometido y anunciado el Hijo; en el Nuevo Testamento, se ha revelado plenamente el Hijo y ha sido anunciado y prometido el Espíritu Santo; en el tiempo de la Iglesia, se conoce por fin de lleno al Espíritu Santo y se goza de su presencia [13].

2. ¿Qué novedad ha traído el Espíritu en Pentecostés?

Toda esta grandiosa visión resuena en las palabras de nuestro himno: «Llena de gracia celestial los corazones que has creado».

---

[12] SAN IRENEO, *Contra las herejías*, IV, 33, 1.
[13] Cfr. SAN GREGORIO NACIANCENO, *Discursos*, XXXI, 26: PG 36, 161ss.

Con ellas decimos lo siguiente: «¡Tú que eres el principio de nuestra creación, sé también el artífice de nuestra santificación!». No se podía afirmar de manera más clara y concisa que el Espíritu de la creación es también el Espíritu de la redención. La palabra «gracia» es la «ventana» que nos abre de par en par este nuevo horizonte. Se refiere a Cristo, a la Iglesia, a los sacramentos, a las virtudes teologales de fe, esperanza y caridad. Nos transporta a un terreno nuevo y distinto con respecto al que evoca la palabra «creador» en el primer verso. La gracia, en el lenguaje cristiano, es siempre «gracia de Cristo». A diferencia del uso profano, la palabra nunca indica, en el Nuevo Testamento, los dones naturales o de las criaturas, sino siempre el don, o los dones, sobrenaturales. El Espíritu «de Dios» se concreta, pues, en la segunda parte de la estrofa, como Espíritu «de Cristo».

Pero no se trata de sustituir un Espíritu a otro, de negar, o poner entre paréntesis, la obra de la creación, para afirmar la de la redención, la naturaleza por la gracia. Se trata, por el contrario, de añadir la gracia a la naturaleza, los dones sobrenaturales del Espíritu a los naturales. Por eso nosotros invocamos, al mismo tiempo, al Espíritu como creador y como gracia, y decimos: «¡Ven!», simultáneamente al uno y al otro. La gracia, en efecto, no destruye la naturaleza, sino que «se superpone a ella» y construye sobre ella. Esto también después del pecado, ya que el pecado ha «herido» la naturaleza, pero no la ha corrompido del todo. Desde este punto de vista, la nueva creación es una restauración, una renovación, una elevación, no una creación *ex nihilo,* de la nada, como la primera.

El Espíritu «llena de gracia divina» los corazones que él mismo, y no otro, ha creado. Aquello que los Padres declararon contra Marción y los maniqueos, hablando de Cristo, vale también para el Espíritu Santo: no hay dos economías diferentes y opuestas, pertenecientes a dos Espíritus distintos, sino que uno solo es Dios, uno solo el Verbo, uno solo el Espíritu. Se afirma la continuidad al mismo tiempo que la novedad.

Sin embargo, si no es necesario negar al Espíritu de la creación para aceptar al de la gracia, tampoco está permitido ya conformarse con el simple Espíritu creador, renunciando al Espíritu de
Cristo. Es el mismo Espíritu Santo quien nos impulsa a dar un salto hacia adelante. Negarse a hacerlo es oponer resistencia al
Espíritu Santo (cfr. Hech 7,51).

No obstante, tenemos que precisar en seguida que la diferencia entre el Espíritu creador y el Espíritu redentor no coincide con
la diferencia entre Antiguo Testamento y Nuevo Testamento. El
Espíritu de la gracia, en efecto, está actuando ya en la ley para preparar el Evangelio. El que hablaba por los profetas era ya el
Espíritu de Cristo (cfr. 1 Pe 1,11). En cuanto a la realidad del
Espíritu, existe también, con Israel y con el pueblo judío, un vínculo distinto, más profundo, con respecto a los otros pueblos y a las
otras religiones.

La diferencia entre Espíritu creador y Espíritu redentor tampoco coincide exactamente con la diferencia entre el *mundo* y la
Iglesia, como si, fuera de ésta, en el ámbito del mundo, el Espíritu
actuara sólo como creador y no también como Espíritu de Cristo.
El Concilio Vaticano II afirma:

> «El Espíritu Santo ofrece a todo ser humano la posibilidad de ser
> asociado al misterio pascual, *de un modo que sólo Dios conoce*»[14].

Por tanto, así como ya no podemos decir: «Fuera de la Iglesia
no hay salvación» (al menos en el sentido en que se decía antaño),
del mismo modo ya no podemos decir: «Fuera de la Iglesia no hay
Espíritu Santo». También como Espíritu «de Cristo», que hace presente la salvación que él llevó a cabo (¡el misterio pascual!), el
Espíritu Santo actúa, misteriosamente fuera de los confines visibles de la Iglesia, aunque no sin hacer referencia a ella.

---

[14] *Gaudium et spes*, n. 22.

¿Qué novedad ha traído entonces el Espíritu con la venida de Cristo y con Pentecostés? La respuesta es la misma que san Ireneo daba para Cristo: «Ha traído todas las novedades al traerse a sí mismo»[15]. Aquel que antiguamente bajaba de manera parcial y ocasional sobre los profetas, ahora, en Cristo, está entre nosotros de un modo estable y personal:

> «Por eso (el Espíritu) descendió sobre el Hijo de Dios, convertido en Hijo del hombre: con él se iba acostumbrando a vivir en el género humano, a reposar sobre los hombres (cfr. Is 11,2; 1 Pe 4,14) y a habitar en la criatura de Dios; realizaba en ellos la voluntad de Dios y los renovaba llevándolos de la vetustez a la novedad de Cristo»[16].

Hasta que el Verbo no «fijó su tienda entre nosotros», tampoco el Espíritu Santo pudo hacerlo; antes de que el Espíritu viniera a establecerse en Jesús (cfr. Jn 1,33), no podía venir a establecerse en nosotros. Más adelante, con un lenguaje más evolucionado, se dirá que antes de Pentecostés el Espíritu estaba presente en el mundo con sus dones y su poder, mientras que a partir de Pentecostés él está presente hipostáticamente, con su persona:

> «En los profetas había una iluminación riquísima del Espíritu Santo. Pero en los fieles no existe sólo esta iluminación; es el propio Espíritu quien vive y habita en nosotros. A nosotros se nos llama templo de Dios, cosa que jamás se dijo de los profetas»[17].

Del ámbito de la creación hemos pasado así al de la conversión. Con el pecado, el ser humano ha transformado la *salida* de las criaturas de Dios -la creación- en un *alejamiento* de Dios *(aversio a Deo);* éste es el motivo por el cual el movimiento de *regreso* de las criaturas a Dios ya no puede realizarse sino mediante una *conversión a Dios (conversio ad Deum).* La salida y el regreso indi-

---

[15] SAN IRENEO, *Contra las herejías*, IV, 34, 1.
[16] Ibíd., III, 17, 1.
[17] San CIRILO DE ALEJANDRÍA, *Comentario al Evangelio de Juan*, 5, 2: PG 73, 757 A.

can dos movimientos objetivos, universales, independientes del hombre. Le guste o no le guste, el ser humano ha salido de Dios y va a volver a Dios, aunque sea como juez, si no como premio. En cambio, alejarse de Dios y convertirse a él indican dos movimientos subjetivos, dos decisiones libres del hombre. Puesto que el ser humano ha transformado la salida de Dios en un volverle la espalda, ahora tiene que transformar el simple regreso a Dios en una conversión a él. Y es en este proceso de conversión donde ahora se ve la acción del Espíritu Santo.

El papel del Espíritu Santo, en el regreso de las criaturas a Dios, es destacado también mediante el asunto del *jubileo*. Junto con el «quincuagésimo día», o «día de Pentecostés», la Biblia habla también de un «quincuagésimo año», o «año de Pentecostés». Es el año en que la tierra descansará, los esclavos serán liberados y «cada uno recobrará sus propiedades» (cfr. Lv 25,10-13). Los teólogos medievales se inspiraron en esto para afirmar que Pentecostés marca la entrada en el descanso escatológico, la remisión de las deudas, la ruptura de todas las cadenas y el momento en que la humanidad vuelve a recuperar el estado en el que se encontraba antes de convertirse en esclava, a causa del pecado:

> «Manifiesta el jubileo / este día, si de la fiesta / indagamos el misterio»[18].

3. *El Espíritu de la gracia*

Ya está claro: el mensaje de esta parte del *Veni creator* está todo encerrado en la palabra «gracia». Éste es el «panal» del que ahora tenemos que «sacar la miel», la llave que tiene que abrirnos una nueva habitación en el gran tesoro que es la revelación sobre

---

[18] ADÁN DE SAN VÍCTOR, *Pentecostés*: AHMA 54, 243: «Typum gerit iubilaei / dies iste, si diei / requiris mysteria»; cfr. también ORÍGENES, *Los Numeros*, 5,2: GCS 30, 28; RUPERTO DE DEUTZ, *El Levítico*, II, 41: CM 22, 907; ÍD, *Libro de los Oficios divinos*, 12: CM 7, 347ss; ERMANO DE RUNA, *Sermones festivos*, 34, 1: CM 64, 142.

el Espíritu Santo. «Gracia» es una de las palabras que debemos reverdecer y actualizar, porque se ha estropeado, lo mismo que se estropea un fresco que ha sido restaurado demasiadas veces.

Lo primero que salta a la vista, cuando leemos el Nuevo Testamento y sobre todo a Pablo, es la gran semejanza, por no decir equivalencia, entre Espíritu Santo y gracia. Ambas realidades aparecen juntas una vez en la expresión «el Espíritu de la gracia» (Heb 10,29). Pero la demostración principal reside en las prerrogativas, a menudo idénticas, que se atribuyen a una y a otra realidad. En ocasiones, donde aparece «Espíritu Santo» podemos leer «gracia», y viceversa, sin que el sentido del texto sea mínimamente alterado.

La identificación entre gracia y Espíritu Santo se hace explícita en los Padres, en cuanto empieza la reflexión sobre la naturaleza divina del Paráclito:

> «Así como es del Padre y del Hijo, la gracia es también del Espíritu Santo. ¿Cómo puede, de hecho, haber gracia sin el Espíritu, cuando toda gracia divina está en el Espíritu?»[19].

¿Qué es lo que destaca, acerca del Espíritu Santo, este estrecho parentesco con la gracia? Lo primero es su *gratuidad*. El Espíritu Santo, como gracia, es el don absolutamente gratuito, inmerecido, de Dios a los hombres. Lo segundo es *su historicidad,* es decir, su procedencia del evento redentor de la muerte y resurrección de Cristo. El Espíritu Santo del que viven los cristianos no es una realidad intemporal, vaga, que envuelve al creyente un poco como hace la atmósfera con la tierra. Con Cristo ha entrado en la historia y, mediante el bautismo, en la vida de todo creyente.

Y, por el contrario, respecto a la gracia, ¿qué es lo que destaca su estrecho parentesco con el Espíritu Santo? Primero, que la gracia no es sólo una benévola disposición, o una «buena voluntad»

---

19 SAN AMBROSIO, *El Espíritu Santo*, I, 127; cfr. DÍDIMO DE ALEJANDRÍA, *El Espíritu Santo*, 16: PG 39, 1048ss.

por parte de Dios hacia nosotros; no es algo sólo intencional, sino real. Segundo, que es un acontecimiento, un acto concreto, una intervención nueva y personal de Dios, comparable a la intervención inicial de la creación. La gracia, en su significado fundamental, no es algo que Dios encuentra en el hombre, por cualquier motivo, y que lo hace grato a él; antes bien, es el mismo acto de Dios que lo hace ser justo y grato a él. La gracia es, ante todo, gracia «de Dios», no «del hombre». Después, una vez que el hombre la ha recibido, la gracia no es sólo un título jurídico que le da derecho a la salvación, una especie de salvoconducto; es un poder real, así como es un poder real el del Espíritu Santo.

La gracia es algo que se experimenta. Lo mismo que ocurre con el Espíritu Santo, no solamente podemos tener de ella una idea, un concepto, o incluso una fe (si, por fe, entendemos únicamente el consentimiento de la mente), sino que podemos -y es normal que lo hagamos- experimentarla. Esto está muy claro en la Escritura[20]. Un día, «el Espíritu Santo llenó de alegría a Jesús, que dijo...» (Lc 10,21); la acción del Espíritu es la fuente de esta oleada de alegría que brota del corazón de Cristo y lo impulsa a bendecir, alabar y dar gracias al Padre. Lo mismo ocurre con Pablo. Cuando él escribe que «la esperanza no engaña porque, al darnos el Espíritu Santo, Dios ha derramado su amor en nuestros corazones» (Rom 5,5), o cuando habla del Espíritu que «se une al nuestro para dar testimonio de que somos hijos de Dios», o del Espíritu que «viene en ayuda de nuestra flaqueza» e intercede por nosotros «con gemidos inefables» (Rom 8,16.26), no está haciendo una simple declaración de principios: más bien, intenta traducir en palabras algo que ha experimentado y sigue experimentando en su corazón y que lo conmueve. No se trata de una experiencia sólo individual, sino colectiva. Expresiones como: «Dios nos ha dado su Espíritu», «vosotros habéis recibido el Espíritu», «el Espíritu habita en vosotros», dejan entrever claramente un hecho del que todos son conscientes, del que todos están convencidos.

---

[20] Cfr. J. D. G. DUNN, *Jesus and the Spirit* (Londres 19759 201.

El Apóstol habla, pues, tanto del Espíritu Santo como de la gracia, como de algo que se puede experimentar, en el sentido espiritual, no material, obviamente. A la definición de la divinidad del Espíritu Santo, en el concilio ecuménico de Constantinopla del 381, se llegó precisamente a partir de la experiencia que de él tenía la comunidad durante el culto, en el martirio y en la vida cristiana en general. Si el Espíritu Santo nos diviniza, no hay duda de que es Dios: éste era el argumento que constantemente repetía Atanasio[21]. Primero viene la experiencia -nos diviniza o nos santifica- y después la afirmación dogmática: es Dios.

¿Cómo se sitúa el *Veni creator* en relación con esta visión del Espíritu Santo y de la gracia? Ya he mencionado lo que el autor del *Veni creator* escribe, en otra de sus obras, acerca del título de «gracia». Dice que al Espíritu Santo se le llama gracia porque se nos da gratuitamente *(gratis datur)*. Más adelante, en la teología escolástica, las cosas cambian sensiblemente. A la gracia del Espíritu Santo se la califica como gracia que nos hace gratos a Dios *(gratum faciens)*, mientras que la denominación de «dada gratuitamente» *(gratis datum)*, quedará reservada a los carismas. De ese modo, será el carisma, y no la gracia, quien encarne la idea originaria y más intensa de gracia. Santo Tomás de Aquino escribe:

> «En el mismo don de la gracia que nos hace gratos a Dios, es el Espíritu Santo el que se posee a sí mismo y que habita en el hombre, por tanto es el mismo Espíritu Santo el que es dado y enviado»[22].

Como vemos, él mantiene sólidamente la doctrina que fuera también de san Agustín, según la cual, en la gracia, no poseemos solamente algún que otro don distinto a él, sino la misma persona del Espíritu Santo. Suya es esa expresión tan intensa: «La gracia *del* Espíritu Santo», que significa «la gracia que *es* el Espíritu Santo»[23].

---

[21] San Atanasio, *Cartas a Serapio*, I, 22-26: PG 26, 581ss.
[22] Santo Tomás de Aquino, *Summa theologica*, I, q. 43, a. 3.
[23] Ibíd., I-II, q. 106, a. 1; cfr. San Agustín, *El Espíritu y la letra*, 21, 36.

Más tarde, sin embargo, el hecho de haber calificado al Espíritu Santo como la gracia «que nos hace gratos a Dios» llevará a destacar cada vez más la gracia «creada», es decir, la gracia como «cualidad» o «hábito» inherente al alma que determina su «estado de gracia». No se puede, en efecto, definir la gracia santificante como «lo que hace al hombre grato a Dios», sin pasar, con eso mismo, del momento del don de la gracia al momento siguiente: de la gracia como *acto* de Dios a la gracia como po*sesión* del hombre. El efecto creado, y no el acto creador de la justificación, ocupa, en este caso, el centro del interés. Todo eso se acentuó durante la polémica contra los Reformadores. El concilio de Trento presenta la gracia de la justificación sobre todo como un don creado, o sea, un efecto sobrenatural producido por Dios en el alma: un don del que Dios es «la causa eficiente» y que no puede, por eso mismo, identificarse con el Espíritu Santo[24].

Sabemos que sólo es una diferencia de perspectiva, o de punto de partida; ni siquiera el concilio de Trento pretendió negar que, en cierto sentido, la gracia se identifica con el mismo Espíritu Santo que habita en el alma. Así y todo, ¡qué estrechamiento de horizonte, con respecto al Nuevo Testamento, a causa de las preocupaciones polémicas del momento! Cada vez que los cristianos se han dividido entre sí, algo del patrimonio común se ha perdido, fraccionado y dividido. Como un políptico del que una parte acaba en un museo y otra en otro: nadie puede, después, admirar la obra pictórica en toda la belleza de su conjunto.

La polémica contra los pelagianos ha restringido el campo a la gracia «sanadora» y «auxiliar»; la polémica contra los protestantes ha restringido ulteriormente la atención por la gracia «creada». El don que se nos ha concedido ahora, en el nuevo clima instaurado por el diálogo ecuménico, es el de volver a juntar las partes de la herencia dividida, volver a encontrar el «todo» inicial, sin ignorar por ello las riquezas y las aclaraciones que han surgido a lo largo de las numerosas controversias sobre la gracia.

---

[24] Cfr. DS 1529.

Precisamente en este camino, nos es de gran ayuda el *Veni creator*. Escrito antes del advenimiento de la Escolástica y de las controversias sucesivas, nos vuelve a acercar al dato bíblico de partida. En su esencialidad y concisión, nos permite abarcar el «todo», en el que gracia y Espíritu Santo aparecen fundidos, que no confundidos. Y abarcarlo no de un modo estático y cerrado, sino en su perenne e incesante venir a nuestro encuentro.

4. *El bautismo del Espíritu*

La primera estrofa del *Veni creator* está como atravesada por esos tres verbos puestos en posición fuerte, al comienzo y al final del verso: «¡Ven, visita, llena!». Ellos confieren a toda la estrofa un gran impulso, como en un *crescendo* musical. Pero esos tres verbos, bien pensado, plantean también un serio problema a nuestra teología. ¿Cómo puede la Iglesia repetir al Espíritu Santo: «¡Ven, visita, llena!»? ¿Acaso no cree que ha recibido ya el Espíritu Santo en Pentecostés, y posteriormente, de manera individual, en el bautismo? ¿Qué significa decir: «¡Ven!» a alguien que sabemos que ya está presente?

El problema se plantea también para la Escritura. El día de Pentecostés todos quedaron llenos del Espíritu Santo: pero he aquí que, no mucho tiempo después, hubo una especie de segundo Pentecostés, en el que de nuevo todos «quedaron llenos del Espíritu Santo» y entre ellos también algunos de los apóstoles que ya habían estado presentes en el primer Pentecostés (Hech 4,31). Pablo recomienda a algunos cristianos, bautizados desde hace tiempo y activos en la comunidad, que se llenen del Espíritu (cfr. Ef 5,18), como si antes no lo hubieran hecho.

Esta aparente contradicción en realidad es un indicio valioso que puede conducirnos a hacer un descubrimiento. Santo Tomás de Aquino nos da una explicación teológica de las nuevas «venidas» del Espíritu Santo en nosotros. Observa, ante todo, que el

Espíritu Santo «viene» no porque se desplace de lugar, sino «porque *con la gracia* empieza a estar, de un modo nuevo, en aquellos a quienes convierte en templo de Dios»[25].

> «Hay una misión invisible del Espíritu cada vez que se produce un avance en la virtud o un aumento de gracia... ; cuando alguien pasa a una nueva actividad o a un nuevo estado de gracia; por ejemplo, cuando recibe la gracia de hacer milagros o el don de profecía, cuando, impulsado por un amor ardiente, se expone al martirio, o renuncia a sus bienes, o emprende cualquier otra cosa ardua y comprometida»[26].

Pero más importante aún que la explicación que se pueda dar de ello, es el hecho. El nuevo Pentecostés se está produciendo. Siempre lo ha hecho, pero recientemente ha adquirido proporciones nuevas, que jamás se habían conocido. A comienzos del siglo xx, con la aparición del fenómeno pentecostal, y después, hacia la mitad del mismo, con los distintos movimientos carismáticos que se han ido manifestando dentro de las Iglesias tradicionales. En opinión de muchos, se trata del movimiento espiritual de proporciones más amplias de toda la historia de la Iglesia: en unos ochenta años, ha habido un crecimiento de cero a cuatrocientos millones de personas.

En este contexto, hay que mencionar el llamado bautismo del Espíritu, que es la gracia propia de todo este amplio despertar espiritual. Se trata de un rito hecho de gestos de una gran sencillez, acompañado por actitudes de humildad, de arrepentimiento, de disponibilidad a hacernos niños, para entrar en el Reino. Es una renovación y una actualización de toda la iniciación cristiana, no solamente del bautismo. El interesado se prepara para ello, no solamente con una buena confesión, sino participando en catequesis, donde se le recuerdan, de manera viva y gozosa, las principales verdades y realidades de la fe: el amor de Dios, el pecado,

---

[25] Santo Tomas de Aquino, *Comentario al Evangelio de Juan*, XV, n. 2061.
[26] Íd., *Summa theologica*, I, q. 43, a. 6, ad 2; cfr. F. Sullivan: *Dict. Spir.*, 12, 1045.

la salvación, la vida nueva, la transformación en Cristo, los carismas, los frutos del Espíritu. Y todo en un clima caracterizado por
una profunda comunión fraterna.

Otras veces, en cambio, todo se produce de manera espontánea, fuera de todo esquema, y uno se siente como «sorprendido»
por el Espíritu. Un hombre ha dado este testimonio:

> «Iba en avión y estaba leyendo el último capítulo de un libro sobre
> el Espíritu Santo. En un momento dado, fue como si el Espíritu
> Santo saliera de las páginas del libro y entrara en mi cuerpo. De
> mis ojos empezaron a salir ríos de lágrimas. Me puse a rezar. Me
> sentía sobrepasado por una fuerza muy superior a mí»[27].

El efecto más común de esta gracia es que el Espíritu Santo,
de objeto de fe intelectual, más o menos abstracto, se transforma
(como ya hemos dicho que tiene que ser por su naturaleza) en una
experiencia. Un conocido teólogo ha escrito:

> «No podemos negar que el hombre puede hacer en esta vida cier-
> tas *experiencias* de gracia, que le dan una sensación de
> liberación, le abren horizontes del todo nuevos, se graban profun-
> damente en él y le transforman, moldeando, incluso durante
> mucho tiempo, su actitud cristiana más íntima. Nada impide lla-
> mar a estas experiencias *bautismo del Espíritu*»[28].

A través de lo que se llama, precisamente, bautismo del
Espíritu, hacemos experiencia del Espíritu Santo, de su unción en
la oración, de su poder en el ministerio apostólico, de su consuelo
en la prueba, de su luz en las decisiones. Aun antes que en la
manifestación de los carismas, es así como le percibimos: como
Espíritu que nos transforma interiormente, nos da el gusto de alabar a Dios, nos hace descubrir una nueva alegría, nos abre la mente a la comprensión de las Escrituras y sobre todo nos enseña a
proclamar que Jesús es «Señor». O bien nos da el valor de afrontar
tareas nuevas y difíciles, para el servicio de Dios y del prójimo.

---

[27] En «New Covenant» (Ann Arbor, Michigan), junio de 1984, p. 12.
[28] K. RAHNER, *Erfahrung des Geistes. Meditation auf Pfingsten* (Herder, Friburgo 1977).

Así es como describía los efectos del bautismo del Espíritu sobre sí misma y sobre el grupo, una de las personas que estaban presentes en el retiro de 1967, donde comenzó la Renovación carismática en la Iglesia católica:

> «Nuestra fe se ha hecho más viva; nuestro creer se ha convertido en una especie de conocimiento. De repente, lo sobrenatural se ha hecho más real que lo natural. En una palabra, Jesús es un ser vivo para nosotros. Intento abrir el Nuevo Testamento y leerlo como si fuera literalmente cierto ahora, cada palabra, cada renglón. La oración y los sacramentos han llegado a ser realmente nuestro pan de cada día, dejando de ser unas genéricas "prácticas piadosas". Un amor por las Escrituras que nunca me hubiera imaginado, una transformación de nuestras relaciones con los demás, una necesidad y una fuerza de dar testimonio más allá de toda expectativa: todo esto ha llegado a formar parte de nuestra vida. La experiencia inicial del bautismo del Espíritu no nos ha proporcionado una especial emoción externa, pero nuestra vida se ha llenado de serenidad, confianza, alegría y paz .. Hemos cantado el *Veni creator Spiritus* antes de cada reunión, tomando en serio lo que decíamos, y no nos hemos visto defraudados... También hemos sido inundados de carismas, y todo esto nos sitúa en una perfecta atmósfera ecuménica»[29].

¿Cómo explicar la extraordinaria eficacia de este gesto tan sencillo, que renueva y hace presente Pentecostés? Las palabras de santo Tomás de Aquino, que hemos mencionado antes, nos han dado ya una explicación. Hay una nueva misión del Espíritu Santo, y por tanto una nueva venida suya, cada vez que, en la vida espiritual o en el ministerio, nos encontramos ante una nueva necesidad o una tarea que realizar que requieren un nuevo nivel de gracia. Esta «aceleración» en el camino de la gracia, suele estar ligada a la recepción de un sacramento, aunque no necesariamente, como da a entender el propio santo Tomás de Aquino.

---

[29] Testimonio citado en P. G. MANSFIELD, *As by a new Pentecost* (Steubenville 1992) 25ss.

También san Ambrosio, hablando en su estilo más poético que conceptual, expresa el mismo convencimiento. Dice que, además de la Eucaristía (el cáliz de la salvación) y las Escrituras, es decir, los signos sacramentales, hay otro camino por el cual se produce la «sobria embriaguez del Espíritu», un camino pentecostal, o sea, libre, imprevisible, que no está sujeto a signos instituidos, que sólo depende de la soberana y libre iniciativa de Dios:

> «Buena cosa es embriagarse con el cáliz de la salvación. Pero hay otra embriaguez que procede de la sobreabundancia de las Escrituras y hay también una tercera embriaguez que se produce mediante la penetrante lluvia del Espíritu Santo. Ella fue la que hizo que, según los Hechos de los Apóstoles, quienes hablaban en lenguas extrañas fueran considerados como borrachos por los oyentes»[30].

Pentecostés fue el primer bautismo del Espíritu. Jesús, al anunciar Pentecostés, dijo:

> «Juan bautizó con agua, pero vosotros seréis *bautizados con Espíritu Santo* dentro de pocos días» (Hech 1,5).

Él mismo fue presentado por el Padre al mundo como «aquel que *bautizará con Espíritu Santo*» (Jn 1,33). En toda su obra, no solamente a través del bautismo por él instituido, Jesús «bautiza con Espíritu Santo». Toda su obra mesiánica consiste en derramar el Espíritu sobre la tierra.

El bautismo del Espíritu, del que se ha vuelto a hablar en la Iglesia, es una de las maneras con las que Jesús resucitado continúa esta su obra esencial, que consiste en bautizar a la humanidad «en el Espíritu». Esto se tiene que explicar como una renovación del *evento* de Pentecostés y del *sacramento* del bautismo y de la iniciación cristiana en general, a pesar de que ambas cosas, en la realidad, coinciden y por tanto no deberían nunca estar separadas y contrapuestas. Será el fruto más importante del diálogo entre

---

[30] San Ambrosio, *Comentario a los salmos*, 35, 19: CSEL 64, 63ss.

Iglesias tradicionales e Iglesias pentecostales llegar a reconocer esto: que ni Pentecostés puede estar sin los sacramentos (sobre todo sin el bautismo de agua), ni los sacramentos sin Pentecostés.

5. ¡Ven, visita, llena!

¿Qué hace falta para que también nosotros podamos hacer esta experiencia pentecostal? Primero, pedir con insistencia el Espíritu Santo al Padre, en el nombre de Jesús, ¡y esperar a que el Padre responda! Hay que tener una fe llena de esperanza. ¿Sobre quién viene el Espíritu Santo?, se preguntaba san Buenaventura, y contestaba con su acostumbrada concisión: «Viene donde es amado, donde es invitado, donde es esperado»[31]. Es incontable el número de personas que, en este siglo, han sentido en su alma el susurro del Espíritu al tiempo que, junto con otras, invocaban su venida con las palabras del canto «pentecostal»

> «¡Espíritu del Dios vivo, ven otra vez a mí: derríteme, moldéame, lléname, utilízame!»[32].

Hay regiones en las que es costumbre invitar a entrar y a compartir lo que uno está comiendo, a toda persona que llega a casa a la hora de comer. Pero se sabe que la persona invitada, educadamente también, declinará la invitación. Es más, se sorprenderían y seguramente en el fondo se sentirían contrariados si, por el contrario, el invitado contestara en seguida: «¡Sí, con mucho gusto!». A veces, sin darnos cuenta, invitamos al Espíritu Santo de esta forma convencional, no real. En cambio, tenemos que repetir esas

---

[31] SAN BUENAVENTURA, *Sermón para el IV Domingo después de Pascua*, 2 (Quaracchi. IX, p. 311).

[32] En el texto original: «Spirit of the living God, fall afresh on me: melt me, mould me, fill me, use me. Spirit of the living God, fall afresh on me».

tres invitaciones como quien está seguro de que serán tomadas muy en serio y acogidas.

En la oración tenemos que ser, además, unánimes y perseverantes, como lo fueron los apóstoles con María en el cenáculo, uniéndonos, a ser posible, a otras personas que hayan hecho ya la experiencia de un nuevo Pentecostés y que nos pueden ayudar a prepararnos y a vencer todo temor.

También tenemos que estar preparados a que algo cambie en nuestra vida. No podemos invitar al Espíritu Santo a venir, a llenarnos, con tal de que lo deje todo como estaba. «Lo que el Espíritu toca, el Espíritu cambia», decían los Padres[33]. El que clama: «¡Ven, visita, llena!», por eso mismo, se entrega al Espíritu, le da las riendas de su vida, o las llaves de su casa. ¡Entregarse al Padre, para que el Padre nos entregue su Espíritu! Es la condición.

No podemos repetir: «¡Ven, visita, llena!», dejando que una vocecita secreta, la de la carne, añada en voz baja: «¡Pero, por favor, nada de cosas raras, nada que se salga de lo normal!». Los apóstoles no tuvieron miedo de que les tomaran por borrachos. No es de extrañar que, en determinados casos, los «muros de Jericó», al derrumbarse, hagan un poco de estruendo, o levanten humo y polvo; me refiero al llanto, o a otro tipo de reacciones «disparatadas» en el cuerpo. Desde luego no es el Espíritu el que provoca directamente estas manifestaciones: es la carne que, a veces, no está preparada para el impacto con el Espíritu y reacciona como lo haría el agua fría puesta en contacto con un hierro al rojo vivo. Pero tampoco es algo de lo que haya que tener miedo y avergonzarse. En la misa del día de Pentecostés la Iglesia hace esta plegaria:

«Oh Dios, renueva en nuestros días, en la comunidad de los creyentes, los prodigios que realizaste al comienzo de la predicación del Evangelio».

---

[33] SAN CIRILO DE JERUSALÉN, Catequesis mistagógica, V,7.

Pero, ¿cómo podemos decir estas palabras, si en cuanto el Espíritu Santo empieza a realizar en serio lo que le pedimos, gritamos asustados: «¡Así no, así no!», y de aquellos que muestran los efectos de su venida decimos: «Están borrachos»?

Y terminamos con las palabras inspiradas que un obispo oriental pronunció en una solemne asamblea ecuménica:

Sin el Espíritu Santo,
Dios está lejos;
Cristo queda en el pasado
el Evangelio es letra muerta;
la Iglesia, una simple organización;
la autoridad, una dominación;
la misión, una propaganda;
el culto, una simple evocación;
la vida cristiana, una moral de esclavos.

En cambio, con el Espíritu Santo,
el cosmos se levanta
y gime en el parto del Reino;
el hombre lucha contra la carne;
Cristo está presente;
el Evangelio es fuerza de vida;
la Iglesia, signo de comunión trinitaria;
la autoridad, servicio liberador;
la misión, un Pentecostés;
la liturgia, memorial y anticipación;
la vida humana es divinizada[34].

---

[34] IGNACIO DE LATAKIA, *Discurso a la III Asamblea Mundial de las Iglesias,* julio de 1968, en *The Uppsala Report* (Ginebra 1969) 298.

IV

TÚ QUE TE LLAMAS PARÁCLITO

El Espíritu Santo nos enseña a ser paráclitos

San Serafín de Sarov decía a uno de sus discípulos:

> «Hay que orar sólo hasta el momento en que el Espíritu Santo baje sobre nosotros y nos conceda, en una medida que sólo él conoce, la gracia celestial. Una vez que hayamos recibido su visita, tenemos que dejar de invocarle. En efecto, ¿de qué sirve implorarle diciendo: "Ven, pon tu morada en nosotros, purifícanos de toda mancha y salva nuestras almas, tú que eres todo bondad", si ya ha venido?»[1].

Lo contrario sería como invitar a alguien a casa y después, una vez que ya ha venido y está allí presente, seguir repitiéndole con monótona insistencia: «¡Ven a visitarme!». Un hombre así demostraría que ni él mismo sabe lo que dice.

También para nosotros ha llegado ya el momento de dejar de decirle al Espíritu: «¡Ven, visítanos, llénanos de la gracia celestial!», y de empezar a creer que de una forma y en una medida que sólo él conoce, ha venido y está en cada uno de nosotros. En efecto, en este momento del *Veni creator,* la *invocación* al Espíritu deja sitio a la *contemplación* del mismo. Si imaginamos el *Veni creator* como una sinfonía, aquí comienza el segundo movimiento, que suele ser un «adagio», o «largo», o «calmo», después de un primer movimiento «mosso», «impetuoso» o «fortíssimo», como ha sido precisamente la primera estrofa del himno.

---

[1] I. GORAÏNOFF, *Serafín de Sarov* (Turín 1981) 162.

1. *La obra santificadora del Espíritu*

La segunda estrofa del *Veni creator*, traducida al pie de la letra, dice así:

«Tú, que eres Paráclito,
don de Dios altísimo,
agua viva, fuego, amor
y espiritual unción».

Empieza una larga y emocionada contemplación del Espíritu Santo en la Iglesia. El Espíritu del que se habla, ya es exactamente el Espíritu de la gracia, del regreso a Dios; el Espíritu de la redención que actúa en plenitud en la Iglesia.

También desde el punto de visita literario, el himno cambia de registro. A la *epíclêsis* o invocación («¡Ven, visita, llena!»), sigue la *eulogía*, es decir, el elogio del Espíritu. Según el esquema tradicional, el elogio es introducido por la fórmula «Tú que...», y consiste en una serie de títulos, de méritos, o de hechos, en los que hacemos hincapié para ser escuchados. Se trata, al mismo tiempo, de un reconocimiento. O sea, no mencionamos estas cualidades sólo para propiciarnos a la divinidad, con un espíritu de adulación, sino con un ímpetu de sincera y gratuita admiración, alabanza y entusiasmo. Así es, desde luego, en nuestro caso.

La *eulogía* está constituida, en nuestro himno, por una serie de títulos o símbolos del Espíritu Santo, extraídos todos ellos, sin excepción, de la Biblia. Y aquí está su fuerza. El *Veni creator* es como una red de mallas anchas que ha sido echada en el gran mar de las Escrituras y que sólo recoge y retiene los «peces», o las perlas, más grandes. El autor se limita a ensartar estas perlas entre sí con el humilde hilo de la métrica, siguiendo un diseño teológico muy concreto, y ofrecerlas a la Iglesia como un espléndido collar, para ponerlo en su cuello de esposa, o como un rosario con el que rezar, contemplando al Espíritu. En este sentido, hay una gran afinidad entre el *Veni creator* y el cántico de María, el Magnificat. Con títulos y expresiones extraídos casi todos de la Escritura, María crea una plegaria fresca, personal, nueva; tan nueva que nadie podría hacerla del todo suya, excepto ella. Es la característica inimitable de la Escritura, que continúa, en distinto grado, en la Tradición: decir con palabras antiguas cosas nuevas; con pocas palabras, verdades profundas.

Esta parte contemplativa abarca la segunda y la tercera estrofa del *Veni* creator, pero con una importantísima diferencia entre una y otra que, por sí sola, bastaría para mostrar la profundidad teológica y la inspiración exquisitamente bíblica del himno.

En la Biblia aparecen sucesivamente dos maneras diferentes en las que el Espíritu de Dios actúa y se manifiesta.

El primer renglón, que podemos llamar *carismático*, es el que presenta al Espíritu Santo como una fuerza divina que irrumpe, en determinadas ocasiones, sobre personas particulares, haciéndolas capaces de acciones y servicios que están más allá de las posibilidades humanas. El Espíritu viene sobre una persona y la llena de sabiduría o de capacidades artísticas para embellecer el templo (Ex 31,3; 35,31); viene sobre otra y le infunde el carisma profético (Mq 3,8), o excepcionales dotes de gobierno (Is 11,2), o una fuerza física sobrehumana para liberar al pueblo (Jue 13,25).

El segundo renglón, que podemos llamar *santificador*, es, en cambio, el que empieza a manifestarse en los profetas y en los Salmos durante y después del exilio. Por ejemplo, en Ezequiel, donde Dios anuncia:

> «Os daré un corazón nuevo y os infundiré un espíritu nuevo... Infundiré mi espíritu en vosotros y haré que viváis según mis mandamientos» (Ez 36,26-27).

O bien en el Salmo 51 que, por primera vez, llama al Espíritu «santo», asociándolo a un proceso de purificación y renovación del corazón (cfr. Sal 51,12ss).

La diferencia fundamental entre los dos modos de actuar está en que en el primer caso la acción del Espíritu pasa a través de la

persona que la recibe, pero no se queda en ella; más que su provecho espiritual, le preocupa el bien de toda la comunidad. Puede que
la persona no mejore en absoluto a causa del carisma que está ejer-
ciendo: puede, incluso, abusar de él y convertirlo en motivo de
reprobación. En el segundo caso, en cambio, la acción del Espíritu
permanece en la persona que la recibe, renovándola y transformán-
dola interiormente.

El primer renglón culminará en la gran revelación sobre los
carismas, los dones y las operaciones del Espíritu Santo, que antes
estuvieron presentes en Jesús de Nazaret y, después de
Pentecostés, en la Iglesia; el segundo renglón culminará en la llamada «operación santificadora del Espíritu»[2], que consiste en la
vida nueva del Espíritu y, concretamente, en la caridad. San Pablo
insiste en la superioridad de la caridad, pero reconoce que ambas
cosas son necesarias para la Iglesia, ya que proceden del mismo
Espíritu y tienen la misma finalidad, esto es, la edificación del cuerpo de Cristo (cfr. 1 Cor 12,14).

Estas premisas generales nos ayudarán a comprender mejor
las dos estrofas del himno sobre las que nos disponemos a meditar. Los títulos que leemos en la segunda estrofa, a partir de
«Paráclito», se refieren, en efecto, todos ellos sin excepción, a la
obra santificadora e iluminadora del Espíritu, mientras que está
clarísimo que la tercera estrofa, desde el comienzo («Dador de los
siete dones»), está dedicada entera y exclusivamente al Espíritu
que reparte dones y carismas.

2. Un nombre nacido de la experiencia

Y llegamos en seguida al primer verso y al primer título de
nuestra estrofa: «Tú que te llamas Paráclito» (Qui Paracletus diceris). Para el que esté familiarizado con los ordenadores, hay una

---

[2] Cfr. 2 Tes 2,13; 1 Pe 1,2.

comparación que nos puede ayudar a comprender lo que ocurre simplemente al pronunciar el nombre Paráclito. Me refiero a lo que representa el *file,* o el nombre, para un documento. Yo escribo en mi ordenador un libro entero, por ejemplo éste sobre el *Veni creator,* después lo guardo en la memoria del ordenador dándole un nombre que no tenga más de ocho letras. En este caso el nombre, abreviado, era precisamente «Paráclito». Ahora todo el libro está en la memoria del ordenador, pero no hay manera de sacarlo para leerlo o imprimirlo, hasta que yo no le dé esa palabra. En cuanto escribo en mi teclado «Paráclito», y doy una orden, todo el contenido del libro sale prodigiosamente de la memoria y aparece ante mí en pantalla, página tras página, y yo puedo leerlo, escribirlo o modificarlo. Esto ocurre con cada uno de los títulos del Espíritu Santo que vamos a encontrar en esta estrofa: Paráclito, don de Dios, agua viva, fuego, amor y unción espiritual. Cada uno, por sí solo, realiza el milagro de hacer salir, de la gran memoria de la Biblia y la Tradición de la Iglesia, borbotones de revelación y de doctrina sobre el Espíritu Santo.

¿De dónde sacó el evangelista Juan el título de «Paráclito», que se repite hasta cuatro veces en el breve espacio de los capítulos 14-16 de su Evangelio? No podemos demostrar que lo haya oído del propio Jesús, pero tampoco podemos demostrar lo contrario. Jesús habló muchas veces, en vida y después de su resurrección, del Espíritu Santo. ¿Se puede excluir a priori que haya utilizado alguna vez una palabra, una imagen, una comparación que el evangelista haya recogido o conocido y la haya convertido en objeto de su reflexión? Sólo hay un evangelista, Lucas, que confirma el título de «dedo de Dios» dado al Espíritu Santo pero, ¿ése puede excluir, sólo por eso, que este título sea «auténtico»?

Además, el nombre y el concepto de Paráclito, aplicado al Espíritu Santo, no es tan extraño y peregrino. Es más, se trata de la culminación de toda una línea de pensamiento bíblico. En el Antiguo Testamento, Dios es el gran consolador de su pueblo, aquel que proclama: «Soy yo quien os consuela», como dice literalmente el texto de los Setenta, «¡vuestro Paráclito!» (Is 51,12), aquel que «consuela como una madre» (cfr. Is 66,13).

Este consuelo de Dios, o este «Dios del consuelo» (Rom 15,5), se ha encarnado en Jesucristo, que se define, en efecto, como el primer Consolador o Paráclito (cfr. Jn 14,15). Siendo en esto, como en cualquier otro ámbito, aquel que continúa la obra de Cristo y que lleva a cabo las obras comunes de la Trinidad, el Espíritu Santo no podía dejarse de definir, a su vez, como Consolador, el «otro Consolador», como lo llama precisamente Jesús.

Sin embargo, hay otra fuente a la que, sin duda, este título debe su origen y su importancia, y es la *experiencia* del evangelista y de la Iglesia. Toda la Iglesia, después de Pascua, ha tenido una experiencia viva y fuerte del Espíritu como consolador, defensor, aliado, en las dificultades externas e internas, en las persecuciones, en los juicios, en la vida diaria. En los Hechos de los Apóstoles leemos:

> «La Iglesia... se consolidaba viviendo en fidelidad al Señor, llena del consuelo (*¡paráclesis!*) del Espíritu Santo» (Hech 9,31).

Estas palabras no se explican si no es admitiendo una experiencia vivida y compartida. Por lo tanto, no es del todo exacto afirmar que no sabemos de dónde haya sacado el evangelista el título de «Paráclito». No lo sabemos si seguimos buscando las fuentes en los ámbitos más remotos y extraños y no nos preocupamos de mirar a nuestro lado. El propio evangelista alude a esta experiencia del Espíritu como fuente de su conocimiento, cuando le hace decir a Jesús a este respecto:

> «Vosotros lo conocéis porque vive en vosotros y está en vosotros» (Jn 14,17).

Lo que ocurre entre los discípulos y el Espíritu Santo después de Pascua es motivo de asombro. Es imposible no reconocer allí una acción poderosa de Dios. Lo que se sabía del Espíritu de Dios desde el Antiguo Testamento, no explica en absoluto todo lo que ahora se dice de él. En todos los planos, la Iglesia percibe al

Espíritu Santo como una presencia, una realidad familiar. Que se hable así de Jesús, es normal; lo habían visto, lo habían conocido; él había dejado señales de su paso, un «memorial» de sí mismo. Pero al Espíritu Santo, ¿quién le había visto? Y, sin embargo, todos hablan de él como de una realidad muy conocida: a él se remite todo acontecimiento, desde el más pequeño hasta el más grande.

¿Qué es lo que puede justificar un hecho como éste, si no es la revelación del propio Jesús y la confirmación de la experiencia? Aquí estamos ante el misterio del Espíritu. El Paráclito se limita a hacer, palabra por palabra, lo que Jesús había predicho de él.

3. *Abogado, consolador y Espíritu de verdad*

Si tenemos en cuenta los distintos contextos en los que el término aparece, dentro y fuera de la Biblia, Paráclito puede significar *intercesor* o *abogado* (este término es aplicado a Cristo en 1 Jn 2,1), o bien *consolador,* como dan a entender el verbo y el sustantivo correspondientes, que significan precisamente consolador y consuelo: «Consolad, consolad *(parakaleite)* a mi pueblo» (Is 40,1).

La Tradición ha recogido esta polivalencia, interpretando el término Paráclito ya sea como abogado o defensor, ya sea como consolador. La cosa se hace evidente cuando pasamos al mundo latino, donde, al tener que traducir el término griego, se ven obligados a elegir uno u otro significado. Algunos traducen Paráclito como abogado, otros como consolador, y otros con ambos términos juntos[3]. Esto último era lo que se solía hacer en la época en que fue compuesto nuestro himno[4].

---

[3] TERTULIANO, *El ayuno,* 13, 5: CC 2, 1272; SAN HILARIO DE POITIERS, *Tratado sobre los Salmos,* 125, 7: CSEL 22, 610; SAN AGUSTÍN, *Comentario al Evangelio de Juan,* 94, 2.
[4] Cfr. SAN ISIDORO DE SEVILLA, *Etimologías,* VII, 1, 31; 7, 3, 10; RÁBANO MAURO, *El universo,* I, 3: PL 111, 24.

En los primeros siglos, cuando la Iglesia era perseguida y los juicios y condenas estaban a la orden del día, se veía en el Paráclito sobre todo al abogado y al defensor divino. En Lyon, en el siglo ll, al ver que los cristianos eran condenados a muerte, hubo uno que, «inflamado de Espíritu Santo», se levantó para protestar sobre el modo en que se había llevado a cabo el juicio, e inmediatamente fue añadido al grupo de los condenados, bajo la acusación de ser «el abogado de los cristianos». «Y con razón, pues tenía en sí al gran Abogado (Paráclito) que es el Espíritu Santo»[5], comenta el redactor de las actas del martirio.

El papel de abogado defensor, en los juicios humanos, estaba considerado, además, como símbolo de una defensa de muy distinto alcance: la que el Paráclito hace ante el tribunal de Dios, contra «el acusador de nuestros hermanos, el que día y noche los acusa ante nuestro Dios» (Ap 12,10). En este papel del Espíritu Santo está pensando san Ireneo cuando escribe: Dios ha dado a la iglesia el Paráclito «para que, donde tenemos al acusador, también tengamos al Defensor»[6].

Al salir de la era de las persecuciones, se nota un cambio de actitud. Al Paráclito se le empieza a dar normalmente el sentido de Consolador. San Buenaventura hace una comparación entre el consuelo del mundo y el del Espíritu:

> «El consuelo del Espíritu es verdadero, perfecto y proporcionado. Es verdadero, porque él utiliza el consuelo donde tiene que aplicarlo, es decir, en el alma, no en la carne, como en cambio hace el mundo, que consuela la carne y aflige el alma, semejante en esto a un mal hospedero, que cuida del caballo y no se ocupa del jinete; es perfecto, porque consuela en toda tribulación, no como hace el mundo, que por cada consuelo da dos tribulaciones, como aquel que remienda una capa vieja cosiendo un agujero y abriendo otros dos; es proporcionado, porque donde hay más tri-

---

[5] Cfr. EUSEBIO, *Historia eclesiástica*, V, 1, 10.
[6] SAN IRENEO, *Contra las herejías*, III, 17, 3.

bulación proporciona más consuelo, no como hace el mundo, que en la prosperidad consuela y adula y en la adversidad se burla y condena»[7].

El mismo sentimiento se transluce en la Secuencia de Pentecostés, que fue escrita más o menos en la misma época -siglo XIII- y que llama al Espíritu Santo *consolador optime,* «consolador perfecto».

Las palabras del *Veni creator,* como ya he dicho, son «estructuras abiertas», capaces de acoger sin dificultad todas las novedades que la Iglesia vaya descubriendo acerca de un tema concreto de la Escritura. Esto es verdad sobre todo en el caso del Paráclito. Se trata, en efecto, de un título que no expresa lo que el Espíritu Santo es en sí mismo, en la Trinidad (esto se dirá sólo en la última estrofa), sino lo que es y hace por nosotros en la historia de la salvación. Por tanto, no es de extrañar que el significado atribuido al título adquiera distintos matices, y se vaya enriqueciendo en las distintas épocas y situaciones históricas en las que se encuentran los creyentes.

Pero las palabras «abogado» y «consolador» no agotan el significado de Paráclito en el cuarto Evangelio, ni juntas ni separadas. En muchos aspectos, el título de «Paráclito» elegido por Juan para designar al Espíritu Santo se parece al de *Logos,* que eligió para designar al Hijo. Tanto en un caso como en el otro, el evangelista tomó del lenguaje corriente unos términos y los llenó de tal cantidad de significados que inauguró para ellos una nueva fase de su existencia. A partir de ese momento, ya no pueden explicarse según su etimología, o el uso que anteriormente se haya hecho de ellos. Dicho de otro modo, la palabra Paráclito no se explica teniendo en cuenta sólo el *nombre;* hay que considerar también las *funciones* que se le atribuyen. «El Paráclito *es lo que hace»*[8]. Las funciones dilatan desmesuradamente el significado del término,

---

[7] SAN BUENAVENTURA, *Sermones. Domingo entre la octava de la Ascensión,* II: Quaracchi, IX, 329.
[8] Cfr. E. COTHENET, *Esprit-Saint:* en DBSuppl., fasc. 60, 364.

hasta dar incluso, en algunos momentos, la impresión de una cierta contradicción entre el nombre y las prerrogativas.

El medio más sencillo y eficaz de saber cuáles son, exactamente, estas funciones, es leer, una tras otra, las cosas que se dicen del Paráclito en el cuarto Evangelio[9]. Hay dos cosas que emergen con claridad de estos pasajes: el Paráclito está en función de la verdad y está en función de Jesús. Las diferentes actividades que se le atribuyen al Paráclito -enseñar, recordar, dar testimonio, convencer, guiar hacia la verdad, anunciar- indican que su papel principal es el doctrinal, o sea, la enseñanza, y que su campo principal es el del conocimiento. Parece como si Juan quisiera traducir Paráclito como «Espíritu de verdad».

Sin embargo, no se trata de dos «centros» distintos Jesús y la verdad-, sino de uno solo, ya que para el evangelista la verdad no es otra cosa que la revelación y la palabra que Jesucristo ha traído al mundo. «Espíritu de verdad» equivale, prácticamente, a «Espíritu del Hijo»[10]. El papel del Espíritu Santo, a lo largo de todo el cuarto Evangelio, es el de ayudar a acoger, interiorizar, comprender y vivir la revelación de la que es portador el Hijo. Es sobre todo en este sentido como el título de «Paráclito» se refiere a la obra santificadora e iluminadora del Espíritu, de la que se ocupa la segunda estrofa del *Veni creator.*

4. *El Paráclito es una «persona»*

«Paráclito» es el título que expresa con más claridad el carácter personal del Espíritu Santo. Con él el autor del himno nos hace dar un paso decisivo hacia adelante en la contemplación del Espíritu Santo. Si con la palabra «creador» afirma que el Espíritu es de *naturaleza* divina, ahora, con la palabra Paráclito, afirma que es

---

[9] Cfr. Jn 14,16-17.26; 15,26-27; 16,7-15.
[10] SAN CIRILO DE ALEJANDRÍA, *Comentario al Evangelio de Juan*, IX, 14, 16-17: PG 74, 257 B.

también *persona* divina. Los otros títulos y símbolos del Espíritu -agua, fuego, paloma y el mismo nombre Espíritu-, por sí mismos, pueden llegar, como máximo, a darnos a conocer al Espíritu Santo como «algo divino». «Paráclito», en cambio, es en sí un título personal; sólo se puede decir de una persona, ya que implica intelecto y voluntad. No es, desde el punto de vista gramatical, un neutro, como *pneuma,* sino un masculino; el pronombre que le corresponde no es «ello», sino «él»: «Él *(ekeinos)* me glorificará», escribe, refiriéndose al neutro *pneuma,* el evangelista (Jn 16,14), demostrando así que prefiere traicionar la gramática griega, antes que la idea que tiene del Espíritu Santo.

Con eso no pretendemos afirmar que Juan tenga claro el concepto que actualmente tenemos de Personas divinas o de Trinidad; sólo queremos decir que lo que tiene en su mente es tal que justifica y da coherencia a la futura fe de la Iglesia al respecto. Éste es un punto neurálgico que no se puede dejar en la incertidumbre. De lo contrario, ya no entenderíamos nada del *Veni creator,* que es todo él un clamor dirigido a una Persona, a un *tú* capaz de escuchar, de «venir», de «visitar».

En Juan, la relación del Espíritu con Jesucristo es un calco de la relación de Jesús con el Padre. El Padre es aquel que da testimonio del Hijo[11], y el Espíritu Santo es aquel que da testimonio de Jesús (Jn 15,26); el Hijo no habla por sí mismo, sino que dice lo que ha oído del Padre[12]; pero tampoco el Espíritu Santo hablará por sí mismo, sino que dirá lo que ha oído del Hijo (Jn 16,33); Jesús glorifica al Padre (Jn 8,49; 17,1) y el Espíritu glorifica a Jesús (Jn 16,14).

Sobre este punto, Pablo está en la misma línea de Juan y es indispensable escuchar también su testimonio. Tampoco para él el Espíritu Santo se limita a ser una *acción,* sino que es también un *agente,* esto es, un principio dotado de voluntad y de inteligencia,

---

[11] Cfr. Jn 5,32.37; 8,18.
[12] Cfr. Jn 8,28; 12,49; 14,10.

que actúa consciente y libremente. De él dice que enseña, da testimonio, gime, intercede, se entristece; dice que sabe, que tiene
deseos. Esta clara evolución hacia un concepto subjetivo, además
de objetivo, del *pneuma*, está confirmada por la presencia, en
Pablo, de fórmulas triádicas, como la siguiente:

> «La gracia de Jesucristo, el Señor, el amor de Dios y la comunión
> en los dones del Espíritu Santo, estén con todos vosotros» (2 Cor
> 13,13).

Leídas, como es justo, a la luz de Mt 28,19 («...bautizadlos
para consagrarlos al Padre, al Hijo y al Espíritu Santo...») y del posterior desarrollo de la fe, las fórmulas triádicas[13] indican una nueva orientación acerca del Espíritu Santo, vinculada con la revelación sobre el Padre y el Hijo, es decir, con la revelación de la
Trinidad.

Algunos explican el Espíritu Santo en Pablo como «una fuerza
que se identifica con el Señor glorioso, considerado no en sí mismo, sino en cuanto actúa en la comunidad»[14]. Pero esto lo des-
miente el hecho de que el Espíritu precede, en la Biblia, la resurrección de Cristo y su misma encarnación. Pablo lo llama «Espíritu
de Dios», y no solamente «Espíritu de Cristo» (cfr.1 Cor 2,11.14). Si
después al Espíritu Santo se le identifica con el Señor resucitado
«en cuanto actúa en la comunidad», ¿cómo es que se atribuye la
misma resurrección a la obra del Espíritu?[15] Y, ¿qué significan frases como: «El Espíritu de Dios que resucitó a Jesús de entre los
muertos» (Rom 8,11), o «Nadie puede decir: «Jesús es Señor», si no
está movido por el Espíritu Santo» (1 Cor 12,3)? ¿Estas frases no
suponen precisamente una cierta distinción entre el Espíritu y el
Resucitado?

La relación entre el Espíritu y el Señor resucitado es sin duda
muy estrecha. Pablo llega a decir: «El Señor es el Espíritu» (2 Cor

---

13 Cfr. 1 Cor 12,4-6; Rom 5,1-5; Gal 4,4-6.
14 E. SCHWEIZER, *Pneuma*: en ThWNT VI, 431ss.
15 Cfr. Rom 1,4; 1 Pe 3,18; 1 Tim 3,16.

3,17) y: «El nuevo Adán es Espíritu que da vida» (1 Cor 15,45). Pero estas afirmaciones no pueden estar aisladas de otras, como si Cristo no fuera otra cosa que el *Espíritu encarnado*, y el Espíritu no fuera más que *Cristo espiritualizado*. Sería reconducir la teología a la fase arcaica del *Pastor* de Hermas y de otros autores del siglo II, caracterizada por una especie de binitarismo de hecho, que sólo conoce dos realidades: Dios y su Espíritu.

En el mismo texto que hemos citado antes, se afirma: «Pablo no toca la cuestión metafísica de la relación que media entre Dios, Cristo y el Espíritu, por tanto es erróneo ver la primera designación paulina de la tercera persona de la Trinidad en el término *pneuma*, que a menudo aparece claramente como algo impersonal». Ahora bien, es verdad que el *pneuma* aparece con frecuencia, en Pablo, como algo *impersonal*, pero también es verdad que muchas veces aparece como algo *personal*, lo cual es suficiente para decir que para él el Espíritu se configura ya como una realidad personal, es decir, activa, libre y consciente. ¿Cómo se puede negar, por ejemplo, el carácter personal del Espíritu en el siguiente texto:

> «Todo esto lo hace el mismo y único Espíritu, que reparte a cada uno sus dones como él quiere» (1 Cor 12,11)».

El Espíritu no es sólo el don, o el conjunto de dones, sino el que los reparte de forma libre («como él quiere») y consciente. La objeción según la cual «el problema de la personalidad del *pneuma* parece mal enfocado por el simple hecho de que el término "personalidad" no existe ni en hebreo ni en griego»[16], sí que está «mal enfocada». Si fuera aplicada coherentemente, llevaría a la conclusión de que tampoco el Padre y el Hijo Jesucristo son, para Pablo, «personas», ya que tampoco dispone para ellos del concepto de personalidad. La ausencia del término no implica necesariamente la ausencia de la realidad correspondiente, cuando se trata de una realidad nueva, que no se había conocido antes. Decir lo contrario

---

[16] E. SCHWEIZER, *Pneuma:* ThWNT VI, 431ss.

sería como decir que no se podía inventar el teléfono cuando aún no existía este nombre. Esto vale especialmente para el concepto de persona, o hipóstasis, que, por ser distinto a «sustancia», no había existido hasta entonces en ninguna cultura, y que el pensamiento cristiano llegó a descubrir, precisamente reflexionando en lo que Jesús había revelado acerca del Padre, el Hijo y el Espíritu Santo. Si prescindimos de esta constatación, no podemos explicarnos cómo y por qué el concepto de Persona ha surgido y se ha desarrollado.

Podemos, por tanto, decir que en Pablo y en el Nuevo Testamento no existe todavía el *concepto* de personalidad aplicado al Espíritu Santo (como, por lo demás, tampoco existe para el Padre y para Jesucristo), pero ya está la *realidad* correspondiente. Al *pneuma* ya no se le considera un simple *principio* o *esfera de acción,* como ocurría en la mentalidad hebrea, y tampoco una especie de fluido, como ocurría en la mentalidad griega: se le considera también un *agente,* alguien que actúa de manera distinta. Los Padres griegos expresarán más tarde esta conquista de la fe, diciendo que el Espíritu Santo no es una simple «energía de Dios», sino una «sustancia enérgica», o una «energía sustancial» dotada de voluntad y de inteligencia[17].

El mismo principio que sirvió para establecer la diferencia personal entre el Padre y el Hijo: «Uno es el que engendra, otro el que es engendrado; uno es el que envía, otro el que es enviado»[18], vale también para las relaciones entre el Espíritu y el Padre, y el Espíritu y el Hijo: «Uno es el que procede, otro aquel de quien procede; uno es el que envía, otro el que es enviado».

Pero una cosa es cierta. Cuando utilizamos el término «persona» para designar al Padre, al Hijo y al Espíritu Santo, tenemos que olvidar el significado que tiene en el lenguaje corriente. Aplicado al

---

[17] Cfr. ORÍGENES, *Fragmento 37 sobre Juan*: GCS IV, 513; SAN GREGORIO DE NISA, *Discurso catequético*, 2: PG 45, 17 C.
[18] TERTULIANO: *Contra Praxeas*, 9, 2: CC 2, 1168.

Espíritu Santo, el término «persona» no significa un centro espiritual de acción autosuficiente, una persona consciente de sí misma e independiente, en el sentido moderno; sólo indica la relación de origen que «opone», distinguiéndolos entre sí, Padre, Hijo y Espíritu Santo. Esto no justifica, sin embargo, la conclusión según la cual «para la noción de persona de la teología trinitaria, es indiferente que el Espíritu sea presentado como persona que habla y actúa (en el sentido usual), o como fuerza impersonal»[19]. En efecto, es precisamente el hecho de que hable y actúe lo que permite establecer su relación con el Padre y el Hijo. Por otra parte, aunque la persona en la Trinidad no sea un centro autónomo de acción y voluntad, participa, sin embargo, del único centro que es común a las tres Personas, y en este sentido es capaz de actuar y decidir:

> «Es común la voluntad creadora... y la acción de la sustancia divina, pero pertenece a cada una de las Personas del modo que le es propio»[20].

Desde los tiempos de Atanasio, una cosa está absolutamente clara respecto a la Trinidad cristiana: o ésta es homogénea o no existe. No puede estar formada por dos *Personas y* una *cosa,* o (en el lenguaje de los griegos) por dos *hipóstasis y* una *energía.* Ya no sería una verdadera Trinidad, sino una suma de cosas distintas.

5. *Convertirnos en paráclitos*

Por lo tanto, con el término «Paráclito» estamos tocando, en cierto sentido, el vértice de la revelación sobre el Espíritu Santo. Él no es sólo «algo», sino «Alguien». Alguien que permanece en nosotros como presencia, interlocutor, defensor, amigo, consolador, el «dulce huésped del alma», como lo llama la Secuencia de Pentecostés; aquel que fue el «compañero inseparable» de Jesús, ya

---

[19] Cfr. F. J. Schierse, *Mysterium salutis,* II, 1, vol. 3 (Brescia 1968) 155, 161.
[20] San Cirilo de Alejandría, *Diálogo sobre la Trinidad,* VI: PG 75, 1055 A.

durante su vida terrenal[21], y que ahora quiere serlo también de cada uno de nosotros. Todo lo mejor, lo más dulce, que una persona pueda esperarse de otra persona, e infinitamente más, se encuentra en él. Aquí nuestra contemplación del Espíritu encuentra un campo inagotable. Un gran contemplativo medieval escribe:

> «Él es, para los hijos de la gracia y para los pobres de espíritu, el abogado en el exilio de la vida presente, el consolador, la fuerza en las adversidades, la ayuda en las tribulaciones. Él es el que enseña a orar como es debido, el que hace que el hombre se adhiera a Dios, el que lo hace ser grato y digno de ser escuchado»[22].

Nos queda ahora sacar, de nuestra contemplación del Paráclito, una consecuencia práctica y operativa. En efecto, no basta con estudiar el significado de «Paráclito», ni con honrar e invocar al Espíritu Santo con este nombre dulcísimo. ¡Tenemos que convertirnos nosotros mismos en paráclitos! Si es verdad que un cristiano ha de ser un *alter Christus,* otro Cristo, también es verdad que tiene que ser «otro Paráclito». Éste es un título que hay que imitar y vivir, no solamente comprender.

Al darnos el Espíritu Santo, Dios ha derramado su amor en nuestros corazones (cfr. Rom 5,5): es decir, tanto el amor con el que somos amados por Dios, como el amor con el que se nos capacita para amar, a nuestra vez, a Dios y al prójimo. Aplicada al consuelo -que es la forma que el amor adquiere ante el sufrimiento de la persona amada-, esta palabra del Apóstol viene a decirnos una cosa muy importante: que el Paráclito no solamente nos consuela, sino que nos impulsa a consolar y nos hace capaces de consolar. El propio Pablo escribe:

> «Bendito sea Dios, Padre de nuestro Señor, Jesucristo, Padre misericordioso y Dios de todo *consuelo.* Él es el que nos conforta en todas nuestras tribulaciones, para que, gracias al *consuelo*

---

[21] SAN BASILIO MAGNO, *Sobre el Espíritu Santo.* XVI, 39: PG 32, 140 C.
[22] GUILLERMO DE S. THIERRY, *El enigma de la fe,* 100: PL 180, 440 C.

que recibimos de Dios, podamos nosotros consolar a todos los que se encuentran atribulados» (2 Cor 1,3-4).

En este pasaje, la palabra griega de la que deriva el nombre Paráclito se repite nada menos que cuatro veces, bien como verbo bien como sustantivo. Esto contiene lo esencial para una teología del consuelo. El consuelo viene de Dios que es el «Padre de todo consuelo». Viene sobre el que está en la aflicción, pero no se detiene en él: alcanza su verdadero objetivo cuando el que ha experimentado el consuelo lo utiliza, a su vez, para consolar a otros.

Pero, ¿cómo debemos consolar? Aquí está lo importante: con el mismo consuelo que hemos recibido de Dios; con un consuelo divino, no humano. No hay que conformarse con repetir estériles palabras de circunstancia que no cambian la situación («¡Ánimo, no te deprimas; verás cómo todo irá bien!»); hay que transmitir el auténtico consuelo que proporcionan las Escrituras, capaz de mantener viva la esperanza (cfr. Rom 15,4). Así se explican los milagros que una simple palabra o un gesto, hechos en clima de oración, con fe en la presencia del Espíritu, son capaces de realizar junto a la cabecera de un enfermo. Es Dios el que está consolando a través de ti.

En cierto sentido, el Espíritu Santo nos necesita para ser Paráclito. Él quiere consolar, defender, exhortar; pero no tiene boca, ni manos, ni ojos para «dar cuerpo» a su consuelo. O, mejor dicho, tiene nuestras manos, nuestros ojos, nuestra boca. El alma actúa, se mueve, sonríe, a través de los miembros de nuestro cuerpo: lo mismo hace el Espíritu Santo con los miembros de «su» cuerpo que es la Iglesia y que somos nosotros. «Confortaos unos a otros», recomendaba Pablo a los primeros cristianos (cfr. 1 Tes 5,11): el verbo, traducido literalmente, quiere decir «haceos paráclitos» los unos de los otros. Decía el cardenal Newman en un discurso dirigido al pueblo:

«Instruidos por nuestro mismo sufrimiento, por nuestro mismo dolor; es más, por nuestros mismos pecados, tendremos la mente y el corazón entrenados para cualquier obra de amor hacia aquellos que la necesitan. Seremos, en la medida de nuestras capacidades, consoladores a imagen del Paráclito y en todos los sentidos que esta palabra comporta: abogados, asistentes, portadores de confortación. Nuestras palabras y nuestros consuelos, nuestro modo de actuar, nuestra voz, nuestra mirada, serán amables y tranquilizadores»[23].

Si el consuelo que recibimos del Espíritu no pasa de nosotros a los demás, si queremos retenerlo egoístamente sólo para nosotros, muy pronto se corromperá. Hay una bonita plegaria, atribuida a san Francisco de Asís, que dice así:

«que yo no busque tanto ser consolado sino consolar,
ser comprendido sino comprender,
ser amado sino amar...».

En un salmo que los evangelistas han aplicado repetidas veces al Cristo sufriente y que el propio Jesús una vez hizo suyo, se lee:

«Espero compasión, y no la hay; nadie me *consuela*» (Sal 69,21).

En Getsemaní, Jesús buscó consoladores, pero no los encontró. Ojalá no tenga que pronunciar esas mismas palabras también sobre mí... Él va a estar en agonía hasta el fin del mundo. Lo está ante todo en su cuerpo místico, en quienes sufren y viven en la desolación. Al Paráclito se le llama «padre de los pobres»; nunca estamos tan seguros de ser unos paráclitos, como cuando nos inclinamos sobre el pobre, el humilde y el afligido, cuando el consuelo es gratuito.

Pidamos esta gracia a María, a quien la piedad cristiana honra con los dos títulos que juntos constituyen el significado del Paráclito: *«Consoladora* de los afligidos» y «*abogada* de los peca-

---

[23] J. H. NEWMAN, *Parochial and plain Sermons*, vol. V (Londres 18709 300ss.

dores». ¡Ella sí que se ha hecho «paráclito» para nosotros! Dice un texto del Concilio Vaticano II: «La madre de Jesús precede con su luz al pueblo de Dios peregrinante, como signo de esperanza segura y de *consuelo*»[24].

Terminamos con esta invocación al Paráclito, sacada de la Vigilia de Pentecostés de la liturgia ortodoxa (la misma plegaria a la que aludía san Serafín de Sarov en el texto que citamos al principio):

> *Rey celestial, Consolador, Espíritu de verdad,*
> *que eres omnipresente y llenas el universo,*
> *tesoro de gracias que das la vida:*
> *ven y habita en nosotros,*
> *purifícanos de todo lo que es bajo*
> *y salva nuestras almas, oh Dios de bondad*[25].

---

[24] *Lumen gentium*, n. 68.
[25] Cfr. *Pentecostaire, Diaconie apostolique* (Parma 1994) 400.

V

DON ALTÍSIMO DE DIOS

*El Espíritu Santo
nos enseña a hacer de nuestra vida un don*

El título del Espíritu Santo que será objeto de esta meditación, en el texto que se ha utilizado hasta ahora suena así: «Don del Dios altísimo» *(donum Dei altissimi)*. No obstante, creo que aquí ha habido un error en la transmisión del texto: la forma originaria sería seguramente *donum Dei altissimum*, o sea: «Altísimo don de Dios», y no «don del Dios altísimo».

La diferencia no es insignificante. En el primer caso, el adjetivo «altísimo» se refiere a Dios y sería, en el contexto, un adjetivo desperdiciado, una especie de relleno, en un himno donde cada palabra está escogida con absoluto cuidado y rigor; no diría absolutamente nada del Espíritu Santo, siendo un atributo de la divinidad en general. En el segundo caso, en cambio, el adjetivo se refiere a «don» y dice del mismo una cosa muy concreta que, a partir de san Agustín, se repite continuamente entre los latinos, es decir, que «no hay don más excelente que la caridad» -que es el Espíritu Santo-, y que por tanto es «el máximo don de Dios»[1] Este concepto está presente en el escrito en el que el autor del *Veni creator* se inspira al elegir los títulos del Espíritu Santo[2]. Es significativo el

---

[1] San Agustín, *Sobre la Trinidad*, XV, 18, 32; 19, 37.
[2] Cfr. San Isidoro de Sevilla, *Etimologías*, VII, 3, 16; Rábano Mauro, *El universo*, I, 3: PL 111, 25.

hecho de que un antiguo comentarista de nuestro himno, tras haber citado el título en la forma tradicional «don del altísimo» *(donum Dei altissimi),* después lo interprete en el sentido de «don altísimo» *(munus praestantissimum)*[3]. La misma tradición manuscrita presenta, en este punto, algunas variantes, signo de que había incertidumbre sobre la transmisión del texto[4].

Pero esta incertidumbre no repercute en el significado fundamental de nuestro verso, que reside en el sustantivo «don» más que en el adjetivo «altísimo». Este título aclara un aspecto importante de la persona del Paráclito y, encierra un significado particular, tanto para las personas consagradas como para los esposos cristianos. Es el título con el que éstos pueden sentir al Espíritu Santo más cerca de ellos, más familiar, y no me sorprendería que para algunos se convirtiera en el título predilecto del Espíritu Santo. Pero antes de llegar a estas aplicaciones a nuestra vida, tenemos que establecer, como siempre, el fundamento doctrinal, para que nuestra devoción al Espíritu Santo no esté desarraigada de la fe sino que brote de ella como el fruto más exquisito.

1. *El nombre propio del Espíritu Santo*

Son innumerables los pasajes del Nuevo Testamento en los que al Espíritu Santo se le presenta, de manera directa o indirecta, como el don de Dios. «Si conocieras el don de Dios...», dice Jesús a la Samaritana (Jn 4,10), y el contexto, que habla del agua viva, siempre ha hecho pensar que aquí se alude al Espíritu Santo (cfr. Jn 7,38). Como «don de Dios» se define, en cualquier caso, al Espíritu Santo en los Hechos de los Apóstoles:

«Arrepentíos... Entonces recibiréis el *don* del Espíritu Santo»[5].

---

[3] DIONISIO EL CARTUJO, *Exposición sobre el Veni creador: Opera omnia*, vol. 35 (Tournai 1908) 54.
[4] Un manuscrito pone *altissimus*, cfr. S. WALPOLE, A. *Early, Latin Hymns* (Cambridge, 1922) 375.
[5] Hech 2,38; cfr. también 8,20; 10,45.

El genitivo «del» Espíritu Santo significa tanto el don del que es dador el Espíritu Santo, como el don que es el propio Espíritu Santo.

> «Él nos es dado como don de Dios, de tal modo que es también él, en cuanto Dios, quien se da»[6].

En este caso, el don del Espíritu Santo no es otra cosa que el propio Espíritu Santo. Otras veces, en cambio, el sujeto y el objeto del don son distintos, y el Espíritu Santo aparece como el don que el Padre, o Cristo, ha hecho a los creyentes:

> «En esto conocemos que permanecemos en él, y él en nosotros; en que él nos ha dado su Espíritu» (1 Jn 4,13).

Al mismo Espíritu se le llama también «el don celestial» (Heb 6,4), o simplemente «el don» que Dios ha hecho a los Apóstoles en Pentecostés (cfr. Hech 11,17).

El primero en valorar este título bíblico del Espíritu Santo es san Ireneo:

> «A la Iglesia se le ha confiado el don de Dios -como antaño se le dio el soplo a la criatura que había sido formada (Gn 2,7)- a fin de que todos sus miembros, participando de él, sean vivificados»[7].

Pero el título «don de Dios» tuvo su máxima valoración en san Agustín y, después de él, en la «neumatología» latina que se fue edificando, en gran medida, alrededor de eso. Lo demuestra también la comparación con los Padres griegos, en los que el «don», como título personal del Espíritu, ha tenido un papel mucho más modesto.

Para san Agustín, «Don» es el nombre propio del Espíritu Santo, el que expresa su relación con el Padre y el Hijo y nos lo da a conocer como persona distinta. Ni «Espíritu» ni «Santo» pueden

---

[6] SAN AGUSTÍN, *Sobre la Trinidad*, XV, 19, 36.
[7] SAN IRENEO, *Contra las herejías*, III, 24, 1.

cumplir este cometido, ya que también el Padre es «Espíritu» y es «Santo», y también el Hijo es «Espíritu» y es «Santo». A la tercera persona de la Trinidad se la llama con el nombre de Espíritu Santo, que conviene también a las otras dos personas, precisamente para expresar que él es la «inefable comunión entre el Padre y el Hijo».

«Sin embargo -observa san Agustín- la relación misma no aparece en este nombre; en cambio, sí aparece en el apelativo "don de Dios".» En efecto, podemos llamar al Espíritu Santo «Espíritu del Padre» y «Espíritu del Hijo», pero, viceversa, no podemos llamar al Padre «Padre del Espíritu», ni al Hijo «Hijo del Espíritu». La relación que no funciona en los dos sentidos, cuando utilizamos los términos Padre, Hijo y Espíritu Santo, funciona, en cambio, cuando usamos los términos «don» y «dador». En efecto, podemos llamar al Espíritu Santo: «Don del dador» (es decir, del Padre y del Hijo juntos) y podemos llamar, tanto al Padre como al Hijo: «Dador del don»[8].

¿Cómo concuerda todo lo que se ha dicho del Espíritu Santo como don, con lo que se dice de él como amor? He aquí la respuesta que da santo Tomás de Aquino, siguiendo las huellas de san Agustín:

> «El primer don que concedemos a la persona a la que amamos es el propio amor, que hace que la queramos. De modo que el amor constituye el don primario, en virtud del cual son concedidos todos los demás dones que le ofrezcamos. Por eso, dado que el Espíritu Santo procede como amor, lo hace como el don primario»[9].

La consecuencia que deriva de todo esto es que, al infundir en los corazones la caridad, el Espíritu Santo no infunde sólo una virtud, aunque sea la mayor de las virtudes, sino que se infunde a sí mismo. El don de Dios es el propio Dador. Nosotros amamos a Dios por medio de Dios.

---

[8] San Agustín, *Sobre la Trinidad*, V, 11.12; 12.13.
[9] Santo Tomás de Aquino, *Summa Theologica*, 1, q. 38, a. 2; cfr. San Agustín, *Sobre la Trinidad*, XV, 18, 32.

En esta misma línea, la teología del don conocerá otra importante aplicación: la que se refiere a la doctrina de la gracia. La gracia no es otra cosa que el don del Espíritu Santo, en cuanto se nos comunica, como principio de vida nueva y como «ley nueva»[10]. La gracia santificante es la «inhabitación» en el alma del Espíritu Santo en persona y, con él, de toda la Trinidad, no una simple «cualidad creada» e infusa en el alma, ni una simple «energía» increada.

> «Mediante la gracia que predispone para la posesión de Dios, se comunica al alma el don increado que es el propio Espíritu Santo»[11].

Esto no excluye el don «creado», es decir, la gracia entendida como hábito deiforme distinto de Dios que predispone al alma para la «inhabitación» del Espíritu Santo y, por otro lado, brota de su misma «inhabitación» en el alma[12].

2. El Espíritu Santo como «don» y como «donarse» de Dios

Éste es, en breve, el riquísimo contenido encerrado en el verso que define al Espíritu Santo como «altísimo don de Dios». Rábano Mauro explica el título de *donum Dei* con expresiones tomadas casi literalmente de san Agustín. En efecto, llama al Espíritu Santo «Dador del don y don del dador», y también «inefable comunión del Padre y del Hijo»; repite a su vez que «don de Dios» es el título del Espíritu Santo que «expresa su relación»[13].

Una vez más, constatamos que la Escritura y la Tradición están admirablemente condensadas en nuestro himno, que lo único que hace es entregarnos la flor y nata de la revelación sobre el

---

[10] Cfr. SANTO TOMAS DE AQUINO, *Summa Theologica*, I-II, q. 106, a, 1.
[11] SAN BUENAVENTURA, *Breviloquio*, V, 1 (Quaracchi, V, p. 253).
[12] Cfr. W. KASPER, *Der Gott Jesu Christi*, Maguncia 1982, p. 279.
[13] Cfr. RÁBANO MAURO, *El universo*, I, 3: PL 111, 23ss.

Paráclito, enriquecida, revivida, experimentada por la Iglesia a lo largo de los siglos, como una vid de larga germinación, que se sumerge por un trecho bajo tierra, absorbe sus elementos nutritivos y, tras haberse desarrollado y robustecido, vuelve a salir a la luz, se levanta del suelo y ofrece a todo el mundo sus racimos maduros.

Pero también a propósito de este título, debemos recordar que la Tradición y el progreso no han terminado con la composición de nuestro himno, ya que no se ha detenido el esfuerzo de la Iglesia por volver a meditar en el dato revelado y expresarlo de una manera cada vez más apropiada.

¿Cuál es la novedad que ha aportado la reflexión posterior acerca del título «don de Dios»? Yo creo que los más recientes desarrollos de la teología trinitaria han creado las premisas para una comprensión más profunda del contenido de este título. Según la visión clásica de Occidente, Padre, Hijo y Espíritu Santo son dones los tres, pero en un sentido distinto. El Padre es don en un sentido meramente *activo,* en cuanto da sin recibir de nadie; el Hijo es don en sentido *pasivo* y *activo* a la vez, en cuanto recibe el amor del Padre y se lo da al Espíritu; el Espíritu Santo es don sólo en sentido pasivo, en cuanto recibe, pero no da, no retransmite a otra persona el amor, y con él se cierra el círculo trinitario[14].

Esta explicación suscita hoy algunas reservas, sobre todo en el diálogo con la ortodoxia, ya que parece asignar al Espíritu Santo, en la Trinidad, un papel meramente pasivo y no también activo. Las cosas cambian si le damos a la palabra «don» un significado no estático, sino dinámico, como a todos los conceptos que atañen a la Trinidad, que es toda ella «acción». El Padre no se limita a dar el don al Hijo, sino que él mismo «se dona» (del mismo modo que no se limita a comunicarle su amor, sino su misma infi-

---

[14] Cfr. RICARDO DE SAN VÍCTOR, *La Trinidad*, V, 8: PL 196, 954ss.

nita capacidad de amar) y en esta autodonación está ya presente, de algún modo, el Espíritu Santo.

El Espíritu Santo no es, pues, en la Trinidad sólo el don, en un sentido pasivo -aquel que es donado-: es también, activamente, la «donación», aquel que impulsa al Hijo a volver a donarse al Padre. Esto es, como vemos, lo que ocurre en la economía de la salvación. Es el Espíritu el que impulsa al Hijo a clamar, en un ímpetu de gozo: «¡Abba, Padre!» (cfr. Le 20,21), como hará después en los miembros de Cristo (cfr. Rom 8,15 ss); sigue siendo el Espíritu el que suscita en el Jesús terrenal el impulso a ofrecerse al Padre en sacrificio: Cristo

> «por el Espíritu eterno se ofreció a Dios como víctima sin defecto» (Heb 9,14).

Si lo que ocurre en el ámbito de la economía de la salvación refleja la vida y las relaciones íntimas de la Trinidad, todo eso indica que el Espíritu Santo es el principio mismo de la autodonación; es «don» y «donarse» al mismo tiempo.

Tendremos ocasión, al comentar los dos últimos versos del himno, de aclarar lo que esto supone respecto al modo de concebir las relaciones internas entre las personas divinas en la Trinidad. Por el momento, nos basta recordar que el Espíritu Santo no infunde en nosotros sólo el «don de Dios», sino también la capacidad y la necesidad de donarnos. Nos contagia, por así decirlo, con su mismo ser. Él es la «donación», y donde llega crea un dinamismo que nos conduce a convertirnos, a nuestra vez, en don para los demás.

> «Al darnos el Espíritu Santo, Dios ha derramado su amor en nuestros corazones» (Rom 5,5).

La palabra «amor» indica tanto el amor de Dios por nosotros como nuestra nueva capacidad de volver a amar a Dios y a los hermanos. Indica «el amor por el que nos hacemos *amantes* de Dios»[15].

---

[15] SAN AGUSTÍN, *El Espíritu y la letra*, 32, 56.

El Espíritu Santo no infunde, por tanto, en nosotros sólo el *amor,* sino también la capacidad de *amar.* Lo mismo cabe decir a propósito del don: al venir a nosotros, el Espíritu no nos trae sólo el *don* de Dios, sino también el «donarse» de Dios. El Espíritu Santo es verdaderamente el agua viva que, cuando la recibimos, «se convierte en un manantial de agua que brota para vida eterna» Jn 4,14), es decir, rebota y se derrama sobre quienes están a nuestro alrededor.

3. *Convertirse en don*

Esta verdad tiene una repercusión directa sobre nuestra vida. Si el Espíritu es el que derrama y prolonga, por así decirlo, en la historia, el acto de donarse que es propio del Dios trino, entonces él es el único que puede ayudarnos a hacer de nuestra vida un don y una «ofrenda viva». En esto se resume todo el objetivo de la vida moral del cristiano: ésta es, para Pablo, la única respuesta adecuada a la Pascua de Cristo:

> «Os pido, pues, hermanos, por la misericordia de Dios, que os ofrezcáis como sacrificio vivo, santo y agradable a Dios» (Rom 12,1).

En el Antiguo Testamento nadie debía presentarse a Dios «con las manos vacías»[16]. Pero la necesidad de oblación estaba expresada mediante la ofrenda de cosas; se ofrecían a Dios dones y sacrificios externos, frutos o animales, a pesar de que las disposiciones internas del oferente ya se consideraban indispensables (cfr.1 Sm 15,22). Jesús inauguró una nueva modalidad de ofrenda y sacrificio: la ofrenda y el sacrificio de sí mismo. Él se presenta al Padre «no con sangre de machos cabríos ni de toros, sino con su propia sangre» (Heb 9,12), ofreciéndose a sí mismo como sacrificio de suave olor (cfr. Ef 5,2). En esto, recomienda el Apóstol,

---

[16] Cfr. Ex 23,15; Dt 16,16.

tenemos que ser todos «imitadores de Dios» (Ef 5,1). Dios dice a todos los hombres lo que Pablo dice a sus fieles: «No me interesan vuestras cosas, sino vosotros» (2 Cor 12,14).

Aquí se realiza la finalidad última de la existencia del hombre en la tierra. ¿Por qué Dios nos ha hecho el don de la vida, si no es para que tuviéramos, a nuestra vez, algo grande y hermoso que ofrecerle a él como don? Escribe san Ireneo:

> «Nosotros hacemos ofrendas a Dios, no porque él las necesite, sino para darle gracias con sus mismos dones y santificar la creación. No es Dios quien necesita algo de nosotros, somos nosotros quienes necesitamos ofrecerle algo»[17].

Hay una corriente del pensamiento filosófico y psicológico moderno que ha llegado, por otro camino, a la misma conclusión del Evangelio, a saber, que la mejor manera de salvar nuestra vida es perderla, haciendo don de la misma:

> «La única manera de liberarse del conflicto humano es la renuncia total, que nos lleva a ofrecer toda nuestra vida como don al Sumo Poder»[18].

Al final de la vida, sólo lo que hayamos dado nos quedará en la mano, transformado en algo eterno. Uno de los poemas de Tagore presenta a un mendigo que cuenta su historia. Convertido en prosa, dice así:

> «Había estado mendigando de puerta en puerta por toda la aldea, cuando apareció a lo lejos una carroza de oro. Era la carroza del hijo del rey. Yo pensé: "Es la oportunidad de mi vida". Me senté abriendo mi alforja de par en par, esperando que se me daría la limosna sin tener que pedirla siquiera; más aún, que las riquezas lloverían al suelo a mi alrededor. Pero cuál fue mi sorpresa cuando, al llegar junto a mí, la carroza se paró, el hijo del rey bajó y,

---

[17] San Ireneo, *Contra las herejías*, IV, 18, 6.
[18] E. Becker, *The Denial of Death* (Londres 1973) cap. VIII.

tendiendo la mano derecha, me dijo: "¿Qué tienes para darme?".
¿Qué clase de gesto real era ése de tenderle la mano a un mendigo? Confuso e indeciso, saqué de mi alforja un grano de arroz,
sólo uno, el más pequeño, y se lo di. Pero qué tristeza sentí por la
noche cuando, hurgando en mi alforja, encontré un pequeño grano de oro, sólo uno. Lloré amargamente por no haber tenido el
valor de dárselo todo»[19].

Todo lo que no damos se pierde, ya que, estando destinados
a morir, morirá con nosotros todo aquello que hayamos conservado hasta el último momento, mientras que lo que damos se sus-
trae a la corrupción y, por así decirlo, es enviado a la eternidad.

Si todo esto es válido para cualquier cristiano, lo es de un
modo particular para las personas consagradas. ¿Cuál es la esencia o el alma de la consagración religiosa, si no la de hacer de
nuestra vida un don y una oblación viviente a Dios? Así explicaba
uno de los antiguos Padres los votos religiosos:

«Los Padres no se conformaron con observar los mandamientos,
sino que también ofrecieron a Dios unos dones. Os explicaré
cómo. Los mandamientos de Cristo han sido dados a todos los
cristianos y cada cristiano tiene la obligación de observarlos.
Podríamos decir que son como impuestos que hay que pagar al
rey. Si alguien dijera: "Yo no pienso pagar los impuestos al rey",
¿acaso podría huir del castigo? Ahora bien, en este mundo hay
algunos hombres grandes y famosos que no solamente pagan los
impuestos al rey, sino que también le ofrecen dones, mereciendo
grandes honores, recompensas y dignidades. Del mismo modo,
también los Padres no se limitaron a observar los mandamientos,
sino que ofrecieron dones a Dios. La virginidad y la pobreza son
dones que se hacen a Dios, no son obligaciones. En efecto, en ninguna parte está escrito: "No tomes esposa, no engendres hijos"»[20].

Sin embargo, cuando se habla de ofrecer la vida como don y
sacrificio vivo, no debemos olvidar cuál es la ley fundamental del

---

[19] Cfr. R. TAGORE, *Gitanjali*, 50.
[20] DOROTEO DE GAZA, *Enseñanzas* I, 11-12: SCh 92, 164.

sacrificio. En el cristianismo, uno es el destinatario y otro el beneficiario del sacrificio y del don: el *destinatario* es siempre Dios, el *beneficiario* es siempre el prójimo. Cristo «se entregó a sí mismo por nosotros como ofrenda y sacrificio de suave olor a Dios» (Ef 5,2): se entregó «a Dios», pero «por nosotros». También nosotros tenemos que ofrecer la vida a Dios, pero para los hermanos (1 Jn 3,16).

Dios no necesita nuestros dones y sacrificios. Existe el riesgo de que una persona ofrezca su vida a Dios y renueve este ofrecimiento al comienzo de cada jornada, y después quede a la espera de que Dios venga a tomar lo que se le ha ofrecido, tal vez en circunstancias extraordinarias, como el martirio. En cambio, no ocurre nada de nada. Y es que Dios ha tomado en serio nuestro ofrecimiento y nos ha enviado, para recoger el don prometido, a un hermano necesitado, quizá el que menos hubiéramos deseado y esperado, y no lo hemos reconocido.

Con todo, no podemos, por nosotros mismos, hacer de nuestra vida este don a Dios a favor de los hermanos, sin una ayuda especial del Espíritu Santo. El propio Jesús, como hemos visto, se ofreció al Padre «con un Espíritu eterno», o «con la cooperación del Espíritu Santo» *(cooperante Spiritu Sancto),* como dice una antigua plegaria de la misa. Y sus miembros no pueden ofrecerse de otra manera. Por eso la liturgia, cuando invoca al Espíritu sobre la asamblea, después de la consagración, insiste precisamente en este aspecto:

«Que él haga de nosotros un sacrificio permanente agradable a ti».

«Concédenos a cuantos compartimos este pan y este cáliz, que, congregados en un solo cuerpo por el Espíritu Santo, seamos en Cristo víctima viva para alabanza de tu gloria»[21].

La Misa es el medio instituido por Cristo para dar a cada creyente la posibilidad de ofrecerse al Padre en unión con él. Elevado

---

[21] *Misal Romano.* Plegarias eucarísticas III y IV.

sobre la cruz, Jesús «atrae a todos hacia sí» (cfr. Jn 12,32), no en el sentido de una genérica atracción de los corazones y de las miradas, sino en el sentido de que nos une íntimamente a su mismo ofrecimiento, hasta el punto de formar con él una única oblación, como las gotas de agua que, unidas al vino, forman en el cáliz una única bebida de salvación. De este modo, el humilde ofrecimiento de nosotros mismos adquiere a su vez un valor inmenso. Una manera sencilla de participar interiormente en todo eso es la de repetir con el sacerdote, en voz alta o mentalmente, las intensas palabras de la doxología, dando a cada una su valor:

> «Por Cristo, con él y en él, a ti Dios Padre omnipotente, en la unidad del Espíritu Santo, todo honor y toda gloria por los siglos de los siglos. Amén».

4. *El Espíritu Santo renueva el don recíproco de los esposos*

Hay un estado de vida para el cual todo cuanto hemos dicho del Espíritu Santo como don adquiere una importancia particular: es el matrimonio. Precisamente porque el matrimonio ocupa un puesto tan singular en el proceso de la «salida de las criaturas de Dios» y en el del «regreso de las criaturas a Dios», el Espíritu Santo ocupa un puesto tan singular en el matrimonio.

El acto constitutivo del matrimonio es la entrega mutua, la donación del propio cuerpo (que en el lenguaje bíblico quiere decir la donación de toda la persona) al cónyuge. Por eso, análogamente a lo que ocurre después de todo acto de donación, el marido no es ya dueño de su cuerpo, sino la mujer a la que se lo ha entregado, y viceversa (cfr. 1 Cor 7,4). Juan Pablo II, en una de sus catequesis del miércoles, decía:

> «El cuerpo humano, con su sexo, y su masculinidad y feminidad... no es solo fuente de fecundidad y procreación, como ocurre en todo el orden natural, sino que encierra desde el principio el atributo conyugal, es decir, el de expresar el amor: precisamente ese

amor en el que el ser humano como persona se convierte en don y, mediante este don, realiza la esencia misma de su ser y existir»[22].

Siendo el sacramento del don, el matrimonio es, por su naturaleza, un sacramento abierto a la acción del Espíritu Santo. ¿Cómo santifica el Espíritu Santo al matrimonio? No desde fuera, sino desde dentro, en su núcleo profundo que acabamos de recordar. Es la presencia santificante del Espíritu lo que hace de él un sacramento. El Espíritu, que en toda pareja humana actúa como «Espíritu creador» a través del deseo del otro, en el matrimonio cristiano actúa también como «Espíritu redentor», o de la gracia, que se expresa en el don generoso de sí, a imitación del don recíproco de Cristo y de su Iglesia.

De ese modo, el Espíritu Santo penetra y santifica no solamente la «celebración», o rito de la boda, sino su realidad vivida. No está presente sólo en el momento de contraer nupcias, sino en cada instante y en cada gesto de donación mutua, y de un modo del todo especial en el acto conyugal, que constituye su momento más fuerte. Antaño había algunos que, influidos por las prescripciones judaicas sobre la pureza ritual, pretendían impedir a los esposos acercarse a los sacramentos después de haber tenido relaciones íntimas, creyendo que el Espíritu Santo, en esos momentos, se había alejado de ellos. Una fuente canónica autorizada reacciona enérgicamente contra esta práctica:

> «Mediante el bautismo, los esposos han recibido al Espíritu Santo, el cual está siempre con aquellos que practican la justicia y desde luego no los abandona a causa de sus relaciones matrimoniales, sino que permanece siempre con aquellos que lo poseen, y los guarda»[23].

---

[22] JUAN PABLO II, *Discurso*, 16 de enero de 1980: en *Enseñanzas de Juan Pablo II* (Librería Editrice Vaticana, Ciudad del Vaticano 1980) 148.

[23] *La Didascalia de los apóstoles*, XXVI, ed. R.H. Connolly (Oxford 1969) 242.

Si volvemos ahora a interrogar la Tradición, a la luz de estos desarrollos, hallamos en ella una singular confirmación. La teología latina del don ha intuido este vínculo estrechísimo entre Espíritu Santo y amor conyugal, pero lo ha desarrollado sólo en un sentido. Ha partido del símbolo -el amor conyugal humano- para ilustrar la *realidad,* es decir, el Espíritu Santo. San Hilario fue el primero en unir los dos conceptos de «don» y «disfrute»; escribe, en efecto: «En el Padre se realiza la inmensidad, en el Hijo la manifestación, en el Espíritu Santo el disfrute (*fruitio*)»[24]. San Agustín ha desarrollado esta intuición:

> «El inefable abrazo del Padre y de la Imagen no se produce sin disfrute, sin caridad, sin gozo. Este gusto, placer, felicidad, bienaventuranza -si es que hay palabra humana capaz de expresar estas cosas- que san Hilario ha dado en llamar "disfrute", en la Trinidad es el Espíritu Santo, que no es engendrado, sino que es la ternura del Padre y del Hijo e inunda con su generosidad y abundancia inmensa a todas las criaturas según su capacidad, a fin de que conserven su orden y descansen cada una en su lugar»[25].

A la luz de este maravilloso texto, toda la ternura y el gozo que existe sobre la faz de la tierra no es más que un reflejo o halo luminoso del abrazo trinitario.

A partir de este momento, empezará a ser normal entre los escritores latinos hablar del Espíritu Santo con las imágenes conyugales del abrazo y del beso. Observa san Ambrosio: «En el beso hay algo más que el simple contacto de los labios; está el deseo de infundir el uno en el otro la propia respiración»[26]. Y san Bernardo exclama: «¿Qué el Espíritu Santo, sino el beso que se intercambian el Padre y el Hijo?»[27].

---

[24] SAN HILARIO DE POITIERS, *La Trinidad,* II, 1: CC 62, 38.
[25] SAN AGUSTÍN, *Sobre la Trinidad,* VI, 10, 11.
[26] SAN AMBROSIO, *Isaac y el alma,* 3, 8: CSEL 32, 648.
[27] SAN BERNARDO, *Sermones varios,* 89, 1: ed. Cistercense, VI, 1, 336); cfr. ISAAC DE LA ESTRELLA, *Discursos,* 45, 12: SCh 339, 104.

A propósito del abrazo, un autor medieval comenta:

> «Este gusto mutuo, este amor tan tierno, este abrazo feliz, este amor lleno de dicha, por el cual el Padre halla su descanso en el Hijo y el Hijo en el Padre; este, como digo, descanso imperturbable, bondad incomparable, unidad inseparable, este hacer de dos una sola cosa, este hallarse juntos en esa única cosa; todo esto decimos que es el dulce, suave, jubiloso y santo Espíritu»[28].

Este simbolismo es utilizado, como vemos, sólo en la dirección que va del símbolo a la realidad, por cuanto intenta arrojar luz sobre la persona del Espíritu Santo, partiendo de los gestos conyugales del beso y del abrazo. Pero también se puede utilizar en la dirección opuesta, es decir, partiendo del Espíritu Santo como don de Dios, para iluminar el significado profundo del amor conyugal humano. El autor que acabamos de citar decía, a propósito del abrazo divino, que es felicidad, amor, sosiego, paz, suavidad, satisfacción plena, fusión perfecta en la unidad. ¿Y esto no es exactamente aquello a lo que aspiran con todas sus fuerzas los esposos cuando se unen, animados por un verdadero amor?

El abrazo carnal, en sí mismo, no puede realizar todo esto, como ya explicaba, con crudeza pero con eficacia, el poeta pagano Lucrecio[29]. Sólo si este oscuro amor de agresión y posesión se eleva a amor de donación (y esto es precisamente lo que nos enseña a hacer el Espíritu Santo), la intimidad podrá realizar entre los esposos esa tierna unidad de paz que es un pálido reflejo en la tierra del abrazo divino en el Espíritu.

El Espíritu Santo, como don de Dios, nos ofrece la base para una teología del «placer» capaz de rescatar, al menos en principio, esta experiencia humana de la ambigüedad que pesa sobre ella. El propio poeta pagano, que acabamos de citar, constataba lo que ocurre en toda experiencia de placer y, en particular, en la de la carne:

---

[28] EALREDO DE RIEVAULX, *El espejo de la caridad*, I, 20, 57: CM 1, 36.
[29] LUCRECIO, *De rerum natura*, IV, 1104ss.

«Algo amargo de lo íntimo surge de todo placer que siembra angustia entre las flores»[30].

Placer y dolor se suceden, en la experiencia humana, como anillos de una cadena de hierro, el uno enganchado al otro. En cambio, a la luz de la Trinidad, el placer aparece como el compañero inseparable del don, y por tanto, mientras estemos en esta vida, del sacrificio que el don comparta. En este caso, el placer sigue al sufrimiento como su *fruto*, no le precede como su *causa*, por tanto es él quien tiene la última palabra, no el dolor y la angustia. El gozo que acompaña el don recíproco de los esposos debería ser de este tipo, como un pequeño reflejo de lo que ocurre en la Trinidad, donde el Espíritu Santo es precisamente «el disfrute del don».

Lo que he intentado esbozar aquí no es una hermosa teoría del matrimonio. También en este caso, la experiencia ha precedido la teoría y constituye su confirmación más válida. El Espíritu Santo, que renueva todas las cosas, ha demostrado que sabe renovar también el matrimonio, tan marcado por la debilidad y el pecado. Uno de los frutos más visibles del paso del Espíritu es la experiencia de matrimonios muertos o apagados que han revivido. El matrimonio, dice Pablo, es un carisma (cfr. 1 Cor 7,7) y, como todos los carismas, vuelve a encenderse cuando entra en contacto con la llama de la que procede. Es importante escuchar testimonios directos, porque éstos hablan mejor que cualquier argumento. Vamos a oír primero el de un marido:

«Mi mujer y yo reconocemos que el Espíritu Santo es el alma de nuestro matrimonio, es decir, lo que le da vida, exactamente como es el alma de la Iglesia. Cuando nos prometimos, hicimos el propósito de rezar juntos todos los días la Secuencia de Pentecostés: "Ven, Espíritu Santo" y en estos veintidós años, con

---

[30] Ibíd., IV, 1129ss.

muy pocas excepciones, siempre hemos tratado de hacerlo y esperamos seguir haciéndolo, hasta que la muerte nos separe».

La mujer, por su parte, añade:

«Para mí, el momento de la intimidad conyugal no se diferencia de seguir al Espíritu en otros momentos de la existencia. En nuestra vida de pareja, se ha convertido en algo natural pasar de momentos de intimidad a la conversación, a la oración o al silencio; no hay fractura entre las dos cosas. En lugar de pensar que algunos momentos -como, por ejemplo, la Misa dominical- son "para Dios", y otros -como la intimidad sexual- son "para nosotros", todo es para Dios, todo es vivido de manera libre y consciente en su presencia. Por otro lado, el Espíritu Santo no es sólo la fuente de nuestras manifestaciones de ternura cuando es "tiempo de abrazarse", es también aquel que nos hace crecer en el amor mutuo cuando es "tiempo de abstenerse de los abrazos" (Ecl 3,5), sobre todo ahora que ya no somos tan jóvenes».

De nuestra meditación sobre el Espíritu Santo como «altísimo don de Dios» brota una esperanza para las parejas cristianas. No sólo para algunas, como las que acabamos de mencionar -que han recibido visiblemente unos dones particulares, a los que han correspondido con generosidad-, sino para todas. El tiempo, la pobreza humana y sobre todo la incapacidad de amar, con frecuencia tienden a reducir a los cónyuges y a su matrimonio en «huesos secos». Es a ellos, por tanto, a quienes se dirige, de un modo especial, la promesa de Dios: «¡Huesos secos -cónyuges áridos-, escuchad la palabra del Señor!... Infundiré en vosotros mi espíritu, y viviréis» (Ez 37,4.14). El Espíritu Santo quiere repetir en cada pareja el milagro de las bodas de Caná: transformar el agua en vino. El agua de la rutina, el aplanamiento y la frialdad, en el vino embriagador de la novedad y el gozo. Más aún, él mismo es el vino nuevo.

Pero la cosa más importante que el Espíritu Santo enseña a los esposos cristianos no es cómo valorar plenamente su matrimonio, sino cómo trascenderlo. «Todo lo que se acaba no es más que un símbolo»; sólo en el cielo «lo inalcanzable se convierte en realidad»[31]. El matrimonio es, precisamente, una de las cosas que se acabarán cuando se acabe la apariencia de este mundo (cfr. 1 Cor 7,31). Sería un error grave considerarlo como el absoluto, aquello a lo que supeditemos y por lo que midamos el éxito o el fracaso de la vida misma. Esto significaría sobrecargarlo de expectativas que jamás podrá mantener, y por tanto abocar al mismo matrimonio a un fracaso seguro. Sólo en Dios, la fusión plena, la unión perfecta, el don completo, «lo inalcanzable», se hará realidad para siempre.

Confiemos al Espíritu Santo todas las parejas humanas, a fin de que renueven el don recíproco de sí. Hagámoslo con las palabras de un himno que se canta en la Iglesia anglicana durante las bodas:

> *La voz que se oyó en el Edén*
> *ese primer día nupcial,*
> *así como la bendición*
> *de Dios, todavía sigue igual.*
> *Enlaza, oh Paráclito,*
> *los esposos que tú llamaste,*
> *así como a Cristo, su Esposo,*
> *la Iglesia para siempre uniste*[32].

---

[31] W. GOETHE, *Fausto*. Final de la segunda parte.
[32] *The English Hymnal*, himno de J. Keble (Londres 1933) 483.

VI

AGUA VIVA

El Espíritu Santo nos comunica la vida divina

Dios se nos ha revelado de dos modos distintos: a través de las cosas y a través de las palabras, en la creación y en la Biblia. Según san Agustín, son como dos libros:

> «Que sea tu libro la página divina que has de escuchar; que sea tu libro el universo que has de observar. En las páginas de la Escritura sólo pueden leer quienes sepan leer y escribir, mientras que todos, incluso los analfabetos, pueden leer en el libro del universo»[1].

Pero no se trata de dos «libros» separados y sin ninguna comunicación entre sí, ya que es la propia Biblia la que a menudo recoge la voz de las cosas, la interpreta y se sirve de ella como vehículo de su propia, y más explícita, revelación.

De ello brota una especie de sacramento primordial y universal. «Añade al elemento la palabra y tendrás el sacramento»[2], dice otra vez san Agustín. O sea, añade al agua la fórmula bautismal, al pan las palabras de la consagración y tendrás, respectivamente, el sacramento del bautismo y de la eucaristía. Es lo que ocurre, en un sentido más amplio, con todos los demás elementos de la creación. Por tanto, todo el universo creado es, en este sentido,

---

[1] SAN AGUSTÍN, *Exposición sobre los Salmos*, 45, 7: CC 38, 522.
[2] ÍD., *Comentario al Evangelio de Juan*, 80, 3.

«sacramento». La diferencia con respecto a los siete sacramentos es que éstos transmiten la *gracia*, mientras que las cosas sólo transmiten el *conocimiento* de Dios. En las obras de la creación, el hombre sólo puede contemplar con el intelecto las perfecciones invisibles de Dios (cfr. Rom 1,20).

> «El signo es esa cosa que, además de la imagen que suscita en los sentidos, evoca otra cosa distinta»[3].

La eficacia cognoscitiva del signo se basa en la misma psicología del conocimiento. En el paso del signo a la realidad significada, el alma se enciende y se inflama como una antorcha en movimiento. Mientras nos detenemos en las cosas y los signos materiales, no se produce nada, no se enciende ninguna luz en el alma; lo mismo ocurre cuando nos paramos con el intelecto en las realidades invisibles y abstractas. En cambio, al *pasar* de una cosa a otra, en ese movimiento y ese empuje, sucede que el alma se inflama y significados ocultos se revelan a la mente[4].

He querido hacer estas premisas, porque el principio de hablar de las cosas espirituales mediante las cosas materiales es algo que la Biblia ha venido aplicando, sobre todo a la hora de presentarnos la cosa «espiritual» por excelencia, que es el mismo Espíritu Santo. Los elementos más sencillos y corrientes han sido, por así decirlo, movilizados para hablarnos del Espíritu de Dios: el viento, el agua, la luz, el fuego, el aceite, el vino nuevo. Tres de estos símbolos clásicos del Espíritu están reunidos precisamente en la estrofa del *Veni creator* que estamos comentando. Al Espíritu Santo se le invoca sucesivamente como agua viva (*fons vivus*), como fuego (*ignis*) y como unción (*spiritalis unctio*). Ya hemos estudiado «neumatología» en la escuela del «hermano viento», hablando del nombre del Espíritu; ahora estamos invitados a hacer lo propio con la «hermana agua», el «hermano fuego» y el «precioso ungüento». También

---

[3] Íd., *La doctrina cristiana*, 2, 1: CSEL 80, 33.
[4] Cfr. Íd., *Cartas*, 55, 11, 21: CSEL, 34, 2, 192.

sobre este punto, como en todo lo demás, nuestro himno nos parece un espejo fiel de la revelación bíblica sobre el Espíritu Santo.

1. El agua, la vida y el Espíritu

Si, en un sentido analógico, toda la creación es sacramento, esto es, signo de Dios, algunos de sus elementos se han convertido en signos sacramentales del Espíritu también en un sentido estricto: el agua, como signo, en el bautismo, del renacimiento en el Espíritu; el aceite y el crisma, como signo sacramental de la confirmación. El agua, por tanto, es más que un simple símbolo del Espíritu, es su signo eficaz; no solamente evoca al Espíritu, sino que lo hace presente y operante.

De dónde procede y qué significa el título de «agua viva» atribuido al Espíritu Santo, el propio autor del himno lo explica en otra de sus obras:

> «Al Espíritu Santo se le designa con el agua en el propio Evangelio, cuando el Señor exclama: "Si alguien tiene sed, que venga a mí y beba... De lo más profundo de todo aquel que crea en mí brotarán ríos de agua viva". A continuación, el evangelista explica el sentido, añadiendo: "Decía esto refiriéndose al Espíritu que recibirían los que creyeran en él" (Jn 7,37-39). Pero una cosa es el agua del sacramento, y otra es el agua con la que se indica al Espíritu Santo. La primera es un agua visible, la segunda es invisible; la primera lava el cuerpo, indicando lo que se produce en el alma, mientras que por medio del Espíritu Santo es el alma misma la que es lavada y alimentada»[5].

---

[5] Rábano Mauro, *El universo*, I, 3: PL 111, 25; cfr. San Isidoro de Sevilla, *Etimologías*, VII, 3, 27: PL 82, 270.

Como siempre, entre la Escritura y nuestro himno se sitúa, como anillo de unión, la Tradición de los Padres y en particular, en este caso, de san Ambrosio:

> «Entendemos, por fuente, no esta agua que ha sido creada, sino la fuente de la gracia divina, es decir, el Espíritu Santo: él es el agua viva... Por tanto, el Espíritu Santo es un río, y un río "muy grande e impetuoso" (cfr. Sal 46,5)... La fuente de la vida es, pues, el Espíritu Santo»[6].

¿Cuál es, por tanto, el sentido exacto que tiene, en nuestro himno, la expresión *fons vivus*? Es, en primer lugar, el de «agua viva» (*fuente* aquí está por *agua*, como el continente por el contenido), pero también el de «fuente de la vida». Un autor medieval parafrasea así la expresión de nuestro himno:

> «Él es, al mismo tiempo, fuente de la vida, fuente viva, fuente que vivifica, fuente que procede de la vida y fuente que da vida a aquellos hacia los que se dirige»[7].

Hay tres asociaciones que se entrelazan en este simbolismo: la asociación *agua-vida*, la asociación *agua-Espíritu* y la asociación *Espíritu-vida*. En el paso del primer plano al tercero, la palabra «vida» cambia de sentido, o al menos se carga de un nuevo significado: de la vida natural y física se pasa a la vida espiritual.

La asociación agua-vida es tan universal y extendida que no necesita ser ilustrada. Es algo connatural en una cultura como la bíblica, que se desarrolla a orillas del desierto, en unas regiones donde la dependencia que la vida vegetal y animal tienen de la lluvia se experimenta día a día. Uno de los antiguos Padres se preguntaba: «¿Por qué a la gracia del Espíritu Santo se la designa con el nombre de agua?», y contestaba: «Porque el agua es el elemen-

---

[6] SAN AMBROSIO, *El Espíritu Santo*, I, 153-160; cfr. SAN HILARIO DE POITIERS, *Tratado sobre los Salmos*, 64, 14 s: CSEL 22, 245ss.
[7] GUALTIERO DE SAN VÍCTOR, *Sermones sobre el Espíritu Santo*, 8: CM 30, 69.

to constitutivo de todas las cosas: genera tanto la vida vegetal como la animal»[8].

En esta su función simbólica, el agua fue muy pronto asociada, en la Biblia, al Espíritu de Dios:

> «Derramaré agua sobre lo sediento...
> Derramaré mi espíritu
> sobre tu estirpe» (Is 44,3).

La asociación *agua-Espíritu* está presente, de manera implícita, cada vez que se habla del Espíritu que «se derrama» (cfr. Jl 3,1; Zac 12,10), en expresiones como «Bautizar con Espíritu»[9] y «renacer del agua y del Espíritu», sin contar las frases ya citadas donde Jesús promete el Espíritu mediante la imagen del «agua viva» y de «ríos de agua viva».

Este simbolismo encuentra su culminación en el Evangelio de Juan. Éste asocia el don del Espíritu que nos hace Cristo en la cruz con el signo del agua que sale de su costado (cfr. 1 Jn 5,68). Con esto, aplica tácitamente a Cristo la grandiosa visión que tuvo Ezequiel del agua que fluye del templo y hace brotar la vida a lo largo de su recorrido, hasta que desemboca en el mar Muerto y lo convierte en un mar lleno de peces (cfr. Ez 47,1ss). Para el evangelista, Cristo en la cruz es, en efecto, el nuevo y definitivo «templo» de Dios (cfr. Jn 2,19); el agua que sale de su costado es la realización de la promesa sobre los «ríos de agua viva». El Espíritu Santo es el «río de agua viva, transparente como el cristal» que sale del trono de Dios y del Cordero, y junto a cuyos márgenes crece «un árbol de vida» que, como el que profetizó Ezequiel, cada mes da frutos y cuyo follaje sirve de medicina[10].

El Espíritu Santo es, pues, el agua que sale del Redentor y transforma el gran desierto de esta vida; desemboca en el gran

---

[8] SAN CIRILO DE JERUSALÉN, *Catequesis*, XVI, 12.
[9] Cfr. Mt 3,11; Hech 1, 5.
[10] Cfr. Ap 22, 1; Ez 47,12.

«mar Muerto» que es este mundo de pecado, y en el pequeño «mar Muerto» que es todo hombre privado de la gracia, transformándolos en lugares llenos de vida.

De repente observamos que en el Nuevo Testamento desaparece el símbolo del agua, y sólo queda la realidad simbolizada, es decir, la vida. Tenemos entonces la tercera asociación, *Espíritu-vida*, sin intermediarios:

> «El Espíritu es quien da la vida... Las palabras que os he dicho son espíritu y vida» (Jn 6,63).
>
> «La letra mata, mientras que el Espíritu da vida» (2 Cor 3,6).

Cuando, en el concilio de Constantinopla del 381, los Padres tuvieron que resumir su fe en el Espíritu Santo en una breve frase que había que añadir al Símbolo niceno, no hallaron nada más esencial e importante que decir de él que lo siguiente: que es dador de vida, que es un Espíritu vivificante.

> «Creo en el Espíritu Santo, Señor y dador de vida...»

La Biblia nos presenta toda una serie de intervenciones y presencias del Espíritu de Dios, que trazan una especie de «historia del Espíritu» dentro de la historia de la salvación. Cada vez que se produce un «salto» cualitativo en la vida, allí está actuando puntualmente el Espíritu Santo.

> El soplo del Espíritu
> viene en la creación de Adán, que se convierte así en un «ser vivo»;
> viene sobre la Virgen en la encarnación, y en ella toma vida el salvador;
> viene sobre Jesús en la resurrección y hace de él un «Espíritu dador de vida»;
> viene sobre los apóstoles en Pentecostés y nace la iglesia; viene sobre el agua del bautismo y el hombre renace a una vida nueva;
> viene en la eucaristía sobre el pan y el vino, que se transforman en el cuerpo y la sangre de Cristo;

vendrá sobre nosotros al fin de los tiempos y «da-á vida a nuestros cuerpos mortales».

En la tradición latina, la prerrogativa del Espíritu de dar la vida fue expresada mediante el adjetivo «almo». «Almo Espíritu» (*alme Spiritus*) es uno de los títulos predilectos del Paráclito en los autores medievales; lo encontramos en muchos himnos, algunos del mismo autor del *Veni creator*, incluso tan a menudo como «Santo Espíritu»[11]. Almo viene de *alere*, y significa generoso, abundante, amigo, que alimenta y sostiene la vida. Antaño se aplicaba a la tierra (*alma tellus*), al sol, a la madre (*alma mater*); en definitiva, a todo aquello que atañe a la vida más de cerca.

Juan Pablo II ha elegido, para su encíclica sobre el Espíritu Santo, precisamente el título de *Dominum et vivificantem*, o sea, las palabras del Credo que proclaman al Espíritu: «Señor y dador de vida», proclamando con eso la fe de la Iglesia en

> «aquel que da la vida, aquel mediante el cual el inescrutable Dios uno y trino se comunica a los hombres, constituyendo en ellos la fuente de la vida eterna»[12].

2. ¿Qué clase de vida?

Pero ha llegado el momento de preguntarnos: ¿de qué vida estamos hablando, cuando decimos que el Espíritu da la vida? La fe de la iglesia nunca ha tenido dudas a la hora de contestar a esta pregunta. Se trata de la vida divina, o sea, de la vida que tiene su origen en el Padre, que, en Cristo, «se manifestó» (1 Jn 1,2) y que, en el renacimiento bautismal, se comunica al creyente. Entre esta

---

[11] Cfr. ARADOR, *Los Hechos de los Apóstoles*, I, 226: CSEL 72, 25; cfr. también RÁBANO MAURO: PL 112, 1596 C; ADÁN DE SAN VÍCTOR: AHMA 54, 239); RUPERTO DE DEUTZ: CM 29, 380.

[12] JUAN PABLO II, *Dominum et vivificantem*, n. 1.

vida y la vida natural, que recibimos del nacimiento humano, no hay oposición *real* (ambas proceden de Dios que es el dueño absoluto de toda vida, física y espiritual); sin embargo, hay una diferencia y un contraste en el plano *moral*, que se expresa en las conocidas antítesis: naturaleza/gracia, carne/Espíritu, hombre viejo/hombre nuevo, vida terrenal/vida eterna.

La *diversidad* se debe a que esta vida nueva, según el Espíritu, es fruto de una nueva y distinta intervención de Dios, con respecto a la creación; el *contraste* se debe a que el pecado ha hecho que la vida natural esté «encerrada» en sí misma, y se resista a acoger la vida según el Espíritu.

Pero la razón del contraste no está sólo en el pecado del hombre, esto es, en un accidente que se ha producido a lo largo de la historia. Es algo mucho más profundo; hunde sus raíces en la misma naturaleza compuesta del hombre, que está hecho de un elemento material y de otro inmaterial, de algo que lo lleva hacia la multiplicidad y de algo que, en cambio, tiende hacia la unidad. No hay ninguna necesidad de pensar (como han hecho los gnósticos, los maniqueos y muchos otros) que los dos elementos se remontan a dos «creadores» rivales, uno bueno que ha creado el alma y otro malo que ha creado la materia y el cuerpo. Es el mismo Dios quien ha creado ambas cosas juntas, en una unidad profunda, «sustancial». Pero no las ha dejado en una situación estática, para que el hombre se quedara tranquilamente en una postura intermedia, con las dos fuerzas equilibrándose o neutralizándose mutuamente: al contrario, ha querido que el hombre, en el ejercicio concreto de su libertad, decidiera libremente en qué dirección desarrollarse y realizarse: o bien «hacia arriba», es decir, hacia lo que está «por encima» de él, o bien «hacia abajo», o sea, hacia lo que está «por debajo» de él.

> «El alma se encuentra entre ambas cosas: ora sigue al Espíritu y, gracias a él, vuela; ora obedece a la carne y cae en deseos terrenales»[13].

---

[13] San Ireneo, *Contra las herejías*, V, 9, 1.

Es precisamente en esta posibilidad de autodeterminación donde reside la dignidad del hombre, y es en ella donde su libertad encuentra el campo de ejercicio privilegiado. Creando al hombre libre -escribe un filósofo del Renacimiento-, es como si Dios le dijera:

> «Te puse en medio del mundo para que desde allí descubrieras mejor lo que hay en él. No te hice ni celestial ni terrenal, ni mortal ni inmortal, para que por ti mismo, como artífice libre y soberano, te modelaras y esculpieras en la forma que ibas a elegir. Podrás degenerar hacia las cosas inferiores, que son los animales irracionales, y podrás, según tu voluntad, regenerarte en las cosas superiores que son divinas»[14].

Eso explica la lucha entre la carne y el espíritu, y por tanto el carácter dramático que caracteriza la existencia del cristiano en el mundo. Si «elegir es renunciar», no se puede elegir la vida según el Espíritu, sin sacrificar algo de la vida según la carne.

> «Los que viven según sus apetitos, a ellos subordinan su sentir; mas los que viven según el Espíritu, sienten lo que es propio del Espíritu. Ahora bien, sentir según los propios apetitos lleva a la muerte; sentir conforme al Espíritu conduce a la vida y a la paz. Y es que nuestros desordenados apetitos están enfrentados a Dios, puesto que ni se someten a su ley ni pueden someterse» (Rom 8,5-7).

El contraste entre ambas vidas llega a configurarse como contraste entre vida y muerte: «Si *vivís* según vuestros apetitos, ciertamente *moriréis*; en cambio, si mediante el Espíritu dais muerte a las obras del cuerpo, viviréis» (Rom 8,13).

La relación entre muerte en la carne y vida en el espíritu no es tanto de tipo cronológico (primero tenemos que morir a la carne, a nosotros mismos, para después experimentar la vida nueva y la resurrección): es una relación de simultaneidad y causalidad. Es

---

[14] G. PICO DE LA MIRÁNDOLA, *Discorso sulla dignità dell'uomo*, ed. Tognon (Brescia, 1987) 4-6.

precisamente muriendo a la carne cuando experimentamos y vemos crecer en nosotros la nueva vida del Espíritu: en la medida en que nos identificamos con el Crucificado tomamos parte en la vida del Resucitado, en espera de aquella situación final en la que ya no habrá ningún contraste, porque uno de los dos polos, la «carne», habrá desaparecido.

No se trata de sacrificar un elemento del hombre para salvar otro, sino de salvar ambos. La misma carne no puede salvarse si no se salva el espíritu. En su *Diálogo entre el alma y el cuerpo*, santa Catalina de Génova demuestra que no es posible satisfacer al mismo tiempo todas las exigencias, las del cuerpo y las del espíritu. O será el cuerpo quien haga al alma esclava de sus pretensiones, o será el alma quien someta el cuerpo a las suyas. Lo que, en definitiva, el alma viene a decirle al cuerpo en este diálogo, es lo siguiente: si tú haces lo que yo quiero, nos salvaremos eternamente los dos; si yo hago lo que tú quieres, nos perderemos ambos eternamente[15].

Esto ha sido siempre considerado como el fundamento de la ascesis que, por lo demás, no es exclusiva del cristianismo, sino que está presente, bajo distintas formas, en casi todas las grandes religiones: no se puede vivir según el espíritu, sin mortificar el cuerpo y sus infinitas exigencias. En cualquier caso, es injusto atribuir a san Agustín la «responsabilidad» de lo que se ha dado en llamar «odio al cuerpo», porque eso (si se puede hablar de odio) está presente en igual medida en el cristianismo oriental, empezando por los Padres del desierto, que son ajenos a todo influjo agustiniano.

No se puede negar que el ascetismo ha ido acompañado de excesos. Me bastaría un santo como Francisco de Asís para demostrar que la «mortificación» y la renuncia más radical pueden conjugarse con el amor más grande por la vida, por las cosas, y un gozo desmesurado ante las criaturas de Dios.

---

15 SANTA CATALINA DE GÉNOVA, *Dialogo spirituale*, 40: en *Opere*, II (Marietti, Génova 1990) 54.

3. ¿Vida sobrenatural o super-vida natural?

Algo ha cambiado en la valoración de este aspecto de la vida cristiana, a caballo entre el siglo pasado y el nuestro, con la aparición de una filosofía que exalta el vitalismo. De distintas maneras, éste fue el mensaje de los biólogos evolucionistas como Darwin, de los positivistas, de los historicistas, de los filósofos pragmatistas y de los intuicionistas como Bergson, mediante la seductora tesis del «impulso vital». Pero quien hizo del vitalismo su religión fue Nietzsche. Él propone el ideal de la «gran salud» como medio esencial para llevar a cabo el nuevo curso de la historia por él preconizado; define a los cristianos como «los tísicos del alma que, nada más nacer, ya empiezan a morir, y su doctrina es la fatiga y la resignación»[16]. En la introducción a la edición de *Así habló Zaratustra* (Lipsia 1919), la hermana del filósofo resume así el pensamiento de su hermano sobre este punto:

> «Él opina que, debido a un malentendido y débil cristianismo, todo cuanto había de hermoso, fuerte, soberbio y poderoso -como las virtudes que proceden de la fuerza- ha sido proscrito y desterrado, y que por eso han disminuido mucho las fuerzas que promueven y ensalzan la vida. Pero ahora hay que darle a la humanidad una nueva tabla de valores, a saber: el fuerte, poderoso y magnífico hombre llevado a su punto más excelso, el superhombre, que se nos presenta ya con arrolladora pasión como objetivo de nuestra vida, de nuestra voluntad y de nuestra esperanza... El nuevo y opuesto modo de valorar tiene que presentar un tipo gallardo, sano, vigoroso, contento de vivir, y una apoteosis de la vida».

La idea cristiana de una vida sobrenatural es sustituida aquí por la de una super-vida natural; en lugar del hombre nuevo, el super-hombre. La calidad se resuelve en la cantidad. En el interior de la vida sólo hay sitio para una evolución rectilínea, en intensi-

---

[16] F. NIETZSCHE, *La gaya ciencia*, n. 382; *Así habló Zaratustra*, I [edición italiana con introducción y apéndice de E. Föster-Nietzsche (Monanni, Milán. s.d.) 13].

dad y en «potencia», no para un salto cualitativo. A la luz de estos desarrollos, parecen proféticas las palabras que unas décadas antes escribió Kierkegaard:

> «¡No hay ningún sentimiento al que el hombre se apegue más que el de la vida; no hay nada que desee con mayor intensidad y fuerza que sentir la vida latir en él, y nada que le haga estremecerse más que la muerte! Pero he aquí que se anuncia un Espíritu que vivifica. Entonces, apeguémonos a él: ¿quién lo dudaría? Danos vida, más vida, y que el sentimiento de vida rebulla en mí como si la vida entera estuviera contenida en mi pecho... Pero esta vivificación del Espíritu no es una sublimación directa de la vida natural del hombre en una continuidad y coherencia inmediata... Es una *vida nueva* en sentido estricto. Obsérvese, en efecto, que aquí interviene la muerte, la mortificación; y una vida que es, por el otro lado, la muerte, es sin duda una nueva vida»[17].

El pensamiento de Nietzsche no nos interesa tanto por sí mismo, como por el hecho de que, sobre este punto, su provocación ha sido recogida en parte por algunos teólogos, dando lugar a un nuevo modo de entender al Espíritu «dador de vida». Se propone sustituir el ideal tradicional de la espiritualidad por el de la «vitalidad», entendiendo con eso «el amor por la vida que une a los hombres con los demás seres vivos», una vitalidad entendida como «verdadera humanidad»[18].

Quisiera hacer alguna reflexión al respecto. También nuestro himno, con el título de «creador», evoca la acción universal del Espíritu Santo, incluso fuera de los confines de la Iglesia. Pero eso, como hemos visto, distingue claramente las dos formas de actuar del Espíritu Santo: como Espíritu «creador» y como Espíritu «de la gracia». Sin embargo, en la perspectiva que acabamos de mencionar, esta distinción, a pesar de que no es negada, queda inoperan-

---

[17] S. KIERKEGAARD, *Para examinarnos a nosotros mismos. El día de Pentecostés*, en *Obras*, ed. C. Fabro (Florencia 1972) 934.
[18] J. MOLTMANN, *Der Geist des Lebens* (Munich 1991) 95-101.

te, y la diferencia que hay entre ambas esferas parece más de grado que de calidad. Desaparece todo rastro de aquella distinción prácticamente infinita que existe, según Pascal, entre los tres «órdenes» de la vida: material, intelectual y espiritual[19].

La nueva interpretación del «Espíritu de la vida» nace del deseo de dar un fundamento teológico a la lucha por la defensa de la vida, sobre todo de la vida débil, «impedida» y amenazada. En eso se aparta radicalmente del vitalismo de Nietzsche que, por el contrario, está concebido precisamente en función de los fuertes, de los hombres que poseen la «gran salud». No obstante, opino que esta noble preocupación encuentra un fundamento muy válido también en la perspectiva tradicional, que se inspira en el principio bíblico de morir a uno mismo para que los demás vivan. Pablo ha expresado todo esto, hablando de las tribulaciones apostólicas:

> «Así que en nosotros actúa la muerte y en vosotros, en cambio, la vida» (2 Cor 4,12).

La mortificación nunca debería ser un fin en sí misma, sino que debería tener siempre como objetivo también la promoción de la vida ajena, tanto física como espiritual. El máximo modelo, al respecto, es Cristo, que murió para dar la vida al mundo, y renunció a su gozo de vivir, para que el gozo de los demás fuera completo[20]. Los cristianos verdaderamente «espirituales» son los que en esto han seguido a Cristo. A menudo los ascetas más implacables a la hora de afligir su cuerpo, han sido los más tiernos cuando han tenido que aliviar el sufrimiento del cuerpo de sus hermanos, en todas sus formas: minusvalía, enfermedad, hambre, lepra, etc. Nadie ha respetado, defendido y cultivado la vida más que ellos. La experiencia demuestra, por lo demás, que nadie puede decir «sí» a sus hermanos, si no está dispuesto a decir «no» a sí mismo.

---

[19] B. PASCAL, *Pensamientos*, 793 (ed. Brunschvicg).
[20] Cfr. Heb 12,2; Rom 15,3; Jn 15,11.

Las dos vidas suscitadas por el Espíritu -la natural y la sobre-
natural- no se tienen, por tanto, que separar, y mucho menos contraponer entre sí, pero tampoco se han de confundir y reducir a una
única vida que no conoce solución de continuidad. Es cierto que el
Espíritu promueve la vida en todas sus manifestaciones, naturales
y sobrenaturales, haciéndola apta para recibir la forma a la que
Dios la ha destinado, que es la «conformidad» a Cristo. Fomenta la
vida física en todo aquello que la ennoblece y la orienta hacia su fin
eterno (¡sin excluir nada!); la «mortifica» en lo que se opone a ello.

Negar la radical «novedad» de la vida del Espíritu, significaría
quitar toda relevancia al evento Jesucristo. La vida en Cristo, o en
el nuevo Adán, no sería diferente a la vida en el viejo Adán.

Significaría también resignarse a que la obra vivificadora del
Espíritu esté, desde el principio, abocada a la derrota y al fracaso,
porque ya sabemos cómo va a acabar toda nuestra «vitalidad» en
el plano natural. El triunfo final del Espíritu está en la posibilidad
de que la decadencia y la muerte, en el plano natural, sean «real-
zadas» y transformadas en éxito en otro plano. Escribe el Apóstol:

> «Por eso no desfallecemos; al contrario, aunque nuestra condición
> física se vaya deteriorando, nuestro ser interior se renueva de día
> en día» (2 Cor 4,16).

4. La vida del Espíritu

Todo aquello que la lectura de algunos pasajes del Nuevo
Testamento nos diga ahora sobre el Espíritu «dador de vida», nos
ayudará a comprender aún mejor lo que hemos venido diciendo.
Pablo escribe:

> «Ya no pesa, por tanto, condenación alguna sobre los que viven
> en Cristo Jesús. La ley del Espíritu vivificador me ha liberado por
> medio de Cristo Jesús de la ley del pecado y de la muerte» (Rom
> 8,1-2).

Dejemos a un lado el tema del Espíritu como «ley nueva», que trataremos en otro momento. La cosa más importante que emerge del texto es la siguiente: el Espíritu da la vida, y la vida que el Espíritu da no es otra cosa que la vida de Cristo, la vida que brota de la Pascua. Vivir según el Espíritu significa, por tanto, participar en la vida misma de Cristo, compartir sus disposiciones internas, hacerse «un solo espíritu» con él (1 Cor 6,17). Estar, o vivir, «en el Espíritu» equivale, en la práctica, a estar, o vivir, «en Cristo».

La misma oposición fundamental vuelve a presentarse bajo otra forma en Pablo, cuando escribe:

«La letra mata, mientras que el Espíritu da vida» (2 Cor 3,6).

El Espíritu Santo, bajo esta luz, aparece ante nosotros como el principio mismo de la nueva alianza, norma y fuerza de la vida cristiana, fuente de una vida y de un modo de actuar que proceden *recto tramite* de la obra de Cristo.

Pasando a Juan, encontramos el mismo paralelismo entre Espíritu y vida, y entre la vida del Espíritu y la obra de Cristo. También para él los «ríos de agua viva» del Espíritu brotan del cuerpo de Cristo glorificado. Lo que es distinto en Juan es el puesto que ocupan, dentro de la común referencia a Cristo, el misterio pascual y la encarnación. La vida que el Espíritu otorga es fundamentalmente la vida del Padre, la vida trinitaria que, en la encarnación, «se ha manifestado» (1 Jn 1,2). La entrada de la vida eterna en el mundo ya se ha realizado con la venida de la Palabra «en la que estaba la vida» (Jn 1,4). El propio Jesús es la vida (Jn 14,6). Así como él vive por el Padre, del mismo modo quien se alimenta de él vive por él (cfr. Jn 6,57). La cruz y la Pascua no son tanto el momento en que se crea esta nueva vida cuanto el momento en que se elimina el obstáculo, el pecado que impedía su recepción por parte de los hombres. En este sentido, Juan puede decir que aún no había Espíritu, «porque Jesús no había sido glorificado» (Jn 7,39).

De diferentes maneras, Pablo y Juan presentan, por tanto, la vida del Espíritu como la misma vida divina que, en Cristo, se le ofrece al hombre como una posibilidad nueva. Y digo nueva, no sólo porque no existía antes, sino también por ser de naturaleza distinta: divina, no humana; eterna, no temporal.

Vista desde el lado de quien la recibe, la vida del Espíritu es una vida *voluntaria*, a diferencia de la natural, que es involuntaria. Nadie puede decidir si nacer o no, mientras que cada uno puede decidir si renacer o no. En efecto, la nueva vida supone el acto de fe; se obtiene «por medio del Espíritu que nos consagra y de la verdad en que creemos» (2 Tes 2,13). En cierto sentido, por la fe nos hacemos padres de nosotros mismos.

¿Cómo se entra, de hecho, en esta nueva vida? A través de dos medios fundamentales: la Palabra y los sacramentos. Las palabras de Jesús son «espíritu y vida» (Jn 6,63). La Palabra no sólo está «inspirada» por el Espíritu Santo, sino que también «espira» al Espíritu Santo. Sin el Espíritu Santo es letra muerta; en cambio, con el Espíritu Santo da vida (cfr. 2 Cor 3,6). Es un dato de la experiencia: las escrituras, leídas «espiritualmente» -es decir, con la luz y la unción del Espíritu-, transmiten luz, consuelo, esperanza; en una palabra, vida.

Junto con la Palabra, los sacramentos. El bautismo es el momento en que nacemos del Espíritu (cfr. Jn 3,5) y empezamos a «llevar una vida nueva» (Rom 6,4). El bautismo no es sólo el *comienzo* de la vida nueva; es también su *forma*, su modelo. La misma manera en que se lleva a cabo (inmersión/emersión) indica que somos sepultados y resurgimos, morimos y volvemos a vivir. Escribe san Basilio:

> «La regeneración, como la misma palabra indica, es el comienzo de una segunda vida. Pero para empezar una nueva vida, hay que poner fin a la anterior... El Señor, al otorgarnos la vida, ha establecido con nosotros la alianza del bautismo, símbolo de muerte y de vida: el agua simboliza la muerte y el Espíritu ofrece la prenda de la vida»[21].

---

[21] San Basilio, *Sobre el Espíritu Santo*, XV, 35: PG 32, 129 A.

Cirilo de Jerusalén dice poéticamente a los recién bautizados: «El agua saludable para vosotros fue sepulcro y a la vez madre»[22]. Es una ley que, desde el bautismo, se extiende a toda la posterior vida cristiana. Ésta es una vida que se alimenta de la muerte. Es morir para vivir. Exactamente lo contrario de la vida natural a la que se define, en justicia y rigor, «vivir para morir»[23]. En el plano natural, cada instante de vida es acelerar la muerte; es un espacio quitado a la vida y entregado a la muerte. En el plano sobrenatural, cada pequeña «mortificación» de la carne se traduce en vida según el Espíritu, es un espacio sustraído a la caducidad y a la muerte y entregado a la vida.

5. Riega la tierra en sequía

Para llevar ahora más directamente a la práctica lo que hemos aclarado hasta aquí respecto al Espíritu Santo en el plano teológico, vamos a utilizar el símbolo de la «hermana agua». El agua siempre cae, nunca sube; y al final acaba ocupando el lugar más bajo. Lo mismo hace el Espíritu Santo: se complace en visitar y llenar al que está abajo, al que es humilde y está vacío de sí. San Francisco de Asís, en su *Cántico de las criaturas*, hace de la «hermana agua» el símbolo mismo de la humildad:

«Loado seas, mi Señor, por la hermana agua,
la cual es muy útil, humilde, preciosa y casta».

Uno de los fenómenos físicos más inquietantes de nuestro tiempo es la desertización. Se calcula que cientos de miles de hectáreas de terreno cultivado son engullidas cada año por el desierto que avanza. La ausencia de vegetación hace disminuir las precipi-

---

[22] San Cirilo de Jerusalén, *Catequesis mistagógicas*, II, 4: PG 33, 1080.
[23] Cfr. M. Heidegger, *Ser y tiempo* (Madrid 1939 275 s.

taciones atmosféricas y esta disminución hace desaparecer la vegetación. Es un círculo «mortal».

Desde los tiempos de Isaías, se empezó a comprender que algo así puede ocurrir también en el plano espiritual. En otras palabras, también existe una desertización del corazón, y el Espíritu es el único que puede invertir este proceso y transformar el desierto espiritual en lugar de vida:

> «Derramaré agua sobre lo sediento,
> arroyos en la tierra ardiente;
> derramaré mi espíritu
> sobre tu estirpe» (Is 44,3).

A este mismo simbolismo de la aridez y de la sed se refiere la imagen de los ríos de agua viva que brotan de Cristo en el evangelio de Juan (cfr. Jn 7,38). Escribe san Ireneo:

> «Como la tierra reseca, si no recibe agua, no fructifica, tampoco nosotros... habríamos dado como fruto la vida, sin la lluvia venida libremente de lo alto»[24].

Taulero aplicó a un río concreto, el Rhin (en cuyas orillas transcurrió toda su vida), lo que san Ambrosio, en el texto citado antes, decía del «río impetuoso» que alegra la ciudad de Dios:

> «Este precioso Espíritu Santo ha entrado en los discípulos y en todos aquellos que se han abierto a él, llevándoles bienestar, abundancia y riqueza hasta sumergirlos por dentro. Es como si el Rhin tuviera un dique cuyas compuertas se abrieran, y él llenara todo valle y declive. Así el Espíritu Santo ha bajado sobre los discípulos y sobre todos aquellos que se han abierto a él. Hoy también lo sigue haciendo incesantemente. Llena e inunda el fondo de nuestras almas, de nuestros corazones y de nuestras mentes, todo lo que encuentra. Nos llena hasta rebosar de un gran bien-

---

[24] San Ireneo, *Contra las herejías*, III, 17, 2.

estar, de unas gracias, un amor y unos dones indescriptibles. Llena los valles y las profundidades que se le abren»[25].

Las últimas palabras nos sugieren un programa práctico: abrir valles y canales al Espíritu Santo. En primer lugar, hacia nosotros mismos; después también hacia quien no ha sido alcanzado todavía por este río, pero lo está esperando.

En uno de los primeros himnos a la Trinidad, al Padre se le llama «fuente», al Hijo «río», al Espíritu Santo «irrigación»[26]. Es la misma imagen que ha inspirado la hermosa plegaria de la Secuencia de Pentecostés: «Riega la tierra en sequía» (*riga quod es aridum*).

A veces se ven trabajadores en los campos que, desde un canal principal de irrigación puesto encima de un declive, se apresuran a derivar pequeños surcos y canales para que el agua llegue a lamer de forma capilar cada hilera, cada plantita. Es un trabajo alegre, sobre todo en verano, que se hace cantando, y que todos, hasta los niños, pueden hacer.

Es la imagen de lo que hay que hacer en la viña del Señor. Trazar un pequeño surco que lleve a alguien el agua de la palabra, de la fe, de la alabanza, del consuelo; en definitiva, el agua del Espíritu, No sólo *trazar* canales, sino ser nosotros mismos canales.

Terminamos con las palabras de un himno al Espíritu Santo, compuesto algunas décadas después del *Veni creator*, que canta la relación mística entre el agua y el Espíritu:

Cuando la gran máquina del mundo,
por medio de su Verbo, Dios creaba,
tú aleteabas sobre el agua,
oh Espíritu, irradiando tu calor.

---

[25] F. Vetter, *Die Predigten Taulers*, 25 (Berlín 1910) 190-191.
[26] Mario Victorino, *Himnos a la Trinidad*, 3, 30-34: CSEL 83, 1, 295: «Fons, Flumen, Irrigatio: o beata Trinitas!».

El agua que ahora el alma santifica,
sigues fecundando en el bautismo:
oh Santo, sopla tú sobre nosotros,
haznos hombres espirituales [27].

---

[27] N. NOTKER BALBULUS, *Para el día de Pentecostés:* PL 131, 1013.

VII

FUEGO

El Espíritu Santo nos libera del pecado y la tibieza

1. *Él os bautizará en Espíritu Santo y fuego*

Después del viento y el agua viene ahora otro símbolo natural del Espíritu Santo: el fuego (*ignis*). La Escritura se complace en hablarnos de las realidades divinas por antinomias es decir, por opuestos. A Jesús se le llama tanto león como cordero. Eso explica por qué el Espíritu Santo es designado con dos símbolos tan diametralmente opuestos entre sí: el agua y el fuego. Al estar situados en los extremos, los opuestos tienen la ventaja de crear entre ellos un espacio ilimitado, de dilatar el horizonte hasta el infinito, que es precisamente lo que se necesita para hablar de las cosas divinas.

En nuestro caso, este contraste adquiere un significado aún más profundo de lo normal. El agua genera la vida, el fuego la destruye. Poniendo los dos símbolos en contacto directo, el autor del himno refuerza la enseñanza que ya hemos descubierto en el símbolo del agua viva: el Espíritu crea la vida nueva, es cierto, pero haciendo morir la vida vieja. Él destruye y crea, abate y levanta al mismo tiempo. Por eso, en el *Veni creator* no se puede aislar el título de «agua viva» del de «fuego», que viene acto seguido, sin menoscabar su misma comprensión.

Como siempre, las palabras del *Veni creator* nos remiten a la Biblia, leída y vivida dentro de la Tradición. Observamos en seguida que, en el Nuevo Testamento, el Espíritu Santo es presentado como fuego, o al menos asociado a él. Juan el Bautista dice, hablando de Cristo:

«Él os bautizará con Espíritu Santo y fuego» (Mt 3,11).

(En este pasaje ya se puede notar el contraste entre agua -«os bautizará...»- y fuego.) Esta promesa se cumple, de manera incluso externa y visible, en Pentecostés:

«Aparecieron lenguas como de fuego... Todos quedaron llenos del Espíritu santo» (Hech 2,3-4).

También la palabra de Jesús: «He venido a prender fuego a la tierra» (Lc 12,49) se refiere al don del Espíritu, o al menos lo incluye. Pablo, a su vez, compara, de manera implícita, al Espíritu con el fuego, cuando recomienda no «apagar» la fuerza del Espíritu (cfr. 1 Tes 5,19).

Para descubrir lo que la revelación ha querido decirnos con eso, hay que saber qué es lo que simboliza el fuego en la Biblia. Observamos que tiene múltiples significados, algunos positivos, otros negativos. El fuego ilumina (como en el caso de la columna de fuego del Éxodo), calienta, inflama; devora a los enemigos, castigará eternamente a los impíos...

Pero entre todos estos significados, hay uno que destaca y predomina sobre los demás: el fuego purifica. También el agua simboliza a menudo la purificación, pero con una importante diferencia que la propia Biblia señala:

«Oro, plata, bronce, hierro, estaño y plomo, todo lo que puede resistir el calor, pasadlo por el fuego y quedará puro... Lo que no resista al fuego, pasadlo por el agua» (Nm 31,22-23).

El fuego es símbolo de una purificación más profunda, radical. El agua purifica por fuera, el fuego lo hace también por dentro. Canta el salmista: «Sondéame, Señor, y ponme a prueba, refina por medio del fuego mis entrañas y mi corazón» (Sal 26,2). Las cosas preciosas -el oro en el ámbito material, la fe en el espiritual- se ponen a prueba mediante el fuego (cfr. 1 Pe 1,7). De ahí la imagen del crisol: «Te purificaré de escorias en el crisol, separaré de ti la ganga» (Is 1,25).

La idea y el simbolismo del fuego purificador está presente de una manera especial en los pasajes que anuncian la futura obra del Mesías:

> «Cuando el Señor *limpie* Jerusalén con viento justiciero, con viento *ardiente*» (Is 4,4).

> «A este tercio lo haré pasar por el *fuego*, lo *purificaré* como se purifica la plata, lo acrisolaré como se acrisola el oro» (Zac 13,9).

> «Será como *fuego* de fundidor... Refinará a los hijos de Leví» (Mal 3,2-3).

Bajo esta luz se ha de entender también la definición de Dios como «fuego devorador». Su santidad y sencillez absoluta no toleran mezcolanzas, sino que ponen al descubierto el mal y lo consumen. Sólo el que aleje de sí el mal podrá «soportar un fuego devorador» (cfr. Is 33,14 ss). En cierto modo, el título de «fuego» no hace otra cosa que explicitar el adjetivo «Santo» que acompaña al nombre «Espíritu». El Espíritu es fuego porque es Santo.

Decía que el *Veni creator* recoge la revelación sobre el Espíritu a través de la Tradición viva de la Iglesia. Bastarán unos cuantos textos para demostrar con qué fidelidad esta idea de la Biblia ha sido recogida y vivida en la Iglesia. Cirilo de Jerusalén escribe que en Pentecostés los apóstoles recibieron el «fuego que quema las espinas de los pecados y da esplendor al alma»[1]. Hablando del ascua que purifica los labios de Isaías (cfr. Is 6,6), san Ambrosio escribe:

> «Aquel fuego era imagen del Espíritu Santo que iba a venir después de la ascensión del Señor, para remitir los pecados de todos y para inflamar como fuego el alma y la mente de los fieles»[2].

---

[1] Cfr. SAN CIRILO DE JERUSALÉN, *Catequesis*, XVII, 15; cfr. ORÍGENES, *Homilías sobre el Éxodo*, VII, 8: SCh 16, 183.

[2] SAN AMBROSIO, *Los deberes*, III, 18, 103: PL 16, 174.

Dice un antiguo responsorio, que se rezaba en el Oficio de Lecturas de Pentecostés:

«Sobrevino un fuego divino que no quema, sino ilumina; no consume, sino resplandece; halló los corazones de los discípulos como receptáculos limpios, y repartió entre ellos sus dones y carismas»[3].

¿Por qué se dice que este fuego no consume, si está escrito que nuestro Dios es un fuego devorador? Contesta un autor medieval: «Este fuego divino consume las espinas y aguijones de los vicios y la herrumbre de los pecados; no consume la naturaleza, sino que la purifica»[4].

Resumiendo esta tradición sobre el fuego creador y destructor de Pentecostés, un gran poeta moderno escribe:

«La paloma al bajar hiende el aire
con llama incandescente de terror
y las lenguas declaran
que la única esperanza
(o desesperación)
está en elegir una u otra hoguera,
del fuego ser redimidos con el Fuego»[5].

Nosotros «elegimos» pasar por el fuego que redime, para no tener que padecer algún día el fuego del juicio que destruye. Esta meditación va a ser una especie de itinerario penitencial, un éxodo pascual del pecado, guiado desde dentro por el Espíritu Santo.

---

[3] Responsorio del Oficio de Lecturas de Pentecostés: «Advenit ignis divinus, non comburens sed illuminans, nec consumens sed lucens, et invenit corda discipulorum receptacula munda, et tribuit eis carismatum dona».
[4] GUALTIERO DE SAN VÍCTOR, Discursos, III, 1-2: CM 30, 27ss.
[5] S. ELIOT, The Four Quartets, en The Complete Poems and Plays (Faber & Faber, Londres 1990) 196: «The dove descending breaks the air / with flame of incandescent terror / of which the tongues declare / the only hope, or else despair / lies in the choice of pyre or pyre / to be redeemed from fire by fire».

Como siempre, vamos a empezar por los principios bíblicos y teológicos, para pasar después a la aplicación práctica.

2. El Espíritu Santo es la remisión de todos los pecados

Llegados a este punto, también el «hermano fuego» ha cumplido con su misión de elevarnos hasta la realidad espiritual a la que simboliza, y se retira. La realidad es la siguiente: el Espíritu Santo es aquel que nos purifica en lo más íntimo, disuelve en nosotros el corazón de piedra, destruye el «cuerpo del pecado» (Rom 6,6) y refunde en nosotros la imagen de Dios.

Ésta es una creencia que acompaña a la Iglesia desde los orígenes y se manifiesta en los ámbitos más diversos. Una antigua variante al texto del *Padre nuestro*, en lugar de «venga a nosotros tu reino», decía: «Venga a nosotros tu Santo Espíritu y nos purifique»[6]. En una liturgia de reconciliación de la Iglesia siria, el sacerdote pronuncia esta fórmula de absolución sobre el penitente:

«Por la irrupción del Espíritu Santo, destruye y borra de su alma, Señor, toda culpa, las blasfemias y toda clase de injusticias con las que su alma se haya manchado»[7].

El Espíritu Santo perdona, por tanto, los pecados; más aún: ¡él es el mismo perdón de los pecados! Dice una antigua plegaria litúrgica:

«Te pedimos, Señor, que el Espíritu Santo sane nuestras almas con los divinos sacramentos, ya que él mismo es la remisión de todos los pecados»[8].

---

6 Cfr. SAN GREGORIO DE NISA, La oración del Señor, 3: PG 44, 1157 D.
7 En PS 43, 452; cit. en E.-P. SIMAN, L'expérience de l Esprit par l'Eglise, d'après la tradition Syrienne d'Antioche (Paris 1971) 121.
8 Misal Romano, martes después de Pentecostés.

Esta atrevida afirmación está inspirada en san Ambrosio, para el cual «en la remisión de los pecados, los hombres realizan un ministerio, pero no ejercen ningún poder personal, ya que los pecados son perdonados por el Espíritu Santo»[9]. Y el autor del *Veni creator* está al corriente de todo este trasfondo litúrgico y teológico, porque en otra de sus obras afirma, a su vez, que «los pecados no son perdonados sin el Espíritu Santo»[10].

También en este caso, la Tradición de la Iglesia no ha hecho otra cosa que recoger y aclarar una verdad que ya estaba presente en la Escritura. Según el Nuevo Testamento, en efecto, la acción del Espíritu Santo se sitúa en el corazón mismo de la justificación del impío. Pablo lo afirma en varias ocasiones:

> «Por nuestra parte, esperamos ardientemente alcanzar la *salvación* por medio de la fe, mediante la acción del *Espíritu*» (Gal 5,5).

> «Habéis sido *purificados*, consagrados y salvados en nombre de Jesucristo, el Señor, y en el *Espíritu* de nuestro Dios» (1 Cor 6,11).

Cuando Pedro, el día de Pentecostés, dice: «Arrepentíos y bautizaos cada uno de vosotros en el nombre de Jesucristo, para que queden perdonados vuestros pecados. Entonces recibiréis el don del Espíritu Santo» (Hech 2,38), eso no significa que la remisión de los pecados esté antes, y sólo después llegue el don del Espíritu Santo. Significa, en todo caso, que desde el principio, en la remisión de los pecados, el Espíritu está presente como *agente*, mientras que después, una vez purificados (los dos momentos, sin embargo, son, de hecho, simultáneos), está presente también como *don* y posesión estable. Si en los Hechos de los Apóstoles se atribuye preferentemente a la misma persona de Jesús la remisión de los pecados, esto -como entendieron muy bien los Padres-

---

[9] San Ambrosio, *El Espíritu Santo*, III, 137.
[10] Cfr. San Isidoro de Sevilla, *Etimologías*, VII, 3,17: PL 82, 269; Rábano Mauro, *El universo*, I, 3: PL 111, 25.

siempre se tiene que ver a la luz del principio general de la Escritura, según el cual «todo nos viene *del* Padre, *por medio* del Hijo, *en el* Espíritu Santo».

El Espíritu Santo, por tanto, no es sólo el *efecto* de la justificación, es también la *causa*. No es el final del proceso, como si antes estuviera la tarea negativa de alejar el pecado, y después -una vez liberado el corazón y, por así decirlo, despejado el terreno- la venida del Espíritu Santo. Escribe san Basilio: «La purificación de los pecados se produce en la gracia del Espíritu»[11]. San Agustín llega a la siguiente conclusión:

> «La caridad que, por medio del Espíritu Santo, es derramada en nuestros corazones, es la misma que remite los pecados»[12].

La remisión de nuestro pecado y la infusión de la gracia no son dos operaciones sucesivas, sino una única acción, vista desde dos vertientes opuestas. No es que primero se nos quite el pecado, y después se nos infunda la gracia: es la propia infusión de la gracia la que quita el pecado.

En la purificación del pecado, el Espíritu Santo no interviene, por tanto, cuando todo está hecho: es él quien lo hace. Y, ¿cómo se podría, por otra parte, llevar a cabo una labor tan grandiosa como la remisión del pecado, si no fuera por obra del mismo Dios? El pecado queda «anulado». Se trata de un poder creativo, en dirección, por así decirlo, inversa: no es una «creación de la nada», sino una «reducción a la nada» (que no es obra menos divina que la primera). El pecado del hombre no queda sólo «tapado», «no imputado» y casi ignorado por Dios sino, al contrario, es realmente destruido, borrado. No existen en nosotros, al menos en el sagrario más íntimo del alma, pecado y gracia, muerte y vida al mismo tiempo: no hay «dos amos», el espíritu maligno y el Espíritu Santo. Diadoco de Foticé escribe que los herejes mesalianos «se han ima-

---

[11] San Basilio, *Sobre el Espíritu Santo*, XIX, 49: PG 32, 157 A.
[12] San Agustín, *Comentario al Evangelio de Juan*, 121, 4.

ginado que en el intelecto de los bautizados se esconden juntos la
gracia y el pecado, o sea, el Espíritu de la verdad y el espíritu del
error». Pero no es así; lo que ocurre es que

> «antes del bautismo, la gracia actúa desde fuera, empujando el
> alma hacia el bien, mientras que Satanás actúa desde dentro;
> después del bautismo, por el contrario, la gracia actúa desde den-
> tro y el demonio desde fuera. Éste sigue actuando, incluso peor
> que antes, pero no junto a la gracia sino, en todo caso, a través
> de las sugestiones de la carne»[13].

Por tanto, al dar a los apóstoles, en el cenáculo, el Espíritu
Santo (cfr. Jn 20,22 ss), Jesús no otorgó a la Iglesia solamente un
«poder» jurídico, externo, una simple «autorización» para remitir los
pecados: le otorgó un poder real, intrínseco, que es el mismo
Espíritu Santo. También la Iglesia tiene el poder de perdonar los
pecados, pero sólo porque tiene al Espíritu Santo, que es quien tiene el poder de perdonar los pecados. Ella, como recordaba san
Ambrosio, en el perdón de los pecados, no ejerce un poder; tan
sólo realiza un ministerio, aunque sea un ministerio imprescindible:

> «En efecto, la Iglesia *no puede* perdonar nada sin Cristo, y Cristo
> *no quiere* perdonar nada sin la Iglesia; la Iglesia *no puede* perdo-
> nar nada excepto a quien está arrepentido, es decir, a aquel que
> Cristo ha tocado con su gracia; Cristo *no quiere* considerar per-
> donado a quien se niega a recurrir a la Iglesia»[14].

Todo esto nos presenta una imagen de la Iglesia bien distinta
a la imagen superficial que el mundo tiene de ella. La Iglesia es el
lugar donde «arde» el Espíritu que destruye los pecados, como una
especie de «incineradora» siempre encendida, que destruye los
desechos del alma y mantiene limpia la ciudad de Dios. Hay un
«fuego» escondido en los lugares recónditos de la casa que es la

---

[13] Diadoco de Fotice, *Cien capítulos*. 76: SCh 5, 134; cfr. San Agustín, *Primera carta de Juan*, 4, 1: PL 35, 2005.
[14] Isaac de la Estrella, *Discursos*, II, 14: SCh 130, 246.

Iglesia: ¡dichosos aquellos que lo descubren y establecen junto a él la morada de su corazón, y vuelven a él cada vez que se sienten «cargados» por la culpa y «deseosos de resurgir»!

3. Un itinerario penitencial con el Espíritu Santo

Ha llegado el momento de sacar de las premisas teológicas algunas orientaciones prácticas para nuestra vida. ¿Cómo hay que pasar por este fuego que purifica y recrea? El fuego actúa sobre quien lo toca, no sobre quien se limita a hablar -o a oír hablar- de él. Hubo un tiempo en que la cirugía consistía en buena parte en cauterizar, es decir, en la práctica de aplicar, mediante un hierro candente, fuego a la parte enferma del cuerpo. De san Francisco de Asís nos ha quedado la plegaria que dirigió al «hermano fuego» antes de someterse a un tratamiento parecido en sus ojos:

> «Hermano mío fuego, el Altísimo te ha creado dotado de maravilloso esplendor sobre las demás criaturas, vigoroso, hermoso y útil. Sé ahora benigno conmigo, sé cortés, porque hace mucho que te amo en el Señor. Pido al gran Señor que te ha creado que temple tu ardor en esta hora para que pueda soportarlo mientras me cauterizas suavemente»[15].

Nosotros podemos hacer nuestra esta plegaria a la hora de enfrentarnos con una análoga «cura de fuego» para nuestra alma. El Espíritu Santo es una «cauterización suave»[16]. La Biblia describe un caso ejemplar de esta cura a base de fuego, la del profeta Isaías:

> «Uno de los serafines voló hacia mí, trayendo un ascua que había tomado del altar con las tenazas; me lo aplicó en la boca, y me

---

[15] Tomás de Celano, Vida segunda, 125: Escritos, p. 326.
[16] San Juan de la Cruz, Llama viva, B, 2, 1ss.

dijo: "Al tocar esto tus labios, desaparece tu culpa y se perdona tu pecado"» (Is 6,6 s).

Debemos hacer nuestra, en la medida de lo posible, la experiencia de Isaías, permitiendo que Dios haga con nosotros lo que hizo con su profeta.

Para Dios quitar el pecado es algo muy sencillo, que se resuelve en un instante, pero en nosotros es un proceso muy complejo. Supone distintos pasos que podemos resumir de la siguiente manera:

> El Espíritu Santo:
> llama a la puerta de la conciencia
> con el remordimiento,
> la abre con la confesión,
> entra en ella con el arrepentimiento,
> la libera con la absolución,
> la transforma con la justificación,
> la inflama con su fervor.

Vamos a tratar de decir algo sobre cada uno de estos pasos, de modo que podamos repetir este camino cada vez que nos haga falta y, si se da el caso, guiar a otros, cuando haya liturgias penitenciales.

El proceso de separación del pecado empieza con el *remordimiento*. Éste actúa como un pensamiento que quema, un «gusano que roe y no muere» (cfr. Mc 9,48). «Veneno en las entrañas», lo llamaba un gran maestro espiritual ortodoxo[17]. Quita esa falsa paz que sigue a la transgresión. La Biblia está llena de historias de grandes remordimientos. Remordimiento es el de Caín y el de David, el de Pedro y el de judas. Pero estos ejemplos nos están mostrando ya que el remordimiento es algo ambiguo y puede tener dos resultados opuestos: la desesperación o la salvación. Lo mismo observamos en algunas obras maestras de la literatura.

---

[17] Cfr. San Simeón el Nuevo Teólogo, *Catequesis*, XXIII: SCh 113, 15.

Remordimiento es el de Macbeth, que ha matado a su rey y a uno de sus dignatarios («ya no se podrá dormir. ¡Macbeth ha matado el sueño!»); remordimiento es el del héroe de *Crimen y castigo* de Dostoiewski. Pero en el primer caso el remordimiento lleva a la desesperación y la catástrofe, en el segundo a la confesión y redención. Puede que nadie haya descrito el paso de la fase del remordimiento a la del arrepentimiento con mayor penetración que Manzoni, en la figura del Innominado: el repentino recuerdo del pasado y de los delitos cometidos, vistos bajo una luz distinta, espantosa; los vanos intentos por sofocar los remordimientos y volver a los pensamientos habituales; el resplandor de la esperanza de que pudiera haber una salida, hasta las lágrimas de gozo que acompañan el arrepentimiento y la decisión de iniciar una vida nueva[18].

Actualmente el remordimiento ya no goza, como suele decirse, de «buena prensa». Ha habido un prolongado intento, incluso por parte de algunos filósofos, de descalificar el remordimiento, presentándolo como «fardo inútil, autosugestión, vano intento de anular el pasado...». Todo remordimiento se explica como complejo de culpa inducido desde fuera por la cultura y la sociedad, y por tanto morboso. Esta crítica ha ayudado (y en eso consiste su mérito) a prestar más atención a la hora de distinguir entre el genuino remordimiento por la culpa cometida, y los falsos remordimientos y complejos de culpa que a su vez afligen a la humanidad. Pero no ha podido anular el sentimiento generalizado que sigue considerando el remordimiento como una de las señales más fuertes de la naturaleza moral de la conciencia y, de manera indirecta, de la existencia de Dios. Dice un autor contemporáneo: «¿Sabes qué es lo que me ha conducido a Dios? Te lo voy a decir con una frase: la que se ha dado en llamar la "objeción del mal". Me ha llevado a él de la mano, como un niño». A continuación, explica su pensamiento. La humanidad, a lo largo de miles de siglos de existencia sobre la tierra, se ha acostumbrado a todo, ha hallado el modo de

---

[18] Cfr. A. MANZONI, *Los novios* (Rialp, Madrid 2007) cap. 31.

inmunizarse contra todo, incluidas las bacterias de la peste. Pero no ha podido inmunizarse contra el mal. Sigue percibiéndolo como mal y sigue sintiendo remordimiento por haberlo cometido. Esto sólo se puede explicar porque «existe un determinante del bien, existe Dios». Sin él, hace tiempo que habríamos perdido el sentido del mal[19].

Cuando es genuino, el remordimiento es, por tanto, una primera e imperfecta manifestación del Espíritu Santo. ¿Cómo se puede, en efecto, concebir un sentido tan agudo del mal y del pecado, si no es en presencia de la santidad de Dios? La conciencia es como un repetidor, en nosotros, de la voz del Espíritu.

> «Nadie puede airarse y disgustarse consigo mismo sin el don del Espíritu Santo»[20].

En el remordimiento, por tanto, ya está actuando el Espíritu Santo que «acusa» y «convence» del pecado. Es como una inflamación espiritual, una especie de fiebre, que indica un estado alterado de la conciencia, la presencia en ella de un «cuerpo extraño». Por eso, limitarse a combatir el sentimiento de culpa y el remordimiento sin preocuparse por eliminar la causa del mismo, es tan insensato como querer a toda costa quitar la fiebre, sin preocuparse por localizar la enfermedad de la que ella es un providencial síntoma revelador. Pretender alejar el remordimiento podría entonces constituir un sistemático intento de la cultura moderna por «apagar el Espíritu». Algo parecido al infantil intento de Pinocho por matar a Pepito Grillo, para no tener que volver a enfrentarse con la realidad.

Había que decir algo en defensa del remordimiento, para que no se borre en el hombre la capacidad de reaccionar y de no acostumbrarse al mal, capacidad que constituye una de las experiencias que más le ennoblecen. Pero lo que más nos importa es aclarar el lado positivo del asunto, explicando que el remordimiento

---

[19] C. COCCIOLI, *Il cielo e la terra* (Vallecchi, Florencia 1950, p. 290).
[20] SAN AGUSTÍN: *Exposición sobre los Salmos*, 50, 16: CC 38, 611 s.

puede ser nuestro aliado en la lucha diaria contra el mal y el pecado. El remordimiento, en efecto, no se manifiesta sólo en los grandes delitos, sino también en las pequeñas cosas. Con ello el
Espíritu actúa como un papá o una mamá que educa a su niño y
lo ayuda a crecer, ora con sonrisas de aprobación, ora frunciendo
el ceño en señal de desaprobación.

Tenemos que ir haciéndonos cada vez más sensibles a las llamadas que el Espíritu nos hace llegar a través de la voz de la conciencia, y tomarnos en serio también los pequeños remordimientos: por ejemplo, el hecho de no haber rezado, de haber hablado
mal del hermano, de haber tratado con poco amor a un pobre, de
haber faltado a la verdad, de haber concedido a los ojos una curiosidad morbosa, etc. Sobre todo debemos, sin demora, transformar
cada remordimiento en arrepentimiento.

4. *Del remordimiento a la alegría del perdón*

Hay un salmo que describe así el paso del silencio cargado de
remordimiento, a la confesión que libera de la culpa:

> «Mientras callaba, desfallecían mis huesos;
> estaba gimiendo todo el día,
> pues día y noche tu mano pesaba sobre mí;
> desapareció mi fuerza como humedad en verano.
> Pero reconocí ante ti mi pecado, no te encubrí mi falta;
> me dije: «Confesaré al Señor mis culpas».
> Y tú perdonaste mi falta y mi pecado» (Sal 32,3-5).

Cuando escuchamos nuestro remordimiento, nos conduce a
la *confesión* y a la alegría del perdón. «Dichoso el que ve olvidada
su culpa y perdonado su pecado»: así empieza el salmo que acabamos de citar. Con la confesión, el alma abre la puerta al
Espíritu, se une a él. Es como cuando los habitantes de una ciudad asediada salen por una puerta falsa para ir a reunirse con el
ejército libertador.

Por supuesto, la confesión se tiene que renovar constantemente, para que no se convierta en una práctica legalista, y siga siendo lo que tiene que ser: un encuentro personal con el Cristo resucitado, que espera tu confesión sólo para devolverte la alegría de sentirte salvado. Un modo de hacerlo es ir más allá de los esquemas estereotipados que nos han impuesto o que hemos aprendido en la infancia, tratando de localizar cada vez nuestro verdadero mal, lo que ha estado mal «a sus ojos», no a los nuestros o a los del mundo. El criterio para distinguir el remordimiento sano de los falsos sentimientos de culpa es precisamente éste: el remordimiento sano tiene como causa algo que está mal «en presencia de Dios»; el falso remordimiento, en cambio, tiene como causa algo que está mal para la sociedad y sus convencionalismos.

Pero hasta la confesión más perfecta es estéril y no «abre» la conciencia al Espíritu, sin *el arrepentimiento y la compunción*. Judas hizo su confesión: «He pecado entregando a un inocente» (Mt 27,4). Pero su confesión no iba acompañada por un verdadero arrepentimiento y por la esperanza del perdón, por eso no le aprovechó.

El relato de Pentecostés es la mejor ilustración de cómo el Espíritu Santo nos empuja a la compunción y actúa a través de ella. Primero viene la tremenda acusación: «¡Vosotros crucificasteis a Jesús de Nazaret!». A esas tres mil personas estas palabras «les llegaron *hasta el fondo* del corazón» y preguntaron a Pedro: «¿Qué tenemos que hacer, hermanos?» (cfr. Hech 2,23 ss). ¿Qué es lo que ocurre en el fondo de su corazón? Ocurre que el Paráclito está «poniendo de manifiesto el error del mundo en relación con el pecado» (cfr. Jn 16,8), exactamente como Jesús había prometido. Bajo la acción del Espíritu Santo, esos hombres comprenden que, si Jesús ha muerto por los pecados del mundo y ellos han cometido un pecado, entonces han crucificado a Jesús de Nazaret, aunque ese día no hayan estado en el Calvario clavando los clavos.

La verdadera compunción no consiste sólo en arrepentirse, en sentir pesar por algo que se ha hecho: es infinitamente más. Es empezar a ver el pecado sobre el trasfondo del amor infinito de

Dios Padre y de la muerte de Cristo en la cruz. Es hacer nuestro el
juicio de Dios. El vértice del *Miserere* se alcanza cuando el salmista, arrepentido, le dice a Dios: «Eres justo cuando hablas e irrepro-
chable cuando juzgas» (Sal 51,6). El hombre asume la responsabilidad del mal, proclama a Dios inocente, restablece la verdad de
las cosas, que el pecado «obstaculizaba injustamente» (cfr. Rom
1,18). Escribe san Simeón, el Nuevo Teólogo:

> «Aunque uno tenga un corazón más duro que el bronce, el hierro
> o el diamante, en cuanto entra en él la *compunción*, lo hace más
> flexible que la cera. La compunción es fuego divino que funde las
> montañas y las rocas, todo lo suaviza, todo lo transforma en un
> paraíso y cambia las almas que lo acogen... Todo esto es pro-
> ducto del fuego divino de la compunción, junto con las lágrimas
> o, mejor dicho, por medio de las lágrimas»[21].

A la pregunta de los tres mil, Pedro contesta: «Arrepentíos»
(Hech 2,38). En el arrepentimiento se realiza el misterioso encuentro entre gracia y libertad. La libertad se pone de parte de la gracia, y ésta es la obra sumamente delicada del Espíritu Santo.

> «Si lo que has cometido te disgusta, eso es un don del Espíritu
> Santo... Aunque todavía estés suplicando el perdón, a partir del
> momento en que te desagrada el mal que has cometido, ya estás
> unido a Dios, puesto que te disgusta lo que a Dios disgusta. Ya
> sois dos los que están empeñados en vencer tu fiebre: tú y el
> médico»[22].

El corazón humano tiene dos llaves: una está en las manos de
Dios; la otra, en las del hombre. Ninguno de los dos puede abrir sin
el otro. Con su omnipotencia, Dios puede hacerlo todo, excepto un
corazón contrito y humillado. Para ello, misteriosamente, necesita
también el arrepentimiento del hombre. Dios no puede «arrepentirse» en su lugar. Por eso, a lo largo de toda la Biblia, el «corazón

---

[21] San Simeón el Nuevo Teólogo, *Catequesis*, IV: SCh 96, 348ss.
[22] San Agustín, *Exposición sobre los Salmos*, 50, 16: CC 38, 611.

contrito y humillado» se nos presenta como el lugar de descanso, una especie de paraíso terrenal, la morada preferida de Dios (cfr. Is 66,1-2). El hombre no puede ofrecer a Dios un sacrificio mejor y más grato que su corazón contrito (Sal 51,19). Y, ¿cómo no arder en deseos de tenerle siempre preparada en nosotros, cada vez que viene a visitarnos, esta «habitación» secreta que tanto le gusta?

Del arrepentimiento a la absolución y justificación. Con el arrepentimiento termina la parte que es propiamente del hombre, y empieza la parte que es exclusiva de Dios. En el *Miserere* hay un punto en el que el tono de la plegaria cambia de repente. Mientras que antes se hablaba de culpa, de mal, de pecado, a partir de aquí, en cambio, se habla de corazón nuevo, de Espíritu Santo, del gozo de sentirnos salvados. Del reino del pecado se pasa al de la gracia. Se trata de una nueva creación, y el Espíritu Santo está en el centro de la misma, es el sujeto y el objeto. «Crea en mí, oh Dios, un corazón limpio» no es distinto a «no retires de mí tu santo espíritu».

Lo único que hace la Iglesia es ejercer un ministerio, pero es el Espíritu el que transforma al hombre y lo convierte de pecador en justo. Con razón, en la fórmula que precede la absolución sacramental, el ritual de la reconciliación hoy nos hace decir:

> «Dios, Padre de misericordia, que ha reconciliado consigo al mundo en la muerte y resurrección de Cristo, y ha derramado el *Espíritu Santo para la remisión de los pecados,* te conceda, mediante el *ministerio de la Iglesia,* el perdón y la paz».

Dios hace verdaderamente una cosa nueva. «Lo viejo ha pasado y ha aparecido algo nuevo» (2 Cor 5,17). Los Padres decían que, en la justificación, el Espíritu Santo refunde en nosotros la imagen de Dios[23], y que, de todas las propiedades que el Espíritu Santo tiene en común con el fuego, ésta es sin duda la más sublime. Él devuelve el hombre a sus orígenes y, al mismo tiempo, anti-

---

[23] San Cirilo de Alejandría, *Comentario al Evangelio de Juan*, XI, 10: PG 74, 541 D; cfr. también San Juan Damasceno, *La fe ortodoxa*, 4, 9: PG 94, 1121 A.

cipa la situación final, cuando «todas las cosas serán buenas». Citando este famoso dicho de una mística inglesa y asociando esta atrevida esperanza al fuego de Pentecostés, el mismo poeta al que hemos recordado antes escribe:

> «Todo estará bien, todas las cosas serán buenas,
> cuando, reunidas, las lenguas de fuego
> se hagan un nudo en forma de corona
> y sean el fuego y la rosa
> una misma cosa»[24].

5. *Fervientes en el espíritu*

A partir de este momento, el Espíritu sigue actuando como fuego, pero ya no como el que purifica y refunde, sino como el que calienta e inflama. Estos dos efectos son casi siempre evocados juntos cuando se habla del fuego en la Biblia y en la literatura espiritual. San Agustín dice que con el símbolo de la paloma la Escritura ha querido indicar la *sencillez*, y con el del fuego el *fervor*[25]. La liturgia recoge esta enseñanza cuando nos manda decir, en la Misa de Pentecostés: «Ven, Espíritu Santo, llena los corazones de tus fieles y enciende en ellos la llama de tu amor»[26], y, otra vez, en la Secuencia: «Infunde calor de vida en el hielo».

En la lengua siria, el texto de Gn 1,2 era traducido así: «El Espíritu del Señor *calentaba incubando* las aguas». Inspirándose en este simbolismo, aceptado por muchos otros autores[27], san

---

[24] S. ELIOT, T. *Four Quartets*... obra cit., p. 198: «And all shall be well and / all manner of things shall be well / when the tongues of flame are in-folded / into the crowned knot of fire / and the fire and the rose are one». El dicho citado es de Juliana Norwick.

[25] SAN AGUSTÍN, *Comentario al Evangelio de Juan*, 6, 3.

[26] Aleluya de Pentecostés: «Veni, Sancte Spiritus, reple tuorum corda fidelium et tui amoris in eis ignem accende».

[27] Cfr. LUTERO, *El Génesis:* WA 42, 8; cfr. SAN BASILIO MAGNO, *Hexameron*, II, 1: SCh 26, 142; PASCASIO RADBERTO, *Exposición sobre Mateo*, X: CM 56 B, 1144).

Efrén el Sirio cantó con profundidad y poesía esta prerrogativa del Espíritu de calentar, fecundar y derretir el hielo del pecado que congela el alma:

«Gracias al calor, todo madura;
gracias al Espíritu, todo es santificado:
¡un símbolo evidente!
Derrite el calor el hielo de los cuerpos:
así el Espíritu Santo
la impureza del corazón.
Con el primer calor
brincan los ternerillos en primavera:
así los discípulos
cuando el Espíritu desciende sobre ellos.
Rompe el calor los cepos del invierno
que tienen prisioneros las flores y los frutos:
gracias al Espíritu Santo
es quebrantado el yugo del maligno
que impide a la gracia brotar.
Despierta el calor el seno
de la tierra dormida:
así el Espíritu Santo
con la Iglesia»[28].

También para san Juan de la Cruz, los efectos de la *Llama de amor viva* son dos: purifica el alma y le infunde fuerza, viveza y ardor por Dios[29]. No se conforma con purificarnos del pecado, sino que prolonga su acción en nosotros hasta hacernos «fervientes en el espíritu» (Rom 12,11). Se comporta como el fuego cuando prende en la leña húmeda: primero la limpia, haciendo salir de ella ruidosamente todas las impurezas; después la va inflamando progresiva-

---

[28] SAN EFRÉN EL SIRIO, *Himnos sobre la fe*, 74: CSCO, Script. Syri 73, 1955, 195.
[29] SAN JUAN DE LA CRUZ, *Llama de amor viva*, B, I, 3.

FUEGO

159

mente, hasta que se haya vuelto incandescente y se haya transformado ella misma en fuego.

Concretamente, esto significa que el Espíritu Santo nos preserva de caer en la tibieza y, si por casualidad ya hemos caído o estamos cayendo en ella, nos libera de la misma. De la tibieza no se sale sin una nueva y decisiva intervención del Espíritu Santo. Lo vemos en la vida de los apóstoles. Antes de Pentecostés eran personas tibias. Eran incapaces de velar una hora, siempre estaban discutiendo sobre quién era el más grande, se asustaban ante cualquier amenaza. Pero ya no eran así cuando se posaron sobre ellos las lenguas de fuego. A partir de ese momento, se convirtieron en la imagen misma del celo, el fervor y el coraje. Fervientes al predicar, al alabar a Dios, al fundar y organizar las Iglesias, y finalmente al dar la vida por Cristo. Escribe un autor medieval:

> «El Paráclito que, en lenguas de fuego,
> bajó sobre los apóstoles y creyentes,
> viene también sobre nosotros como fuego:
> para quemar y destruir la culpa,
> para purificar la naturaleza,
> para consolidar la gracia y perfeccionarla,
> para alejar la pereza de nuestra tibieza,
> y encender en nosotros el fervor de su amor»[30].

No sirve decir: hay que poner remedio a la tibieza con el fervor. Es como decirle a un enfermo que el remedio a su mal es la salud, ignorando que precisamente éste es su problema: no tener salud. No, el remedio a la tibieza no es el fervor, es el Espíritu Santo. El fervor es el *opuesto* de la tibieza, no su *remedio*.

Con eso se nos da una esperanza también a nosotros. Si nos parece que tenemos los síntomas de este «mal oscuro» de la vida espiritual que es la tibieza, si nos encontramos apagados, fríos, apá-

---

[30] ERMANO DE RUNA, *Sermones festivos*, 31: CM 64, 132.

ticos, insatisfechos de Dios y de nosotros mismos, el remedio existe y es infalible: ¡nos hace falta un hermoso y santo Pentecostés! Con la ayuda de la gracia, es posible salir de la tibieza; ha habido grandes santos que, como han admitido ellos mismos, llegaron a serlo tras un largo período de tibieza[31].

Es lo que queremos pedirle al Espíritu al final de este capítulo, en el que lo hemos contemplado en los resplandores del fuego. Vamos a hacerlo con las palabras de un himno de origen protestante metodista, todo él centrado en el Espíritu como fuego:

> *¡Ojalá pudiera ese divino Fuego*
> *encenderse en mí y brillar,*
> *destruir la paja de los pensamientos*
> *y los montes derretir!*
> *¡Ojalá pudiera descender del cielo*
> *y todo el real consumir!*
> *¡A ti clamo, ven a mí, Espíritu Santo,*
> *Espíritu de fervor!*
>
> *¡Baja al corazón y mi alma ilumina,*
> *oh fuego de fundidor!*
> *¡Escudriña mi vida de parte a parte,*
> *y santifica todo!* [32]

---

[31] Cfr. SANTA TERESA DE JESÚS, *Vida*, 8, 2.
[32] J. AND C. WESLEY, *Selected Writings and Hymns* (Nueva York 1981) 224.

VIII

AMOR

El Espíritu Santo nos hace experimentar el amor de Dios

1. ¡Vino nuevo en odres nuevos!

Si todos los títulos del Espíritu Santo que hay en el *Veni creator* son como «panales de miel» dispuestos a «destilar», el título de «amor» *(caritas)* lo es de un modo especial. En este capítulo, el Espíritu Santo viene a nuestro encuentro en su realidad y operación más íntima y personal. Para ello, los símbolos naturales -viento, agua, fuego- ya no bastan y, desde el mundo de la naturaleza y la materia, pasamos al del hombre. También la palabra «amor» es un símbolo, una metáfora, como todas las palabras que usamos para hablar de Dios, pero una metáfora distinta, porque tiene que ver con el hombre, que ya lleva en sí «la imagen y semejanza» de Dios (cfr. Gn 1,27).

La salvación y la vida nueva del Espíritu siempre comportan dos elementos inseparables entre sí: un elemento negativo y otro positivo. El elemento negativo consiste en la eliminación del pecado, en el acto de quitar algo: «Os purificaré de todas vuestras impurezas e idolatrías... Os *arrancaré* el corazón de piedra»; el elemento positivo consiste en el don de una vida nueva; aquí no se trata de quitar, sino de dar y poner algo: «Os daré un corazón de carne. *Infundiré* mi espíritu en vosotros» (cfr. Ez 36,24-27). «Éste es el cordero de Dios, que *quita* el pecado del mundo», dice Juan el Bautista de Jesús; pero a continuación añade, en positivo: «Ése *bautizará* con Espíritu Santo» (cfr. Jn 1,29.33).

Imagínate que tienes un odre que has de llenar de vino nuevo, pero que hasta ahora ha contenido vinagre. ¿Qué vas a hacer? ¿Verter el vino nuevo encima del vinagre? Echarías a perder ambas cosas. No, primero hay que limpiar el recipiente y restregarlo a fondo; después se podrá verter en él el vino nuevo, que esta vez no se echará a perder. Eso es lo que ocurre con nuestro corazón. «Dios no nos infunde sus bienes, sin quitarnos antes nuestros males»[1].

A veces se ha pretendido repartir estos dos elementos, asignando el negativo a Cristo, como fruto de la Pascua, y el positivo al Espíritu, como fruto de Pentecostés:

> «Antes fue enviado el Hijo para limpiar el recipiente, a fin de que no hubiera nada en él que ofendiera al Espíritu; después fue enviado el Espíritu Santo para llenar los receptáculos ya limpios. El Hijo ha venido, pues, a expulsar la amargura; el Espíritu Santo a infundir la dulzura; el Hijo, a quitar la decrepitud; el Espíritu Santo, a otorgar la novedad; el Hijo, a hacernos libres; el Espíritu Santo, a hacernos bienaventurados»[2].

Pero no hay que darle a este modo de expresarse más importancia de la que tiene. Jesús, con su muerte y resurrección, es a su vez autor de la *novedad,* y hemos visto que el Espíritu Santo actúa también a la hora de liberarnos de la *decrepitud.*

Los nombres utilizados para designar la realidad positiva, infundida en nosotros con el bautismo, son varios: vida nueva, gracia, filiación divina, don del Espíritu, nueva creación. Uno de estos términos -el que lo indica todo- es *caridad,* amor. El amor es la demostración de que hemos pasado de la muerte a la vida (cfr. 1 Jn 3,14). Tras habernos presentado, pues, con el título de «agua viva», al Espíritu como autor de la regeneración y de la vida nueva, el *Veni creator,* con el título de «fuego», nos ha permitido contemplar

---

[1] SAN AGUSTÍN, *Discursos,* 71, 12, 19: PL 38, 454.
[2] GUALTIERO DE SAN VÍCTOR, *Sermones sobre el Espíritu Santo,* 3: CM 30, 28.

el elemento negativo de esta vida, que consiste en la eliminación del pecado; ahora, con el título de «caridad», nos permite contemplar, en todo su esplendor, el elemento positivo de la misma. Nuestro corazón es ya un odre limpio y renovado, dispuesto a recibir el «vino nuevo» prometido por Cristo.

Para comprender el riquísimo contenido del título *caritas,* vamos a intentar, en primer lugar, descubrir cuáles son los temas que el autor ha pretendido resumir con este término; después buscaremos la tradición espiritual y teológica que, con el mismo, él ha tratado de recoger y comunicar en el himno. Ésta, por un lado nos remitirá a la Biblia, fuente última de toda afirmación sobre el Espíritu; por otro, la misma Tradición nos ayudará a descubrir perspectivas nuevas y actuales que el apelativo «amor» abre hoy a nuestra comprensión respecto a la obra del Espíritu Santo en la Iglesia y en las almas.

Ya sabemos que existe un breve tratado sobre el Espíritu Santo, atribuido al autor del *Veni creator,* que reproduce, con pocas variantes, un escrito análogo de Isidoro de Sevilla. En él hallamos una lista, con un breve comentario, de todos los títulos juntos, y después colocados métricamente en el himno. Esto es lo que encontramos acerca del título de «amor»:

> «Al Espíritu Santo se le llama justamente "caridad", primero porque, debido a su naturaleza, une a aquellos de los que procede, y se revela una sola cosa con ellos; segundo, porque él hace que permanezcamos en Dios y Dios en nosotros (cfr. 1 Jn 4,13). En efecto, así como de entre los dones de Dios ninguno es más grande que la caridad, del mismo modo no hay don más grande que el Espíritu Santo... Y así como al Verbo se le atribuye, por derecho propio, el título de "sabiduría", aunque ello, en general, convenga también al Padre y al Espíritu Santo, del mismo modo, al Espíritu Santo se le atribuye, por derecho propio, el título de "caridad", aunque ello, en general, convenga también al Padre y al Hijo»[3].

---

3 RÁBANO MAURO, *El universo,* I, 3: PL 111, 25; cfr. SAN ISIDORO DE SEVILLA, *Etimologías,* VII, 3, 18: PL 82, 269.

El autor ha tomado esta explicación de san Agustín. A través del título *caritas,* junto con el de «don de Dios», es la visión agustiniana del Espíritu Santo la que entra a borbotones en el *Veni creator,* y con ella toda la riquísima espiritualidad latina que se alimentó de la misma. Pero san Agustín no se había inventado este título; lo había tomado, a su vez, de la Escritura. A través de ello, son Pablo y Juan quienes nos hablan del Espíritu; más aún, es el Espíritu quien nos habla de sí mismo.

Para comprender lo que hay detrás del título de «amor», tenemos que considerar ahora tres cosas: primero, el Espíritu es amor en la *Trinidad,* por cuanto une entre sí al Padre y al Hijo; segundo, el Espíritu Santo es caridad en la *Iglesia,* por ser vínculo de su unidad; tercero, el Espíritu Santo es caridad en *cada creyente,* ya que le hace experimentar el amor de Dios.

2. *El Espíritu Santo, amor del Padre y del Hijo*

Rehacer el camino por el cual san Agustín llegó a identificar en el Espíritu Santo ese Amor (con mayúscula) que llena de sí las páginas del Nuevo Testamento, es como asistir y participar en un auténtico descubrimiento espiritual.

Hay tres cosas que se dicen del Espíritu Santo en el Nuevo Testamento, y que impresionan de un modo especial a san Agustín: el Espíritu Santo es *don, comunión* y *gozo.*

¡El Espíritu Santo es un *don!* Basta con pronunciar esta palabra para que, a lo largo de la Biblia, se enciendan, uno tras otro, un montón de puntos luminosos que se evocan mutuamente, hasta formar un único camino de luz[4]. Ya hemos hablado de esto comentando el título de «don de Dios», por tanto no hace falta insistir de nuevo en ello.

---

[4] Cfr. SAN AGUSTÍN, *Sobre la Trinidad,* XV, 19, 32-36.

El Espíritu Santo es, además, *comunión* (cfr. 2 Cor 13,13). En primer lugar, comunión del Padre y el Hijo entre sí, como veremos al comentar el último verso del *Veni creator*. Sólo el Espíritu Santo, en efecto, en la Trinidad lleva un nombre común a las tres divinas Personas (¡todo en Dios es Espíritu y todo es Santo!), mientras que no todo se puede llamar Padre ni tampoco Hijo.

El Espíritu Santo, en tercer lugar, es júbilo, *gozo*. Nos lo atestigua la Escritura, que asocia tan a menudo el gozo al Espíritu Santo[5].

Ahora bien, estos tres rasgos distintivos del Espíritu Santo, que han sido recogidos de la Biblia -don, comunión y gozo-, evocan una única realidad que los contiene todos: el amor. El don es signo de amor.

> «No hay don de Dios más excelente que el amor; es el único que distingue a los hijos del Reino... Se nos conceden otros dones mediante el Espíritu Santo, pero sin el amor de nada sirven»[6].

También la *comunión* es signo y reflejo del amor. El amor es, por así decirlo, el contenido de la comunión. La comunión no es otra cosa que el encuentro en el amor de varios seres espirituales y dotados de uso de razón. Finalmente, ¿de dónde proceden el *gozo y* la alegría, sino de amar y ser amados? En cada ser hay una especie de ley de gravedad que le hace buscar el lugar de su equilibrio y reposo. Este principio, para los seres dotados de uso de razón, es el amor: «Mi peso es el amor; adondequiera que vaya, es él quien me lleva»[7].

En este momento, en la mente de Agustín se produce como un repentino relámpago de luz que le ilumina todo el camino que ha venido haciendo hasta aquí. Así, pues, el Espíritu Santo es ese Dios del que habla la Escritura cuando dice: «Dios es amor» (1 Jn

---

[5] Hech 13,52; Rom 14,17.
[6] SAN AGUSTÍN, *Sobre la Trinidad*, XV, 18, 32.
[7] ÍD., *Confesiones*, XIII, 9, 10.

4,8.16). Sin duda, en Dios todo es amor; pero el Espíritu Santo es amor también en un sentido propio y personal (no sólo natural). Dice la Escritura que el amor «procede de Dios» (1 Jn 4,7) y, a continuación, afirma: «Dios es amor». Pero es precisamente el Espíritu Santo el que «procede» de Dios como amor (el Padre no procede de nadie y el Hijo no *procede,* sino que es *engendrado).*

En la mente de Agustín la luz se hace mediodía, y él exclama con entusiasmo:

> «¡Entonces el Dios Amor es el Espíritu Santo! Un poco después, tras haber repetido que Dios es amor, el evangelista añade: "El que permanece en el amor permanece en Dios, y Dios en él" (1 Jn 4,16), indicando la misma presencia mutua de la que antes había dicho: "En esto conocemos que permanecemos en él, y él en nosotros: en que él nos ha dado su Espíritu" (1 Jn 4,13). Es, por tanto, el Espíritu al que se alude en la afirmación: "Dios es amor". Por eso el Espíritu Santo, Dios que procede de Dios, una vez que ha sido dado al hombre, lo enciende de amor por Dios y por el prójimo, siendo él mismo amor. El hombre, en efecto, no recibe sino de Dios el amor para amar a Dios. Por eso, poco después afirma: "El amor no consiste en que nosotros hayamos amado a Dios, sino en que él nos amó a nosotros" (cfr. 1 Jn 4,10.19). También el apóstol Pablo dice: "Al darnos el Espíritu Santo, Dios ha derramado su amor en nuestros corazones" (Rom 5,5)»[8].

Esta visión, inspirada en la Escritura, arroja luz sobre la misma vida íntima de la Trinidad; es decir, nos ayuda a comprender algo del misterio del Dios uno y trino. ¡Dios es amor: por eso -ésta es la conclusión a la que llega Agustín- es Trinidad! «Para amar se necesita una persona que ama, otra que es amada, y el amor mismo»[9]. En la Trinidad, el Padre es el que ama, la fuente y el principio de todo; el Hijo es el amado; el Espíritu Santo es el amor con el que se aman. Por supuesto, no es más que una analogía huma-

---

[8] Íd., *La Trinidad,* XV, 17, 31.
[9] Ibíd., VIII, 10, 14.

na, pero sin duda es la que mejor nos ayuda a penetrar en las profundidades arcanas de Dios.

Cuando el autor del himno atribuye «como propiedad» la sabiduría al Hijo y la caridad al Espíritu, está citando textualmente un pensamiento de Agustín[10]. Estas «propiedades» se hicieron clásicas entre los latinos.

«El Hijo es verdad, el Espíritu es caridad, el Padre es poder»[11].

No siempre este principio de las propiedades se utilizó con la debida discreción y flexibilidad. Al final acabó por anquilosarse y crear más dificultades de las que había resuelto. Lo que hay que atribuir en especial a una persona no es tanto una determinada facultad o una obra concreta, cuanto el *modo* de realizarla. La sabiduría y la caridad pertenecen a las tres divinas Personas; lo que ocurre es que cada una las posee y las ejerce con una nota propia que deriva de su cualidad personal dentro de la Trinidad. Lo mismo vale para la costumbre de atribuir la creación al Padre, la redención al Hijo y la santificación al Espíritu Santo. Las tres Personas intervienen en estas tres operaciones *ad extra,* pero cada una de un modo particular. ¡También el Espíritu Santo, como hemos visto, es, a su modo, *creador!* Con razón dice Cirilo de Alejandría:

«Incluso cuando parece que se le atribuye a una Persona en particular algo que nos atañe a nosotros o a las criaturas, sin embargo debemos estar convencidos de que todo procede del Padre, por medio del Hijo, en el Espíritu»[12].

Hoy sabemos que la forma de hablar del Espíritu Santo como amor, no es la única posible. La misma tradición latina ha considerado la sabiduría como uno de los máximos dones del Espíritu

---

[10] Ibíd., XV, 17, 29.
[11] Cfr. SANTO TOMÁS DE AQUINO, *Summa theologica,* I, q. 37, a. 1; cfr. ISAAC DE LA ESTRELLA, *Discursos,* 44, 14: SCh 339, 92.
[12] SAN CIRILO DE ALEJANDRÍA, *Comentario al Evangelio de Juan,* X, 2: PG 74, 336 A.

Santo y ha desarrollado mucho el tema del Espíritu como luz y como verdad. Pero, sobre todo, la comparación con la tradición oriental, que actualmente se ha hecho más intensa y serena, nos obliga a tener en cuenta todo esto. El tema del Espíritu Santo como amor está prácticamente ausente en la teología de las Iglesias orientales que, en cambio, prefieren considerar al Espíritu como el «soplo» que acompaña a la «palabra», y más aún como «iluminación». Hay que esperar hasta Gregorio Palamas para leer, en el ámbito griego, algo parecido a lo que dice Agustín sobre el Espíritu Santo como amor:

> «El Espíritu del altísimo Verbo es como el amor inefable del Padre por su Verbo, engendrado de manera inefable; amor que este mismo Verbo e Hijo predilecto del Padre tiene, a su vez, por el Padre, por cuanto posee el Espíritu que, junto con él, procede del Padre y que reposa en él, por cuanto es connatural a él»[13].

¿Qué conclusión tenemos que sacar de todo esto? ¿Que hay que abandonar la tradición latina iniciada por san Agustín? En el diálogo ecuménico que se está desarrollando sobre el Espíritu Santo, a veces advertimos, en algunas personas, una exigencia de este tipo, más o menos velada. Pero esto es algo inaceptable y contrario al propio principio de todo ecumenismo, que es el de poner las riquezas en común, no el de imponer una tradición a otra. Por otra parte, sería sencillamente imposible renunciar al pensamiento que hemos citado, sin borrar de golpe, de la memoria de la Iglesia universal, una parte esencial de su patrimonio litúrgico, teológico, ascético y místico.

Estoy convencido de que el nuevo clima de diálogo ecuménico sobre el Espíritu Santo nos permite, en cambio, revalorizar la aportación de san Agustín, porque, si por una parte la relativiza, por otra la hace ser aún más valiosa. Nos permite hallar finalmente, por debajo de los anquilosamientos escolásticos y las deformaciones posteriores, el verdadero sentido de las intuiciones de

---

[13] GREGORIO PALAMAS, *Capita physica*, 36: PG 150, 1144s.

Agustín. Él no pretendía en absoluto haber descubierto el modo de explicar la Trinidad, y mucho menos el puesto del Espíritu dentro de la misma. Comienza su tratado sobre la Trinidad declarando:

> «Quienquiera que lea esta obra, continúe conmigo si tiene la misma certeza; póngase a buscar conmigo si comparte mis dudas; vuelva a mí si reconoce su error; corríjame si se da cuenta del mío. juntos nos situaremos así en las sendas de la caridad».

Y termina su obra diciendo:

> «Entre las muchas cosas que he dicho, me atrevo a confesar que no he dicho nada que sea digno de esa suprema e inefable Trinidad; más aún, que el admirable conocimiento de Dios ha superado mi debilidad y que no he podido elevarme hasta ella»[14].

¡Ojalá todos hubieran hablado del Espíritu Santo y de la Trinidad con esta humildad! Hoy, pues, una vez abandonado el exclusivismo de escuela, estamos en condiciones de apreciar aún mejor la inmensa aportación del humilde Agustín, e integrarla con otras aportaciones, que él mismo auspiciaba, sin contraponer aquélla a éstas. Entonces, latinos y griegos juntos, tendremos motivos para enriquecernos y alegrarnos de la admirable «sinfonía» de los Padres, que empezó el día de Pentecostés[15], sin ningún secreto deseo de imponer una tradición a la otra. Una sinfonía es el conjunto de varias voces, no una sola voz. En la sinfonía, cada voz «gana» en belleza, en lugar de verse perjudicada, por la presencia de las otras. Estoy convencido de que nuestros hermanos ortodoxos, si leyeran con este espíritu nuevo a san Agustín y a la tradición occidental y los conjugaran con lo que a ellos más les inquieta acerca del Espíritu Santo, podrían enriquecer incluso nuestra comprensión de los mismos, descubriéndonos unas implicaciones hasta ahora insospechadas. Lo mismo digo, naturalmen-

---

[14] SAN AGUSTÍN, *Sobre la Trinidad*, I, 3, 5; XV, 27, 50.
[15] Cfr. SAN IRENEO, *Contra las herejías*, III, 17, 2.

te, de nosotros, los latinos, con respecto a ellos. A veces hace falta un director de orquesta alemán, para destacar ciertas potencialidades de la música italiana, y hace falta un director de orquesta italiano para destacar resonancias ocultas de la música alemana.

«No se llega a un misterio tan grande a través de un solo camino», decían de Dios los antiguos, y esto es aún más válido con el Dios-Trinidad de los cristianos. El propio Jesús nos da ejemplo de ello en el Evangelio. Él habla de la única realidad del Reino con muchas parábolas. A veces, una parábola parece contradecir a otra, o, cuando menos, dice del Reino una cosa distinta con respecto a otra parábola. Lo que ocurre es que las parábolas son «mensajeros» discretos, entregan su parte del mensaje y después se apartan, dejando a otras parábolas la tarea de completarlo. Así deberían ser nuestros conceptos y modos de hablar de Dios y del Espíritu.

3. El Espíritu-caridad en la iglesia

El Padre y el Hijo han querido que estuviéramos unidos -entre nosotros y con ellos- por medio de ese mismo vínculo que les une a ellos, es decir, el amor, que es el Espíritu Santo[16]. Éste es el principio que nos permite pasar de la contemplación del Espíritu-amor en la Trinidad, al mismo Espíritu-amor en la Iglesia. A partir del siglo v, esta función unificadora del Espíritu, dentro de la Trinidad y de la Iglesia, empezó a ser expresada en una breve fórmula que durante mucho tiempo ha constituido la única mención del Espíritu Santo en el canon latino de la misa: «En la unidad del Espíritu Santo» *(In unitate Spiritus Sancti).*

Es el tema que Agustín desarrolla en todos sus discursos sobre Pentecostés. El esquema es siempre el mismo. Evoca el evento de Pentecostés y el milagro de las lenguas. A continuación,

---

[16] SAN AGUSTÍN, *Discursos*, 71, 12, 18: PL 38, 454.

se hace la pregunta: si entonces cada uno de los apóstoles hablaba todas las lenguas, ¿cómo es que ahora el cristiano, aunque
haya recibido al Espíritu Santo, no habla todas las lenguas? La respuesta del obispo es la siguiente: ¡pues claro que también hoy
cada cristiano habla todas las lenguas! En efecto, pertenece a ese
cuerpo -la Iglesia- que habla todas las lenguas, y en cada lengua
anuncia la verdad de Dios. No todos los miembros de nuestro cuerpo ven, no todos oyen, no todos andan y, sin embargo, nosotros no
decimos: mi ojo ve, mi pie anda, sino que decimos: yo veo, yo
ando, porque cada uno de los miembros actúa por todos, y todo el
cuerpo actúa en cada miembro.

Esto hace el Espíritu Santo en el cuerpo de Cristo que es la
Iglesia. Él se porta, en el cuerpo de Cristo, como el alma en nuestro cuerpo. Es el principio motor e inspirador de todo. ¿Cuál es
entonces la señal segura de que hemos recibido al Espíritu Santo?
¿Hablar en lenguas?, ¿realizar prodigios? No, es amar la unidad,
mantenernos fuertemente unidos a la Iglesia:

> «Si, por tanto, queréis vivir del Espíritu Santo, conservad la cari-
> dad, amad la verdad, desead la unidad, y alcanzaréis la eterni-
> dad».

> «Así como entonces las distintas lenguas que se podían hablar
> eran la señal de la presencia del Espíritu Santo, del mismo modo
> ahora el amor por la unidad de todos los pueblos es el signo de
> su presencia... Sabed, pues, que tendréis al Espíritu Santo cuan-
> do dejéis que vuestro corazón se adhiera a la unidad mediante
> una caridad sincera»[17].

Esto explica por qué la caridad es «el camino que los supera
a todos»: multiplica los carismas; hace del carisma de uno el carisma de todos.

Ya sabemos que, en todos sus discursos, lo que a Agustín le
preocupa es el gran problema de su época: el cisma de los dona-

---

[17] SAN AGUSTÍN, *Discursos*, 267, 4: PL 38, 1231; 269, 2, 4: PL 38, 1236ss.

tistas. La idea de Iglesia que él desarrolla está en función de ellos. La Iglesia no es una realidad monolítica, por la cual o está toda o no está en absoluto. Se realiza por grados. En la Iglesia hay dos planos de unidad: el plano visible de los signos, llamado «comunión de los sacramentos», y el plano invisible, llamado «comunión de los santos», que se realiza cuando nos adherimos, mediante la caridad, a la unidad del cuerpo y somos «animados» por el Espíritu Santo. Esta Iglesia íntima y plena, constituida por aquellos que, mediante la caridad, comparten el mismo Espíritu Santo, está representada con el símbolo de la *paloma,* que lo es, al mismo tiempo, de la Iglesia (en el Cantar de los Cantares) y del Espíritu Santo (en el bautismo de Cristo)[18]. ¿No es curioso que el término «caridad» *(ágape)* se haya convertido, en la tradición cristiana, en un modo de designar, al mismo tiempo, al Espíritu Santo y a la Iglesia? Ignacio de Antioquia dice que la comunidad de Roma «preside el *ágape»,* es decir, el conjunto de toda la Iglesia[19].

Éste es el conjunto doctrinal que el título de «amor» evocaba en la época en que se compuso el *Veni creator.* ¿Qué nos sugiere hoy? ¿Qué es lo que profesamos, qué es lo que pedimos cuando, al cantar el himno, llegamos a la palabra *caritas?* Estamos viviendo, sobre todo en Occidente, el fin de un largo período caracterizado por un triste divorcio entre la Iglesia y el Espíritu Santo. A raíz de la reforma protestante, en la Iglesia católica se insistió tanto en la importancia del aspecto visible, institucional y jerárquico de la Iglesia («una sociedad humana tan visible y palpable como la de la antigua Roma, o el reino de Francia o la república de Venecia», como dice Belarmino), que se llegó a dejar en la sombra la función que tiene en ella el Espíritu Santo. Esta función empieza a asomarse otra vez, en el discurso sobre la Iglesia, con la encíclica *Mystici corporis* de Pío XII, en la que se vuelve a hablar del Espíritu Santo como alma y vínculo de unidad de la Iglesia.

---

[18] Cfr. SAN AGUSTÍN, *El bautismo,* VI, 3. 5: PL 43, 199.
[19] SAN IGNACIO DE ANTIOQUIA, *Carta a los Romanos,* Introducción.

Este nuevo descubrimiento recibió un impulso decisivo con el Concilio Vaticano II, que habla de los carismas y de la dimensión neumática de la Iglesia, junto a la jerárquica e institucional. Después del Concilio, entre los católicos se ha empezado a hablar de la Iglesia como «misterio del Espíritu Santo en Cristo y en los cristianos». Así como en la Trinidad el Espíritu es una especie de *nosotros* divino, en el que se unen el «yo» del Padre y el « tú» del Hijo, del mismo modo en la Iglesia él es el que hace de una multitud de personas una sola «persona mística»[20]. Se llegó incluso a definir a la Iglesia como «sacramento del Espíritu»[21].

En el mundo protestante se ha producido el mismo divorcio, pero en sentido inverso. Aquí se ha insistido tanto en el Espíritu Santo como constitutivo de la verdadera Iglesia, que es invisible, interior y oculta, que se ha perdido de vista la dimensión visible y concreta de Iglesia. Resumiendo: allí, una Iglesia sin el Espíritu Santo; aquí, un Espíritu Santo sin la Iglesia. Así como en el primer caso se acababa por desnaturalizar a la Iglesia privándola del Espíritu, del mismo modo, aquí se acababa por desnaturalizar al Espíritu privándolo de la Iglesia. De hecho, llega un momento en que el Espíritu Santo, bajo el influjo de la filosofía idealista, llega a reducirse a la conciencia del hombre; ya no es Espíritu de Dios, sino espíritu del hombre. La superación de este divorcio en el mundo protestante se ha iniciado con Barth, en un movimiento igual y contrario al que se está produciendo entre los católicos: bajo la forma de un renovado interés por la Iglesia.

Si bien con distintos matices, hoy los unos y los otros se acogen a la antigua fórmula de san Ireneo:

> «Donde está la Iglesia, allí está también el Espíritu de Dios, y donde está el Espíritu de Dios, allí está también la Iglesia y toda gracia»[22].

---

[20] Cfr. H. Mühlen, *Una mystica persona* (Paderborn 1964) [trad. esp. *El Espíritu Santo en la Iglesia* (Secretariado Trinitario, Salmanca 1998)].

[21] Cfr. W. Kasper, - G. Sauter, *Die Kirche als Sakrament des Geistes* (Friburgo en Br. 1976).

[22] San Ireneo, *Contra las herejías*, III, 24, 1.

No se puede partir esta afirmación por la mitad y tomar en serio o bien sólo la primera parte, como pretendían los católicos, o bien sólo la segunda, como querían los protestantes.

Nadie ha expresado esta renovada conciencia de la necesidad que toda la Iglesia tiene del Espíritu Santo con más pasión que Pablo VI:

> «Nos hemos preguntado más de una vez... cuál es la necesidad, primera y última, que advertimos para esta nuestra bendita y amada Iglesia. Tenemos que decirlo casi temblando y suplicando, ya que, como sabéis, se trata de su misterio y de su vida: el Espíritu, el Espíritu Santo, el animador y santificador de la Iglesia, su respiración divina, el viento que sopla en sus velas, su principio unificador, su fuente interior de luz y fuerza, su apoyo y su consolador, su fuente de carismas y cantos, su paz y su gozo, su prenda y preludio de vida bienaventurada y eterna. La Iglesia necesita su perenne Pentecostés: necesita fuego en el corazón, palabra en los labios, profecía en la mirada... La Iglesia necesita recuperar el anhelo, el gusto y la certeza de su verdad... La Iglesia necesita, además, sentir que fluye otra vez por todas sus facultades humanas la ola de amor, de ese amor al que llaman caridad, y que precisamente es derramado en nuestros corazones por el Espíritu Santo que se nos ha dado»[23].

La contemplación del Espíritu como caridad y amor, nos puede servir de ayuda también en el camino hacia la unidad de todos los cristianos. La pregunta que hoy muchos empiezan a hacerse es la siguiente: yo, como católico, con quiénes puedo sentirme más en comunión: con todos aquellos que, a pesar de haber sido bautizados en mi misma Iglesia, prescinden totalmente de Cristo y son cristianos sólo de nombre, o con quienes pertenecen a otras Iglesias, pero creen en las mismas verdades fundamentales en las

---

[23] PABLO VI, *Discurso*, 29 de noviembre de 1972, en *Insegnamenti di Paolo VI*, vol. X (Tipografía Poliglota Vaticana, Ciudad del Vaticano 1973) 1210ss.

que yo creo, aman a Jesucristo hasta dar la vida por él, y actúan movidos por el mismo Espíritu Santo?

No vamos a poder evitar por más tiempo plantearnos este problema y tratar de solucionarlo. Seguir dando prioridad a la comunión institucional con respecto a la espiritual, cuando resulta que las dos cosas, lamentablemente, no coinciden aún, significaría invertir el principio tradicional y poner la comunión de los signos por encima de la comunión real, que es el Espíritu Santo.

Si el signo de la presencia del Espíritu Santo, como decía san Agustín, es «el amor por la unidad», entonces tenemos que decir que el Espíritu hoy actúa sobre todo allí donde está viva la pasión por la unidad de los cristianos, donde se trabaja y se sufre por ella.

Al principio, Dios concedió el Espíritu a los paganos en casa de Cornelio, con las mismas manifestaciones con las que lo había concedido a los apóstoles en Pentecostés, para inducir a Pedro, y detrás de él a la Iglesia, a acoger también a los gentiles en la comunión de la única Iglesia. Hoy concede el Espíritu Santo a los creyentes de las distintas Iglesias de la misma manera, y a veces bajo idénticas formas, para un mismo objetivo: inducirnos a acogernos los unos a los otros en la caridad del Espíritu y encaminarnos hacia la unidad plena, como hicieron judíos y gentiles cuando se reunieron en la misma Iglesia. ¡El Espíritu, que pudo reunir en un solo cuerpo a judíos y gentiles, esclavos y libres, bien puede reunir hoy en un solo cuerpo a católicos y protestantes, latinos y ortodoxos! Esto es lo que tenemos que pedirle al Espíritu cuando, en el *Veni creator*, lo invocamos como caridad y amor.

4. ¡Todos quedaron llenos del amor de Dios!

Tras haber reflexionado sobre el Espíritu Santo como amor dentro de la Trinidad y de la Iglesia, vamos a reflexionar ahora sobre el Espíritu Santo como amor en cada creyente, es decir, en cada uno de nosotros. Para ello, tenemos que remitirnos al evento de Pentecostés.

Si el Espíritu Santo no es otra cosa que el amor de Dios -la caridad-, entonces esa frase de los Hechos que dice: «Todos quedaron llenos del *Espíritu Santo*», no puede significar más que esto: «¡Todos quedaron llenos del *amor de Dios*!». Bajo esta luz, vemos al Espíritu Santo como el verdadero «sello» puesto sobre toda la obra creadora y redentora (cfr. Ef 1,13), y Pentecostés como la coronación de todas las obras de Dios. ¿Por qué Dios creó el mundo? ¿Por qué envió a su Hijo a redimirlo del pecado? Únicamente «para colmar todas las cosas de sus bendiciones y alegrar su multitud con la claridad de su gloria»[24]. ¿Por qué Dios nos ha dado la Escritura, sino para prepararnos a recibir su amor?

Pentecostés no fue un evento meramente objetivo, un cambio profundo pero inadvertido e inconsciente; fue también un acontecimiento subjetivo, una experiencia. ¡El paso del corazón lleno de temor del esclavo al corazón lleno de amor del hijo no se produce sin sentir nada, en una especie de «anestesia» total, como ocurre con los trasplantes de corazón! Los apóstoles tuvieron, por el contrario, una experiencia arrolladora del amor de Dios: la experiencia de ser amados por Dios y de amar a Dios. Fueron literalmente «bautizados» en el amor.

Fue esto lo que les llevó a salirse de sí mismos, hasta el punto de parecer borrachos de vino nuevo (cfr. Hech 2,13). El repentino cambio de los apóstoles no se explica sino por un brusco estallar en ellos del fuego del amor divino. Cosas como las que ellos hicieron en esa circunstancia, tan sólo las hace el amor. Los apóstoles -y, más tarde, los mártires- estaban, en efecto, «borrachos», como admiten tranquilamente los Padres, pero «borrachos de la caridad que les llegaba del dedo de Dios, que es el Espíritu Santo»[25]. Borrachos porque «apagaron su sed en el torrente de las divinas delicias; ebrios de esa sobria embriaguez que da muerte a los pecados y vivifica el corazón»[26].

---

[24] *Misal Romano*, Plegaria eucarística IV.
[25] SAN AGUSTÍN, *Discursos*, 272 B, 7: PLS 2, 527.
[26] SAN CIRILO DE JERUSALÉN, *Catequesis*, XVII, 19: PG 33, 989.

Este hecho -es decir, que la venida del Espíritu Santo se traduce, en el ámbito subjetivo, en una experiencia de amor- se confirma cada vez que tenemos un «nuevo Pentecostés». Las personas
que asistieron al retiro que dio comienzo a la Renovación
Carismática Católica, confesaron después que hubo un momento
en que tuvieron miedo «de no soportar el excesivo amor de Dios»
por el que, en aquella ocasión, se sintieron inundadas. Decían, en
efecto: «Era como si el Dios del Sinaí hubiera entrado en el lugar
donde nos hallábamos, llenándolo por completo, y a nosotros también». Más adelante, yo mismo he podido constatar a menudo este
hecho: cada vez que se tiene una experiencia verdadera y fuerte del
Espíritu, el recuerdo más vivo que la persona conserva de ese
momento es el de una intensa percepción del amor del Padre. Uno
de estos testimonios decía:

> «Al día siguiente, esa sensación de no ser amada, que me había
> acompañado a lo largo de toda mi vida, desapareció. Me sentí
> como inmersa en una nueva percepción del amor de Dios, que a
> partir de ese día ya no me ha vuelto a abandonar».

Es el momento más hermoso en la vida de una criatura: sentirse amada personalmente por Dios, sentirse como transportada
en el seno de la Trinidad y hallarse en medio del vórtice de amor
que corre entre el Padre y el Hijo, involucrada en él, partícipe de su
«apasionado amor» por el mundo. Y todo esto en un instante, sin
necesidad de palabras ni de reflexión alguna.

> «Maravillosa condescendencia del creador hacia la criatura, gra-
> cia insigne, benevolencia inconcebible, motivo de confianza en el
> creador para la criatura, dulce cercanía, delicia de una buena
> conciencia: el hombre llega a encontrarse, de algún modo, cogi-
> do en el abrazo y el beso del Padre y del Hijo, que es el Espíritu
> Santo; unido a Dios con el mismo amor que une entre sí al Padre
> y al Hijo, santificado en aquel que es la santidad misma de
> ambos. Gozar de un bien tan grande, tener la suave experiencia
> de él, dentro de lo que cabe en esta miserable y falsa existencia:
> esto es conocer la verdadera vida»[27].

---

[27] GUILLERMO DE S. THIERRY, *El espejo de la fe*, 111-112: SCh 301, 180.

Pero, ¿por qué esta insistencia en el *sentir?* ¿Es realmente necesario experimentar el amor de Dios? ¿No es suficiente, y hasta más meritorio, tenerlo por fe? Cuando se trata del amor de Dios -decía el autor que acabamos de citar-, el sentimiento es también gracia; en efecto, no es la naturaleza la que puede infundirnos un deseo semejante[28]. Aunque no dependa de nosotros conservar esta sensación de manera estable, es bueno buscarla y desearla. «Nosotros hemos *conocido* y creído en el amor que Dios nos tiene» (cfr. 1 Jn 4,16): no sólo creído, sino también conocido, y sabemos que, según la Biblia, «conocer» significa también experimentar.

Si en esto consiste, concretamente, Pentecostés -en una experiencia viva y transformadora del amor de Dios-, ¿por qué entonces esta experiencia sigue siendo ignorada por la mayoría de los creyentes? ¿Cómo hacerla posible? Puede que lleves tiempo pidiéndolo y deseándolo, y no se realiza. Entonces te sugiero un medio infalible. Este amor de Dios, derramado por el Espíritu en nuestros corazones, tiene dos vertientes: es, al mismo tiempo, el amor con que Dios nos ama, y el amor con que él hace que podamos amarle a él y al prójimo. La Biblia a veces subraya más el primer significado, sobre todo con Juan (cfr. Jn 4,10); otras, el segundo, como en el himno a la caridad de Pablo (cfr. 1 Cor 13). Lo mismo ocurre con la Tradición. San Agustín da prioridad al significado activo: la caridad infusa es la nueva capacidad que nos es dada de amar a Dios y al prójimo; Tomás de Aquino mantiene, con más razón, ambos aspectos unidos entre sí[29].

Pero se trata de dos vertientes de un solo amor; no son dos amores. Del mismo modo que, en el seno de la Trinidad, el amor del Padre se dirige hacia el Hijo, pero no termina en él ni se detiene, sino que, a través de él, se prolonga al Espíritu, así ocurre fuera de la Trinidad. El amor de Dios viene a nosotros, pero no «ter-

---

[28] Íd., *Meditaciones*, XII, 29: SCh 324, 210.

[29] San Agustín, *El Espíritu y la letra*, 32, 56; Santo Tomás de Aquino, *Comentario a la Carta a los Romanos*, cap. V, lec. 1, n. 392.

mina» en nosotros: llega, nos atraviesa, nos envuelve en su movimiento y nos impulsa a amar a nuestra vez, con el mismo amor con que él nos ama: «Queridos míos, si Dios nos ha amado así, también nosotros debemos amarnos unos a otros» (1 Jn 4,11).

El amor de Dios crea el éxtasis, la salida de uno mismo. Detenernos en el primer movimiento, limitarnos a ser destinatarios del amor de Dios y no también repetidores, canales, del mismo, sería como querer detener el curso de un río: lo convertiríamos en un pantano, en un estanque. Como la lluvia cae del cielo y sólo vuelve allí después de haber empapado la tierra, de haberla fecundado y hecho germinar, para que dé simiente (cfr. Is 55,10ss), del mismo modo el amor de Dios, derramado en nuestros corazones, no debe volver a él sin haber antes cumplido aquello para lo cual Dios lo ha derramado, y sin haber dado su fruto.

He querido insistir en el tema, precisamente porque en eso consiste ese «medio infalible», del que acabo de hablar, para tener una experiencia pentecostal del amor de Dios por nosotros. En el bautismo se nos ha dado un corazón nuevo. Este corazón nuevo tal vez haya quedado como atrofiado, por falta de ejercicio. Tenía que ser una «fuente que mana», y en cambio no ha sido más que una «fuente sellada». Tenemos que desellarlo, ponerlo en movimiento. Cuando, por algún motivo, se detiene el latido de alguien, intentamos reanimarlo dando masajes al corazón, hasta que éste vuelve a latir solo, por movimiento espontáneo y natural. Nosotros tenemos que pasar por algo así: una especie de masaje o respiración artificial. Y esto se produce poniéndonos a amar, aunque sea a fuerza de voluntad, sin que nos lleve el sentimiento. Amar a todos: a los que están cerca y a los que están lejos, a los que nos aman y, aún más, a los que no nos aman. Nadie debería creer que conoce el amor de Dios «derramado en nuestros corazones por medio del Espíritu Santo» (cfr. Rom 5,5), si eso no le ha servido, al menos una vez, para perdonar una ofensa, amar a un enemigo, reconciliarse con un hermano.

Se ha constatado un hecho. El río Jordán, en su curso, forma dos mares: el mar de Galilea y el mar Muerto. El mar de Galilea recibe las aguas del Jordán, pero después las deja fluir y es un mar lleno de vida, cuyas aguas son las más ricas en peces del mundo. El mar Muerto recibe las aguas del Jordán y las retiene para sí, no tiene emisarios, y es precisamente un mar «muerto»: no hay rastro de vida en él, y, a su alrededor, sólo salinas. Es todo un símbolo. Para recibir el amor, una vez que eso nos ha sido abundantemente concedido, y en varias ocasiones a partir del bautismo, tenemos que dejarlo fluir de nosotros, gastar lo que tenemos, derribar el dique de nuestro egoísmo.

Debemos imitar a la viuda de Sarepta. Llega a su casa el profeta Elías y le pide un vaso de agua y un poco de pan. Ella contesta que sólo le queda un puñado de harina y un poco de aceite que pensaba, precisamente, guisar para sí misma y para su hijo, para luego morir. Pero el profeta insiste: con todo lo que tiene, que le haga antes una hogaza, para ella y para su hijo la hará después. ¿No se trataba de una petición excesiva? La viuda no tiene ni para comer, y Dios le pide que dé hasta lo que tiene. Pero ya sabemos lo que ocurre después: no faltará harina en la tinaja ni aceite en la orza, ni para ella ni para su hijo y, cuanto más se saque, más se encontrará (cfr. 1 Re 17,7-16). Lo mismo hace Dios con nosotros. Le pedimos la caridad de un poco de su amor, y nos pide que demos nosotros antes, a él y al prójimo, el poco amor que tengamos, que vaciemos el vaso:

> «Dad, y Dios os dará. Os verterán una buena medida, apretada, rellena, rebosante; porque con la medida con que midáis, Dios os medirá a vosotros» (Lc 6,38).

No se trata de adelantarnos a Dios, para que tenga que correspondernos, ni mucho menos de *merecer* el amor de Dios, sino de permitirle que se derrame en nosotros. Cada vez que le amamos, él nos ha amado antes, y también el hecho de que amemos a alguien es signo de que él nos está amando.

Vamos a orar con las palabras de una Secuencia medieval que, con las imágenes del río, la llama y el viento, resume toda la teología latina sobre el Espíritu como caridad y amor (la versión métrica es nuestra):

> ¡Amor del Padre, amor del Hijo, / sagrada fuente de todo bien, / Espíritu Paráclito!
>
> De los tesoros de Trinidad, / ven, oh torrente de caridad, / visita el corazón.
>
> Aquí levántate, dulce llama, / lame los corazones de piedra, / derrite el triste hielo.
>
> Suave austro, insinúate, / sopla en nosotros con e. ardor / de tu divino amor.
>
> Por ti estemos a ti unidos / y entre nosotros relacionados / con vínculo de amor[30].

---

[30] Secuencia sobre el Espíritu Santo, AHMA 54, p. 247: «Amor patris et fillii, / sacer fons totius boni, / Spiritus paraclite. De thesauris trinitatis / veni, torrens caritatis, / corda nostra visere. Huc emerge, dulcis flamma, / lambe corda incurata, / fuga frigus noxium. Suavis auster, illabere,/ perfla nos adustione / amoris deifici. Per te tibi uniamur, / per te nobis connectamur / caritatis foedere».

IX

UNCIÓN ESPIRITUAL

El Espíritu Santo nos comunica la fragancia
de la santidad de Cristo

El tema de esta meditación es el título de «unción espiritual» *(spiritalis unctio),* que concluye la segunda estrofa del *Veni creator.* Después del viento, el agua y el fuego, el que viene a hablarnos ahora del Espíritu Santo es el aceite, o el ungüento, y, junto con él, el aroma que emana.

«Unción espiritual» es un título que ha sido atribuido al Espíritu Santo desde el primer tratado teológico que se escribió sobre él:

> «Al Espíritu se le llama, y es, unción y sello... La unción es el soplo del Hijo, para que quien posee al Espíritu pueda decir: "Nosotros somos el aroma de Cristo". El sello representa a Cristo, para que quien está marcado por el sello pueda tener la forma de Cristo»[1].

Al título de «unción espiritual» se añade el título de «sello» (cfr. 2 Cor 1,21). Como unción, el Espíritu Santo nos transmite el aroma de Cristo; como sello, su *forma,* o imagen. En este sentido, el título de «unción espiritual» sirve para demostrar, una vez más, la divinidad del Espíritu Santo. El texto prosigue, en efecto, diciendo:

---

[1] SAN ATANASIO, *Cartas a Serapio,* III, 3: PG 26, 628ss.

«Si el Espíritu es el aroma y la forma del Hijo, es evidente que el Espíritu no es una criatura, puesto que el Hijo, que existe en la forma del Padre, tampoco es una criatura»[2].

Pero el uso del título «unción espiritual» no se limita a este ámbito dogmático; no nos habla sólo de lo que el Espíritu es en sí mismo, sino también y sobre todo de lo que significa para nosotros. Como unción, el Espíritu es aquel que nos comunica el buen olor, la fragancia escondida de la santidad de Cristo.

«Él es como el olor, vivo y eficaz, de su sustancia, y transmite a la criatura lo que procede de Dios... En efecto, si el olor de los perfumes comunica su cualidad a los vestidos y transforma, de algún modo, en sí mismo las cosas con las que entra en contacto, ¿cómo podrá el Espíritu Santo -si es verdad que procede naturalmente de Dios- dejar de hacer partícipes de la naturaleza divina, por mediación suya, a aquellos en los que se encuentra?»[3].

La unción es una especie de efluvio de la divinidad que el Espíritu «toma de Cristo» y comunica al alma. «El Espíritu, en efecto, es el aroma de Cristo, y es por eso que los apóstoles, al ser templo del Espíritu, son a su vez el buen olor de Cristo»[4]. A partir de estos textos, se puede intuir ya la riqueza y la sugestiva belleza del título sobre el cual nos proponemos meditar en este capítulo.

1. La unción: figura, evento y sacramento

La unción, como la eucaristía y la Pascua, es una de esas realidades que están presentes en las tres fases de la historia de la salvación. Está presente, de hecho, en el Antiguo Testamento como *figura*, en el Nuevo Testamento como *evento* y en el tiempo de la

---

2 Ibíd.,: PG 26, 629 A.
3 SAN CIRILO DE ALEJANDRÍA, *Comentario al Evangelio de Juan*, XI, 2: PG 74, 453.
4 PSEUDO-ATANASIO, *La Trinidad*, I, 7: PG 28, 1128 B.

iglesia como *sacramento*. La figura anuncia, anticipa y *prepara* el evento, mientras que el sacramento lo celebra, lo hace presente, lo *actualiza* y, en cierto sentido, lo prolonga.

En nuestro caso, la *figura* es dada por las varias unciones (real, profética y sacerdotal) practicadas en el Antiguo Testamento; el *evento* está constituido por la unción de Cristo, el Mesías, el Ungido, al que todas las figuras apuntaban como a su cumplimiento; el *sacramento* está representado por ese conjunto de signos sacramentales que prevén una unción como rito principal y complementario. Siguiendo, pues, el desarrollo del título «unción espiritual», es posible trazar una «neumatología» completa. ¡Una estela de perfume atraviesa toda la historia de la salvación y llega hasta nosotros!

En este conjunto simbólico de carácter ritual o histórico, viene a injertarse, más adelante, otro plano simbólico totalmente distinto, en el que la unción no representa un hecho, sino más bien un estado, un modo de ser y actuar y, por así decirlo, un estilo de vida. Cuando decimos que una persona está llena de unción espiritual, que habla con unción, que lo hace todo con unción, nos referimos precisamente a este segundo plano simbólico. Corresponde a lo que Agustín llama la «unción *espiritual*» (*spiritalis unctio*, como en nuestro himno!), que es el propio Espíritu Santo o la caridad, en relación con el signo sacramental que es la unción *visible*[5].

La finalidad práctica y edificante de esta meditación es precisamente la de llevarnos a la comprensión, al amor y, si es posible, a la posesión de esta última unción, a la que yo llamo «unción como estado» o «unción continuada». Pero precisamente para conseguir este objetivo, primero tenemos que hablar de la unción como evento y como rito, porque es de esta primera de donde procede, como su efecto, la otra unción. Dicho de otro modo, tenemos que poner, también en este caso, el fundamento bíblico y teológi-

---

[5] San Agustín, *Primera carta de Juan*, 3, 5: PL 35, 2000; cfr. 3, 12: PL 35, 2004.

co del que podamos sacar luego algunas consecuencias para la vida espiritual. Esto nos permitirá, entre otras cosas, tocar algunos de los problemas que más han contribuido, después del Concilio, a la renovación de la «neumatología».

Antes de seguir adelante, conviene destacar que los dos planos de aplicación que acabamos de trazar -la unción como evento cristológico y rito sacramental, y la unción como don permanente en el cristiano- estaban presentes, de manera embrionaria, en la mente del autor de nuestro himno; en efecto, la obra en la que él se inspira para la elección de los títulos, dice así:

> «Al Espíritu Santo se le llama unción espiritual basándose en lo que escribe san Juan. Del Señor se dice que fue ungido con perfume de fiesta (cfr. Sal 45,8), es decir, con el Espíritu Santo, y es precisamente el apóstol Juan quien llama al Espíritu Santo «unción», diciendo: "El Espíritu que habéis recibido de él permanece en vosotros y no tenéis necesidad de que nadie os enseñe; antes bien, ese Espíritu... os enseña todas las cosas" (cfr. 1 Jn 2,27)»[6].

2. *La unción en Cristo: el evento*

Sólo hay dos elementos que nos interesan de todo el rico material que tenemos sobre *la unción como figura* en el Antiguo Testamento: su relación con la espera mesiánica, y la conexión que hay entre la unción y el don del Espíritu Santo.

En el Antiguo Testamento se habla de tres clases de unción: la real, la sacerdotal y la profética; es decir, la unción de los reyes, los sacerdotes y los profetas, a pesar de que, en el caso de los profetas, en general se trata de una unción metafórica, en la que no interviene el aceite. En cada una de estas tres unciones, se perfila

---

[6] Cfr. RÁBANO MAURO, *El universo*, I, 3: PL 111, 25; cfr. SAN ISIDORO DE SEVILLA, *Etimologías*, VII, 3, 28ss: PL 82, 270ss.

un horizonte mesiánico, o sea, la espera de un rey, un sacerdote o un profeta que será el Ungido por antonomasia, el Mesías.

Junto con la investidura oficial y jurídica, por la cual el rey se convierte en el ungido del Señor, la unción confiere también, según la Biblia, un verdadero poder interior, comporta una transforma-ción que viene de Dios, y este poder, esta realidad, van siendo identificados cada vez más claramente con el Espíritu Santo. Al ungir a Saúl como rey, Samuel dice:

> «En verdad, el Señor te unge como jefe de su heredad... Entonces se apoderará de ti el espíritu del Señor, profetizarás con ellos y te convertirás en otro hombre» (1 Sm 10,1.6).

También David, ungido por Samuel, recibe el Espíritu (cfr. 1 Sm 16,13). «Lo que el rey recibe con la unción es el *ruah* del Señor que lo llena de su fuerza vital»[7]. El vínculo entre la unción y el Espíritu queda destacado sobre todo en el conocido pasaje de Isaías: «El *Espíritu del Señor* está sobre mí, porque el Señor me ha *ungido*» (Is 61,1).

El Nuevo Testamento no vacila en presentar a Jesús como el Ungido de Dios, en el cual todas las unciones antiguas han halla-do su cumplimiento. El título de «Mesías», o Cristo que significa, precisamente, Ungido-, es la demostración más clara de ello. Pero lo encontramos también afirmado explícitamente: «Me refiero a Jesús de Nazaret, a quien Dios ungió con Espíritu Santo y poder» (Hech 10,38).

El momento o el evento histórico al que se hace remontar este cumplimiento es el bautismo de Jesús en el Jordán. ¿En qué cla-se de unción antigua se inspira la de Jesús? ¿En la unción real, en la profética, o en la sacerdotal? Algunos la consideran una unción de tipo profético; otros, una unción regia. A favor de la primera

---

[7] H. CAZELLES, *L'apport de l'Ancient Téstament à la connaissance de l'Esprit-Saint: en* CinSS I, 723.

estaría el hecho de que la unción de Jesús, al igual que la de los profetas, es de naturaleza meramente espiritual, no física: es decir, no emplea ningún ungüento. Pero quizá sea más justo ver realizados en ella los tres tipos de unción, tal y como hará la tradición teológica y litúrgica de la Iglesia.

En cualquier caso, el contenido de esta unción es el Espíritu Santo. El propio Jesús dirá: « El Espíritu del Señor está sobre mí, porque me ha ungido...» (Lc 4,18).

A propósito de la unción de Jesús, se nos plantea el problema teológico de su relación con la encarnación. En un principio, y hasta finales del siglo IV, no hubo ninguna dificultad en aceptar el dato evangélico. A la unción de Jesús se la relaciona con su bautismo en el Jordán y se la considera un acontecimiento trinitario. San Ireneo escribe:

> «En el nombre "Cristo" se sobreentiende aquel que ungió, aquel que fue ungido y la misma unción. En efecto, el Padre ungió y el Hijo fue ungido, en el Espíritu que es la unción»[8].

Se trata, además, de una unción histórica, o sea, ligada al desarrollo concreto de la salvación. El nombre que Jesús recibe a causa de la misma, «Cristo», designa un acontecimiento, una acción, no la persona, o la hipóstasis. Indica la investidura de Jesús como Mesías, con la cual se inaugura de hecho la economía de la salvación. En la encarnación, el Verbo hecho hombre se convierte en «Jesús»: por la unción del Espíritu, en su bautismo, Jesús, hombre y Dios perfecto, se convierte, de hecho, en «el Cristo»[9]. Este acontecimiento crea una novedad en su vida: una novedad funcional, por supuesto, no ontológica. Produce en él unos efectos grandiosos e inmediatos: milagros, predicación con autoridad, victoria sobre los demonios, instauración del Reino. Es también una unción eclesial, es decir para nosotros:

---

[8] SAN IRENEO, *Contra las herejías*, III, 18, 3; cfr. SAN BASILIO MAGNO, *Sobre el Espíritu Santo*, XII, 28: PG 32, 116 C; SAN AMBROSIO, *El Espíritu Santo*, I, 44.
[9] SAN IRENEO, *Contra las herejías*, III, 9, 3.

«Sobre él descendió el Espíritu de Dios, a fin de que nosotros, participando de la abundancia de esa unción, fuéramos salvados»[10].

Hubo dos factores que hicieron entrar en crisis esta antigua teología que le daba una importancia tan grande al bautismo de Jesús. El primero fue el surgir de las herejías, que sacaban falsas conclusiones de todo eso. Los gnósticos decían que una cosa es Jesús y otra Cristo. Jesús es el hombre nacido de María, Cristo es la divinidad que desciende sobre él en el momento de su bautismo. Para ellos el bautismo sustituía a la encarnación. A una conclusión análoga llegarán, más adelante, Pablo de Samosata y, según sus adversarios, Nestorio. Los arrianos decían que si Jesús está sujeto a un proceso de cambio y de avance, quiere decir que no es Dios en un sentido pleno y perfecto.

El otro factor fue la necesidad de adaptar el contenido de la fe a la cultura griega, para la cual lo que cuenta verdaderamente es la *arqué* de las cosas, su fundamento, y no el desarrollo, la historia. Todos estos motivos están reflejados en un pasaje de san Gregorio Nacianceno:

«El que diga que Jesucristo ha sido hallado digno de la adopción filial sólo después de haberse hecho perfecto gracias a sus obras, o después del bautismo, o después de su resurrección de entre los muertos, sea excomulgado. En efecto, todo aquello que tiene un comienzo, o avanza o se perfecciona, no es Dios»[11].

El resultado fue la separación del misterio de la unción de Jesús de su bautismo, y su anticipación e identificación con la encarnación. El propio Nacianceno escribe: «En la encarnación, Jesús fue ungido con la divinidad, y la unción de su humanidad no era otra cosa que la misma divinidad»[12]. Jesús «fue ungido con

---

[10] Ibíd.
[11] SAN GREGORIO NACIANCENO, *I Carta a Cledonio*, 23s: SCh 208, 46.
[12] ÍD., *Discursos*, XXX, 2: PG 36, 105 B.

Espíritu Santo en el momento en que se hizo hombre»[13]. Lo mismo dice san Agustín en Occidente:

> «Sin duda Cristo no fue ungido con el Espíritu Santo cuando el Espíritu descendió sobre él, en el momento de su bautismo, en forma de paloma; ese día él quiso prefigurar su cuerpo, es decir, la Iglesia, en la que se recibe al Espíritu Santo, sobre todo a través del bautismo. Pero hay que comprender que Cristo ha sido ungido con esta mística e invisible unción en el mismo momento en que el Verbo de Dios se hizo carne»[14].

El título de «Cristo», que antaño se interpretaba como referido a un acontecimiento, a una acción, ahora se refiere a la persona misma[15].

En esta nueva perspectiva, se mantiene -por apropiación y por influjo de Lucas 1,35- la mención del Espíritu Santo, pero casi siempre se habla en general de «divinidad» *(theotes)*, es más, se llega a excluir tácitamente al Espíritu Santo, sustituyéndolo, en calidad de ungüento y crisma, por el propio *Logos*. En un texto de la época, se lee: «Yo, el *Logos, soy* el crisma; y el hombre, el que es ungido por mí»[16]. El misterio de la unción se resuelve en el misterio cristológico en sentido estricto, y ya no reviste ese carácter trinitario que hemos observado antes.

Sobre esta base se desarrolla todo el sistema teológico posterior, hasta el comienzo de nuestro siglo. La consecuencia negativa de ello es que la función del Espíritu Santo queda disminuida, y la «neumatología» se reduce a «cristología». Esto, mucho más que el *Filioque*, ha contribuido al bajón de la dimensión neumática en la teología.

---

[13] San Cirilo de Alejandría, *Comentario al Evangelio de Juan*, XI, 10: PG 74, 552 C.
[14] San Agustín, *Sobre la Trinidad*, XV, 26, 46.
[15] San Juan Damasceno, *La fe ortodoxa*, III, 3: «Nosotros decimos que "Cristo" es el nombre de la hipóstasis»: PG 94, 989.
[16] Pseudo-Atanasio, *Contra los arrianos*, IV, 36: PG 26, 424 B.

En los últimos tiempos, la revalorización del bautismo de
Jesús, basada en la Biblia, ha inducido a revisar en profundidad
este sistema teológico, revalorizando la perspectiva más antigua,
según la cual hay que distinguir el misterio de la unción del de la
encarnación, y la misión del Espíritu de la del Verbo. En la vida de
Jesús, la unción desarrolla una tarea muy concreta: es el momento en que él recibe la plenitud del Espíritu como jefe de la Iglesia y
como Mesías. Él estaba lleno de Espíritu Santo desde el primer
momento de su encarnación, pero se trataba de una gracia personal, ligada a la unión hipostática, y por tanto incomunicable.
Ahora, en la unción, recibe esa plenitud de Espíritu Santo que,
como jefe, podrá transmitir a su cuerpo. La Iglesia vive de esta gracia capital (*gratia capitis*). Más que una prolongación de la encarnación, la Iglesia es la continuación histórica de la unción. Es el
Espíritu el que hace de Jesús y de la Iglesia «una persona mística»,
una persona que es el resultado de muchas personas. Como en la
Trinidad, así también en la historia de la salvación, el papel del
Espíritu Santo no es el de unir distintas naturalezas en una sola
persona, sino el de unir a distintas personas en una sola persona[17].

Eso da lugar a una visión absolutamente nueva de la «cristología» y de la Iglesia. La dimensión neumatológica no se adhiere a ellas
desde fuera, por añadidura (¡«como el azúcar que uno salpica sobre
los dulces», como dijo alguien!), sino que es intrínseca. En esta línea
se ha movido el Concilio Vaticano II, que ha empezado a hablar nuevamente de la unción, después de que durante siglos este misterio
había permanecido al margen de las grandes Sumas y de toda reflexión propiamente teológica. En uno de sus textos leemos:

> «El Señor Jesús, a quien el Padre santificó y envió al mundo, hizo
> partícipe a todo su Cuerpo místico de la unción del Espíritu con
> que él está ungido»[18].

---

[17] Cfr. H. Mühlen, *Una mystica persona* (Paderborn 1964) [trad. esp. *El Espíritu Santo
en la Iglesia* (Secretariado Trinitario, Salmanca 1998)].
[18] *Presbyterorurn ordinis*, n. 2.

3. *La unción en la Iglesia: el sacramento*

Después de haber estado presente en el Antiguo Testamento como *figura*, y en el Nuevo Testamento como *evento*, la unción está presente ahora en la Iglesia como *sacramento*. ¿Qué representa el sacramento con respecto al evento? El sacramento toma el signo de la figura y el significado del evento; de las unciones del Antiguo Testamento toma el elemento (el óleo, el crisma o ungüento perfumado), y de Cristo la eficacia salvadora. Cristo jamás fue ungido con aceite (excepto en la unción de Betania), ni tampoco ungió físicamente a nadie. En él el símbolo ha sido sustituido por la realidad.

Más que un sacramento único, la unción está presente en la Iglesia como un conjunto de ritos sacramentales. Como *sacramentos* en sí, tenemos la confirmación (que, a través de todas las transformaciones sufridas, se remonta al antiguo rito de la unción), y la unción de los enfermos; como *parte* de otros sacramentos, tenemos la unción bautismal y la unción en el sacramento del orden. En la unción crismal, que sigue al bautismo, se hace una referencia explícita a la triple unción de Cristo:

> «Él mismo os consagra con el crisma de la salvación; insertos en Cristo, sacerdote, rey y profeta, sed siempre miembros de su cuerpo para la vida eterna».

En la consagración del obispo, es la fecundidad espiritual la que es relacionada con la unción:

> «Dios, que te ha hecho partícipe del sumo sacerdocio de Cristo, derrame sobre ti su mística unción, y con la abundancia de su bendición haga fecundo tu ministerio».

Finalmente, entre los *sacramentales*, hay que recordar la unción en la consagración del altar, de las iglesias y en numerosas otras circunstancias.

¿Cómo se pasa del acontecimiento al sacramento, es decir, de la unción de Cristo a la de los cristianos? En otras palabras, ¿cómo nacen y se desarrollan, en la Iglesia, todos esos ritos de unción? Han sido determinantes, al respecto, dos pasajes del Nuevo Testamento, uno de Pablo y otro de Juan, en los que se habla de la unción con clara referencia al Espíritu Santo:

> «Y es Dios quien a nosotros y a vosotros nos mantiene firmemente unidos a Cristo, quien nos ha ungido, nos ha marcado con su sello y nos ha dado su Espíritu como prenda de salvación» (2 Cor 1,21).

En este pasaje se observa, entre otras cosas, que al tema de la unción está íntimamente ligado, ya en la Escritura, el del «sello» (cfr. Ef 1,13). A su vez, Juan escribe:

> «En cuanto a vosotros, la unción que habéis recibido de él permanece en vosotros y no tenéis necesidad de que nadie os enseñe, antes bien, esa unción, que es fuente de verdad y no de mentira, os enseña todas las cosas. Así pues, permaneced en él, conforme a lo que os enseñó» (1 Jn 2,27).

El autor de esta unción es el Espíritu Santo, como se deduce del hecho de que en otra parte la función de «enseñar todas las cosas» (cfr. Jn 14,26) es atribuida al «Espíritu de verdad». También Juan conoce el tema del Espíritu Santo como «sello», pero él lo aplica al propio Cristo, cuando dice que «Dios, el Padre, lo ha acreditado con su sello» (6,27).

Permanece abierto el interrogante de si estos pasajes, que hablan de la unción y del sello, reflejan una praxis litúrgica ya instaurada en la Iglesia, en el ámbito de los ritos de iniciación, o si, por el contrario, son ellos mismos los que van a determinar, más adelante, dicha praxis. En cualquier caso, lo cierto es que muy pronto, ya en el siglo II, dentro del contexto de la iniciación cristiana, aparece un rito de la unción que en general sigue al bautismo, aunque a veces, como en Siria, lo precede. De este rito de la unción *(chrio)* se hace derivar el mismo nombre de cristianos *(christianoi),* como de él había derivado el de Cristo[19]. Además, el

---

[19] Cfr. TEÓFILO DE ANTIOQUÍA, *A Autólico*, I, 12: PG 6, 1041 C.

tema del Espíritu Santo como «sello real» con el que Cristo marca a sus ovejas en el momento del bautismo, se repite continuamente en las fuentes antiguas[20], evolucionando hasta la doctrina del «carácter indeleble».

El rito de la unción adquiere una importancia particular en el ámbito de la catequesis mistagógica, donde empieza ya a configurarse como un rito en sí mismo, dentro del contexto de la iniciación, situado entre el bautismo y la recepción de la eucaristía. A ello se dedica una catequesis mistagógica especial, en la que se dice a los neófitos:

> «Puesto que habéis llegado a ser partícipes de Cristo, con razón sois llamados "cristos", porque habéis recibido el sello del Espíritu Santo... Cuando Jesús fue bautizado en el Jordán y comunicó a las aguas el perfume de su divinidad, salió de las mismas y el Espíritu Santo descendió personalmente sobre él. También a vosotros, cuando habéis salido de la piscina de las sagradas fuentes, os fue conferido el crisma, que es figura de aquel que ungió a Cristo, es decir, del Espíritu Santo»[21].

Más tarde, este rito de la unción se configuró como un sacramento aparte -nuestra confirmación- adquiriendo formas y contenidos distintos en las diferentes Iglesias. Vamos a hablar un poco de este sacramento. No de su historia y evolución, que son muy complejas, sino de lo que la doctrina actual de la Iglesia católica enseña al respecto:

> «La confirmación es para cada uno de los fieles lo que para toda la Iglesia ha sido Pentecostés, lo que para Jesús ha sido la venida del Espíritu cuando salió del Jordán. Refuerza la incorporación bautismal a Cristo y a la Iglesia, y la consagración a la misión profética, real y sacerdotal. Comunica la abundancia de los dones del Espíritu, los "siete dones" que nos permiten llegar a la perfección

---

[20] Cfr. G. W. H. LAMPE, *Sphragis*, en *Patristic Greek Lexicon*, p. 1355s.
[21] SAN CIRILO DE JERUSALÉN, *Catequesis mistagógicas*, III, 1: PG 33, 1088.

de la caridad. Por tanto, si el bautismo es el sacramento del nacimiento, la confirmación es el sacramento del crecimiento. Por eso
mismo es también el sacramento del testimonio, ya que esto está
estrechamente ligado a la madurez de la vida cristiana»[22].

Lo más novedoso y lo más bonito es que se subraya el vínculo entre la confirmación y Pentecostés, y entre la confirmación y la
concesión de los carismas. Si fuéramos capaces de llevar todo esto
a la práctica, en principio no tendríamos ninguna necesidad del
«bautismo en el Espíritu», porque la confirmación cumpliría magníficamente su función. Sería la oportunidad normal, que se le ofrece a todo cristiano, de confirmar y renovar el bautismo que recibió
de niño, «liberando» de ese modo sus energías latentes. Lo que
podría suponer la confirmación en el camino de fe de una persona, lo demuestra, mejor que cualquier discurso, el testimonio vivo
de una chica:

> «Mi reconciliación con la Iglesia tuvo lugar en mi confirmación,
> que recuerdo como un momento decisivo de mi vida. El día que
> recibí este sacramento, algo cambió en mí. En el momento en
> que el obispo me ungió la frente, sentí en mi corazón un repenti-
> no estremecimiento, y un gran calor en mi alma, como si se
> hubiera encendido un fuego que llevaba mucho tiempo apagado.
> Pero lo que más me impresionó fue la sensación de gozo que me
> estaba inundando, algo que nunca había experimentado antes».

4. *La unción espiritual, un estilo de vida*

Vamos a ver ahora de qué modo, desde esta perspectiva bíblica y sacramental, se injerta la unción espiritual entendida como
estilo de vida o como forma de actuar. Entre ambas cosas hay una
relación estrecha. Sin embargo, estas dos unciones no se identifi-
can, porque la una pertenece al orden *objetivo* de los misterios, la
otra al orden *subjetivo* de la ascesis y de la mística.

---

[22] *La verdad os hará libres. Catecismo para adultos*. Librería Editrice Vaticana 1995,
p. 324.

¿Cómo surgió esta segunda acepción, subjetiva, de la unción espiritual? Una etapa importante está constituida, una vez más, por san Agustín, que interpreta el pasaje de la primera carta de Juan (1 Jn 2,27) en el sentido de una unción continuada, gracias a la cual el Espíritu Santo, nuestro maestro interior, nos ayuda a comprender interiormente aquello que escuchamos fuera de nosotros. San Gregorio Magno, al igual que en muchas otras cosas, contribuyó a popularizar, a lo largo de toda la Edad Media, esta intuición agustiniana[23].

Una nueva fase en el desarrollo del tema de la unción se abre con san Bernardo y san Buenaventura. Con ellos se afirma la nueva acepción, espiritual y moderna, de unción, que no está ligada tanto al tema del conocimiento de la *verdad,* como al de la experiencia de la *realidad* divina. Al iniciar su comentario al Cantar de los Cantares, san Bernardo dice:

«Un cantar de este tipo, sólo la unción lo enseña, sólo la experiencia lo hace comprender»[24].

San Buenaventura identifica la unción con la *devoción,* que él concibe como «un sentimiento suave de amor hacia Dios, suscitado por el recuerdo de los beneficios recibidos de Cristo»[25]. Una vez define la unción como «la sensación de consuelo que se recibe del Espíritu Santo cuando éste se apodera del alma que ha llegado al estado de fervor»[26].

La unción no se limita, sin embargo, al campo de la devoción: atañe sobre todo a la contemplación. El doctor seráfico distingue dos tipos fundamentales de contemplación: una *contemplación intelectual,* que tiene como objetivo el conocimiento de la verdad y

---

[23] Cfr. San Agustín, *La primera carta de Juan,* 3, 13: PL 35, 2004ss; cfr. San Gregorio Magno, *Homilías sobre los Evangelios,* 30, 3: PL 76, 1222.
[24] San Bernardo, *El Cantar de los Cantares.* I, 6, 11: ed. Cistercense, I (Roma 1957-p 7).
[25] San Buenaventura, *Sermón III sobre santa María Magdalena: ed.* Quaracchi, IX, 561.
[26] Íd., *Sermón I sobre el Sábado Santo,* 3: ed. Quaracchi, IX, 269.

que se basa en el don del intelecto, y una *contemplación sapiencial,* que tiene como objetivo la experiencia y el gusto de las cosas divinas, y que se basa en el don de la sabiduría, a la que llama, precisamente, «unción». Al primer tipo de contemplación, lo ve realizado preferentemente en la orden dominica, y al segundo la orden franciscana:

> «Los unos se centran principalmente en la especulación y, en segundo lugar, en la unción; los otros, se centran principalmente en la unción y, en segundo lugar, en la especulación»[27].

El sentido que san Buenaventura da a la unción se desprende claramente de lo que escribe al comienzo de su *Itinerario de la mente hacia Dios:*

> «Por tanto, exhorto al lector, en primer lugar, a orar con gemidos al Cristo crucificado, cuya sangre lava las manchas de nuestras culpas; y eso para que no crea que es suficiente la lectura sin la unción, la especulación sin la devoción, la investigación sin la admiración, la consideración sin el júbilo, el esfuerzo sin la piedad, la ciencia sin la caridad, la inteligencia sin la humildad, el estudio sin la gracia divina»[28].

Esta unción -dirá al final- no depende de la naturaleza, ni de la ciencia, ni de las palabras o de los libros, sino «del don de Dios que es el Espíritu Santo»[29]. A partir de él, ésta va a empezar a ser la acepción habitual de unción, sobre todo en la escuela franciscana. Uno de sus discípulos escribe:

> «La unción es una especie de licor rosado que, derramándose por toda el alma, la instruye, la vivifica y conforta, disponiéndola suavemente a acoger y contemplar los esplendores de la verdad»[30].

---

[27] Íd., *El Hexamerón,* XXII, 21: ed. Quaracchi, V, 440.
[28] Íd., *Itinerario de la mente hacia Dios,* Prólogo, 4.
[29] Ibíd., VII, 5.
[30] Pseudo-Buenaventura, *Los siete grados de la contemplación,* en Buenaventura, *Opera omnia,* XII (París 18689 183.

El nuevo significado se refleja en el modo en que se va a interpretar, a partir de ahora, el título de «unción espiritual» (*spiritalis unctio*) del *Veni creator*. Al Espíritu Santo, como se lee en una paráfrasis de nuestro himno,

> «se le llama unción espiritual, porque hace suaves y gozosas todas las tribulaciones del mundo, según la expresión de la secuencia que lo define como "descanso de nuestro esfuerzo y "brisa en las horas de fuego": *in labore requies, in aestu temperies*»[31].

Para comprender en su totalidad el uso de la palabra «unción», sobre todo en el mundo de habla inglesa, a raíz de la difusión del fenómeno pentecostal y carismático, hay que tener en cuenta un nuevo desarrollo del término. También fuera de la tradición espiritual católica, actualmente se utilizan los términos «ungido» y «unción» *(anointed, anointing)* para describir la actuación de una persona, la calidad de un discurso o de una homilía. Pero con un matiz diferente. En el lenguaje tradicional, la unción sugiere, como hemos podido observar en los pasajes citados, sobre todo la idea de *suavidad y dulzura,* hasta tal punto que, en el uso profano, ha llegado a dar lugar a la acepción negativa de «forma de hablar o actitud meliflua e insinuante, a menudo hipócrita», y el adjetivo «untuoso» se interpreta en el sentido de «persona o actitud desagradablemente ceremoniosa y servil»; en el uso pentecostal y carismático, por el contrario, sugiere más bien la idea de *poder,* de *fuerza de persuasión.* Una homilía llena de unción *(anointed)* es una homilía en la que se percibe, por así decirlo, el arrebato del Espíritu; un anuncio que nos sacude, que nos convence del pecado, que llega al corazón de la gente. Se trata de un componente exquisitamente bíblico del término, presente, por ejemplo, en el pasaje de los Hechos donde se dice que a Jesús «Dios le ungió con Espíritu Santo y poder» (cfr. Hech 10,38).

---

[31] PSEUDO-BUENAVENTURA, *Compendio de la Verdad teológica*, 10, en BUENAVENTURA, *Opera omnia... obra cit.,* VIII, 68.

La unción, además, vuelve a ser más un acto que un estado. Es algo que la persona no posee de forma estable, sino que viene sobre ella, la «arrolla» al instante, durante el ejercicio de un determinado ministerio o en la oración. Un hombre (¡un obrero!) que no sabía nada de esta unción, describe perfectamente los efectos de la misma:

> «Desde hace algún tiempo, cuando me pongo a rezar, invoco al Espíritu Santo sobre mí. Entonces siento que me viene encima una fuerza, una dulzura (no sé cómo llamarla), algo que me penetra todo, de la cabeza hasta los pies, alma y cuerpo, y cuando ha pasado me deja una gran paz y un deseo de seguir rezando».

Este modo carismático de percibir la unción, distinto tanto del sacramental como del devocional, no es nuevo en la historia de la Iglesia. Estamos asistiendo, en realidad, al resurgir de una experiencia que se conocía desde la antigüedad en movimientos de naturaleza espiritual y carismática. Escribe un autor del siglo IV-V:

> «Los que son ungidos en la mente y en el corazón con el celestial y espiritual aceite de júbilo que santifica y alegra, reciben el signo del Reino incorruptible y del eterno poder, es decir, la prenda del Espíritu, más aún, el propio Espíritu Santo Paráclito»[32].

5. Cómo obtener la unción del Espíritu

Ahora ya tenemos todos los elementos necesarios para hacer la síntesis y aplicar a nuestra vida el riquísimo contenido bíblico y teológico ligado al tema de la unción espiritual. San Basilio dice que el Espíritu Santo «siempre estuvo presente en la vida del Señor, convirtiéndose en su unción y su compañero inseparable», de modo que «toda la actividad de Cristo se desarrolla en el Espíritu»[33]. Tener la unción significa, pues, tener al Espíritu Santo

---

[32] Homilías espirituales, atribuidas a Macario, 17, 1: PG 34, 624 C-D.
[33] SAN BASILIO MAGNO, Sobre el Espíritu Santo, XVI, 39: PG 32, 140 C.

como «compañero inseparable» en la vida, hacerlo todo «en el
Espíritu», en su presencia, bajo su guía. Comporta una cierta pasividad, un dejarnos mover, o, como dice san Pablo, un dejarnos
«guiar por el Espíritu» (cfr. Gal 5,18). La unción es más un don del
Espíritu que una obra nuestra.

Todo esto se traduce, externamente, algunas veces en suavidad, calma, paz, dulzura, devoción y emoción; otras, en autoridad,
fuerza, poder y seriedad, según las circunstancias, el carácter de
cada cual y también el cargo que desempeña. El ejemplo vivo es
Jesús que, movido por el Espíritu, se manifiesta como dulce y
manso de corazón, pero también, cuando es necesario, lleno de
una autoridad sobrenatural.

Es una situación caracterizada por una cierta luminosidad
interior que nos da facilidad y dominio a la hora de actuar. Es un
poco como la «forma» para el atleta y la inspiración para el poeta:
un estado en el que damos lo mejor de nosotros mismos. Sin
embargo, es en sí algo inefable. Reconocemos la unción cuando
estamos en presencia de una persona que la posee, pero no podemos encerrarla en conceptos claros y definidos; en efecto, participa estrechamente de la naturaleza del Espíritu, que es la de ser
inasible. Hemos sacado la siguiente frase del más acreditado
Diccionario de Espiritualidad: «La doctrina espiritual de san
Buenaventura está toda impregnada de *unción* y de poesía»[34]:
intuimos el significado de la palabra, pero si tuviéramos que explicarlo, no sabríamos por dónde empezar.

Y si la unción es dada por la presencia del Espíritu y es un don
suyo, ¿qué podemos hacer nosotros para conseguirla? En primer
lugar, tenemos que partir de una certeza: «Nosotros hemos recibido la unción del Santo», nos asegura Juan. Es decir, gracias al bautismo y a la confirmación, ya poseemos la unción; es más, según
la doctrina tradicional, basada en 2 Cor 1,21-22, ella ha impreso

---

[34] Cfr. Dict. Spir., I, col. 1842.

en nuestra alma un carácter indeleble, como una marca o un sello. Esta unción, sin embargo, puede permanecer inerte, inactiva, si nosotros no la liberamos, como un ungüento perfumado que no desprende ningún buen olor mientras se le mantiene encerrado en el frasco. ¡Hay que romper el vaso de alabastro! El frasquito de alabastro que la mujer rompe, y gracias al cual «la casa se llenó de perfume» (cfr. Jn 12,3), simbolizaba la humanidad de Cristo, que por su pureza era el verdadero «vaso de alabastro» que iba a ser roto en la pasión, para que la fragancia del Espíritu Santo que encerraba en sí pudiera derramarse y llenar de perfume a toda la Iglesia y al mundo entero.

> «El Señor recibió sobre su cabeza una unción perfumada (*myron*), para insuflar en la iglesia olor de incorruptibilidad»[35].

Aquí es donde empieza la parte que nos corresponde respecto a la unción. Ésta no depende de nosotros: lo que sí depende de nosotros es quitar los obstáculos que impiden su irradiación. No es difícil comprender lo que significa para nosotros romper el vaso de alabastro. El vaso es nuestra humanidad, nuestro yo, tal vez nuestro árido intelectualismo. Romperlo significa rendirse a Dios, obedecerle hasta la muerte, como hizo Jesús.

Pero no todo es confiado al esfuerzo ascético. En este caso, cuenta mucho más la fe, la oración, la humilde invocación. Jesús recibió su unción «mientras oraba» (Lc 3,21). «¿Cuánto más el Padre celestial dará el Espíritu Santo a los que se lo pidan?» (cfr. Lc 11,13). Por tanto, hay que pedir la unción antes de emprender una tarea importante al servicio del Reino. Cuando nos preparamos para la lectura de la Escritura y para la homilía, la liturgia nos hace pedirle al Señor que purifique nuestro corazón y nuestros labios para que podamos anunciar dignamente el Evangelio. ¿Por qué no decir de vez en cuando:

---

[35] SAN IGNACIO DE ANTIOQUIA, *Carta a los Efesios*, 17, 1.

«Unge mi corazón y mi mente, Dios todopoderoso, para que pueda proclamar tu palabra con la dulzura y la fuerza del Espíritu»?

A veces, experimentamos casi físicamente que la unción viene sobre nosotros. Una cierta emoción, claridad y seguridad, de repente se adueñan del alma; desaparece todo nerviosismo, todo miedo y toda timidez; se experimenta algo de la calma y la autoridad del mismo Dios.

Algunos cantos ayudan mucho a fomentar esta confianza en la unción que viene de lo alto. Uno de ellos es el propio *Veni creator;* pero no es el único. En todo el movimiento pentecostal y carismático hay un canto muy conocido que dice:

«Espíritu Santo de Dios, ven sobre mí.
Quebrántame, consúmeme,
transfórmame y lléname.
Espíritu Santo de Dios, ven sobre mí».

¡Cuántas personas han sentido bajar sobre ellas la unción del Espíritu mientras oían la sencilla y conmovedora melodía de este canto! El canto en general, y sobre todo el canto coral de una asamblea en oración, se revela particularmente eficaz en esto, porque nos obliga a «romper la andadura», a salir del ritmo humano de los pensamientos, y nos transporta a un estado desde el cual es más fácil alzar el vuelo hacia lo que está por encima de lo humano.

6. *Ungidos para propagar por el mundo el buen olor de Cristo*

Continuamente surge la necesidad vital que, sobre todo los guías de la Iglesia, tienen de la unción espiritual, entendida en su doble aspecto, de dulzura y de fuerza. Sería un error confiar únicamente en la unción sacramental: la que hemos recibido de una vez por todas en nuestra ordenación, y que nos capacita para llevar a cabo ciertas tareas sagradas, como gobernar, predicar, instruir; ¡la que nos da la *autorización,* pero no necesariamente la *autoridad* para hacer ciertas cosas; la que asegura la *sucesión* apostólica, pero no necesariamente el *éxito* apostólico!

Así es como un obispo anglicano describe la experiencia que hizo, en un momento dado de su vida, de una unción nueva y carismática:

«Yo no sabía lo que me estaba pasando, ya que no me esperaba nada de particular. Notaba un maravilloso hormigueo y una sensación del amor de Dios y de su presencia que lo llenaba todo. Me encontré postrado en el suelo, al tiempo que me sometía sencillamente a él con gozo, pronunciando una sola palabra: "Sí", sin poder decir otra cosa. Después, por la tarde, me hallé otra vez en la capilla y de nuevo el Señor me ungió de una manera muy profunda y amorosa. Con un gozo increíble, no hacía más que repetir: "¡Soy tu hijo, soy tu hijo!". Dios no solamente me había acogido como persona, sino que me había creado de nuevo como hijo suyo. Al final, no me quedaban más palabras. La última palabra que conseguí pronunciar fue "Dios", y la dije durante un rato largo y con pasión. Cuando las palabras desaparecieron del todo, empecé a emitir unos sonidos extraños, que en aquella época ni siquiera sabía lo que eran. Todo esto ha supuesto para mí, en primer lugar, un nuevo sometimiento al Señor, el reconocimiento de mi filiación divina, la alabanza, los frutos del Espíritu, que recibí aun antes de haberlos solicitado, y una maravillosa sensación de victoria. El Señor había eliminado de mi vida ciertos pecados contra los que yo había estado luchando en vano durante años»[36].

Este obispo sigue describiendo el efecto que su unción tuvo sobre su diócesis. Antes, cuando alguno de sus curas tenía problemas de alcoholismo, no se le ocurría otra cosa que sugerirle que se sometiera a un tratamiento en una clínica; en cambio, ahora los invitaba a su casa, rezaba con ellos, y alguno quedaba completa-

---

[36] En R. MARTÍN, *The Spirit and the Church* (Nueva York 1976) 255ss. El testimonio es de B. Burnett.

mente curado por la fuerza de la oración. En las reuniones pastorales, hasta entonces se hablaba de todo excepto de la verdadera misión de la Iglesia y de la evangelización; en cambio, ahora todos estaban de acuerdo en que lo más necesario para la diócesis era la renovación en el Espíritu. El ecumenismo se convirtió, de problema doctrinal bastante abstracto, en una realidad viva; se estrecharon nuevas relaciones entre las distintas Iglesias cristianas presentes en el territorio. Considerada en sus efectos, esta unción no difiere de lo que hemos descrito antes como el «bautismo del Espíritu».

En realidad, la unción del Espíritu no se limita a algunos momentos, o a determinadas categorías de personas dentro de la Iglesia. El ungüento exhala su perfume siempre, forma parte de su simple existencia. Y la unción ha sido otorgada a cada creyente, precisamente para que sea «el buen olor de Cristo» (cfr. 2 Cor 2,15). Al consagrar el óleo para la unción del bautismo y la confirmación, en la misa del jueves Santo, el obispo dice:

> «Que esta unción los penetre y santifique, a fin de que, liberados de la corrupción original y consagrados como templo de tu gloria, expandan el perfume de una vida santa».

Objetaba el pagano Celso, en el siglo II: «¿Cómo puede un solo hombre, que vivió en una oscura aldea de Judea, llenar la tierra del perfume del conocimiento de Dios, como decís los cristianos?». Orígenes contestaba diciendo que eso es posible gracias al misterio de la unción, del que los cristianos son partícipes:

> «Jesús fue ungido con aceite de júbilo en toda su plenitud. Los que participan de él, cada uno según sus capacidades, participan también de su unción. En efecto, siendo Cristo el jefe de la Iglesia, que forma con él un solo cuerpo, el ungüento perfumado que ha sido derramado en su cabeza, baja por la barba de Aarón, hasta la orla de su vestido (cfr. Sal 133,2)»[37].

---

[37] ORÍGENES, *Contra Celso*, VI, 79: SCh 147, 378.

El Espíritu Santo, según esta sugerente lectura espiritual de la Biblia, es ese ungüento perfumado que ha sido derramado sobre la cabeza del nuevo Sumo Sacerdote que es Cristo Jesús; desde la cabeza se extiende «como mancha de aceite» bajando por el cuerpo de la Iglesia, hasta la orla de su vestido, allí donde la Iglesia toca el mundo. La liturgia recoge esta imagen cuando, en la misa crismal del jueves Santo, formula esta plegaria que hacemos nuestra al final de esta meditación:

Oh Dios, que por la unción del Espíritu Santo constituiste a tu Hijo Mesías y Señor, y a nosotros, miembros de su cuerpo, nos haces partícipes de su misma unción; ayúdanos a ser en el mundo testigos fieles de la redención que ofreces a todos los hombres[38].

---

[38] *Misal Romano.* Oración de la misa crismal del Jueves Santo.

X

DADOR DE LOS SIETE DONES

El Espíritu Santo adorna la Iglesia con una multitud de carismas

Con esta meditación empieza la tercera estrofa del *Veni creator* que, traducida al pie de la letra, dice así:

«Dador de los siete dones,
dedo de la diestra de Dios,
solemne promesa del Padre,
tú pones en los labios la palabra».

Desde el punto de vista de la *forma,* continúa el elogio del Paráclito, elogio que consiste en una serie de títulos bíblicos, aplicados al Espíritu Santo en vocativo: «Tú que te llamas Paráclito... dador de los siete dones...».

Desde el punto de vista del *contenido* teológico, por el contrario, se abre un horizonte totalmente nuevo. Tras habernos hecho contemplar, en la segunda estrofa, la obra santificadora del Espíritu, su acción interior y transformadora, ahora el himno nos hace contemplar su acción carismática, que se manifiesta en la variedad de sus dones y carismas. Todos los títulos y los temas reunidos en esta estrofa se refieren, de manera más o menos directa, a esta particular acción del Espíritu: el Espíritu Santo otorga los siete dones, es el dedo de la mano de Dios que expulsa a los demonios y obra signos y prodigios, es la promesa de la fuerza de lo alto realizada en Pentecostés, es aquel que se manifiesta a través de los dones relacionados con la palabra: predicación, enseñanza, profecía, don de lenguas, etc.

La diferencia de estas dos líneas de acción del Espíritu Santo -santificante y carismática-, formulada en estos términos, es fruto de la exégesis moderna. Sin embargo, no era del todo desconocida a los Padres y a la Tradición, que la expresaban mediante la distinción entre el *Espíritu como Don* y *los dones del Espíritu*. Confrontando entre ellos el Salmo 68,19: «Has recibido dones de los hombres» y Ef 4,8: «Repartió dones a los hombres», san Agustín comenta:

> «Tanto el profeta como el apóstol han hablado de dones en plural, ya que, por obra de este Don que es el Espíritu Santo, que ha sido comunicado a todos los miembros de Cristo, se reparte una multitud de dones propios a cada uno»[1].

Esta idea ha sido fielmente recogida por el autor de nuestro himno. Tras haber llamado, en la estrofa anterior, al Espíritu Santo «altísimo don de Dios» (en singular), empieza la presente estrofa llamando al mismo Espíritu «septiforme en sus dones» (*septiformis munere*).

De este modo se abre paso una verdad fundamental: el Espíritu Santo, que es el principio de la unidad de la Iglesia, es también, al mismo tiempo, principio de su diversidad, riqueza, belleza y variedad. Es el eco fiel de la gran enseñanza de la Carta a los Efesios. En ella, después de haber presentado lo que en la Iglesia es uno e idéntico para todos, es decir, los sacramentos y las virtudes teologales de fe, esperanza y caridad -«Uno solo es el cuerpo y uno solo el Espíritu, como también es una la esperanza; un solo Señor, una fe; un bautismo; un Dios que es Padre de todos» (cfr. Ef 4,4-6)-, se pasa a enumerar aquello que, en cambio, distingue a cada uno:

---

[1] SAN AGUSTÍN, *Sobre la Trinidad*, XV, 19, 34.

«A cada uno de nosotros, sin embargo, se le ha dado la gracia según la medida del don de Cristo. Por eso dice la Escritura: *"Al subir a lo alto llevó consigo cautivos, repartió dones a los hombres"*» (cfr. Ef 4,7-8).

Este paso de la unidad del Espíritu a su acción de multiplicarse en una enorme variedad de efectos y de dones particulares, ha sido expresado con algunas imágenes muy sugestivas. Una de ellas es la de la lluvia que cae, única e indivisa, del cielo, pero que hace germinar las más diversas y variopintas especies de flores, exactamente como el Espíritu Santo que, «a pesar de que es único, confiere a cada uno la gracia según le conviene»[2].

Otra de las imágenes es la de la luz que

«salpica cada cosa
y colores suscita
allá donde se posa»[3].

La relación entre la luz y los colores tal vez sea la que mejor exprese la naturaleza de la relación entre la gracia y los carismas. En la larga serie de las obras del Espíritu, que se desarrolla desde la creación hasta la parusía, hemos llegado a la que san Basilio llama la organización de la iglesia:

«En cuanto a la organización de la Iglesia, ¿no está claro y fuera de toda duda que es obra del Espíritu? Él mismo ha asignado a cada uno un puesto en la Iglesia: "Primero están los apóstoles, después los que hablan en nombre de Dios, a continuación los encargados de enseñar, luego vienen los que tienen el don de hacer milagros, de curar enfermedades, de asistir a los necesitados, de dirigir la comunidad, de hablar un lenguaje misterioso" (cfr. 1 Cor 12,28). Este orden está organizado según la diversidad de los dones del Espíritu»[4].

---

[2] SAN CIRILO DE JERUSALÉN, *Catequesis*, XVI, 12.
[3] A. MANZONI, Himno «Pentecostés».
[4] SAN BASILIO MAGNO, *Sobre el Espíritu Santo*, XVI, 39: PG 32, 141 A.

1. Qué es el carisma

Hay dos elementos que contribuyen a definir lo que es el carisma. Primero, el carisma es el don otorgado «para el bien de todos» (1 Cor 12,7). Dicho de otro modo, no suele estar destinado principalmente a la santificación de la persona, sino al «servicio» de los demás (cfr. 1 Pe 4,10). Segundo, el carisma es el don otorgado «a uno» o «a algunos» en particular, no a todos del mismo modo, lo cual lo distingue de la gracia santificante, de las virtudes teologales y de los sacramentos que, por el contrario, son idénticos y comunes a todos.

En algunos carismas prevalece el aspecto de don «para el bien de todos», en otros el de don «particular». Pero ninguno de estos dos elementos, tomado por separado, explica todos los casos en los que se repite en el Nuevo Testamento el término «carisma». Pablo llama, por ejemplo, «carisma» al matrimonio y a la virginidad (cfr. 1 Cor 7,7), no porque éstos sean dones otorgados principalmente para el servicio y la utilidad de los demás (son, más bien, formas estables de vivir la gracia, vocaciones distintas), sino porque, en este campo, cada uno tiene su propio *don* de Dios, quién de un modo quién de otro.

Sólo teniendo en cuenta esta doble característica del carisma, se puede comprender el uso que hacen de este término los Padres de la Iglesia, quienes, al enumerar los carismas, mencionan a la vez sabiduría, profecía, poder de expulsar a los demonios, clarividencia al interpretar las Escrituras, continencia voluntaria; es decir, tanto los dones destinados al bien de todos, como los dones de santificación, cuando éstos son otorgados a cada uno y no a todos del mismo modo[5]. Se entiende también por qué la Iglesia actualmente habla de las distintas formas de vida consagrada como de otros tantos carismas.

En la teología escolástica, el carisma es definido como una gracia *gratis data,* o sea, dada gratuitamente, a diferencia de la

---

[5] Cfr. San Cirilo de Jerusalén, *Catequesis,* XVI, 12.

gracia santificante que es definida como *gratum faciens,* es decir, que hace a la persona grata a Dios. La distinción, dentro del contexto en que ha nacido, está justificada, pero no se puede llevarla demasiado lejos sin graves inconvenientes. En efecto, también la gracia santificante, y yo diría que sobre todo ella, es dada gratuitamente; y también el carisma, cuando se ejerce como es debido, hace a la persona grata a Dios, contribuyendo a su santificación, sobre todo si se trata de esos carismas en los que prevalece el aspecto de don particular.

¿Qué se puede decir, en cambio, de *los talentos?* Hay que ampliar el concepto de «carisma» para incluir en él también los talentos naturales, siguiendo la tendencia de algunos de los autores actuales?[6]. Sin duda, toda la vida, cuando se vive en la fe, es gracia, y en ella no hay zonas religiosas y zonas profanas. Sin embargo, en el Nuevo Testamento el *carisma* nunca indica una capacidad humana elevada y transformada. El carisma es siempre «una manifestación de poder sobrenatural»[7]. Las dos cosas son concedidas de manera bien distinta: el talento lo es a través del nacimiento natural; el carisma mediante una acción libre y soberana de Dios, ligada al bautismo. Por eso, los talentos a menudo son hereditarios; los carismas, nunca.

Eliminar toda distinción entre talentos y carismas significa eliminar la diferencia entre naturaleza y gracia. El carisma puede hallar su «soporte» en un don y un talento natural, pero se diferencia de él. Escribe san Máximo el Confesor:

> «La gracia del santísimo Espíritu no realiza en los santos la sabiduría sin un intelecto capaz de acogerla, ni el conocimiento sin una potencia racional que lo reciba, ni la fe sin la plena certeza del intelecto y de la razón respecto a las realidades futuras, ni el don de curación sin el amor natural hacia los hombres, así como ninguno de los demás carismas sin la condición y potencia capa-

---

6 Cfr. J. MOLTMANN, *Der Geist des Lebens* (Munich 1991) 195ss.
7 J. D. G. DUNN, *Jesus and the Spirit* (Londres 1975) 255.

ces de recibir a cada uno de ellos. Sin embargo, ningún ser humano puede poseer ninguna de las cosas que acabo de mencionar por alguna potencia natural, sino que es el divino poder quien se las concede»[8].

Como la divinidad y la humanidad de Cristo, así los carismas y los talentos no se deben «separar», pero tampoco «confundir».

2. ¿Los siete dones o los carismas?

Sin embargo, todo lo que hemos dicho sobre el contenido de la presente estrofa del *Veni creator,* aparentemente es desmentido por el título inicial que define al Espíritu: «Septiforme en sus dones». Este título, en efecto, alude claramente al tema de los siete dones del Espíritu Santo que, en la interpretación corriente, no pertenecen a la esfera carismática, sino a la santificante en un sentido estricto, y no están reservados a algunos sino que se ofrecen indistintamente a todos. La opinión tradicional sobre la naturaleza del «don» se resume de la siguiente manera:

> «El don es santificante y está ordenado hacia el perfeccionamiento de la persona, mientras que el carisma es una aptitud concedida para el bien de todos. Aquí tenemos la famosa diferencia entre la gracia *gratum faciens* y la gracia *gratis data*»[9].

Éste es uno de los puntos en el que más destacan los efectos de la larga eclipse de la doctrina bíblica sobre los carismas. Vamos a recorrer rápidamente la historia del tema de los siete dones del Espíritu Santo. El pasaje bíblico del que ha surgido es Is 11,1-3. En el original están enumerados seis dones, el último de los cuales -el temor de Dios- se repite dos veces: sabiduría, inteligencia, consejo, valor, conocimiento y temor del Señor. A esta lista de seis

---

[8] SAN MÁXIMO EL CONFESOR, *Capítulos varios*, IV, 13: PG 90, 1308ss.
[9] X. DUCROS, *Charismes*: en Dict. Spir., 2, col. 506.

dones, los Setenta y la Vulgata añaden la piedad, eliminando la doble mención del temor de Dios, y consiguiendo así el número clásico de siete.

Actualmente los exégetas están de acuerdo en ver en este pasaje la lista de los carismas que caracterizan al soberano ideal y al futuro Mesías. La sabiduría y la inteligencia indican discernimiento y habilidad; el consejo y el valor significan prudencia en el gobierno y valor militar; el conocimiento y el temor del Señor indican la actitud religiosa correcta, llena de conocimiento de Dios y de veneración, que el soberano extenderá a su alrededor[10]. Del conjunto de estos dones se desprende un gobierno en el que triunfa el derecho y la justicia hacia los pobres (Is 11,24). Se trata de los carismas mesiánicos.

Los dones enumerados se sitúan, pues, en la línea de los carismas que capacitan para tareas muy concretas a favor de la comunidad, como construir y embellecer el templo, ganar las batallas, administrar la justicia con equidad, profetizar. No están destinados principalmente a la persona que los recibe, para su santificación individual, sino que son conferidos para el beneficio directo de toda la comunidad, y tampoco son otorgados a todo el mundo sin distinción.

En la Tradición, se pierde muy pronto la referencia al tema del soberano ideal y del gobierno justo, que es desarrollado preferentemente en obras que tratan del gobierno pastoral y del ideal del buen superior, como la *Regla pastoral* de san Gregorio Magno, *La consideración* de san Bernardo y *Las seis alas del serafín* de san Buenaventura. Los siete dones empiezan, en cambio, a ser aplicados de forma genérica a todos los creyentes. San Gregorio Magno dice que nosotros nos elevamos hacia Dios siguiendo el orden de los siete dones que el Espíritu Santo sigue al conferirlos, pero en sentido inverso:

---

[10] Cfr. H. CAZELLES, *Saint Esprit*: en DBSuppl, fasc. 60, 1986, 141ss.

«En efecto, mediante el temor nos elevamos hasta la piedad, de la piedad al conocimiento, del conocimiento obtenemos la fuerza, de la fuerza el consejo, con el consejo avanzamos hacia la inteligencia y con la inteligencia hacia la sabiduría; y así, por la gracia septiforme del Espíritu, se nos abre, al final de las ascensiones, la puerta que da a la vida celestial[11].

La orientación que se ha seguido en Oriente es parecida. San Máximo el Confesor escribe:

«De estos carismas espirituales se derivan: del temor, rechazar el mal; del valor, hacer el bien; del consejo, discernir aquello que se opone a nosotros; de la ciencia, saber realmente qué nos conviene hacer; del conocimiento, la percepción actual de las divinas razones que constituyen las virtudes; de la inteligencia, el total arrebato del alma hacia las cosas conocidas; de la sabiduría, la incomprensible unión con Dios mediante la cual, en aquellos que son dignos, el deseo se convierte ya en fruición»[12].

Surgen así las fórmulas que llegarán a ser tradicionales: el «séptuplo poder del Espíritu Santo»[13], el «don septiforme»[14] (septiforme munus), utilizado en nuestro himno, y el «sagrado septenario» (sacrum septenarium) de la Secuencia de Pentecostés. Los siete dones a veces han sido relacionados con los siete espíritus del Apocalipsis (cfr. Ap 1,4) y con las ocho bienaventuranzas[15].

Pero en la era patrística, y hasta la teología escolástica, jamás se pensó en hacer de los siete dones un «tercer género», una entidad aparte, algo que estuviera a medio camino entre la gracia santificante y los carismas. Sólo son una «rama» cualificada dentro del vasto universo de los carismas: se trata de esos dones en los que el aspecto de don particular prevalece sobre el aspecto de don

---

[11] SAN GREGORIO MAGNO, Homilías sobre Ezequiel, II, 7, 7: CC 142, 322.
[12] SAN MÁXIMO EL CONFESOR, Capítulos varios, III, 38: PG 90, 1276.
[13] ORÍGENES, El Levítico, 8, 11: SCh 287, 66; ÍD., Los Números, 6, 3 SCh 415, p. 150.
[14] SAN HILARIO, Comentario sobre Mateo, 15, 10: PL 9, 1007.
[15] SAN AGUSTÍN, Exposición sobre los Salmos, 150, 1: CC 40, 2192.

para el bien de los otros. San Máximo el Confesor los denomina, como hemos visto, «carismas espirituales», orientados hacia la adquisición de las virtudes. Por lo demás, algunos de estos dones, como la sabiduría y el conocimiento, están incluidos en la lista de los carismas elaborada por san Pablo, y el mismo «consejo» no difiere mucho, en su aplicación, del don de discernir los espíritus (cfr. 1 Cor 12,8ss).

Ésta es la fase de su desarrollo y el significado con el cual el título «septiforme en sus dones» *(septiformis munere)* entra en el *Veni creator*. El propio autor del himno, en otro de sus escritos, ya mencionado, dice:

> «El Espíritu Santo se llama septiforme a causa de los dones que, desde su indivisa plenitud, cada uno recibe, si es digno de ello»[16].

Fue algunos siglos más tarde cuando el tema de los siete dones del Espíritu Santo entró en una nueva fase de su desarrollo, empezando a perder toda referencia a los carismas y a constituir-se en categoría aparte. Es significativo el interrogante que guió todo este desarrollo y llevó a la nueva comprensión: ¿los dones del Espíritu son idénticos o distintos a las virtudes? La solución adop-tada por los grandes maestros de la teología escolástica es que los dones son distintos y superiores a las virtudes morales. Se trata de unas disposiciones permanentes del alma, infundidas por Dios, para hacer al alma dócil a las inspiraciones del Espíritu Santo. Están en la línea de las virtudes teologales infusas, aunque sean preparatorias e inferiores a ellas.

Podemos decir que, a partir de esta época, no hay un solo autor espiritual que no haya escrito un tratado, más o menos extenso, sobre los dones del Espíritu. Es más, hasta el umbral del Concilio Vaticano II, la reflexión sobre el Espíritu Santo, en

---

[16] RÁBANO MAURO, *El universo*, I, 3: PL 111, 24; cfr. SAN ISIDORO, *Etimologías*, VII, 3, 13: PL 82, 269.

Occidente, sigue siendo viva y creativa casi únicamente en el ámbito del tema de los siete dones. Por su carácter especulativo, el tema de los siete dones se presta a infinitas variantes, según la experiencia espiritual y la teología que entran en juego cada vez. En la escuela tomista, por ejemplo, la primacía, entre los dones, corresponde a la inteligencia, un don orientado más bien hacia el conocimiento; en la escuela franciscana corresponde a la sabiduría, un don orientado preferentemente hacia la experiencia y la fruición de Dios. Los hay que incluso han intentado relacionar cada uno de los siete dones con una estrofa del *Veni creator*[17], pero sabemos que las estrofas originales del himno son seis, y que la séptima *(Deo Patri sit gloria...),* no es más que una doxología de repertorio que fue añadida más tarde.

No es mi intención seguir el inmenso desarrollo del tema de los dones del Espíritu[18]. Baste observar que la doctrina tomista sobre los dones encuentra una lúcida síntesis en la encíclica sobre el Espíritu Santo de León XIII, donde se dice:

> «El justo que ya está viviendo en la gracia y procede con la ayuda de las virtudes, así como el alma con sus potencias, necesita de esos siete dones que, como se dice, son propios del Espíritu Santo. Por medio de ellos, el ser humano se hace más flexible y fuerte a la vez, para seguir con mayor facilidad y prontitud el divino instinto; son tan eficaces que le empujan hasta las más altas cimas de la santidad... Con estos dones, además, el Espíritu Santo nos impulsa y nos eleva hasta las bienaventuranzas evangélicas»[19].

De todo este desarrollo, el hecho que yo considero que tiene mayores consecuencias es que los dones del Espíritu Santo, desde el ámbito de los carismas, pasan a formar parte de lo que el

---

[17] Cfr. H. LAUSBERG, *Der Hymnus «Veni creator Spiritus»*: JAWG (1969) 33.

[18] CH. BERNARD, *Dons du Saint-Esprit:* en Dict. Spir. 3, coll. 1579-1641.

[19] LEÓN XIII, *Divinum illud munus,* en *Actas de León XIII,* vol. 17 (Roma 1898) 141; cfr. SANTO TOMÁS DE AQUINO, *Summa theologica,* I-II, p. 68, 3.

Nuevo Testamento llama «la obra santificadora del Espíritu»[20]. En esto llegan incluso a ocupar la parte más elevada, relativa a la contemplación y a la vida mística. Los dones del Espíritu Santo están considerados como el coronamiento de toda la vida espiritual.

En el desarrollo de la acción del Espíritu, que desde la gracia lleva a los frutos del Espíritu, es decir, a las virtudes cristianas, ya no figura el tema del *carisma;* en su lugar, se ha tomado el concepto de *don.* Se observa claramente en un discurso, por otra parte de una gran sutileza, pronunciado por Pablo VI en el Pentecostés de 1969. Él distingue dos campos de acción del Espíritu Santo: el de las «almas individuales» y el de la «comunidad o cuerpo visible de la Iglesia».

> «El primer campo es la interioridad de nuestra vida: nuestro yo; en esta celda profunda -y misteriosa para nosotros mismos- de nuestra existencia, entra el soplo del Espíritu Santo; se difunde en el alma con ese primero y sumo carisma al que llamamos gracia, que es como una vida nueva, e inmediatamente la hace apta para hacer cosas que superan su capacidad natural, o sea, le confiere *virtudes sobrenaturales,* se extiende en la red de la psicología humana con unos impulsos de acción fácil y fuerte, a los que llamamos dones, y la llena de unos magníficos efectos espirituales, a los que llamamos *frutos del Espíritu».*

Pasando después al otro campo de acción -el comunitario-, Pablo VI dice:

> «Sin duda el Espíritu "sopla donde quiere" (cfr. Jn 3,8ss); sin embargo, en la economía establecida por Cristo, el Espíritu recorre el canal del ministerio apostólico. "Dios ha creado la jerarquía -el sacerdocio ministerial- y así ha provisto de manera más que suficiente a las necesidades de la Iglesia hasta el fin del mundo"»[21].

---

[20] Cfr. 2 Tes 2,13; 1 Pe 1,2.
[21] PABLO VI, *Discurso de Pentecostés,* 25 de mayo de 1969, en *Insegnamenti di Paolo VI,* vol VII (Tipografía Poliglota Vaticana,Ciudad del Vaticano 1970) 308-310. La última frase está tomada de J. A. MÖHLER *(Theologische Quartalschrift* (1823) 497) quien la menciona para criticarla.

¿Qué conclusiones tenemos que sacar, a la luz de todo lo que hemos dicho, respecto al tema de los siete dones del Espíritu Santo? La inmensa literatura espiritual sobre el tema de los dones del Espíritu Santo conserva su validez por la doctrina ascética y mística que en ello ha hallado su expresión y, en muchos casos, como documento autobiográfico. Pero lo cierto es que necesita una revisión radical. Lo que exige esta profunda revisión no es sólo el hecho de que, con la nueva comprensión de Is 11, ya ha empezado a faltarle a la teología de los siete dones una verdadera base bíblica; es sobre todo el hallazgo de la auténtica doctrina bíblica de los carismas. La doctrina de los dones del Espíritu se ha desarrollado sobre el vacío que ha dejado la teología de los carismas.

A propósito del «don septiforme», una correcta lectura de nuestro himno no consistirá, por tanto, como en otros casos, en dilatar el título para que abarque los desarrollos posteriores, sino que consistirá más bien en volver atrás, a la fase a la que en realidad pertenecía, cuando los dones del Espíritu no se diferenciaban todavía de los carismas. Más aún, consistirá en volver a esa «multiforme gracia» del Espíritu de la que hablaba el Nuevo Testamento (cfr. 1 Pe 4,10) y de la que, como vamos a ver en seguida, se ha vuelto a hablar en el Concilio Vaticano II.

3. *El Concilio Vaticano II vuelve a descubrir los carismas*

En uno de los documentos más importantes del concilio Vaticano II, se lee:

> El mismo Espíritu Santo no solamente santifica y dirige al pueblo de Dios por los Sacramentos y los ministerios y lo enriquece con las virtudes, sino que "distribuyéndolas a cada uno según quiere" (1 Cor 12,11), reparte entre los fieles gracias de todo género, incluso especiales, con que los dispone y prepara para realizar variedad de obras y de oficios provechosos para la renovación y una más amplia edificación de la Iglesia según aquellas palabras:

"A cada uno se le otorga la manifestación del Espíritu para común utilidad" (1 Cor 12,7). Estos carismas, tanto los extraordinarios como los más sencillos y comunes, por el hecho de que son muy conformes y útiles a las necesidades de la Iglesia, hay que recibirlos con agradecimiento y consuelo»[22].

Para valorar adecuadamente el alcance renovador de este texto, hay que saber lo que pasó, en realidad, con los carismas después de su tumultuosa aparición en los comienzos de la Iglesia. Los carismas no desaparecieron de la *vida* de la Iglesia, sino más bien de su *teología*. Si recorremos la historia de la Iglesia, recordando las diferentes listas de carismas enumeradas en el Nuevo Testamento, tenemos que llegar a la conclusión de que, exceptuando quizá el «don de lenguas» y el «don de interpretarlas», ninguno de los carismas se perdió del todo. La historia de la Iglesia está llena de evangelizadores carismáticos, de dones de sabiduría y conocimiento (baste pensar en los doctores de la Iglesia), de historias de curaciones milagrosas, de hombres dotados de espíritu de profecía o de discernimiento de los espíritus, por no hablar de otros dones como visiones, arrobamientos, éxtasis, iluminaciones, que también se cuentan entre los carismas.

La historia está salpicada también de «despertares» carismáticos, es decir, de épocas que se han caracterizado por unas manifestaciones particularmente intensas de dones y operaciones del Espíritu: la época de los mártires; la explosión del monacato (que es un fenómeno carismático, antes que ascético); la primera evangelización de Europa; la misión entre los pueblos eslavos, que fue marcada por abundantes dones y carismas; el movimiento franciscano y el increíble florecimiento de las Órdenes religiosas, cada una de las cuales se remite con razón al «carisma» de su fundador. Pío XII no se equivocó al afirmar que en la Iglesia nunca han faltado, ni podrán faltar, «personas dotadas de dones prodigiosos»[23]. Así

---

[22] *Lumen gentium*, n. 12.
[23] Pío XII, *Mystici corporis*: AAS 35 (1943) 200.

como nadie puede impedir que el viento sople donde quiere, del mismo modo nadie puede impedir que el Espíritu derrame sus dones como quiere.

Entonces, ¿dónde está la novedad que nos permite hablar de un despertar de los carismas en nuestro siglo? ¿Qué era lo que faltaba antes? Lo que ocurrió fue que los carismas, cuyo sentido era la comunidad, la utilidad común y la organización de la Iglesia, fueron progresivamente confinados al ámbito privado y personal. Ya no entraban en la formación de la Iglesia, que se consideraba «más que garantizada por la existencia de la sagrada jerarquía».

La identidad personal de Jesús en los Evangelios nace de dos relaciones fundamentales: su relación de Hijo con respecto al Padre, caracterizada por la obediencia, y su relación con el Espíritu, de la que le viene la autoridad, la libertad y el poder en su misión[24]. El Espíritu carismático -que le confiere la unción mesiánica para llevar la Buena Nueva a los pobres y sanar a los corazones afligidos, con el que expulsa a los demonios y que le hace «sobresaltarse» de gozo en la oración- no es, por tanto, un accesorio en la misión de Jesús: es algo constitutivo.

Tampoco en la vida de la comunidad cristiana los carismas eran hechos privados, una añadidura o un lujo: eran los que, junto con la autoridad apostólica, dibujaban el perfil de la comunidad. La comunidad vivía de las mismas dos relaciones fundamentales de Jesús: con el Padre, sentido como *Abbá,* y con el Espíritu, que daba libertad y poder. Pero no lo hacía independientemente de Jesús, como si éste fuera sólo un modelo, sino teniendo en él la fuente de todo y participando en su relación única con el Padre y con el Espíritu.

La tesis según la cual la Iglesia primitiva es una comunidad preferentemente carismática, en la que la misión del apóstol se limita a organizar los carismas que, por sí solos, proveen, con su interacción,

---

[24] J. D. G. DUNN, *Jesus...* obra cit., p. 90.

a la vida y a la expansión de la comunidad, no se sostiene. Quien diga esto, comete un error fundamental de método. Sitúa en el origen, convirtiéndola en algo absoluto, la visión paulina de una comunidad esencialmente carismática, y después considera todo el desarrollo posterior de la comunidad cristiana como un progresivo abandono y un «debilitamiento» de esa visión, que se concluiría con el triunfo del «proto-catolicismo» en las cartas pastorales.

Dicho esto, hay que reconocer, sin embargo, que muy pronto, por varios motivos, el equilibrio entre ambas situaciones -la del ministerio y la del carisma- se perdió a favor del ministerio. El carisma empieza a ser conferido con la ordenación, y ya está. Un elemento determinante fue el surgir de las primeras falsas doctrinas, sobre todo las doctrinas gnósticas. Fue este hecho lo que hizo inclinar cada vez más el fiel de la balanza hacia los que ejercían el ministerio, es decir, los pastores. Otro acontecimiento fue la crisis del movimiento profético difundido por Montano en Asia Menor en el siglo II, que sirvió para desacreditar aún más un cierto tipo de entusiasmo carismático colectivo.

De este hecho fundamental derivan todas las consecuencias negativas respecto a los carismas. Los carismas empiezan a ser marginados de la vida de la Iglesia. Se tiene noticia, todavía durante algún tiempo, de que algunos de ellos persisten, aquí y allí. San Ireneo, por ejemplo, dice que en su época sigue habiendo «muchos hermanos de la Iglesia que tienen carismas proféticos, hablan todas las lenguas, manifiestan los secretos de los hombres por su bien y explican los misterios de Dios»[25]. Pero es un fenómeno que se va agotando. Desaparecen sobre todo esos carismas cuyo ejercicio estaba en el culto y la vida de la comunidad, como el hablar inspirado y profético y la glosolalia. La profecía se reduce al carisma del magisterio, que consiste en interpretar la revelación de manera auténtica e infalible.

---

[25] Cfr. San Ireneo, *Contra las herejías*, V, 6, 1.

Otra consecuencia inevitable es la clericalización de los carismas. Ligados a la santidad personal, acaban por ser asociados casi
siempre a los representantes habituales de la misma, a saber: los
pastores, los monjes, los religiosos. Desde el ámbito de la *eclesio-*
logía, los carismas pasan al de la *hagiografía.*

4. *¡Pentecostés es hoy!*

A la luz de estas observaciones, creo que podemos comprender la novedad que nos ha traído el Concilio, con el texto que
hemos citado sobre los carismas. Los carismas son reconducidos
desde la periferia hasta el centro de la Iglesia. ¡Se habla de ellos en
la constitución dogmática sobre la Iglesia! Por tanto, forman parte
de la naturaleza íntima de la iglesia, que es jerárquica y carismática, institución y misterio, que no vive sólo de *sacramentos,* sino
también de *carismas.* Es como si fueran reactivados, en la práctica, los dos pulmones de la Iglesia. Son reafirmadas las dos direcciones desde las que sopla el Espíritu: *desde arriba,* a través de los
sacramentos instituidos por Cristo y confiados al ministerio apostólico, y *desde abajo,* desde las células del cuerpo, que son los
miembros de la Iglesia. La Iglesia completa, organismo vivo, rega-
do por el Espíritu, es el conjunto de estos dos canales, o el resultado de las dos direcciones de la gracia. Los sacramentos son el
don hecho a todos para la utilidad de cada uno, el carisma es el
don hecho a cada uno para la utilidad de todos; los sacramentos
son los dones dados al conjunto de la Iglesia para santificar a los
individuos, los carismas son los dones dados a los individuos para
santificar el conjunto.

El texto del Concilio Vaticano II no constituye solamente un
hermoso documento del magisterio. Los carismas típicos de
Pentecostés no han entrado sólo en la teología, sino también en la
vida de la Iglesia. Mejor que cualquier descripción, nos ayudará a
comprender lo que es un acontecimiento carismático el informe

directo sobre uno de los innumerables pequeños Pentecostés que tienen lugar, en un ámbito local, en la Iglesia. Un joven seglar africano, que actúa en plena comunión con sus pastores, escribía hace poco a una persona amiga:

> «El mes pasado organizamos un seminario de vida nueva en el Espíritu, frecuentado sobre todo por estudiantes universitarios y por algunas Hermanas... De repente los participantes se llenaron de Espíritu Santo, como nunca se había visto. Algunos casi le pedían a Dios que templara un poco su Espíritu porque no podían dormir, debido al gozo desbordante que sentían. Hubo quienes permanecieron un rato largo tumbados en el suelo, quienes lloraban como niños, quienes se ponían a danzar como los ángeles del cielo. La gente estaba como borracha del amor de Dios que se había derramado en sus corazones. El día de Pentecostés, dos de nuestro grupo fueron invitados por el celebrante a decir algunas palabras. Uno de ellos empezó diciendo: "Hoy es Pentecostés, pero nosotros no queremos sólo conmemorar el Pentecostés de hace dos mil años, ¡queremos que Pentecostés sea hoy!". Cuando, un poco después, extendieron sus manos sobre la asamblea (había un millar de personas) y se pusieron a orar diciendo: "¡Espíritu Santo, ven!", el Espíritu respondió inmediatamente a la invocación, y cientos de personas, desde los más robustos hasta los más débiles, se cayeron al suelo, experimentando el descanso en el Espíritu. Otros se vieron liberados de ataduras ocultas y demoníacas. Hubo varias curaciones físicas. Muchos se convirtieron a Dios, renunciando al pecado. Nunca habíamos experimentado tanta abundancia del Espíritu de Dios».

Según una teoría, a menudo repetida a partir de san Juan Crisóstomo, algunos carismas habrían sido reservados para la Iglesia en su «estado naciente», pero después habrían «cesado», debido a que ya no eran necesarios para la economía general de la Iglesia[26]. El Concilio, como sabemos, ha abandonado esta tesis.

---

[26] Cfr. F. LAMBIASI, *Lo Spirito Santo: mistero e presenza* (Bolonia 1987) 278ss; hay que añadir también G. B. MONTINI, «Discorso», 17 de mayo de 1959, en *Rivista della diocesi milanese* (1959) 417.

Pero ahora tenemos que evitar caer en el exceso opuesto, y creer que los carismas deben y pueden manifestarse en la Iglesia, de manera uniforme, todos y siempre. Esto contradiría otra verdad igualmente esencial: si el Espíritu sopla *donde* quiere y reparte sus carismas *como* quiere, sopla también *cuando* quiere. No se puede negar al Espíritu la libertad de soplar en determinados tiempos y ambientes más, o de otro modo, que en otros. Hay épocas en que la presencia del Espíritu se intensifica y se hace más visible, como, por ejemplo, la época del profetismo en Israel. ¡Hay un tiempo para crear y un tiempo para ordenar! Hay «movimientos» distintos -«mosso» , «forte», «fortissimo», «adagio», «calmo»- también en la larga sinfonía que el Espíritu escribe a lo largo de la historia, y cada uno de estos tiempos o movimientos tiene su belleza y contribuye a la armonía del conjunto.

Así como el carisma sabe amoldarse al temperamento de la persona que lo recibe, lo mismo hace con la índole de cada edad y cultura. No quiere decir por eso que en cada época y cultura tengan que manifestarse los mismos carismas, o de la misma forma en que se manifestaron al principio. Esto también sería oscurecer la infinita creatividad y libertad del Espíritu. No hay que «estandardizar» al Espíritu. El inconveniente del pasado fue considerar como carismas sólo los carismas «espirituales», orientados hacia la santificación; el inconveniente de hoy puede ser considerar como carismas sólo los carismas llamados «pentecostales», orientados hacia la misión: el don de lenguas, las curaciones, la profecía, etc.

5. *El ejercicio de los carismas*

Hay una palabra de Jesús que suena como un timbre de alarma para los carismáticos:

> «Muchos me dirán aquel día: "¡Señor, Señor! ¿No profetizamos en tu nombre, y en tu nombre expulsamos demonios, y en tu nom-

bre hicimos muchos milagros?". Pero yo les responderé: "No os conozco de nada. ¡Apartaos de mí, malvados!"» (Mt 7,22-23).

¡En este pasaje se mencionan nada menos que tres diferentes carismas! La advertencia de Jesús plantea el problema del uso correcto de los carismas, y llegamos así, también en esta meditación, a la parte práctica, al momento en que de la teología hay que pasar a la vida. ¿Qué tenemos que hacer para que el carisma que el Espíritu ha puesto en nosotros edifique a la Iglesia, sirva al bien de todos, como está en su naturaleza, y no constituya, por el contrario, una amenaza para la unidad del cuerpo de Cristo y un peligro para nuestra propia alma?

La respuesta está en la relación entre carisma y santidad. Es cierto que el carisma no se concede *a causa* de la santidad o *con vistas a* la santidad de una persona, pero también es verdad que no se mantiene sano si no descansa sobre el terreno de la santidad personal.

> «Así como no se puede mantener encendida una lámpara sin aceite, del mismo modo es imposible mantener encendida la luz de los carismas sin una actitud capaz de alimentar el bien con unos comportamientos adecuados, con palabras, modales, costumbres, conceptos y pensamientos convenientes. Todo carisma espiritual, en efecto, precisa de la actitud correspondiente que incesantemente vierta en él, como aceite, la materia espiritual que necesita para poder permanecer en aquel que lo ha recibido en posesión»[27].

Vamos a mencionar algunas de las actitudes o virtudes que contribuyen de manera más directa a mantener sano el carisma y a hacer que sirva al bien de todos.

La primera virtud es la *obediencia*. La norma última de los carismas es Jesucristo. En él vemos perfectamente conciliadas la obediencia al Padre y la libertad en el Espíritu. Hay dos cosas que rigen

---

[27] SAN MÁXIMO EL CONFESOR, *Capítulos varios*, IV, 81: PG 90, 1340 C.

su vida: el *mandato* que recibió del Padre una vez por todas, en el momento de ser enviado al mundo, y la *inspiración* del Espíritu que recibía en cada momento. Su autoridad procede de estas dos fuentes juntas. Cuando le toca obedecer al mandato del Padre (¡y obedecer hasta la muerte!), Jesús no hace uso de los carismas, no convoca a doce legiones de ángeles, no fulmina a sus enemigos con el mismo dedo de Dios con el que antaño expulsaba a los demonios, sino que dice: «El grano de trigo seguirá siendo un único grano, a no ser que caiga dentro de la tierra y muera...» (Jn 12,24).

En este caso, estamos hablando de obediencia sobre todo a la institución, a quien ejerce el servicio de la autoridad. Los verdaderos profetas y carismáticos, a lo largo de la historia -incluso recientemente- de la Iglesia católica, siempre han sido los que han sabido esperar, obedeciendo y callando, hasta ver sus propuestas y críticas acogidas por la institución y, en algunos casos, puestas incluso como fundamento de la renovación de la Iglesia.

Carisma e institución son como los dos brazos de la cruz. Muchas veces el carismático es la cruz de la institución, y la institución es la cruz del carismático. Y, sin embargo, ninguno de los dos puede estar sin el otro. Los carismas sin la institución están abocados al caos; la institución sin los carismas está abocada al inmovilismo.

La institución no mortifica al carisma, al contrario, es la que le asegura un futuro y también un... pasado. Es decir, le impide acabar en un fuego de paja, y pone a su disposición toda la experiencia del Espíritu hecha por las generaciones anteriores. Es una bendición de Dios que el despertar carismático en la Iglesia católica haya nacido con un fuerte empuje hacia la comunión con la jerarquía, y que el magisterio pontificio haya reconocido en ello «una *chance* para la Iglesia» y «los primeros signos de una gran primavera para la cristiandad»[28].

---

[28] Cfr. PABLO VI, Alocución, 19 de mayo de 1975, en *Insegnamenti di Paolo VI*, vol. XIII, p. 538; JUAN PABLO II, en *L'Osservatore Romano* (14 de noviembre de 1996) 8.

La segunda virtud es la *humildad*. Escribe san Gregorio Magno:

> «Al alma que está llena de Espíritu Santo se la reconoce en seguida por ciertos signos característicos. Cuando en ella los carismas concuerdan perfectamente con la humildad, es un signo claro de que el Espíritu Santo está presente»[29].

A este respecto quisiera mostrar dos cosas: primero, que la humildad custodia los carismas; segundo, que los carismas hacen lo propio con la humildad.

La humildad custodia los carismas. Los carismas son operaciones del Espíritu Santo, chispas del fuego mismo de Dios que se nos confían a favor de la Iglesia. ¿Qué hacer para no quemar este tesoro y no quemarse las manos con él? Aquí es donde interviene la humildad. Ella permite a esta gracia de Dios pasar y circular dentro de la Iglesia y dentro de la humanidad, sin dispersarse o contaminarse. Cuanto más alta es la tensión y fuerte la corriente eléctrica que pasa por un cable, más resistente tiene que ser el material aislante que impida a la corriente descargarse al suelo o provocar corto circuitos. La humildad es, en la vida espiritual, el gran aislador que permite a la corriente divina de la gracia pasar a través de una persona sin desperdiciarse o, peor aún, provocar llamaradas de orgullo o rivalidad.

Por tanto, es fácil darse cuenta de qué modo la humildad custodia los carismas. Pero, ¿en qué sentido es verdad también lo contrario, es decir, que los carismas custodian la humildad? El hecho de que tengamos «dones diferentes» significa que no todos tenemos todos los dones; que no todos somos apóstoles, no todos somos profetas, y así sucesivamente. La consecuencia inmediata es que cada uno de nosotros no es el todo, sino únicamente, siempre y de manera radical, un fragmento. Sólo Dios es el todo, sólo la Iglesia posee la plenitud del Espíritu (cfr. Ef 1,23). Queda así

---

[29] SAN GREGORIO MAGNO, *Diálogos*, I, 1: PL 77, 156.

atajada, en su raíz, la presunción. El carisma -dice san Pablo- es «la manifestación del Espíritu para el bien de todos» (1 Cor 12,7); es como el detalle en un cuadro inmenso.

La tercera virtud (aunque la primera en importancia) es la *caridad*. Comentando la doctrina de Pablo sobre los carismas, Agustín hace una reflexión iluminadora. Al oír nombrar todos esos maravillosos carismas (profecía, sabiduría, discernimiento, curaciones, don de lenguas), alguna persona -observa- podría sentirse triste y excluiría, pensando que ella no tiene nada de todo esto. Pero, ¡atención!, prosigue el santo:

> «Si amas, lo que posees no es poca cosa. En efecto, si amas la unidad, todo lo que en ella alguien posee, ¡tú también lo posees! Aparta de ti la envidia, y lo que es mío será tuyo, y si yo aparto de mí la envidia, será mío lo que tú poseas. La envidia separa, la caridad une. En el cuerpo, sólo el ojo tiene la facultad de ver; ¿pero acaso es sólo para sí mismo que el ojo ve? No, él ve para la mano, para el pie y para todos los miembros... Sólo la mano actúa en el cuerpo; ella, sin embargo, no lo hace sólo para sí misma, sino también para el ojo. Si está a punto de llegar un golpe, que va dirigido no a la mano sino al rostro, ¿acaso la mano dice: "Yo no me muevo porque el golpe no está destinado a mí?"»[30].

He aquí el secreto por el cual la caridad es «un camino que los supera a todos» (1 Cor 12,31): ella me hace amar a la Iglesia, o a la comunidad en la que vivo, y en la unidad todos los carismas, no sólo algunos, son «míos». Pero aún hay más. Si tú amas la unidad más que yo, el carisma que yo poseo es más tuyo que mío. Supongamos que yo tengo el carisma de anunciar el Evangelio. Puedo complacerme o vanagloriarme de ello (¡una hipótesis que no es nada del otro mundo!) y entonces me convierto en un «címbalo que retiñe» (1 Cor 13,1); mi carisma «de nada me sirve», como me advierte el Apóstol, mientras que a ti que escuchas no deja de ser-

---

[30] San Agustín, *Comentario al Evangelio de Juan*, 32, 8.

virte, a pesar de mi pecado. Por la caridad, tú posees sin peligro lo que otro posee con peligro. La caridad multiplica verdaderamente los carismas; hace del carisma de uno el carisma de todos.

Y terminamos con esta hermosa invocación al Espíritu que reparte los carismas, invocación que se reza durante el Oficio de Pentecostés en las Iglesias de rito sirio:

¡Espíritu, tú que repartes a cada uno los carismas;
Espíritu de sabiduría y conocimiento, amante de los hombres;
tú que llenas a los profetas, perfeccionas a los apóstoles,
fortaleces a los mártires, inspiras a los doctores la enseñanza!
Es a ti, Dios Paráclito,
a quien dirigimos nuestra súplica,
junto con este incienso oloroso.
Te pedimos que nos renueves con tus santos dones,
que te poses sobre nosotros
como lo hiciste sobre los apóstoles en el cenáculo.
Derrama sobre nosotros tus carismas,
llénanos de la sabiduría de tu doctrina;
haz de nosotros templos de tu gloria,
embriáganos con la bebida de tu gracia.
Concédenos vivir para ti, aceptarte y adorarte,
tú que eres el puro, el santo, Dios Espíritu Paráclito[31].

---

[31] *Pontificale Syrorum*, en E.P. SIMAN. *L'expérience de l'Esprit.*, obra cit., p. 309.

XI

DEDO DE LA DIESTRA DE DIOS

El Espíritu Santo nos transmite el poder de Dios

Todos hemos tenido la oportunidad de contemplar, aunque sea en alguna reproducción, el fresco de la creación del hombre, pintado por Miguel Ángel en la Capilla Sixtina: Dios Padre estirando su brazo derecho y extendiendo su dedo divino hasta casi tocar el dedo de Adán que está reclinado en el suelo y vuelto hacia él. Por un lado, todo es energía y vida; por el otro, todo es inercia, abandono y espera. Es un modo nuevo de representar, en arte, el momento en que, según la Biblia, Dios «sopló» en Adán un hálito de vida, y él, de simulacro inerte de barro, se convirtió en un ser viviente (cfr. Gn 2,7).

Esta imagen es la mejor representación visual que se pueda dar del título «dedo de la diestra de Dios» atribuido al Espíritu Santo. De la imagen del Espíritu como *soplo* divino pasamos así a la imagen del Espíritu como *toque* de Dios. En este capítulo vamos a ver cómo hemos llegado a identificar ese dedo extendido de Dios con la persona del Espíritu Santo, pero sobre todo vamos a descubrir que, si queremos, hoy podemos ser nosotros ese Adán débil y «tumbado en el suelo» que estira su dedo esperando recibir de Dios energía y vida.

Hay una profunda intuición teológica en esta imagen del Espíritu como toque de la diestra de Dios. Quiere decir que el Espíritu Santo es el «lugar» donde Dios encuentra a la criatura, donde la Trinidad se extiende fuera de sí misma *(ad extra);* donde Dios «se sale» de sí mismo para comunicarse al mundo. El Espíritu

Santo es aquel que hace posible un cierto «contacto espiritual» con lo divino. Esta idea alcanzará su dimensión más profunda e interior en los místicos, que utilizarán la imagen táctil y afectiva del «toque beatísimo del Espíritu Santo»[1], para indicar una de las maneras más fuertes con las que Dios se comunica al alma. Pero, también de esta forma, procede de la definición bíblica del Espíritu Santo como «dedo de Dios». Dice un conocido místico:

> «El espíritu humano es elevado a la unión con el Espíritu de nuestro Señor y cada uno de los dos espíritus *toca* al otro con amor... El *toque* es obra divina, la fuente desbordante de toda gracia y de todo don, y es el último intermediario entre Dios y la criatura»[2].

Vamos a descubrir, pues, el fundamento bíblico y patrístico de este aspecto de la revelación sobre el Espíritu Santo, que el autor del *Veni creator* incluyó en el título «dedo de la diestra de Dios».

1. *Si yo expulso los demonios con el dedo de Dios...*

La expresión «dedo de Dios», aplicada al Espíritu Santo, se remonta a la palabra de Jesús:

> «Si yo expulso a los demonios con el *dedo de Dios*. entonces es que el reino de Dios ha llegado a vosotros» (Lc 11,20).

En Mateo, la misma palabra se repite con una variante: «Si yo expulso los demonios con el poder del *Espíritu de Dios...*» (Mt 12,28). Me pregunto cuál de estas dos fórmulas será la que verdaderamente utilizó Jesús. Hay razones para sustentar cualquiera de las dos versiones: la de Lucas parece más probable; en efecto, es más fácil pensar que haya habido necesidad de transformar la expresión metafórica de «dedo de Dios» en la explícita de «Espíritu de

---

[1] JULIANA DE NORWICH, *Revelaciones*, 74 / (Áncora, Milán 1984) 293.
[2] J. VAN RUUSBROEC, *Las siete clausuras:* CM 102, 176.

Dios», que no lo contrario. Pero esta pequeña incertidumbre no quita nada a la importancia del texto. Es más, de este modo se hace explícita y canónica la ecuación *Espíritu de Dios y dedo* (o, más a menudo, *mano) de Dios,* tan frecuente en la Biblia (cfr. Ez 3,14;8,3).

Con cualquiera de estas dos expresiones se pretende indicar la intervención poderosa -o el mismo poder de acción- de Dios en el mundo. Lo que Jesús afirma es que sus exorcismos se llevan a cabo en el poder de Dios. En este sentido -es decir, para indicar el poder operativo de Dios-, la expresión «dedo de Dios» es utilizada en el Éxodo, donde los magos de Egipto, al ver los prodigios realizados por Moisés y Aarón, exclaman: «¡Esto es obra del dedo de Dios!» (Ex 8,15).

Hay otro contexto en el que se repite en la Biblia la metáfora del dedo de Dios. Es el pasaje donde se dice que las tablas de la ley dadas a Moisés en el Sinaí fueron «escritas por el mismo dedo de Dios» (Ex 31,18). Pero en este caso la identificación del dedo de Dios con el Espíritu de Dios fue más lenta. Jeremías dirá que, en la Nueva Alianza, Dios «escribirá» su ley en los corazones (cfr. Jr 31,33); según Ezequiel, eso significa que Dios infundirá su Espíritu en el corazón del hombre (cfr. Ez 36,26ss) y, por último, Pablo dará el paso siguiente, definiendo la comunidad de la Nueva Alianza como «una carta de Cristo redactada por nosotros y escrita no con tinta, sino con el Espíritu de Dios vivo; no en tablas de piedra, sino en tablas de carne, es decir, en el corazón» (cfr. 2 Cor 3,3). La ecuación entre Espíritu de Dios y dedo de Dios, en este contexto de la ley, pronto llega a ser común en la Iglesia. Se lee en un escrito del siglo II: «Moisés recibió del Señor las dos tablas escritas, en el Espíritu, por el dedo de la mano del Señor» y, en otro escrito más tardío: «Los mandamientos de Dios están escritos sobre la tela del alma y sobre la tablilla del corazón, por el dedo de Dios, o sea, el Espíritu Santo»[3].

---

[3] *Carta de Bernabé*, 14, 2; PSEUDO-PIONIO, *Vida de Policarpo*, IV, 2: Funk, vol. 2, 1913, 294).

En los Padres, el tema del Paráclito, «dedo de la mano de Dios», se desarrolla en dos contextos. Uno es el de las discusiones trinitarias sobre la naturaleza divina del Espíritu Santo, el otro es el de las discusiones sobre la ley y la gracia en tiempos de san Agustín. Ya tendremos ocasión de ilustrar este segundo tema cuando comentemos el verso: «Infunde amor en los corazones»; por tanto, vamos a mencionar sólo el otro contexto, que explica, como veremos, el puesto que el título «dedo de la diestra de Dios» ocupa en nuestro himno.

Sólo nos vamos a ocupar de las fuentes latinas, ya que son las que directamente han determinado la tradición de la que es heredero el autor del *Veni creator,* a pesar de que ellas, a su vez, reciben la influencia de anteriores fuentes griegas. San Ambrosio escribe:

> «El reino de la divinidad es como un cuerpo indiviso, ya que Cristo es la mano derecha de Dios, y el Espíritu parece evocar la imagen del dedo, como el todo de un cuerpo que representa la unidad de la divinidad... Con el título de dedo se pretende señalar el poder operativo (*operatoria virtus*) del Espíritu, dado que, como el Padre y el Hijo, también el Espíritu es autor de las obras divinas»[4].

El título «dedo de la diestra de Dios» es utilizado, como vemos, para demostrar la *unidad* de naturaleza de las tres Personas, más que su diferencia. San Agustín añade otra explicación: se llama dedo de Dios porque «a través de él se reparten los dones de Dios a los santos» y, en el contexto del cuerpo humano, «son sobre todo los dedos los que dan la idea de una cierta división»[5].

Vamos a ver ahora hasta qué punto estas distintas voces de la Tradición confluyen en el título «dedo de la diestra de Dios» del *Veni creator.* Rábano Mauro escribe:

---

4 SAN AMBROSIO, *Exposición sobre Lucas,* VII, 92ss: CC 14, 245); cfr. ÍD., *El Espíritu Santo,* III, 3, 11-19; DÍDIMO DE ALEJANDRÍA, *El Espíritu Santo,* 20: PG 39, 1051.
5 SAN AGUSTÍN, *La catequesis para los sencillos,* XX, 35: CC 46, 159.

«En los Evangelios se declara abiertamente que el Espíritu Santo es el dedo de Dios... Además, también la ley fue escrita con el dedo de Dios cincuenta días después de la matanza del cordero, y cincuenta días después de la pasión de nuestro Señor Jesucristo vino el Espíritu Santo. Por otro lado, se llama dedo de Dios para significar el poder operativo (*¡operatoria virtus!*) que él tiene en común con el Padre y el Hijo. Por eso Pablo dice: "Todo esto lo hace el mismo y único Espíritu, que reparte a cada uno sus dones como él quiere" (cfr. 1 Cor 12,11)»[6].

El *Veni creator* es verdaderamente un maravilloso «colector» donde los distintos arroyos y ríos que han salido de la Biblia y han pasado por la Tradición son recogidos y transformados en oración. Algunos piensan que, con el título «dedo de la diestra de Dios» nuestro autor ha pretendido inculcar la doctrina del *Filioque,* es decir, de la procedencia del Espíritu Santo del Padre y del Hijo: como el dedo procede del brazo y éste del cuerpo, así el Espíritu Santo procedería del Padre y del Hijo[7].

Esta explicación se encuentra en otra época posterior, por ejemplo en san Buenaventura[8], pero no hay nada que nos permita atribuirla también al autor del *Veni creator.* Del contexto en el cual utiliza el título (la estrofa sobre los dones y los carismas) y de la explicación que, como hemos visto, da del mismo en otra parte, se deduce que el autor, ateniéndose al significado que más testimonios tiene en la Biblia, utiliza el título «dedo de Dios» para indicar el poder operativo del Espíritu Santo, tal y como se manifiesta en ciertas acciones extraordinarias, como expulsar a los demonios y hacer milagros. Un autor medieval interpreta así, y con razón, el título que nos ocupa, parafraseando el *Veni creator:*

---

6 RÁBANO MAURO, *El universo*, 1, 3: PL 111, 25; cfr. SAN ISIDORO DE SEVILLA, *Etimologías*, VII, 3, 21: PL 82, 269ss.
7 Cfr. H. LAUSBERG, *Der Hymnus «Veni creator Spiritus»*, en *«Nachrichten der Akademie der Wissenschaften zu Göttingen»* I, Phil. Hist. Klasse (1976) 391.
8 SAN BUENAVENTURA, *El Evangelio de Lucas*, XI, 46: ed. Quaracchi, VII, 292.

«El Espíritu es Paráclito cuando consuela a los pusilánimes,
fuente viva cuando da refrigerio a los sedientos,
caridad cuando reúne por fe
y por costumbres a pueblos de distintas culturas,
fuego cuando nos inflama de amor,
unción espiritual cuando con el crisma celestial calienta
y unge a los creyentes,
dedo de Dios cuando distribuye los dones
que adornan a los creyentes»[9].

2. A otro (concede) el poder de realizar milagros...

El título «dedo de la diestra de Dios» nos abre, por tanto, una rendija sobre una manifestación particular del Espíritu carismático en la historia de la salvación y en la Iglesia, manifestación que consiste en realizar «signos y prodigios». De este modo, otro importante elemento, que acompaña de principio a fin la revelación divina, se atribuye a la acción del Espíritu de Dios: el milagro. Junto con los dones que atañen a la palabra o al gobierno, Pablo menciona un carisma particular del Espíritu que consiste en el «poder de realizar milagros (literalmente, *dynameis,* obras de poder» (1 Cor 12,10), y el autor de la Carta a los Hebreos escribe que la salvación llevada a cabo por el Señor ha sido confirmada por Dios «con signos, prodigios y toda clase de milagros, y con dones del Espíritu Santo» (Heb 2,4).

A esta misma manifestación carismática del Espíritu se refiere probablemente lo que el Apóstol llama «don de la fe», como explica muy bien Cirilo de Jerusalén:

«Hay una sola fe, pero es de dos clases. En efecto, hay una fe que atañe a los dogmas, y es el conocimiento y la aceptación, por

---

[9] *Speculum virginum* (después del año 1140), 11: CM 5, lin. 626ss.

parte del intelecto, de las verdades reveladas. Esta fe es necesaria para la salvación... Pero hay otro tipo de *fe*, que es un don de Cristo. En efecto, está escrito: "A uno el Espíritu lo capacita para hablar con sabiduría, mientras que a otro el mismo Espíritu le otorga un profundo conocimiento. Este mismo Espíritu concede a uno el don de la fe, a otro el carisma de curar enfermedades" (1 Cor 12,8-9). Esta fe, concedida por el Espíritu como un don, no atañe solamente a los dogmas: también es *causa de prodigios* que superan todas las fuerzas humanas. Quien tiene una fe así, podría decir a este monte: "Trasládate allá", y se trasladaría (cfr. Mt 17,20)»[10].

Esta prerrogativa del Espíritu -la de realizar prodigios- está entre las más acreditadas en la vida de Jesús y en la de la primitiva comunidad cristiana. Quizá la idea dominante que la gente se había hecho de Jesús durante su vida, más aún que la de un profeta, era la de un realizador de milagros. La palabra que se repite más a menudo en el Evangelio para indicar esto es precisamente la de «obras de poder» *(dynameis)*. Los Hechos de los Apóstoles describen a Jesús como «el hombre a quien Dios acreditó... con los milagros, prodigios y señales» (Hech 2,22). El propio Jesús presenta este hecho como prueba de la autenticidad mesiánica de su misión: «Los ciegos ven, los cojos andan, los leprosos quedan limpios, los sordos oyen, los muertos resucitan» (Mt 11,5). Jesús atribuye su capacidad de expulsar a los demonios y realizar milagros a la presencia en él del Espíritu Santo (cfr. Lc 4,18) y éste fue también, después de él, el convencimiento de los apóstoles (cfr. Hech 10,38ss). El Espíritu «estaba con él de forma inseparable cuando realizaba milagros», afirma san Basilio[11].

En los Hechos de los Apóstoles aparece clara la importancia que revisten las «curaciones, señales y prodigios» (Hech 4,30) en la Iglesia naciente. La diferencia está en que ahora todas estas cosas

---

[10] San Cirilo de Jerusalén, *Catequesis*, V, 10-11.
[11] San Basilio Magno, *Sobre el Espíritu Santo*, XVI, 39: PG 32, 140 C.

se atribuyen al Espíritu *de Jesús:* son realizadas en el nombre de
Cristo, no en el nombre de uno mismo y por autoridad propia, como
ocurría en Jesús. Jesús no es sólo el primero de una serie de reali-
zadores de prodigios, o su modelo: él es el mediador de todo.

Pablo utiliza, como hemos visto, la misma expresión -«obras
de poder»- para designar a este especial conjunto de manifestaciones del Espíritu que más claramente llevan la impronta del divino
poder. Más de una vez alude al papel determinante que han tenido
en su misión apostólica. Dice que Cristo ha actuado en él no sólo
con la palabra, sino «a través de signos y prodigios, y con la fuerza del Espíritu Santo» (Rom 15,19; cfr. 1 Cor 2,4).

3. ¿Por qué el milagro?

¿Qué pensar de este fenómeno -el milagro- que ha acompañado toda la historia de la salvación y sigue acompañando hoy la
vida de la Iglesia? En primer lugar, que es una manifestación del
Espíritu; por tanto, no es algo que dependa de nuestro gusto, o que
tengamos que decidir si aceptarlo o no. Forma parte de una actitud de fe. Se entiende que no se trata de aceptar todo lo que se
hace pasar por milagro, pero al menos hay que admitir la posibilidad y existencia del milagro. La Escritura, junto con los relatos de
milagros, nos aporta también los criterios que seguir para averi-
guar su autenticidad y su objetivo en la economía de la salvación.

Lo que mejor nos puede ayudar a comprender la «finalidad»
que tiene el milagro en los designios de Dios es un pasaje del profeta Isaías:

«Dice el Señor:
Este pueblo me alaba con la boca,
y me honra con los labios,
pero su corazón está lejos de mí
y el culto que me rinden

es puro precepto humano,
simple rutina.
Por eso volveré a realizar
prodigios extraordinarios,
para que desaparezca
la sabiduría de sus sabios
y se eclipse la inteligencia
de sus inteligentes» (Is 29,13-14).

En las intenciones divinas, por tanto, el milagro sirve para
romper la *routine;* nos impide conformarnos con una religiosidad
ritualista y repetitiva, que todo lo reduce a un «tosco aprendizaje de
usos humanos»; produce sobresaltos de conciencia, manteniendo
viva la sorpresa, que es indispensable en las relaciones con Dios.
El milagro *real* ayuda a comprender el milagro *habitual* de la vida
y del ser, en el que estamos inmersos y que siempre corremos el
riesgo de perder de vista o de banalizar. Al mismo tiempo, sirve
también para confundir «la sabiduría de los sabios», es decir, para
poner en una saludable crisis la pretensión de la razón de explicarlo todo y de rechazar aquello que no puede explicar. Rompe tanto
el muerto ritualismo como el árido racionalismo. Entendido según
la Biblia, sirve, por tanto, para elevar, y no para rebajar, la calidad
de nuestra religiosidad.

Por lo demás, en la Biblia el milagro nunca es un fin en sí mismo, y mucho menos tiene que servir para encumbrar a quien lo
realiza ni para destacar sus poderes extraordinarios. Es un incentivo y un premio a la fe. Es un *signo* (de hecho, así es como prefiere llamarlo Juan), y tiene que servir para hacernos descubrir un
significado. Por eso Jesús se mostró tan contristado cuando, tras
la multiplicación de los panes, se dio cuenta de que «no habían
entendido el *signo* de los panes»[12].

---

[12] Cfr. Mc 8,17-21; Mt 16,5ss.

El significado del milagro resulta ambiguo en el propio Evangelio. Algunas veces se ve de forma positiva, otras negativa: de forma positiva, cuando es acogido con gratitud y gozo, y cuando suscita la fe en Cristo; de forma negativa, cuando es solicitado, y hasta exigido, para creer. «Si no veis signos y prodigios sois incapaces de creer» (Jn 4,48), «Los judíos piden milagros...» (1 Cor 1,22).

Esta ambigüedad persiste, bajo otra forma, en el mundo de hoy. Por un lado, están los que buscan el milagro a toda costa; siempre están a la caza de hechos extraordinarios, se detienen en ellos y en su utilidad inmediata, como cuando buscaban a Jesús porque habían comido y se habían saciado, y deseaban seguir comiendo. En el lado contrario, están los que no dejan ningún espacio a este carisma del Espíritu en la vida de la Iglesia; lo miran incluso con un cierto fastidio, como si se tratara de una manifestación inferior de religiosidad, sin darse cuenta de que, de ese modo, pretenden enseñar al propio Dios cuál es la verdadera religiosidad. También hoy, el milagro tiene una unción providencial y hermosa, si es recibido con gratitud de las manos de Dios, como signo de su amor hacia nosotros y como incentivo a creer; pero se convierte en algo ambiguo, si nos detenemos en él.

Lessing, célebre iluminista, formuló una argumentación que, si bien no es aceptable en todas sus premisas, nos ayuda, sin embargo, a entender la misión permanente del milagro en el cristianismo. Respecto al cristianismo -dice, remitiéndose a Leibniz- nunca se podrá dar una demostración racional definitiva de su verdad, ya que unas verdades históricas *ocasionales* jamás podrán convertirse en la prueba de *necesarias* verdades de razón. En otras palabras, no se puede fundar lo universal en un hecho histórico particular, como es el evento y la persona de Jesucristo. ¿Puede, en efecto, un individuo particular y concreto ser, al mismo tiempo, lo universal y lo absoluto?

La única prueba de la verdad de la fe, capaz de convencer, es la manifestación del poder divino que actúa en los milagros y signos prodigiosos. Lo que ocurre es que estas cosas sólo comprometen a los testigos oculares directos del acontecimiento, mientras que pierden su fuerza en cuanto son relatados por otros, ya que a partir de aquí se convierten a su vez en objeto de fe, y no de experiencia. Más que demostrar algo, necesitan ser, ellos mismos demostrados. Por eso -concluye- el cristianismo necesitaría, en cada época, mostrar nuevos signos y prodigios, es decir, la «demostración del Espíritu y de su poder»[13].

Lo que se le escapó a Lessing fue que, de hecho, el Espíritu nunca dejó de dar a la

Iglesia esta demostración; que los milagros también se producían en su época, como se producen hoy, pero que hay que saber reconocerlos, para lo cual hace falta tener, no digo credulidad, pero sí una cierta disponibilidad para creer. He aquí un testimonio del Espíritu que realiza signos y prodigios también en el mundo moderno, como ocurrió al día siguiente del primer Pentecostés. Se trata de un misionero europeo que describe lo que se produce en una joven Iglesia africana:

> «En una parroquia, hay cientos de personas que se reúnen cada miércoles; en otra, son casi dos mil las que llenan la iglesia cada jueves. Todas las semanas, recibimos informes de primera mano sobre curaciones extraordinarias: la mano tullida de un hombre que se vuelve normal; una mujer paralítica, que a lo largo de varias semanas es conducida al encuentro de oración, durante un tiempo de alabanza y adoración, y que de repente se pone en pie y está curada; hace escasamente una semana, un muchacho de quince años, cojo de nacimiento y que nunca había conseguido andar, se levanta y se pone a caminar. Pero quizá el milagro más grande sea que los sacerdotes y obispos apoyan esta acción del Espíritu».

Es verdad, de todas formas, que los milagros nos convencen cuando los presenciamos, no cuando nos los cuentan. Incluso los que acabamos de enumerar, han tenido un impacto bien distinto en aque-

---

13 Cfr. G. E. LESSING, *Über den Beweis des Geistes und der Kraft (La demostración del Espíritu y del poder)*, en *Obras*, vol. 13 (Berlín 1968).

llos que los presenciaron o que fueron sus destinatarios, con respecto a nosotros que estamos leyendo su relato desde otro continente.

4. En el poder del Espíritu

Tras estas aclaraciones sobre la base bíblica y patrística del título «dedo de la diestra de Dios», ha llegado el momento de abrirnos a la posibilidad de experimentar por nosotros mismos ese «toque» del Espíritu del que hablé al comienzo.

¿Qué es lo que esperamos de ese «toque»? ¿El don de realizar, nosotros también, milagros, signos y prodigios? Esto no depende de nosotros; es más, tampoco es lícito pedirlo. Lo que esperamos es, más bien, experimentar la «fuerza de lo alto» (Lc 24,49) prometida por Jesús a sus discípulos. Los signos y prodigios no agotan por sí solos «el poder operativo» del Espíritu Santo. No son más que los «agudos» de un canto que conoce también notas más bajas; son relámpagos repentinos de una energía que actúa de manera difusa en la vida diaria.

La Iglesia necesita el toque del dedo de Dios para manifestar, a su vez, en su actuación, ese poder y esa autoridad que Cristo emanaba con la palabra y con la acción, y que hacía exclamar a los presentes: «¿De dónde le vienen a éste esa sabiduría y esos poderes milagrosos?»[14]. Cuando Jesús hablaba, o extendía su mano, siempre sucedía algo: los que sufrían, eran confortados; los que tenían ataduras, eran liberados; el demonio era expulsado. Las suyas no eran sólo palabras: en ellas estaba el poder del Espíritu de Dios.

Esto es lo que más necesitamos: poder y eficacia sobrenaturales en nuestro servicio del Reino. Una de las experiencias que más han empujado a sacerdotes y predicadores del Evangelio a buscar la gracia de un nuevo Pentecostés, ha sido precisamente la constatación de su impotencia, de la falta de ese poder que Jesús prometió claramente a los suyos (cfr. Hech 1,8: «Recibiréis la fuer-

---

[14] Cfr. Mc 1,27; Mt 13,54.

za del Espíritu Santo, que vendrá sobre vosotros»), y que por tanto no puede faltar en la Iglesia, sino por culpa nuestra.

El problema principal de la Iglesia es el mismo -en otro plano-
que el del mundo: es el problema energético. ¿Cómo asegurarnos
la energía necesaria para la vida? ¿De dónde podemos sacarla?
¿Desde abajo o desde arriba? En el caso de la energía física, sacarla «desde abajo» significa cavar pozos, buscarla en el petróleo. Pero
sabemos que el petróleo no es inagotable y produce, entre otras
cosas, todo tipo de contaminación. Por eso estamos intentando
ansiosamente sustituirlo con energía «desde arriba»: la energía
solar. La energía que llega a la tierra en forma de luz es doce mil
veces superior a la que deriva del consumo mundial de combustible; sólo los rayos solares que caen sobre las calles de América,
contienen el doble de la energía producida por todo el carbón y el
petróleo que se queman cada año en el mundo entero. No hay proporción entre las dos fuentes de energía: la energía «celeste» es
inmensamente más potente que la «terrestre».

También en el campo espiritual estamos ante un dilema: o buscamos nuestra energía «desde abajo» -es decir, en nosotros mismos,
en nuestros recursos de inteligencia o de habilidad- o la buscamos
«desde arriba», en el sol de justicia que es Cristo resucitado.

El mundo está haciendo una carrera ansiosa por convertir sus
fuentes de energía, por pasar del petróleo y de la energía atómica
a la solar, que es infinitamente más limpia y que es gratuita. La
Iglesia necesita continuamente la misma «conversión»:

> «Ni el valor ni la violencia cuentan, sino mi espíritu, dice el Señor
> todopoderoso. ¿Qué eres tú, inmensa montaña de escombros?
> Para Zorobabel eres un llano» (Zac 4,6ss).

No con el poder y la fuerza *humanos*, sino con los del Espíritu
se pueden «allanar las montañas» que están ante nosotros. El que
presta un servicio, hágalo -advierte la Escritura- «con la fuerza que
Dios le ha dispensado» (1 Pe 4,11), no con su propia fuerza.

¿Qué hay que hacer para experimentar el toque de ese dedo
divino que al principio se extendió hacia Adán? Ese dedo, de hecho,

VEN, ESPÍRITU CREADOR

sigue extendiéndose hacia cada uno de los miembros del cuerpo de Cristo, para comunicarle la energía que emana del Resucitado. Ya no comunica tan sólo fuerza creadora, sino también fuerza redentora. «Acerca tu dedo...; acerca tu mano y métela en mi costado» (Jn 20,27), dijo el Resucitado a Tomás. Él acercó su dedo, acercó su mano y recibió, del contacto con Cristo, una «sacudida» tan saludable que todas sus dudas se vinieron abajo. Es este contacto pascual lo que el Espíritu realiza hoy en la Iglesia, porque Cristo «vive en el Espíritu» y el Espíritu es la fuerza misma del Resucitado.

San Agustín habla de un «contacto espiritual» *(spiritalis contactus),* que se realiza por consenso, o sea, cuando la voluntad del hombre concuerda con la de Dios[15]. ¿Cómo es posible tocar algo que está en los cielos y no se ve? «¡Toca el que cree!»[16]. Toca el Espíritu y es tocado por el Espíritu el que cree, el que «consiente», entregándose a él con una docilidad absoluta.

Al «dedo de Dios» que se extiende hacia el hombre para comunicarle su energía, ha de corresponder, como en el grandioso fresco de Miguel Ángel, el dedo del hombre que se extiende, en la fe, para recibirla.

Y terminamos repitiendo la plegaria que la primera comunidad cristiana dirigió a Dios en un momento de prueba, para pedirle que realizara «milagros y prodigios», y que acabó con una nueva efusión del Espíritu, parecida a la de Pentecostés:

> Señor nuestro, tú has creado el cielo, la tierra, el mar y todo lo que hay en ellos, tú dijiste, mediante el Espíritu Santo, por boca de nuestro antepasado David, tu siervo:
> «¿Por qué se alborotan las naciones, y los pueblos maquinan vanos proyectos?».
> Manifiesta tu poder para que se realicen curaciones, señales y prodigios en el nombre de tu santo siervo Jesús[17].

---

[15] San Agustín, *Contra los donatistas,* 20, 26: CSEL 53, 125.
[16] Cfr. San Agustín, *Discursos,* 243, 2: PL 38, 1144.
[17] Hech 4,24-25.30.

XII

SOLEMNE PROMESA DEL PADRE

El Espíritu Santo alimenta en nosotros la esperanza

1. *El Espíritu «ya» y «todavía no»*

El verso del *Veni creator* sobre el que nos disponemos a reflexionar en este capítulo es aquel con el que nos dirigimos al Espíritu Santo a través de las palabras: «Tú, solemne promesa del Padre» (*Tu rite promissum Patris*)[1].

El tema del Espíritu Santo como «promesa» no tuvo casi ningún desarrollo en la antigüedad. En cambio, la teología bíblica actual le atribuye una gran importancia. El motivo es sencillo. Los Padres de la Iglesia, influidos por la cultura griega en la que se movían, estaban interesados en los títulos que tenían que ver con el ser, o la naturaleza, del Espíritu; y la «promesa» no hace referencia a la naturaleza, sino más bien a la historia; no al ser, sino al devenir. Por el contrario, el pensamiento moderno, que está más interesado en la *historia* que en la *naturaleza* de las cosas (y en eso está más cerca del pensamiento bíblico), ha descubierto unas profundidades insospechadas en el término «promesa», al que consi-

---

[1] El latín *promissum Patris* deriva literalmente del texto de la Vulgata de Lc 24,49, y no hay ninguna necesidad de suponer que se trate de un error en la transmisión del texto de nuestro himno. El hecho de que aquí un nombre (*promissum*) vaya precedido por un adverbio (*rite*), y no por un adjetivo, como exigiría la gramática, no es nada raro en el latín eclesiástico, y se explica con el sentido verbal propio de *promissum*. La frase oscila, por tanto, entre el sentido sustantivo de «solemne promesa del Padre» y el verbal de «prometido solemnemente por el Padre»; cfr H. LAUSBERG: *JAWG* (1969) 28.

dera como una de las claves para comprender el dinamismo que atraviesa toda la historia de la salvación. La tensión *promesa-cumplimiento* está en el centro de la relación entre Antiguo y Nuevo Testamento, entre ley y gracia. Un término que se revela, pues, rico en posibilidades para la comprensión del lugar que el Espíritu Santo ocupa en la historia de la salvación.

Una vez más, las palabras del *Veni creator* se revelan como «estructuras abiertas». Al estar sacadas de la Biblia, comparten la característica de la palabra de Dios, que es la de ser perennemente nueva, la de enriquecerse, en lugar de agotarse, con el paso del tiempo. La misma sucesión de espera y cumplimiento, profecía y realización, promesa y cumplimiento, que tanta luz arroja sobre la persona y la obra de Cristo, arrojará, como veremos, una luz nueva también sobre la persona y la obra del Paráclito.

Así como Jesús fue primero prometido en las Escrituras, después manifestado según la carne, y finalmente esperado en su venida final, del mismo modo el Espíritu, antaño «prometido por el Padre» (cfr. Lc 24,49), fue dado en Pentecostés y ahora es de nuevo esperado e invocado «con gemidos inefables» por el ser humano y por la creación entera que, habiendo gustado sus primicias, aguardan la plenitud de su don. Como el reino de Dios está ya presente en medio de nosotros, pero *no está todavía* plenamente realizado, así ocurre con el Espíritu: él ya se ha derramado en nuestro corazón, y sin embargo aún no es operante, sino como pequeña prenda (cfr. 2 Cor 1,22).

En este espacio que se extiende desde Pentecostés hasta la parusía, el Espíritu es la fuerza que nos empuja hacia delante, que nos mantiene en camino, como peregrinos y forasteros, que no nos permite apoltronarnos y convertirnos en un pueblo «sedentario». Es aquel que nos da impulso y, por así decirlo, pone alas a nuestra esperanza; más aún, es el principio mismo y el alma de nuestra esperanza. Descubrimos así que entre Espíritu y *esperanza* existe un nexo, no menos estrecho que el que hay entre Espíritu y *caridad*.

Vamos a presentar brevemente los datos bíblicos y las reflexiones teológicas sobre el Espíritu como «promesa del Padre» que
nos permitirán, en un segundo momento, aplicar, como de costumbre, a nuestra vida espiritual la verdad alcanzada.

2. *El Espíritu de la promesa*

Hay dos autores que nos hablan del Espíritu como promesa en
el Nuevo Testamento: Lucas y Pablo. Nos conviene tener delante,
todos reunidos, cada uno de los pasajes donde esto se produce:

> «Os voy a enviar *el don prometido por mi Padre*» (Lc 24,49).

> «Mientras comían juntos, les ordenó: «No salgáis de Jerusalén;
> aguardad más bien *la promesa que os hice de parte del Padre*;
> porque Juan bautizó con agua, pero vosotros seréis bautizados
> con Espíritu Santo dentro de pocos días» (Hech 1,4-5).

> «El poder de Dios lo ha exaltado, y él habiendo recibido del Padre
> el Espíritu Santo *prometido*, lo ha derramado, como estáis vien-
> do y oyendo» (Hech 2,33).

> «Recibiréis el don del Espíritu Santo. Pues la *promesa* es para vos-
> otros, y para vuestros hijos, e incluso para todos los de lejos a
> quienes llame el Señor nuestro Dios» (Hech 2,38-39).

> «... la bendición de Abrahán alcanzará a los paganos por medio
> de Cristo Jesús, y nosotros, por medio de la fe, recibiremos *el
> Espíritu prometido*» (Gal 3,14).

> «Y vosotros también, los que acogisteis la palabra de la verdad,
> que es la buena noticia que os salva, al creer en Cristo habéis sido
> sellados por él con el Espíritu Santo *prometido*» (Ef 1,13).

¿A qué se refiere Lucas cuando llama al Espíritu Santo «promesa del Padre»? ¿Dónde ha hecho el Padre esta promesa?
Podemos decir que todo el Antiguo Testamento es una promesa

del Espíritu. A la obra del Mesías se la presenta constantemente
como algo que culminará en una nueva y universal efusión del
Espíritu de Dios sobre la tierra. La comparación con lo que Pedro
dice el día de Pentecostés, muestra que Lucas está pensando, en
particular, en la profecía de Joel:

> «En los últimos días, dice Dios, derramaré mi Espíritu sobre todo
> hombre» (Hech 2,17; cfr. Jl 3,1- 5).

> Pero no solamente en ella. ¿Cómo olvidar lo que dicen también
> otros profetas?

> «Hasta que se derrame sobre vosotros un espíritu de lo alto» (Is
> 32,15).

> «Derramaré mi espíritu sobre tu estirpe» (Is 44,3).

> «Infundiré mi espíritu en vosotros» (Ez 36,27).

Respecto al *contenido* de la promesa, Lucas destaca, como
siempre, el *aspecto carismático* del don del Espíritu, en particular
la profecía. La promesa del Padre es «el poder de lo alto» que hará
que los discípulos sean capaces de llevar la salvación hasta los
confines de la tierra. Pero no ignora los aspectos más profundos,
santificantes y salvíficos, de la acción del Espíritu, como el perdón
de los pecados, el don de una ley nueva y de una Nueva Alianza,
como se desprende del acercamiento que hace entre el Sinaí y
Pentecostés. La frase de Pedro: «La promesa es para vosotros»
(Hech 2,39), se refiere a la promesa de la salvación, no sólo de la
profecía o de algunos carismas.

Pasando a lo que dice Pablo sobre el Espíritu como promesa,
entramos en una perspectiva nueva, teológicamente mucho más
profunda. Él va enumerando distintos objetos de la promesa: la
justificación, la filiación divina, la herencia; pero aquello que lo
resume todo, el objeto por excelencia de la promesa, es precisamente el Espíritu Santo, que él llama a veces: «Promesa del
Espíritu», otras: «Espíritu de la promesa».

Son dos las ideas nuevas introducidas por el Apóstol en el concepto de promesa. La primera es que la promesa de Dios no depende de la observancia de la ley, sino de la fe, y por tanto de la gracia. Dios no promete el Espíritu a quien observe la ley, sino a quien crea en Cristo:

> «¿Recibisteis el Espíritu por haber cumplido la ley o por haber respondido con fe?... Pues si la herencia dependiera de la ley, ya no dependería de la promesa» (Gal 3,2.18).

Precisamente a través del concepto de promesa, la teología del Espíritu Santo queda enlazada, en Pablo, al resto de su pensamiento; es más, se convierte en su demostración concreta. Los cristianos sabían muy bien que fue a raíz de la predicación del Evangelio cuando hicieron la experiencia nueva del Espíritu, no por haberse puesto a observar la ley con más fidelidad que de costumbre. El Apóstol puede remitirse a una situación de hecho.

La segunda novedad es en cierto sentido desconcertante. Es como si Pablo de repente nos echara un jarro de agua fría diciendo: «Pero la promesa no se ha cumplido todavía... ¡al menos no del todo!». A este respecto, hay dos conceptos aplicados al Espíritu Santo que son reveladores: primicia *(aparché)* y prenda *(arrabón)*. También aquí conviene tener delante los pasajes donde aparecen estos términos a propósito del Espíritu Santo:

> «También nosotros, los que poseemos *las primicias del Espíritu*, gemimos en nuestro interior suspirando porque Dios nos haga sus hijos y libere nuestro cuerpo» (Rom 8,23).

> «Y es Dios quien a nosotros y a vosotros nos mantiene firmemente unidos a Cristo, quien nos ha consagrado, nos ha marcado con su sello y nos ha dado su *Espíritu como prenda* de salvación» (2 Cor 1,21-22).

> «El que nos ha preparado para ese destino es Dios, el mismo que nos ha dado *en prenda el Espíritu*» (2 Cor 5,5).

¿Qué pretende decir el Apóstol con eso? Que el cumplimiento que se ha producido en Cristo no ha agotado la promesa. Nosotros -dice con singular contraste- «poseemos... suspirando», poseemos y esperamos. Y precisamente porque aquello que poseemos no es todavía la plenitud, sino tan sólo una primicia, un anticipo, nace en nosotros la esperanza. Es más, nuestro deseo, nuestra espera, nuestro anhelo, se hacen aún más intensos que antes, porque ahora sabemos lo que es el Espíritu. A la llama del humano deseo, la venida del Espíritu en Pentecostés ha añadido, por así decirlo, combustible.

Es exactamente lo mismo que ocurre con Cristo. Su venida ha cumplido todas las promesas, pero no ha puesto fin a la espera. Esta vuelve a aparecer, como espera de su regreso en la gloria. El título «promesa del Padre» coloca al Espíritu Santo en el corazón mismo de la escatología cristiana. No se puede, por tanto, aceptar sin reservas la afirmación según la cual, en el concepto de los cristianos de origen judío, el Espíritu era principalmente la fuerza del mundo *futuro,* y en el de los cristianos de origen helenístico es la fuerza del mundo *superior.* Pablo demuestra que los dos conceptos no se oponen necesariamente entre sí, sino que pueden, en cambio, coexistir juntos. Para él el Espíritu es, al mismo tiempo, realidad del mundo superior, divino, y fuerza del mundo futuro.

En el paso de las primicias a la plenitud, aquéllas no se van a tirar para dejar sitio a ésta, más bien se convertirán ellas mismas en plenitud. Vamos a conservar lo que ya poseemos y vamos a adquirir lo que aún no tenemos. Será el propio Espíritu quien se ensanche en plenitud.

El principio teológico «La gracia es el comienzo de la gloria», aplicado al Espíritu Santo, significa que las primicias son el inicio del cumplimiento, el comienzo de la gloria, parte de la misma. En este caso, no hay que traducir *arrabón* por «señal» *(pignus),* sino sólo por «prenda» *(arra).* La señal no es el inicio del pago, sino algo que se da en espera del pago. Una vez efectuado el mismo, la señal es devuelta. No así la prenda, que no es devuelta en el momento del pago, sino completada. Ya forma parte del pago.

> «Si Dios nos ha dado como señal el amor a través de su Espíritu, cuando se nos dé toda la realidad, ¿acaso se nos quitará la señal? De ninguna manera: lo que él ya nos ha dado, lo completará. Por eso, más que señal, hay que llamarlo prenda»[2].

El amor de Dios que aquí abajo empezamos a saborear, gracias a la prenda del Espíritu, tiene, por tanto, la misma *calidad* que el que vamos a saborear en la vida eterna, aunque no la misma *intensidad*. San Simeón el Nuevo Teólogo tuvo un día una visión: estaba seguro de haber contemplado a Dios en persona y, convencido de que no podía haber nada más grande y radiante que lo que había visto, dijo que con eso se conformaba después de su muerte. El Señor le contestó:

> «Bien mezquino eres si te conformas con estos bienes, porque, comparados con los bienes futuros, son como un cielo pintado sobre un papel en comparación con el cielo de verdad»[3].

Lo mismo cabe decir de la posesión del Espíritu Santo.

Como vemos, se ha producido una profunda transformación en el significado de la fiesta de Pentecostés. En su origen, Pentecostés era la fiesta de las primicias[4], es decir, el día en que se ofrecían a Dios las primicias de la cosecha. Ahora sigue siendo la fiesta de las primicias, pero de las que Dios ofrece a la humanidad, en su Espíritu. Se han invertido los papeles del donante y del beneficiario, exactamente como ocurre, en todos los aspectos, con el paso de la ley a la gracia, de la salvación como obra del hombre a la salvación como don gratuito de Dios.

---

2 SAN AGUSTÍN, *Discursos*, 23, 9: CC 41, 314.
3 SAN SIMEÓN EL NUEVO TEÓLOGO, *Segunda plegaria de agradecimiento:* SCh 113, 350.
4 Cfr. Nm 28,26; Lv 23,10.

Eso explica por qué la interpretación de Pentecostés, como
fiesta de las primicias, curiosamente no haya tenido casi ningún
equivalente en el ámbito cristiano. San Ireneo hizo un intento en
este sentido, diciendo que el día de Pentecostés «el Espíritu ofrecía
al Padre *las primicias de todos los pueblos*»[5], pero eso no tuvo la
menor repercusión en el pensamiento cristiano.

3. *El Espíritu, futuro de Dios*

Decía que la época patrística, a diferencia de lo que ocurre en
casi todos los demás títulos, no aporta nada importante a propósito del Espíritu como promesa, y eso se debe a que los Padres están
menos interesados en la perspectiva histórica y escatológica que
en la ontológica. San Basilio escribe:

> «Tampoco en el momento de la esperada manifestación del Señor
> desde los cielos estará ausente el Espíritu Santo... ¿Quién puede
> ignorar hasta tal punto los bienes que Dios prepara para quienes
> son dignos de ellos, que no entienda que también la corona de los
> justos es gracia del Espíritu Santo?... Así, pues, quienes hayan
> sido marcados con el sello del Espíritu Santo para el día del res-
> cate, y hayan sabido conservar intacta y sin mengua la primicia
> del Espíritu Santo, éstos son los que oirán: "Bien, criado bueno y
> fiel; como fuiste fiel en cosa de poco, te pondré al frente de
> mucho"» (Mt 25,21)[6].

¿Qué es lo que se pretende decir con eso? Únicamente que el
Espíritu Santo tendrá una parte activa también en el acto final de
la historia humana, cuando del tiempo se pase a la eternidad. ¿Qué
es lo que falta, en cambio? Falta una reflexión sobre lo que el
Espíritu Santo ya está haciendo ahora, en el tiempo, para empujar
a la humanidad hacia su cumplimiento; sobre el Espíritu Santo

---

[5] SAN IRENEO, *Contra las herejías*, III, 17, 2; cfr. también EUSEBIO DE CESAREA, *La solem-nidad pascual*,4: PG 24, 700 A.
[6] SAN BASILIO MAGNO, *Sobre el Espíritu Santo*, XVI, 40: PG 32, 141 A.

como empuje, fuerza propulsora del pueblo de Dios, en camino hacia la patria.

El Espíritu impulsa a los creyentes a ser vigilantes mientras aguardan el regreso de Cristo, enseñando a la Iglesia a decir: «Ven, Señor Jesús» (Ap 22,20). Cuando el Espíritu dice *Maranatha* con la Iglesia, es como cuando dice *Abba* en el corazón del creyente: se tiene que entender en el sentido de que él *hace que lo digamos,* se hace voz de la Iglesia. Por sí mismo, en efecto, el Paráclito no podría gritar: «Ven, Señor» *(Maranatha),* ya que Cristo no es «Señor» del Espíritu, y en el Credo profesamos que también el Espíritu es «Señor». «El os anunciará las cosas venideras» (Jn 16,13), dice Jesús del Paráclito: es decir, revelará el conocimiento del nuevo orden de cosas que ha brotado de la Pascua.

El Espíritu Santo es, pues, el resorte de la escatología cristiana, el que hace que la Iglesia tienda hacia delante, hacia el regreso del Señor. Y esto es precisamente lo que ha intentado aclarar la reflexión bíblica y teológica actual. La nueva vida suscitada por el Espíritu, según se dice, es ya ella misma escatológica, no necesita esperar el momento final de la parusía, ya que es el comienzo de una existencia que se manifestará plenamente sólo cuando se haya establecido el modo de vida determinado únicamente por el Espíritu, una vez que la carne ya no suponga un obstáculo para él. El Espíritu no es sólo promesa en un sentido estático: es la fuerza de la promesa, aquel que nos hace percibir la posibilidad de una liberación, que nos hace sentir aún más pesadas e intolerables nuestras cadenas, empujándonos por tanto a romperla[7].

Dan ganas de relacionar esta acción que el Espíritu Santo lleva a cabo en la historia, con el puesto que ocupa en la Trinidad:

> «la relación mutua entre el Padre y el Hijo es siempre *presen*cia, y perennemente, como inesperado, de este presente surge el Espíritu Santo como *futuro.* Es lo que sucede a su amor, lo que

---

[7] Cfr. J. MOLTMANN, *Obra citada*, pp. 20; 861; 176.

ocurre, lo que siempre es más de lo que cabía esperar en la intimidad recíproca, lo más nuevo, lo más joven, lo más fecundo que
se va produciendo en *Dios*. Y, sin duda, cuando se pone en marcha el tiempo de las criaturas, el permanecer abierto al futuro por
encima del presente es una imagen señalada del Espíritu Santo»[8].

La idea es sugestiva y hay que tomarla en consideración, a
pesar de que no es más que un piadoso escudriñar en el misterio,
válido sobre todo en la explicación latina de las relaciones trinitarias. Lo que en este campo podemos afirmar, con un cierto fundamento en la Escritura, procede de Pablo. Él escribe, en efecto, que
los que poseemos las «primicias del Espíritu, gemimos en nuestro
interior suspirando porque Dios libere nuestro cuerpo»; es más, «la
creación misma espera anhelante ser liberada» (cfr. Rom 8,19ss).
De ello se deduce que el Espíritu Santo no renueva la faz de la tierra y no hace «nuevas todas las cosas» (Ap 21,5) sólo en el instante
final, cuando el tiempo sea sustituido por la eternidad, sino ya,
misteriosamente, desde ahora.

Este aspecto de la teología del Espíritu Santo como fuerza que
nos abre hacia el futuro ha tenido, como era de esperar, una especial repercusión en la Teología de la Liberación:

> «El Espíritu Santo está en el origen del grito de los pobres. El
> Espíritu es la fuerza concedida a los que no tienen fuerza. Él es
> quien guía la lucha por la emancipación y por la plena realización
> del pueblo de los oprimidos. El Espíritu actúa en la historia y
> mediante la misma. No la sustituye, sino que penetra en ella por
> medio de los hombres y mujeres que son sus portadores»[9].

4. *El Espíritu Santo nos colma de esperanza*

El título de «promesa del Padre» está inserto en la estrofa del
Veni creator en la que se habla del Espíritu como dador de los

---

[8] H. U. VON BALTHASAR, *Spiritus Creator* (Einsiedeln 1967) 132.
[9] J. COMBLIN, *O Espirito Santo e a libertaçuo* (Petropolis 1981) (conclusión).

dones y carismas. En efecto, Lucas, en los Hechos de los Apóstoles, ve realizada la «promesa del Padre» sobre todo en el don pentecostal de la profecía. Hemos visto, sin embargo, que Pablo ha ampliado este título aplicándolo a toda la obra del Espíritu, y en primer lugar a su obra salvífica y santificadora. Bajo esta luz quisiéramos destacar ahora la relación entre el Espíritu Santo y la virtud teologal de la esperanza.

Pablo atribuye a la acción del Espíritu Santo cada una de las tres virtudes teologales:

> «Por nuestra parte, esperamos ardientemente alcanzar la salvación por medio de la fe, *mediante la acción del Espíritu*. Porque en cuanto seguidores de Cristo, lo mismo da estar circuncidados que no estarlo; lo que vale es la fe que actúa por medio del amor»[10].

Tanta insistencia, tanta repetición no puede ser casual. Nos dice que el Espíritu Santo es la fuente y la fuerza de nuestra vida teologal. Él es, en particular, quien «nos colma de esperanza»:

> «Que Dios, de quien procede la esperanza, llene de alegría y de paz vuestra fe; y que el Espíritu Santo, con su fuerza, os colme de esperanza» (Rom 15,13).

A la esperanza se la ha llamado a veces la «pariente pobre» de entre las virtudes teologales. Es verdad que ha habido un momento de intensa reflexión sobre el tema de la esperanza, hasta dar lugar a una verdadera «teología de la esperanza». Pero lo que ha faltado ha sido una reflexión sobre la relación entre esperanza y Espíritu Santo. Y, sin embargo, no se comprende la peculiaridad de la esperanza cristiana y su alteridad con respecto a cualquier otra idea de esperanza, si no se la ve en su relación íntima con el Espíritu Santo. Es él quien marca la diferencia entre el «principio» esperanza y la virtud teologal de la esperanza. Las virtudes teolo-

---

[10] Gal 5,5-6; cfr. Rom 5,5.

gales son tales no solamente porque tienen a Dios como fin, sino también porque lo tienen como principio; Dios no es sólo su objeto, sino también su causa. Son producidas, infundidas por Dios.

¡Nosotros necesitamos esperanza para vivir y necesitamos Espíritu Santo para esperar! Está escrito que creer es fácil: ¡Dios resplandece tanto en el universo! Amar también es relativamente fácil: somos tan infelices que no deberíamos tener dificultad para sentir compasión los unos por los otros. Lo difícil es esperar. En efecto, lo que a nosotros se nos da bien es todo lo contrario, es desesperar: ésta es la gran tentación[11].

¿Quién nos ayudará a remontar esta «cuesta»? ¡El Espíritu Santo! ¿Con qué razonamiento? ¡Ninguno! Con su simple presencia, porque él es, en sí mismo, «promesa». Aquí está su eficacia. Cuando está él, no podemos dejar de esperar; es más, como dice Pablo, no podemos dejar de «ser colmados de esperanza».

Así como distinguimos dos tipos de fe: la fe *creída* y la fe *creyente* (es decir, las cosas creídas y el acto mismo de creer), lo mismo ocurre con la esperanza. Hay una esperanza objetiva, que indica la cosa esperada (la herencia eterna), y hay una esperanza subjetiva, que es el acto mismo de esperar esa cosa. Esta última es una fuerza de propulsión hacia delante, un empuje interno, una extensión del alma, un ensancharse hacia el futuro. «Una amorosa migración del espíritu hacia aquello en lo que espera», decía uno de los antiguos Padres[12].

> «Porque la fe sólo ve lo que es,
> y la esperanza ve lo que será.
> La caridad sólo ama lo que es,
> y la esperanza ama lo que será»[13].

---

[11] Cfr. CH. PÉGUY, *El pórtico del misterio de la segunda virtud*, en *Oeuvres poétiques complètes* (Gallimard, París 1975) 538.

[12] DIADOCO DE FOTICÉ, *Cien capítulos*, preámbulo: SCh 5, 84.

[13] CH. PÉGUY, *El pórtico del misterio...* obra cit., p. 539.

Uno de los principales peligros que se presentan en el camino espiritual, es el de desanimarse ante la repetición de los mismos pecados y la aparentemente inútil sucesión de propósitos y recaídas. La esperanza es la que nos salva. Ella nos da la fuerza de volver a empezar siempre desde el principio; la de creer, cada vez, que vamos a conseguirlo. De esta manera, llegamos a conmover el corazón de Dios, que acudirá en nuestra ayuda con su gracia.

Otro de los grandes obstáculos que se interponen en nuestro camino es la tribulación. Y esto también se supera sólo con la esperanza que es fruto del Espíritu Santo.

> «Hasta de las tribulaciones nos sentimos orgullosos, sabiendo que la tribulación produce paciencia; la paciencia produce virtud sólida, y la virtud sólida, esperanza. Una esperanza que no engaña porque, al darnos el Espíritu Santo, Dios ha derramado su amor en nuestros corazones» (Rom 5,3-5).

El Espíritu Santo garantiza a nuestro espíritu que somos hijos de Dios, amados por él, y haciendo eso nos infunde la fuerza para no rendirnos frente a las contrariedades y las cruces. Entre tribulación y esperanza hay una relación estrecha que, sin embargo, no es recíproca. En efecto, si cuando aumentan las tribulaciones aumenta la esperanza, no quiere decir que cuando aumenta la esperanza aumenten las tribulaciones. No es la esperanza la que produce tribulaciones, son las tribulaciones las que producen esperanza.

No debemos conformarnos con tener esperanza sólo para nosotros. El Espíritu Santo quiere hacer de nosotros unos sembradores de esperanza. No hay don más hermoso que el de difundir la esperanza en casa, en la comunidad, en la Iglesia local y universal. Ella es como los modernos ambientadores, que regeneran el aire perfumando todo el ambiente.

En la Biblia hay un pasaje sobre la esperanza que parece dotado de un poder casi sacramental de producir aquello que significa. Dice que a los que esperan les salen alas:

«Se cansan los jóvenes y se fatigan,
los muchachos tropiezan y vacilan;
pero los que esperan en el Señor
verán sus fuerzas renovadas:
les salen alas de águila,
corren y no se fatigan,
caminan y no se cansan» (Is 40,30-31).

5. La promesa es para vosotros

La parte parenética o práctica de esta catequesis sobre el
Espíritu Santo está contenida del todo en la palabra que Pedro dirigió a la multitud el día de Pentecostés: «La promesa es para vosotros y para todos aquellos a quienes llame el Señor nuestro Dios»
(cfr. Hech 2,39). *La promesa es para vosotros:* tenemos que tomar
conciencia de que ese «vosotros» ahora somos «nosotros».
Nosotros somos aquellos a quienes el Señor ha llamado después
de esos primeros creyentes; ¡para nosotros es, por tanto, «la promesa del Padre» respecto al Espíritu Santo!

Lo más importante, cuando se trata de una promesa, no es
estudiar su documento, analizar sus términos; es ver su cumplimiento, tener su posesión. Y esto depende de nosotros. Tras la
venida de Cristo, siempre es tiempo de cobro; cualquiera de nosotros puede presentarse, a cualquier hora, a exigir la promesa; en
el cielo se sorprenden incluso de que seamos tan pocos los que lo
hacemos.

En nuestro siglo la cristiandad ha hecho, por sucesivas oleadas, la experiencia de una efusión del Espíritu «sobre todo hombre»
(Jl 3,1). De ella han surgido los distintos movimientos pentecostales y carismáticos. La profecía de Joel ha dejado de ser, para millones de personas, una hermosa cita hecha por Pedro en su discurso de Pentecostés, para convertirse en una realidad que se produce bajo sus mismos ojos. Ellos están dispuestos a dar testimonio
de que verdaderamente «en estos días el Señor ha derramado su

espíritu sobre todo hombre: sobre los hijos y las hijas, los ancianos y los jóvenes, los siervos y las siervas»[14]. El soplo de Pentecostés vuelve a circular poderosamente en la Iglesia y constituye, en medio de todas las inmensas dificultades actuales para proclamar la fe, nuestro mayor motivo de esperanza. Él sigue siendo «la fuerza de lo alto». Se sigue realizando el antiguo deseo de Moisés:

> «¡Ojalá que todo el pueblo profetizara y el Señor infundiera en todos su espíritu!» (Nm 11,29).

Si la promesa es para nosotros, ¿qué hacer para conseguirla? Aquí nos puede servir de enorme consuelo lo que Pablo nos ha dicho acerca de la promesa. El «Espíritu de la promesa» no se consigue mediante la observancia de la ley, sino por la fe. En otras palabras, no tenemos que aguardar a ser «totalmente justos», haber llegado a una observancia perfecta de todos los mandamientos, para esperar recibir también nosotros un nuevo Pentecostés; más bien tenemos que creer, abrirnos para recibir al Espíritu gratuitamente, como don, no como deuda. Los apóstoles no recibieron al Espíritu porque se habían vuelto fervorosos, sino que se hicieron fervorosos porque habían recibido al Espíritu. Será precisamente con la ayuda del Espíritu como, después, estaremos en condiciones de «dar muerte a las obras del cuerpo» (cfr. Rom 8,13). Lo más importante, al principio, es la oración; el Padre da el Espíritu Santo «a los que se lo pidan» (Lc 11,13).

Ya en esta plegaria el Espíritu Santo «viene en ayuda de nuestra flaqueza..., y es el que intercede por nosotros con gemidos inefables» (Rom 8,26). Nosotros pedimos el Espíritu Santo mediante el mismo Espíritu; pedimos la plenitud por medio de las primicias.

En la patrística griega, hay un elogio al Espíritu Santo, que evoca de cerca el *Veni creator,* no solamente por su inspiración

---

[14] Cfr. Jl 3,1ss; Hch 2,17ss.

poética, sino también por la variedad de los temas y títulos evocados, entre los cuales destacan los de «promesa» y «prenda» de los bienes futuros. Con esta larga e inspirada doxología del Paráclito terminamos la presente meditación:

Él es el Nombre divino, todopoderoso y digno de todo honor,
que junto con el Padre y el Hijo es recordado y glorificado.
Él nos santifica, nos vivifica
y nos hace partícipes de la luz celestial,
guarda en todos la perseverancia en la concordia;
ha inspirado a los profetas y a los apóstoles,
ha dado a los mártires la fuerza
para resistir a la crueldad de los tiranos;
nos renueva y libera como Señor,
nos hace hijos de Dios como Espíritu de adopción;
pone en fuga a los ejércitos de los demonios
mediante la iluminación del bautismo,
y cubre de ignominia a Satanás, el adversario;
nos abre las puertas de los cielos
y· nos conduce al puerto de la salvación;
nos hace partícipes de la conversación
y del canto de los ángeles;
es para nosotros camino que conduce al Padre
y Dios de los cielos,
gracias a su venida soberanamente libre y generosa.

Él es fecunda e infinita fuerza de salvación,
incomparable y santa hipóstasis, que no tiene dimensiones,
gloria purísima e incontaminada,
gracia divina que suple nuestra debilidad,
bondad inefable y eterna,
fuente inagotable de los carismas,

inspirador de todo buen pensamiento,
aquel que manifiesta las cosas futuras y ocultas,
sello de salvación, unción divina
y prenda de los bienes eternos.

De él toda criatura visible e invisible,
racional e irracional, recibe el sustento,
de él la regeneración desde lo alto,
la remisión de las culpas y el perdón de los pecados,
la unión con Dios y la corona para los justos,
la posesión de los bienes y la morada en los cielos,
la vida sin fin y la herencia eterna en el reino de Dios [15]

---

[15] Dídimo de Alejandría, *La Trinidad*, II. 1: PG 39, 452ss.

XIII

TÚ PONES EN LOS LABIOS LA PALABRA

El Espíritu Santo da fuerza a nuestro anuncio

1. *Espíritu y palabra*

La estrofa del *Veni creator* que canta la acción carismática del Espíritu termina con un verso que subraya un grupo concreto de carismas, aquellos que están ligados a la palabra: «Tú pones en los labios la palabra» *(sermone ditans guttura);* más literalmente: «Tú dotas a la boca de palabra».

El espíritu y la palabra, la *ruah* y el *dabar:* son las dos grandes fuerzas que juntas crean y mueven el mundo:

«La palabra del Señor hizo los cielos,
el aliento de su boca, todas sus estrellas» (Sal 33,6).

«Herirá al violento
con la vara de su boca,
con el soplo de sus labios
matará al malvado» (Is 11,4).

A los mismos profetas se los considera a veces como los hombres de la palabra, otras como los hombres del Espíritu. A veces es la palabra que «viene» sobre ellos y los constituye profetas, otras es el «Espíritu del Señor» (Is 61,1) que realiza la misma misión.

«*El Espíritu* que te he infundido y las *palabras* que te he confiado, estarán siempre en tus labios» (Is 59,21).

Estas dos fuerzas creadoras, en nuestro verso, están relacionadas entre sí, como dos faros que apuntan el uno sobre el otro y que se alumbran mutuamente y juntos iluminan toda la revelación. Todo un horizonte nuevo se nos abre en estas palabras. El Espíritu es aquel que da la palabra y que es dado en la palabra. Hay una reciprocidad perfecta entre ambas realidades, que hunde sus raíces, como veremos, en la Trinidad misma. El Espíritu procede «a través» del Hijo, pero también el Hijo es engendrado «en el» Espíritu. En la *revelación*, el Espíritu nos da la palabra; en efecto, «impulsados por el Espíritu Santo, algunos hombres hablaron de parte de Dios» (2 Pe 1,21); pero después es esta misma palabra -la Escritura- la que, leída con fe, da el Espíritu Santo; *inspirada* por el Espíritu, se convierte en *espirante* del Espíritu.

En la *redención*, de nuevo, se encuentra este movimiento circular: en el momento de la encarnación, el Espíritu Santo nos da la palabra viviente de Dios que es Jesús, «concebido por obra del Espíritu Santo»: en el misterio pascual, es la Palabra hecha carne que, desde la cruz, derrama el Espíritu Santo sobre la Iglesia. Esta reciprocidad explica por qué la «cristología» no puede prescindir de la «neumatología», y viceversa: «Sin la Palabra, el Espíritu está ciego; sin el Espíritu, la Palabra está muerta».

Para el autor del *Veni creator*, el momento en que el Espíritu pone en los labios la palabra es Pentecostés. Es allí donde se cumple, en efecto, la «solemne promesa del Padre», de la que hablaba el verso anterior y cuyo signo visible es el don de la palabra. Pero, ¿a qué nos referimos exactamente? ¿Al hecho de que los apóstoles, después de recibir el Espíritu, se pusieran a hablar en lenguas, es decir, al don de la «glosolalia»? Sin duda, pero no sólo a esto. La perspectiva es mucho más amplia. El día de Pentecostés se produjeron varias manifestaciones del Espíritu, relacionadas con la esfera del lenguaje y del habla humana. Los apóstoles «comenzaron a hablar en lenguas extrañas, según el Espíritu Santo los movía a expresarse» (Hech 2,4); un poco después, es la *profecía* la que está considerada como cumplimiento de la promesa: «Derramaré mi Espíritu en aquellos días, y profetizarán» (Hech 2,18); posteriormente, el don de la palabra se hace visible en el *anuncio* que Pedro hace de Cristo (cfr. Hech 2,22ss).

Es probable que, en este punto, el autor de nuestro himno se inspire en un himno sobre Pentecostés de san Beda el Venerable, que decía, entre otras cosas:

> «En lenguas que de fuego parecían,
> aquel que de la lengua es creador
> bajó sobre los fieles reunidos
> y el don de la palabra confirió»[1].

La continuación de este himno muestra que tampoco san Beda se limita al hecho de «hablar en lenguas», sino también al don de la *enseñanza:* «Aquellos que la llama recibieron / alumbran de su prójimo la mente / haciendo que Cristo se manifieste / precisamente allí donde están ellos»; está pensando en el don de *predicar* a los pueblos y en la *alabanza.*

En la Escritura, la imagen de Dios que pone en los labios de alguien su palabra está siempre ligada a la profecía: «Pondré mis palabras en su boca» (Dt 18,18), dice Dios del profeta que sucederá a Moisés; a Isaías y a Jeremías declara: «He puesto mis palabras en tu boca»[2]. Tal vez la expresión: «Tú pones en los labios la palabra» evoque también el pasaje evangélico en el que Jesús dice que el Espíritu Santo (respectivamente, él mismo) enseñará a los discípulos, en el momento oportuno, «un lenguaje y una sabiduría» a los que los adversarios no podrán resistir[3].

---

[1] SAN BEDA EL VENERABLE, *Himno de Pentecostés*, VII, 8: CC 122, 424s: «verbique donum contulit».
[2] Is 51,16; Jr 1,9.
[3] Cfr. Lc 12,12; 21,15.

2. *Glosolalia y canto en lenguas*

Las manifestaciones del Espíritu relacionadas con la lengua que, en el relato de Pentecostés, están descritas en su estado naciente, dentro de un contexto narrativo, están reflejadas en Pablo, que las inserta en el marco de su doctrina sobre los carismas y las compara entre sí y con la caridad. Entre los carismas enumerados por él, son muchos los que pertenecen a esta categoría de carismas de la palabra. Vamos a repasarlos un poco, deteniéndonos sobre algunos de los que presentan un carácter de mayor actualidad en la experiencia de la Iglesia de hoy.

Ligada a la palabra y al órgano de la boca está la *glosolalia,* que Pablo llama también «variedad de lenguas», «don de lenguas», o «hablar en lenguas». Es el don sobre el que Pablo vuelve con más insistencia, no porque sea más importante que los demás (al contrario, él lo pone en el último lugar entre los carismas), sino porque era el que más necesidad tenía de ser disciplinado (cfr. 1 Cor 12-14). También hoy, curiosamente, a pesar de ser el más elemental de los dones, es el que más llama la atención y el que más discusiones suscita[4].

En primer lugar, ¿en qué consistía y cómo se manifestaba concretamente este don? Si nos atenemos al modo en que este mismo don ha vuelto a manifestarse entre los cristianos de nuestro siglo, tenemos que decir que el don se presenta de dos maneras: o bien en forma de mensajes pronunciados en la asamblea, o bien en forma de plegaria personal prolongada, en el ámbito privado. En cualquier caso, se trata de sonidos y palabras que generalmente no pertenecen a ninguno de los idiomas ya existentes, sino que son improvisadas. El que habla en lenguas no «sabe» lo que dice; sólo «sabe que dice», es decir, es consciente de que está hablando; puede empezar y puede dejarlo, no es que sea arrastrado automáticamente.

---

[4] Cfr. J. SHERILL, *They Speak with other Tongues* (Nueva York 1965).

TÚ PONES EN LOS LABIOS LA PALABRA 267

Cuando el hecho se produce en la asamblea, el mensaje en lenguas ha de ser siempre seguido por la *interpretación de las lenguas,* como la profecía tenía que ser seguida por el discernimiento[5]. El intérprete no «traduce» lo que el otro acaba de decir; más bien se siente impulsado a decir algo (una exhortación, una palabra de la Escritura) que él mismo y los presentes perciben como relacionado con el mensaje en lenguas cuyo sentido global expresa.

Los que ejercen el don de la glosolalia, sobre todo en el ámbito de la oración personal, son unánimes en reconocer que eso abre el camino a una oración más profunda, a un contacto con Dios más inmediato, del que sacan grandes beneficios. A veces, les sirve para la adoración y la alabanza; otras, se convierte en una poderosa intercesión. La persona experimenta una unidad nueva: es toda ella, hasta en sus últimas profundidades, la que ora y se abre a Dios, con su cuerpo, alma y espíritu fundidos. Un testimonio directo nos ayudará, mejor que cualquier descripción, a hacernos una idea de este don. El que voy a citar ahora procede de un famoso catedrático de Sagrada Escritura que, en su país, había llegado a ser incluso presidente de la Asociación Bíblica:

«Mientras estaba allí de rodillas y escuchaba las voces de los que oraban sobre mí, empecé a advertir como un gorgoteo en mi interior. Lo tenía allí y no sabía qué hacer con él. El primer día del año, mientras iba a visitar a mi familia, me sentí empujado a soltarme así, sin más, dejando que ese gorgoteo saliera, pasara lo que pasara. Me salió una melodía sin palabras. Tres días después, me llegaron las palabras correspondientes a la melodía: "El Espíritu del Señor ha tocado mi alma". Pero, en lugar de apagarse, ese gorgoteo seguía allí. Parecía ir más allá de todo aquello que yo podía expresar, con la melodía o con las palabras. Subí a mi habitación, cerré la puerta, me arrodillé y di rienda suelta... ¡De modo que éste era el famoso don de lenguas! ¡Alabar a Dios, dejando que sea el Espíritu el que lo haga en ti, por ti y contigo! ¡Desde entonces mi vida ha sido tan distinta, tan rica, tan llena de acontecimientos

---
5 Cfr. 1 Cor 12,10; 14,27-28.

inexplicables! He experimentado una fuerza y vitalidad nuevas, una mayor disponibilidad para correr riesgos por el Señor, una mayor capacidad de hacer frente al estrés y al caos»[6].

En ocasiones, nos quedamos perplejos al constatar que este fenómeno se produce incluso fuera del cristianismo; por ejemplo, en la mántica del paganismo y, más tarde, en cultos no cristianos. Pero eso no significa que se trate de una sugestión, de un *trance* inducido artificialmente. En todo caso, quiere decir que el carisma se apoya en una potencialidad religiosa innata en el hombre, que el Espíritu Santo utiliza a su manera, no al modo humano.

Todos sentimos a veces el deseo de ir más allá del esquematismo de las palabras y los conceptos. Éstos obligan a nuestro impulso expresivo a pasar como por unas casillas, lo cual hace que el movimiento del corazón quede inevitablemente «enredado» y retrasado. De esta limitación se puede salir de dos maneras: o bien con el silencio, o bien trascendiendo las palabras, que es lo que ocurre con la glosolalia. No en balde se trata de una necesidad que hasta el artista está empezando a advertir. Hay un tipo de poesía moderna hecha de sonidos y palabras que no tienen entre sí una relación lógica, sino sólo armónica; una poesía que pretende sugerir un estado de ánimo, más que describirlo. El poeta Tagore sueña con hacer un viaje por mar, solos en una barca, él y Dios. Entonces -dice-, sus cantos prorrumpirían

«en melodías libres como las olas,
libres de la esclavitud de las palabras»[7].

Ciertos pintores modernos han sentido la necesidad de ir más allá de las imágenes y confiar la inspiración al mero juego de los colores. ¿Por qué no va a poder ocurrir algo parecido en la esfera religiosa, donde lo que está actuando no es la simple «inspiración», sino el Espíritu Santo en persona?

---

[6] G. T. MONTAGUE, en *The Spirit and the Church*, por R. Martin (Nueva York) 172ss.
[7] R. TAGORE, *Gitanjali*, 42.

Una vez dicho esto, sin embargo, conviene, hoy también, como en tiempos de Pablo, poner un «pero» , o sea, advertir contra el peligro de estimar este don más de lo que vale y de utilizarlo sin discernimiento. En el ámbito pentecostal, hablar en lenguas se considera como «la evidencia inicial» *(inicial evidence)*, es decir, el signo necesario y suficiente de que uno ha recibido efectivamente el Espíritu. Debemos respetar esta convicción, basada en una experiencia del Espíritu que se ha revelado, por otra parte, auténtica y poderosa. No obstante, hay que observar que eso puede crear serios problemas, a la hora de compararlo con lo que se lee en el Nuevo Testamento. Pablo dice:

> «A otro (se le concede) el hablar en lenguas... ¿Hablan todos en lenguas?» (1 Cor 12,10.30).

Así como no todos son apóstoles y no todos realizan milagros, del mismo modo, para el Apóstol, no todos hablan en lenguas. Hacer de este único carisma un carisma obligatorio para todo el mundo, significa darle un estatuto especial y quitarlo del cómputo mismo de los carismas, que son por definición dones concedidos por Dios «a quien quiere y cuando quiere», dados a uno para el bien de todos. ¿No se atribuye, de este modo, al hablar en lenguas la prerrogativa que Pablo asigna a la caridad, es decir la de ser el dato común, del que nadie puede carecer? El don de lenguas, como muchos otros fenómenos sobrenaturales, puede ser falsificado por Satanás, el amor no.

Yo creo que sin duda hay que animar a las personas a que se abran a este don y lo cultiven, sobre todo como forma de oración personal, «para beneficiarse a sí mismo» (cfr. 1 Cor 14,4). Pero si vemos que una persona, después de haberlo intentado varias veces, se da cuenta de que no se le da bien en absoluto y que tendría que hacerlo sin convicción, no deberíamos insistir, ni hacerle sentirse disminuida por eso, poniendo incluso en duda que haya recibido el Espíritu. A quien te pregunte: «Si has recibido el

Espíritu, ¿entonces por qué no hablas en lenguas?», puedes contestar tranquilamente citando a san Agustín:

> «¡Pues claro que hablo en lenguas! Por la caridad, pertenezco, de hecho, a ese cuerpo, la Iglesia, que habla todas las lenguas y en cada una de ellas proclama las grandezas de Dios»[8].

Junto con el don de lenguas, hay que mencionar también *el canto en lenguas:*

> «Oraré movido por el Espíritu, pero intentando entender lo que digo; cantaré movido por el Espíritu, pero intentando entender lo que canto» (1 Cor 14,15).

Del contexto se deduce que «cantar con el Espíritu» es como hablar en lenguas, trasladado al plano musical. Es un cantar por inspiración, sin palabras o notas preestablecidas, sino modulando, de manera improvisada y siguiendo la ola del impulso interior del Espíritu, una secuencia de sonidos. Pablo alude con frecuencia a este cantar inspirado y carismático:

> «Llenaos del Espíritu, y recitad entre vosotros salmos, himnos y cánticos inspirados. Cantad y tocad para el Señor con todo vuestro corazón» (El 5,18-19).

Por la experiencia que actualmente tenemos de él, en las asambleas pentecostales y carismáticas, éste nos parece un don sencillo y muy hermoso. No solamente permite trascender el esquematismo de las palabras y de las melodías conocidas, sino que aglutina a toda una asamblea, haciendo de ella verdaderamente un solo corazón y una sola alma. Sirve para expresar adoración, alabanza, júbilo, y un agradecimiento, sereno y majestuoso, a Dios. Sobre la última nota de un canto conocido, o incluso en medio del más absoluto silencio, se empieza a oír un murmullo de voces que se eleva y se funde, se hace fuerte y fragoroso, o suave

---

8 Cfr. SAN AGUSTÍN, *Discursos*, 269, 2ss: PL 38, 1236ss.

y adorador, como si estuviera dirigido por una batuta oculta y, al final, se apaga espontáneamente, como por una señal invisible. Con frecuencia éste es el fenómeno carismático que más impresiona a los extraños, como les ocurre, por ejemplo, a los periodistas y cámaras de televisión que, debido a su trabajo, tienen ocasión de escucharlo en algunas de las grandes asambleas.

No hay que pensar que todo esto sea milagroso. Sabemos que un determinado clima de unidad y saturación espiritual puede producir efectos de este tipo. Sin embargo, es sin duda un modo que utiliza el Espíritu para edificar la comunidad, para manifestar su presencia; en una palabra, es un carisma. La mejor explicación de la dinámica que lleva al canto en lenguas es la que ilustró san Agustín:

> «"Cantadle un cántico nuevo" (Sal 33,3). ¿Qué significa cantar un cántico nuevo? Entender sin poder explicar con palabras aquello que se canta con el corazón. En efecto, aquellos que cantan, o bien mientras siegan, o bien mientras vendimian, o bien cuando están ocupados con ardor en alguna otra actividad, empiezan, por las palabras de los cantos, a exultar de gozo, pero después, casi invadidos por tanta alegría que ya no la pueden expresar de palabra, dejan caer las sílabas de las palabras y se entregan a un cántico nuevo. Se trata de un determinado sonido que indica que el corazón quiere expresar aquello que no se puede decir. ¿Y a quién conviene este cántico nuevo, si no es al Dios inefable? De hecho, inefable es aquello que no se puede decir; y, si no puedes decirlo, pero tampoco puedes callarlo, ¿qué es lo que te queda sino empezar un cántico nuevo, de modo que el corazón se abra a un gozo sin palabras y el gozo se dilate inmensamente más allá de los límites de las sílabas?»[9].

Las modulaciones de pura melodía que a menudo, en el gregoriano, siguen el canto de la última sílaba, ¿no estaban también en la línea del canto en lenguas, al menos en el momento en que brotaron por primera vez del corazón del compositor? De san

---

[9] SAN AGUSTÍN, *Exposición sobre los Salmos*, 32, II, 8: CC 38, 254.

Francisco de Asís, su primer biógrafo dice que «cada vez que estaba lleno del ardor del Espíritu Santo, para expresar el calor exuberante de su corazón» se ponía a hablar y cantar en francés[10]. ¡Era su modo de hablar y cantar en lenguas!

Por muy bonito que sea «cantar con el Espíritu», o cantar en lenguas, no es, sin embargo, la única forma de canto inspirado; también el canto ordinario, el «cantar con la inteligencia», como lo llama Pablo, en todos sus géneros, es un vehículo privilegiado del Espíritu. Con la expresión «cánticos inspirados»[11] -inspirados por el Espíritu- sin duda Pablo no se refiere sólo al canto en lenguas, sino a toda forma de canto de la asamblea cristiana, hecho con fe y con íntima participación.

Por su «inspiración», elevación y libertad, su ritmo y armonía, el canto es quizá el medio expresivo más «connatural» al Espíritu Santo; sin duda, el más adecuado para hablar de Dios, o a Dios. Esto explica por qué el verbo «cantar», con sus derivados (canto, cántico, cantor), está entre las palabras que se repiten con más frecuencia en la Biblia (cerca de 309 veces en el Antiguo Testamento y 36 en el Nuevo).

El canto funde en una única alabanza y adoración voces distintas. San Basilio nos describe, visiblemente complacido, la impresión que le hacía escuchar a su comunidad cuando cantaba:

> «El mar es hermoso y atrae a Dios los elogios, pero es mucho más bonita esta asamblea, en la que el ruido mezclado de las voces se parece al flujo de las olas que se rompen en la playa. Una sola voz de hombres, mujeres y niños se levanta en medio de las plegarias que elevamos a Dios. Una calma profunda mantiene a este coro en la paz»[12].

---

[10] CELANO, *Vida primera*, 7, 16: *Escritos*, p. 150); *Vida segunda*, 8, 13: *Escritos*, p. 237.
[11] Col 3,16; Ef 5,19.
[12] SAN BASILIO MAGNO, *Hexameron*, IV, 7: SCh 26, 274ss.

El canto enternece los corazones y los predispone a acoger la verdad de Dios y su voluntad. Así es como recuerda san Agustín el efecto que tuvo sobre él, en el momento de su conversión, el canto sagrado que se practicaba en Milán, por iniciativa de Ambrosio:

«¡Cuánto lloré también oyendo los himnos y cánticos que para alabanza vuestra se cantaban en la iglesia, cuyo suave acento me conmovía fuertemente, y me excitaba a devoción y ternura! Aquellas voces se insinuaban por mis oídos, y llevaban hasta mi corazón vuestras verdades, que causaban en mí tan fervorosos afectos de piedad, que me hacían derramar copiosas lágrimas, con las cuales me hallaba bien y contento»[13].

La Iglesia, tanto griega como latina, ha reconocido muy pronto esta función insustituible de la música sacra y le ha reservado un puesto de primer plano en su liturgia; en el Decreto conciliar sobre la liturgia se lee: «La finalidad de la música sacra es la gloria de Dios y la santificación de las almas»[14].

3. *Otros carismas ligados a la palabra*

Como para el autor de los Hechos de los Apóstoles, también para Pablo el puesto de honor entre los carismas vinculados a la palabra, lo tiene la *profecía* («hablar en nombre de Dios»), que él antepone con fuerza al don de lenguas:

«En cuanto a los demás dones, aspirad sobre todo al de hablar en nombre de Dios... El que habla en nombre de Dios, habla a los hombres, los ayuda espiritualmente, los anima y los consuela. El que se expresa en un lenguaje misterioso, se beneficia a sí mismo; en cambio, el que habla en nombre de Dios, contribuye al bien de la Iglesia... Si todos están hablando en nombre de Dios y entra ese no iniciado o uno que no cree, entre todos le harán recapacitar y

---

[13] San Agustín, *Confesiones*, IX, 6, 14.
[14] *Sacrosanctum concilium*, n. 112.

reconocer sus pecados, quedando de manifiesto los secretos de su corazón. Caerá entonces de rodillas, adorará a Dios y proclamará que Dios está verdaderamente entre nosotros» (1 Cor 14,1-25).

Si hemos de basarnos en la experiencia renovada que de este don está haciendo hoy la Iglesia, tenemos que decir que consistía en unas palabras inspiradas que un miembro de la comunidad se sentía impulsado a pronunciar durante una asamblea. Cuando Pablo recuerda a Timoteo las *profecías* pronunciadas sobre él (cfr. 1 Tim 1,18), se refiere probablemente a esos mensajes inspirados, pronunciados mientras se oraba sobre Timoteo, durante su bautismo o su elección, y que revelaban el plan de Dios respecto a él.

Tan fuerte era, en esos casos, el convencimiento de que era el mismo Dios el que hablaba, que el profeta no tenía miedo de utilizar fórmulas como: «Dice el Señor...», o bien, con más valentía aún: «Yo os digo: "Yo os he amado..."», pero donde el «yo» no es el de quien habla, sino de Dios en persona. Cuando la profecía es auténtica, la asamblea percibe de manera inequívoca la presencia de Dios: una luz de verdad es arrojada sobre una situación concreta, e incluso sobre los «secretos del corazón». La profecía obliga a exclamar: «¡Aquí está Dios!», o, si se trata de un no creyente: «¡Dios está entre vosotros!». La predilección que el Apóstol muestra por este carisma se debe a que es el que más sirve a la «edificación» de la comunidad, realizando así la definición misma de carisma.

El carisma de la profecía tiene que ir acompañado, en su ejercicio, por el del *discernimiento de los espíritus:*

> «A otro (es concedido) el hablar en nombre de Dios, a otro el distinguir entre espíritus falsos y verdaderos» (1 Cor 12,10).

El discernimiento ha ido adquiriendo, en la historia de la espiritualidad cristiana, una multiplicidad de significados y aplicaciones. Pero su sentido originario, tal y como lo entendía Pablo, parece ser muy concreto y limitado. Se refiere a la recepción de la propia profecía, a su valoración, por parte de uno o varios miembros de la asamblea, dotados a su vez de espíritu profético. Pero tampoco esto se hace mediante un análisis racional, sino gracias a una inspiración del mismo Espíritu. El don de discernir *(diakrisis)* oscila, por tanto, entre distinguir e interpretar: *distinguir* si el que ha hablado ha sido el Espíritu de Dios o un espíritu distinto, humano o diabólico; e *interpretar* lo que el Espíritu ha querido decir en una situación concreta. A este mismo don del discernimiento, se refiere la famosa advertencia:

> «No apaguéis la fuerza del Espíritu; no menospreciéis los dones proféticos. Examinadlo todo y quedaos con lo bueno. Apartaos de todo tipo de mal» (1 Tes 5,19-22).

Si debemos, aquí también, tener en cuenta la experiencia actual, hemos de pensar que este carisma consistía en la capacidad de la asamblea, o de algunos miembros de la misma, de reaccionar activamente ante la profecía, expresando su aprobación hacia la palabra profética escuchada, mediante la exclamación «¡confirmo!» o con otros pequeños signos de la cabeza o de la voz, o, por el contrario, mostrando su juicio negativo mediante el silencio o pasando a otra cosa. De este modo, la profecía verdadera y la falsa es juzgada «por los frutos» que produce, o no produce, como aconsejaba el propio Jesús (cfr. Mt 8,16).

Otro carisma vinculado a la palabra es el de la *enseñanza* (Rom 12,7). Quien lo posee recibe la calificación de *maestro* (cfr. 1 Cor 12,29; Ef 4,11). A diferencia de la profecía, que indica una palabra nueva de Dios, la enseñanza indica la capacidad de captar nuevas implicaciones en la palabra de Dios que ya conocemos, tanto del Antiguo Testamento como de los dichos de Jesús. Éste es el carisma que brilla, por ejemplo, en la mejor exégesis espiritual de los Padres. La diferencia entre el *lenguaje del conocimiento* y el *lenguaje de la sabiduría* (1 Cor 12,8), que a su vez parecen referirse a la enseñanza, consiste en que el primero se ccupa de las verdades elementales del cristianismo y el segundo de las verdades más altas, reservadas a los perfectos[15] (en el lenguaje corriente de los pentecostales y carismáticos de hoy, la «palabra de cono-

---

[15] Cfr. 1 Cor 2,6-16; Heb 6,1.

cimiento» indica más bien la revelación hecha a alguna persona -
en general a quien ejerce el ministerio de las curaciones- y comunicada a la asamblea, de que el Señor está actuando en un caso
concreto).

He intentado describir los carismas que están más estrechamente vinculados a la palabra, porque es a ellos a los que nuestro
himno se refiere directamente cuando habla del Espíritu que «pone
en los labios la palabra». La relación entre el Espíritu y la palabra no
se limita, sin embargo, al ámbito carismático, sino que se extiende
a todos los aspectos de la vida de la Iglesia. El Espíritu Santo:

> Pone en la boca del hagiógrafo la palabra revelada,
> y tenemos la Escritura.
> Pone en la boca de la Iglesia la palabra de alabanza,
> y tenemos la liturgia.
> Pone en la boca de los Padres la palabra de definición,
> y tenemos el dogma.
> Pone en la boca de los pastores la palabra de enseñanza,
> y tenemos el magisterio.
> Pone en la boca del predicador la palabra: «¡Jesús es el Señor!»,
> y tenemos la evangelización.
> Pone en la boca del sacerdote las palabras de la consagración,
> y tenemos la eucaristía.
> Pone en la boca de los hijos el grito: «¡Abba, Padre!»,
> y tenemos la plegaria cristiana.
> Pone en la boca del inspirado una palabra de fuego,
> y tenemos la profecía.
> Pone un cántico nuevo en la boca de quienes han saboreado
> el «vino nuevo», y tenemos el canto en lenguas.

4. *Entonces aparecieron lenguas como de fuego*

Hay un elemento común que une a todos los carismas que
acabamos de mencionar: en todos ellos es el Espíritu Santo el que
se introduce misteriosamente en el lenguaje humano, confiriéndo-

le una calidad absolutamente nueva. Se perpetúa -evidentemente de forma no normativa y canónica- el prodigio que está en el origen de la revelación divina: «Impulsados por el Espíritu Santo, algunos hombres hablaron de parte de Dios» (2 Pe 1,21).

Esto se produce sobre todo cuando se proclama el *kerigma* de Jesucristo muerto y resucitado «en Espíritu y poder». ¿Qué ocurre en este caso? Mientras el anunciador está hablando, en un momento dado, no decidido por él, nota una interferencia, como si una onda de distinta frecuencia se introdujera en su voz. Él se da cuenta porque le invaden una emoción, una fuerza y una convicción extraordinarias, que distingue claramente que no son suyas. La palabra se hace más firme, más incisiva. Experimenta un reflejo de aquella «autoridad» que todos percibían cuando oían hablar a Jesús. Si está hablando, por ejemplo, del pecado, siente un celo por Dios y una indignación, como si Dios en persona le hubiera designado como abogado suyo ante el mundo. Le parece que, con esa fuerza, podría resistir al mundo entero y hacer verdaderamente «enloquecer a los culpables y temblar a los inocentes»[16]. Si habla del amor de Dios o de la pasión de Cristo, su voz transmite algo del mismo *pathos* de Dios.

El apóstol Pablo describe muy bien este hecho:

> «Mi palabra y mi predicación no consistieron en sabios y persuasivos discursos; fue más bien una *demostración del poder del Espíritu*, para que vuestra fe se fundara, no en la sabiduría humana, sino en el poder de Dios» (1 Cor 2,4-5).

> «El evangelio que os anunciamos no se redujo a meras palabras, sino que estuvo acompañado de la fuerza y plenitud del Espíritu Santo» (1 Tes 1,5).

El Apóstol habla de una experiencia común a él y a sus oyentes. De hecho, cuando es el Espíritu el que pone en los labios una

---

[15] W. SHAKESPEARE, *Hamlet*, II, escena 2.

palabra, los efectos, a pesar de que son de una naturaleza exquisitamente espiritual, son bien visibles. El oyente se siente tocado en
un punto de su ser al que no llega ninguna otra voz, y más de una
vez un escalofrío le atraviesa todo el cuerpo.

El ser humano y su voz, en este momento, desaparecen para
hacer sitio a otra voz. Se constata la verdad del dicho:

«El verdadero profeta, cuando habla, calla»[17].

Calla porque, en ese momento, ya no es él quien habla, sino
otro. Se ha hecho un misterioso silencio en su interior, como cuando uno se aparta respetuosamente para dejar paso al rey. Él mismo es arrastrado por la palabra que pronuncia, y si hay conside-
raciones humanas que intentan impedirle exteriorizar un pensamiento concreto, siente en sus huesos «un fuego devorador que no
puede contener» (cfr. Jr 20,9) y pronuncia esa frase en tono aún
más alto. Nos quedamos confusos y atemorizados ante Dios que
dice a su anunciador, pobre criatura pecadora: «Tú serás mi porta-
voz» (Jr 15,19).

Esto no se produce con la misma intensidad durante un discurso entero o una homilía. Son momentos. A Dios le basta una frase, una palabra. El anunciador y los oyentes tienen la sensación
como de unas gotas de fuego que, en un momento dado, se mez-
clan con las palabras del predicador, haciéndolas incandescentes.
El fuego es la imagen que expresa de manera menos imperfecta la
naturaleza de esta acción del Espíritu. Por eso, en Pentecostés, él se
manifestó en forma de «lenguas como de fuego, que se repartían y
se posaban sobre cada uno de ellos» (Hech 2,3). De Elías se lee que
era «como un fuego, su palabra quemaba como antorcha» (Eclo
48,1) y en el libro del profeta Jeremías el propio Dios declara:

«¿No es mi palabra fuego, oráculo del Señor, y martillo que tritu-
ra la roca?» (Jr 23,29).

---

[17] FILÓN DE ALEJANDRÍA, *Quis rerum*, 266, en *Les Oeuvres de Philon d'Alexandrie*, vol.
15 (París 1966) 300.

5. *De Babel a Pentecostés*

Todo esto nos hace comprender una cosa: tenemos una necesidad urgente de dejar entrar el fuego del Espíritu Santo en todas las palabras que salen de nuestra boca. De lo contrario, puede que sean palabras llenas de sentido, pero vacías de poder; iluminan, pero no mueven. Palabras «inútiles». Jesús ha dicho:

> «En el día del juicio tendréis que dar cuenta de las palabras vacías que hayáis dicho» (Mt 12,36).

Siempre se ha discutido sobre el significado de la palabra «vacías». Pero si leemos este pasaje a la luz del pasaje paralelo sobre los falsos profetas (cfr. Mt 7,15-20), tal vez se disipe su oscuridad.

El sentido exacto del término original *argòn* no es el sentido pasivo de palabra *infundada,* calumniosa, sino el activo de palabra ineficaz, que *no funda nada,* no produce nada. Exactamente lo contrario de la palabra de Dios, que es definida como enérgica, eficaz *(energes)*[18].

Las palabras «vacías», de las que los hombres tendrán que dar cuenta, no son, por tanto, cualquier palabra vacía; son las palabras vacías meramente humanas, pronunciadas por aquel que debería, en cambio, transmitir las «enérgicas» palabras de Dios, palabras inspiradas. Son las palabras del falso profeta, es decir, del que hace creer que habla en nombre de Dios, y en cambio habla en su propio nombre; no toma las palabras del corazón de Dios, sino del suyo.

Para pronunciar palabras eficaces, necesitamos el Espíritu Santo. Comentando el versículo del salmo que dice: «Levantan los ríos, Señor, su clamor y su fragor» (Sal 93,3), san Ambrosio escribía a un colega suyo en el episcopado:

> «Hay un río que baja sobre sus santos como un torrente... El que reciba de la plenitud de este río, levanta su propia voz. Y como los

---

[18] Cfr. Heb 4,12; 1 Tes 2,13.

apóstoles, con voz resonante, hicieron oír la predicación evangélica hasta los extremos confines de la tierra, así también él empieza
a anunciar la buena nueva del Señor Jesús. Recibe, pues, de Cristo
este río a fin de que también tu anuncio resuene con fuerza»[19].

Pero no hace falta insistir mucho en el hecho de que, sin el
Espíritu Santo, no puede haber auténtica proclamación y misión;
que sin él nuestro hablar, exhortar, rezar, enseñar y predicar, es
estéril. Creo que de esto ya estamos todos convencidos. Más bien
debemos preocuparnos del problema práctico: ¿qué tenemos que
hacer para permitir al Espíritu Santo que ponga verdaderamente
«en nuestra boca la palabra»?

Una indicación importante a este respecto la encontramos en
el relato mismo de Pentecostés. Sabemos que Lucas quiso establecer un contraste entre Pentecostés y Babel. De aquí su insistencia en lo de las lenguas. Aquí es donde reside exactamente el paralelismo y el contraste: en Babel todos hablaban todavía la misma
lengua y, sin embargo, llegó un momento en que dejaron de enten-
derse entre ellos; en Pentecostés todos hablaban lenguas diferentes (partos, elamitas, etc.) y, sin embargo, cada cual empezó a
entender al otro. ¿Cómo se explica esto? Los hombres de Babel se
dispusieron a construir la torre, diciéndose el uno al otro:

> Vamos a edificar una ciudad y una torre cuya cúspide llegue has-
> ta el cielo; así nos haremos famosos y no nos dispersaremos
> sobre la faz de la tierra» (Gn 11,4).

Ellos quieren «hacerse famosos», les anima el deseo de poder
y de autoafirmación. Pasemos ahora a Pentecostés. ¿Cómo es que
todos los entienden? La respuesta está en lo que observan los presentes:

> «Los oímos proclamar en nuestras lenguas las grandezas de Dios»
> (Hech 2,11).

---

[19] SAN AMBROSIO, *Cartas*, VII, 36: CSEL 8, 2, 4.

Todos comprenden a los apóstoles, porque ellos no hablan de sí mismos, sino de Dios. No piensan en hacerse famosos, sino en hacer famoso a Dios. ¡Han aprendido el «cántico nuevo»! Si antes habían discutido entre ellos sobre quién era el más grande, ahora ya no. Se ha producido la gran conversión: del yo a Dios. Han muerto a su propia gloria. Por eso el Espíritu puede poner en su boca la palabra. Él no puede hacerse cómplice de nuestra vanidad ni puede poner su poder al servicio de nuestra ambición.

La alabanza entusiasta de Dios, la admiración, el asombro ante sus obras, es uno de los signos más claros de que el Espíritu de Dios ha visitado el alma del hombre. María, cuando recibe el Espíritu Santo y el poder del Altísimo, entona el *magníficat*; la Iglesia, tras recibir la fuerza de lo alto en Pentecostés, hace lo mismo. Las «grandes obras» de Dios que los apóstoles proclaman, evocan de cerca las «cosas grandes» cantadas por María (cfr. Lc 1,49). «Entre todas las criaturas, el hombre es la única capaz de alabanza»[20]. Por eso el Espíritu Santo es aquel que nos ayuda a realizarnos como «genios de la alabanza», que nos da no solamente el deber, sino también el gusto, la pasión por la alabanza a Dios. Dice el creyente al filósofo: «¡Tú razona, yo admiro!»[21].

Los Padres desarrollaron profundas reflexiones sobre Babel, pero se equivocaron en un punto. Ellos creían que los constructores de Babel eran unos ateos, unos titanes que pretendían desafiar a Dios. Nada de eso. Se trataba de hombres piadosos y religiosos. La torre que querían construir no era otra cosa que uno de esos famosos templos de terrazas superpuestas, llamados *zikkurat,* de los que quedan todavía algunas ruinas en Mesopotamia. ¿Cuál era, entonces, su pecado? Ellos querían construir un templo *a* Dios, pero no *para* Dios; para la gloria de ellos, no para la de Dios. Pensaban que, al construir un templo más alto que todos los de alrededor, iban a poder tratar con Dios desde una posición de fuerza y arrancarle así favores y victorias.

---

[20] SAN AGUSTÍN, *Sermones*, 29, 1: CC 41, 373.
[21] SAN AGUSTÍN, *Sermones*, 27, 7: CC 41, 366.

Esto hace que todo el acontecimiento se acerque mucho más a nosotros. Babel y Pentecostés son dos obras que permanecen abiertas en la historia. Agustín ha basado en esto su obra *La ciudad de Dios.* En el mundo hay dos ciudades en construcción: la ciudad de Babilonia, fundada en el amor a uno mismo llevado hasta el desprecio de Dios, y la ciudad de Dios, la nueva Jerusalén, fundada en el amor de Dios llevado hasta el desprecio de uno mismo. Cada uno de nosotros está llamado a escoger en cuál de las dos obras quiere trabajar. Toda iniciativa pastoral, toda misión, toda empresa religiosa, incluso la más santa, puede ser Babel o Pentecostés. Es Babel si uno busca en ella su propia afirmación, si quiere hacerse famoso; es Pentecostés si busca con ella la gloria de Dios y el advenimiento de su Reino.

Es una advertencia para nosotros. Si queremos que el Espíritu ponga en nuestros labios la palabra, tenemos que vivir en esta constante actitud de morir a nuestra propia gloria y buscar la gloria de Dios.

Y terminamos haciendo nuestra esa hermosa plegaria de Gregorio de Narek, el místico armenio que vivió a comienzos del segundo milenio, y que fue el que más influyó en la vida espiritual y en la poesía de su pueblo hasta el día de hoy:

> Yo suplico a tu inmutable y omnipotente soberanía, oh Espíritu poderoso: envía el rocío de tu suavidad.
>
> Tú que consagras a los apóstoles, inspiras a los profetas, instruyes a los doctores, que haces hablar a los mudos y abres los oídos a los sordos, dame también a mí, pecador, la gracia de hablar con seguridad del misterio vivificante de la Buena Nueva del Evangelio... Ahora que me dispongo a exponer en público tu palabra, que tu misericordia me preceda y me sugiera interiormente, en el momento adecuado, lo que es digno y útil, lo que te es grato, para gloria y alabanza de tu divinidad, y para la edificación plena de la Iglesia católica[22].

---

[22] GREGORIO DE NAREK, *El libro de las plegarias,* 34: SCh 78, 210ss.

XIV

ENCIENDE TU LUZ EN LA MENTE

El Espíritu Santo nos guía hacia la verdad plena

1. *La obra del Espíritu en cada creyente*

Vamos a entrar en una nueva estrofa del *Veni creator* y con ella en un nuevo orden de ideas. Traducida al pie de la letra, dice así:

> «Enciende tu luz en la mente,
> infunde amor en el corazón,
> fortalece con tu eterno poder
> lo que está enfermo en nuestro cuerpo».

Vuelven a aparecer los verbos en imperativo (mejor sería llamarlos en *impetrativo)* de la primera estrofa. En efecto, de la *contemplación* del Espíritu, que ha caracterizado la segunda y la tercera estrofa, pasamos ahora a la *invocación* del Espíritu, que proseguirá para el resto del himno; del género del *elogio* («tú que eres, etc.») volvemos al de la *epíclêsis.*

Esto en lo que respecta a la forma. También en el contenido, con esta estrofa se abre ante nosotros un nuevo horizonte, otro campo de acción del Espíritu. En la primera estrofa, la acción del Espíritu Santo era contemplada sobre el fondo ilimitado del cosmos y de la historia. Respecto al *tiempo,* el Espíritu ha estado presente en el momento en que las criaturas han salido de Dios, y en el movimiento de su vuelta a Dios; respecto al *espacio,* ha estado presente en toda la creación y, con más fuerza, en la Iglesia.

En la segunda y tercera estrofas que acabamos de comentar, la mirada se concentraba ya en la Iglesia, donde precisamente el Espíritu actúa como «Espíritu de la gracia». Siguiendo el desarrollo del himno, hemos podido contemplar, siempre en la Iglesia, primero la *obra santificadora* del Espíritu Santo y después su *acción carismática,* con la que preside la «organización de la Iglesia».

Ahora la atención se desplaza, por así decirlo, desde el exterior hacia el interior: del cosmos, la historia y la Iglesia, a la persona. Aquí es maravillosamente enfocada la acción que el Espíritu Santo lleva a cabo en cada uno de los creyentes, su relación personal con cada uno de nosotros. La acción del Espíritu se interioriza y humaniza.

El autor del himno «encuadra» la acción del Paráclito, como lo haría un buen cámara de televisión. Por lo general, éste hace un plano «total», en el que se ve al actor dentro del conjunto de la escena; a continuación, pasa a un primer plano, donde el campo se reduce a la persona sola, y finalmente hace un primerísimo plano, encuadrando sólo el rostro. En la primera estrofa, el autor nos ha dado un plano «total» sobre el Espíritu, haciendo que lo contempláramos en todo el arco de la historia y del mundo; en la segunda y tercera estrofas, nos lo ha hecho ver en acción dentro del ámbito más reducido de la Iglesia, y en las dos siguientes -la cuarta y la quinta- nos lo hará contemplar en cada persona. En la última estrofa, volverá al plano «total», y esta vez no será la historia y el mundo, sino la Trinidad.

Para describir la acción del Paráclito en cada persona, el autor del himno perfila, como en una filigrana, una visión del ser humano, una antropología. Al hombre se le ve, en primer lugar, en su dimensión racional e intelectiva. El término «sentidos» *(accende lumen sensibus),* en este caso, no indica, en efecto, los sentidos externos -vista, oído, etc.-, sino, según la costumbre del latín eclesiástico, la mente (cfr. 1 Cor 2,16: «¿Quién conoce el *pensamiento* del Señor?»); el plural, *sensibus,* además, se debe a las exigencias de la métrica, como ocurre con *cordibus,* en el verso siguiente.

En segundo lugar, la persona humana es considerada en su dimensión afectiva y volitiva, que aquí, como ocurre a menudo en la Biblia, es señalada con la palabra *corazón*.

Finalmente, el hombre es enfocado también como *cuerpo,* que no es un elemento extraño (como se le considera en el platonismo y en otras formas de pensamiento dualista), sino que es obra, a su vez, del Espíritu creador, y, por la gracia, también su templo. ¡El «hermano cuerpo», como lo llamaba Francisco de Asís, entra con pleno derecho en el campo de acción del Espíritu, que es amigo también del cuerpo!

Observamos que esta visión del ser humano tiene algunas características. A pesar de que distingue en el hombre tres componentes, no coincide exactamente con la tricotomía de la filosofía griega. Ésta distinguía en el ser humano tres componentes: el cuerpo, el alma (entendida como principio vital intermedio) y el espíritu o *nous,* entendido como el elemento más elevado. En nuestro caso, al hombre, de acuerdo con la visión cristiana tradicional, se le distingue en dos componentes fundamentales: el cuerpo y el alma. Intelecto y voluntad, mente y corazón, no son más que dos *facultades* de la misma alma.

Otra característica: algunos Padres concibieron al Espíritu Santo como el elemento divino que viene a completar al ser humano en el plano sobrenatural, adhiriéndose a su parte más noble, el intelecto, y, sólo a través de éste, actuando sobre lo demás. Nuestro himno deja entrever una perspectiva distinta y más bíblica: el Espíritu Santo actúa directamente sobre todo el hombre: mente, corazón y cuerpo. Para cada una de estas esferas se pide, en efecto, al Espíritu Santo el don apropiado: para la mente, la luz; para el corazón, el amor; para el cuerpo, la salud. El principio cristológico según el cual «aquello que no ha sido asumido por el Verbo, no está salvado», se tiene que aplicar, de forma análoga, también al Espíritu Santo: «Aquello que no ha sido alcanzado por el Espíritu Santo, no está santificado».

Vamos a dedicar a cada una de estas tres zonas de nuestro ser, y de las respectivas operaciones del Espíritu, un capítulo aparte, empezando por la primera, que es la mente.

2. El Espíritu Santo como luz, en la Biblia y en los Padres

A diferencia de otros símbolos naturales -como el viento, el agua, el fuego y el aceite-, la luz nunca es utilizada en la Escritura para indicar directamente al Espíritu Santo. Y, sin embargo, como veremos, ha desempeñado un papel importantísimo en la «neuma-tología» de los Padres. ¿En qué se basaron ellos entonces? ¿Acaso nos encontramos ante un tema carente de fundamento bíblico?

Sabemos que la «luz» es ampliamente utilizada en la Escritura para hablar de Dios, hasta la solemne afirmación de Juan: «Dios es luz» (1 Jn 1,5). Una vez llegados a la certeza de que el Espíritu Santo es Dios, en igualdad de condiciones con el Padre y el Hijo, los Padres le aplicaron coherentemente -como hicieran antes con el Hijo- todo aquello que pertenece por naturaleza a Dios, y en particular este atributo de la luz. Toda la demostración de la divinidad del Espíritu se basa en el razonamiento de que al Espíritu Santo le corresponden los mismos títulos y prerrogativas que, en la Escritura, están reservados a Dios. Es en contextos de este tipo donde el título de «luz» es discutido y defendido en los primeros tratados sobre el Espíritu Santo[1].

Aunque la Escritura no atribuya en particular al Espíritu el símbolo natural de la luz, sin embargo, le atribuye a menudo la *realidad* espiritual a la que el símbolo se refiere: la de ser principio de conocimiento, fuente de verdad. Es aquello en lo que más insiste Juan cuando llama al Paráclito «Espíritu de la verdad», que «con-

---

[1] Cfr. SAN AMBROSIO, *El Espíritu Santo*, I, 16, 140-151.

duce a la verdad completa» (Jn 16,13), que enseña, sugiere y recuerda todo lo que Cristo dijo a sus discípulos.

También Pablo habla de la función reveladora y cognoscitiva realizada por el Espíritu Santo. A propósito de las cosas que «el ojo no vio, ni el oído oyó, ni al hombre se le ocurrió pensar», añade, casi con aire triunfante:

> «Eso es lo que nos ha revelado Dios por medio de su Espíritu. El Espíritu, en efecto, lo escudriña todo, incluso las profundidades de Dios. Pues ¿quién conoce lo íntimo del hombre a no ser el mismo espíritu del hombre que está en él? Del mismo modo, sólo el Espíritu de Dios conoce las cosas de Dios. En cuanto a nosotros, no hemos recibido el espíritu del mundo, sino el Espíritu que viene de Dios, para que conozcamos lo que Dios gratuitamente nos ha dado. Y de esto es de lo que hablamos, no con palabras aprendidas de la sabiduría humana, sino aprendidas del Espíritu, adaptando lo que es espiritual a quienes poseen el Espíritu de Dios» (1 Cor 2,10-13).

Éste es, por tanto, el fundamento bíblico del título de «luz». Como siempre, junto al dato bíblico está la *experiencia de la Iglesia,* el otro gran factor que enriquece el conocimiento del Espíritu Santo. La Iglesia ha experimentado la «fuerza iluminadora» del Paráclito, lo mismo que ha experimentado su «fuerza santificadora». San Atanasio define precisamente así al Espíritu Santo: «Fuerza de santificación y de iluminación»[2]. San Basilio desarrolla este tema con unas imágenes sugestivas:

> «El Espíritu Santo, fuerza de santificación y luz inteligible, otorga por sí mismo a cada criatura racional una especie de claridad, a fin de que descubra la verdad... Así como el rayo de luz, cuya gracia está presente en quien disfruta de él como si fuera el único y que, sin embargo, alumbra la tierra y el mar y se funde con el aire, del mismo modo el Espíritu está presente en todo aquel que es

---

[2] SAN ATANASIO, *Cartas a Serapio*, I, 20: PG 26, 580 A.

capaz de recibirlo, como si fuera el único, y permanece intacto emitiendo gracia suficiente para todos... Iluminando a aquellos que se han purificado de toda mancha, los hace ser espirituales, mediante la comunión con él. Y como los cuerpos limpios y transparentes se tornan brillantes cuando un rayo luminoso los alcanza, y difunden esplendor ellos mismos, así las almas que llevan el Espíritu dentro de sí, iluminadas por él, se vuelven espirituales y difunden la gracia sobre los demás»[3].

La luz es la imagen que más se repite en el tratado sobre el Espíritu Santo de este Padre, que ejerció un influjo determinante en todo el desarrollo posterior de la «neumatología» oriental. Si la luz del Espíritu se apaga en nuestra alma, a causa del pecado, todo vuelve a caer en la oscuridad:

«Si de noche apartas de ti la luz, los ojos se quedan ciegos, las facultades inertes, los valores indistintos; se pisotea el oro confundiéndolo con hierro. Así, en el orden espiritual, es imposible, sin el Espíritu, llevar hasta el final una vida conforme a la ley[4].

La misma sensación de experiencia vivida se transparenta en las palabras de Cirilo de Jerusalén, quien define al Espíritu Santo como «el gran doctor de la Iglesia»:

«Refulgentes rayos de luz y de inteligencia preceden su venida. Él viene con entrañas de auténtico defensor. Viene, en efecto, a salvar, a cuidar, a enseñar, a amonestar, a robustecer, a consolar, a iluminar la mente. Y estos efectos los produce, en primer lugar, en el alma que lo recibe, y posteriormente, por medio de ella, también en los demás. Y así como una persona que antes se hallaba en tinieblas, después de haber visto de repente el sol se queda con el ojo del cuerpo iluminado y ve claramente aquello que antes no veía, del mismo modo quien ha sido hecho digno de recibir al Espíritu Santo permanece con el alma iluminada y ve de forma sobrehumana todo aquello que antes no veía»[5].

---

[3] San Basilio Magno, *Sobre el Espíritu Santo*, IX, 22-23: PG 32, 108ss.
[4] Ibíd., XVI, 38: PG 32, 137 C.
[5] San Cirilo de Jerusalén, *Catequesis*, XVI, 16.

Entre los orientales el tema de la luz tiene, en la teología del Espíritu Santo, un papel comparable al que tiene entre los latinos el tema del amor. Si en un principio el símbolo de la luz se utilizó para afirmar la *naturaleza* divina del Espíritu Santo, muy pronto se trató de usarlo también para comprender algo de su hipóstasis, es decir, de la *persona*. Así como, a propósito del título del agua, se habían distinguido tres cosas: el manantial, el río y el arroyo, del mismo modo, a propósito de la luz, se distinguen el sol, su resplandor y su rayo[6]. El manantial y el sol es el Padre, el río y el fulgor es el Hijo, el arroyo y el rayo es el Espíritu Santo. San Gregorio de Nisa sigue utilizando este simbolismo trinitario, pero tratando de liberarlo del peligro que suponía admitir una inferioridad del Hijo con respecto al Padre, y del Espíritu con respecto al uno y al otro. Tras comparar al Padre con el sol y al Hijo con el rayo que emana de él «como otro sol», extiende la imagen al Espíritu Santo, diciendo:

> «Y hay otra luz similar que, del mismo modo, no está separada por ningún intervalo de tiempo de la luz engendrada, sino que se difunde gracias a la misma, a la vez que la causa de su hipóstasis procede de la luz primera. Esta misma luz, como aquella de la que hemos hablado antes, brilla e ilumina, y realiza todas las demás cosas que están en la luz»[7].

El Espíritu Santo es luz, al igual que el Padre y el Hijo, a pesar de que se difunde a través del Hijo (la luz engendrada), y tiene su origen último en el Padre (la luz primera). La luz sirve así para afirmar, al mismo tiempo, la unidad y distinción de Dios. La luz, junto con los fenómenos que suelen acompañarla (la transfiguración de la persona y su completa inmersión interior y exterior en la claridad), es el elemento más constante entre los orientales, también en la *mística del Espíritu Santo*. El ejemplo más hermoso se puede observar en la vida de san Serafín de Sarov. Él está instruyen-

---

[6] Cfr. Tertuliano, *Contra Praxeas*, VIII, 6; XXII, 6: CC 2, 1168. 1190).
[7] San Gregorio de Nisa, *Contra Eunomio*, I: PG 45, 416; cfr. también San Gregorio Nacianceno, *Discursos*, XXXI, 31-32: PG 36, 169.

do a un discípulo sobre la venida del Espíritu Santo. Es invierno, los dos están al aire libre, ocupados en partir leña, mientras a su alrededor cae la nieve. De pronto, el santo le dice al discípulo que le mire a los ojos. ¿Y qué es lo que éste ve? Nada menos que una luz fulgurante que se difunde a su alrededor a varios metros de distancia, alumbrando la nieve que cubría el prado y que seguía cayendo. El pequeño monje Serafín parece un hombre que está hablando mientras su rostro es como si estuviera bajo el sol de mediodía[8]. Esto es lo que ha producido la venida del Paráclito sobre ellos.

En la tradición ortodoxa, la nube luminosa que envuelve a los discípulos en el Tabor no era otra cosa que el Espíritu Santo. También la famosa «luz tabórica», que tanta importancia tiene en la espiritualidad y la iconografía oriental, está íntimamente ligada al Espíritu Santo[9]. Un texto del Oficio ortodoxo dice que, el día de Pentecostés, «gracias al Espíritu Santo, el mundo entero recibió un bautismo de luz»[10].

También entre los latinos hallamos espléndidas alusiones al Espíritu Santo como «luz». San Hilario llama al Paráclito, con una expresión muy parecida a nuestro himno, «luz de las mentes y resplandor de las almas»; escribe, además: «Hasta que el alma no haya alcanzado, mediante la fe, el don del Espíritu Santo, tiene la posibilidad de conocer a Dios, pero le falta la luz para entenderlo»[11]. Una plegaria anterior a la composición del *Veni creator,* y que sigue vigente en la liturgia, dice:

---

[8] «Coloquio con Motovilov», en I. GORAÏNOFF, *Serafín de Sarov* (Turín 1981) 178.
[9] GREGORIO PALAMAS, *Homilía I sobre la Transfiguración:* PG 151, 433 B-C.
[10] *Sinaxario de Pentecostés,* en *Pentecostaire* (Diaconie apostolique, Parma 1994) 407.
[11] SAN HILARIO, *La Trinidad,* II, 1, 35: CC 62, 71.

«Que el Paráclito, que procede de ti, Señor, ilumine nuestras mentes y nos conduzca, tal y como prometió tu Hijo, a la verdad completa»[12].

La misma antigua plegaria de Pentecostés, que a menudo se utiliza cuando se quiere invocar al Espíritu antes de cualquier acción, dice:

«Oh Dios, que has iluminado los corazones de tus fieles *con la luz del Espíritu Santo*, haznos dóciles a sus inspiraciones, para gustar siempre el bien (*recta sapere*) y gozar de su consuelo»[13].

La Secuencia de Pentecostés, que a menudo recuerda los temas de nuestro himno, invoca al Espíritu Santo como «luz que penetra las almas»; pide que mande «su luz» desde el cielo y, como «divina luz», «entre hasta el fondo del alma».

Sin embargo, el tema del Espíritu Santo como «luz» no ha desempeñado entre los latinos la misma función que ha tenido en Oriente. Eso se debe a que, después de san Agustín, en Occidente el titulo de «luz» y la correspondiente función de doctrina, inteligencia y conocimiento, han sido más bien reservados al Verbo divino, mientras que la categoría principal con la que se intenta arrojar luz sobre el Espíritu es la del amor. La *sabiduría* es atribuida al Hijo, como el *poder* al Padre y la *bondad* al Espíritu Santo, por cuanto procede como amor[14]. La misma mística de la luz, a pesar de que está muy desarrollada en el mundo latino, sigue estando ligada casi exclusivamente al Verbo o a la esencia divina, como, por ejemplo, en los místicos renanos.

---

[12] *Sacramentarium Gellonense* (siglo VIII): CC 159, 139, n. 1044: «Mentes nostras, quesumus Domine, Paraclitus qui a te procedit inluminet, et inducat in omnen, sicut tuus promisit Filius, veritatem».

[13] *Antigua plegaria de la misa de Pentecostés:* «Deus qui corda fidelium Sancti Spiritus inlustratione docuisti, da nobis in eodem Spiritu recta sapere et de eius semper consolatione gaudere».

[14] Cfr. Santo Tomás de Aquino, *De veritate*, q. 7, a. 3.

3. ¿Qué clase de luz enciende el Espíritu, y qué es lo que ilumina?

La reflexión cristiana ha llegado a distinguir varios tipos de luz y de iluminación. Hay una luz natural, una luz de fe, una luz de gracia y, en la vida eterna, una luz de gloria. La *luz natural* es la razón humana. La luz *de la fe* es la que nos permite conocer las cosas que están por encima de la razón; es como tener un ojo nuevo que nos abre el mundo de lo invisible y de Dios. La *luz de la gracia* -afín a la anterior, aunque tal vez más amplia en su objetivo- es una luz infusa, de carácter sobrenatural, a la que el hombre no puede acceder sino «por una gratuita ayuda divina que lo mueve interiormente»[15]. El alma, iluminada por la gracia, es como el aire aclarado por los rayos del sol. Finalmente, a la luz de la fe y de la gracia, en la vida eterna sucederá la *luz de la gloria,* mediante la cual veremos a Dios «cara a cara» y seremos «transformados de gloria en gloria»[16].

¿A cuál de estos diferentes tipos de luz pertenece «la luz» que el Espíritu Santo «enciende» en nuestra mente? No se identifica simplemente con el don de la fe, mediante el cual creemos en las verdades reveladas, sino que nos da una capacidad nueva de penetrar más a fondo en los misterios, de verlos en sus relaciones mutuas y en relación con nuestra vida espiritual, de intuir su coherencia básica. Nos permite, en fin, captar «el esplendor de la verdad» y gustar de su íntima dulzura. Es luz de fe y de gracia al mismo tiempo. Todo lo que la teología de los dones ha destacado, hablando del *don de la inteligencia y de la sabiduría,* encuentra su sitio aquí.

El Espíritu Santo se derrama sobre nosotros «para que conozcamos lo que Dios gratuitamente nos ha dado» (cfr. 1 Cor 2,12). Pero *conocer* aquí significa más que un simple saber; quiere decir

---

[15] ÍD., *Summa theologica*, I-II, q. 79, a. 3; q. 109, a. 6.
[16] ÍD., *De veritate*, q. 8, a. 3, ad 10.

admirar con gratitud, ver con claridad, gustar, poseer. El Espíritu nos comunica la alegría que procede de la certeza. Vivimos en una cultura donde a la *verdad* se antepone, como supremo ideal humano, la *veracidad;* a la *certeza,* la simple *sinceridad.* Se considera incluso presuntuoso que los creyentes piensen que poseen certezas objetivas. También en esta fase, el Espíritu Santo nos enseña la actitud adecuada, que es la de ser humildes en la seguridad, y seguros en la humildad. Lutero escribió:

> «El Espíritu Santo no es un escéptico; no escribe en nuestros corazones dudas u opiniones, sino verdades más ciertas y seguras que la vida misma y que cualquier dato sacado de la experiencia»[17].

Y, sin embargo, otro teólogo de su escuela añade:

> «No hay amigo más íntimo de la sana razón humana que el Espíritu Santo»[18].

Pero, ¿qué es lo que ilumina concretamente el Espíritu Santo? Pablo dice que él nos hace conocer «las profundidades de Dios», «las cosas de Dios», «lo que Dios gratuitamente nos ha dado» (cfr. 1 Cor 2,10-12). Las profundidades de Dios, a la luz del Nuevo Testamento, son, en primer lugar, las personas mismas de la Trinidad, la vida íntima de Dios que se desarrolla entre el Padre, el Hijo y el Espíritu. Dirá la última estrofa de nuestro himno: «Por medio de él, conocemos al Padre y sabemos quién es el Hijo».

No obstante, el objetivo, por así decirlo, privilegiado de la revelación del Paráclito es -lo veremos comentando precisamente la última estrofa- la *persona y la obra de Jesús.* El Espíritu Santo enciende en la mente la luz de Cristo, hace presente a aquel que dijo: «Yo soy la luz del mundo» (Jn 8,12).

---

[17] Lutero, *El siervo albedrío:* WA, 18, 605.
[18] K. Barth, Die *Kirchliche Dogmatik,* IV/4 (Zürich 1967) 31.

«Es para conocer a Cristo que hemos recibido el pensamiento, es para correr hacia él que hemos recibido el deseo y es para llevarlo en nosotros que tenemos el memorial»[19].

El Espíritu Santo ilumina también *nuestro destino.* En la Carta a los Efesios se pide a Dios Padre que ilumine los ojos de nuestra mente con un *espíritu de revelación,* para comprender «cuál es la esperanza a la que hemos sido llamados, cuál la inmensa gloria que él ha otorgado en herencia a su pueblo» (cfr. Ef 1,17-18). Pero la experiencia más frecuente del Espíritu que «enciende» su luz en la mente, la hacemos leyendo las *Escrituras.* Él continúa, en la Iglesia, la acción del Resucitado que. después de la Pascua, «les abrió la inteligencia para que comprendieran las Escrituras» (cfr. Lc 24,45).

«La ley pertenece a la esfera del "espíritu" (Rom 7,14); pero lo que la ley pretende significar espiritualmente, no es manifiesto a todos, sino tan sólo a quienes ha sido concedida la gracia del Espíritu Santo»[20].

Toda la riquísima tradición sobre la «lectura espiritual» de la palabra de Dios se basa en este convencimiento. La Escritura, dice la *Dei Verbum,* «tiene que ser leída e interpretada con la ayuda del propio Espíritu mediante el cual ha sido escrita»[21]. Leer la Biblia sin el Espíritu Santo es como abrir un libro en la oscuridad de la noche.

En ocasiones ocurre que hemos leído, y puede que incluso comentado, muchas veces un determinado pasaje de la Escritura, sin sentir ninguna emoción particular. Y he aquí que un buen día lo leemos en un clima de fe y de oración, y ese pasaje de repente nos ilumina, nos habla, arroja luz sobre una situación que estamos viviendo, nos aclara la voluntad de Dios. Más aún, cuando pasa un tiempo, cada vez que volvemos a leerlo recibimos de él la misma fuerza y luz. ¿A qué se debe este cambio, si no es a una ilumina-

[19] N. CABASILLAS, *Vida en Cristo,* VI, 10: PG 150, 680.
[20] ORÍGENES, *Los principios,* Pref. 8: SCh 252, 86.
[21] *Dei Verbum,* n. 12.

ción del Espíritu Santo? Las palabras de la Escritura, bajo la acción del Espíritu, se transforman en una especie de palabras fluorescentes, que emiten luz.

Una de las experiencias más comunes y más fuertes que acompañan la llegada del Espíritu a un alma, es precisamente ésta. La Escritura cobra vida: cada frase parece escrita personalmente para ti, hasta el punto de que a veces te deja sin aliento, como si Dios estuviera allí en persona para hablarte con una autoridad y una dulzura inmensas. ¡Las palabras de los Salmos de repente parecen tan nuevas, tan frescas! Abren en el alma unos horizontes que se pierden, suscitan en ella profundas resonancias. En esos casos, se constata cuán verdadera es la afirmación de que la palabra de Dios es «viva y eficaz» (cfr. Heb 4,12).

Se trata de una experiencia que todos hacen, incluso los más sencillos; muchas veces hay personas que no han hecho ningún estudio especial de la Biblia, y que consiguen penetrar en el corazón de un pasaje, más que muchos eruditos que han estado analizándolo durante años con todos los instrumentos filológicos a su disposición. Es el Espíritu quien, una vez más, revela los secretos de Dios a los «sencillos» (cfr. Mt 11,25).

La relación entre la palabra de Dios y la iluminación del Espíritu fue uno de los puntos en el que más insistieron los reformadores protestantes. Tal vez haya sido radicalizado, hasta el punto de excluir toda mediación de la Iglesia, a favor de la doctrina del libre examen. Cualquier cristiano, gracias al «testimonio interior» del Espíritu, está en condiciones de comprender la Escritura sin ninguna guía externa. Escribe Calvino:

> «El Espíritu de Dios está tan unido a la verdad, tal y como él la ha expresado en la Escritura, que manifiesta plenamente su fuerza cuando la Palabra es recibida con la veneración que se merece... La Palabra nos es definitivamente garantizada sólo si es aprobada por el testimonio del Espíritu. El Señor ha juntado y acoplado con vínculo mutuo la certeza de su Espíritu y la de su Palabra, a

fin de que nuestro entendimiento reciba esta palabra con obediencia, encontrando en ella la luz del Espíritu, donde se refleja la
del rostro de Dios»[22].

Actualmente, una discusión más serena nos está llevando a
reconocer que no puede haber oposición entre el testimonio interno, personal y el externo, apostólico, de la Iglesia, cuando proceden verdaderamente del Espíritu, y que ninguno de los dos, por sí
solo, es suficiente. Pero hay que admitir que entonces esa fuerte
llamada de atención de la Reforma era necesaria, y que en muchos
aspectos ha sido beneficiosa para toda la Iglesia.

4. *Purificarnos para ser iluminados*

Ha llegado el momento de pasar, una vez más, de los principios a la vida, y constatar que, también con el presente verso, el
Veni creator nos interpela y nos impulsa a la acción.

Después de decirnos que nosotros hemos recibido el Espíritu
de Dios para conocer lo que Dios gratuitamente nos ha dado.
Pablo añade en seguida que el Espíritu Santo encuentra un obstáculo decisivo en este camino:

> «El hombre mundano no capta las cosas del Espíritu de Dios.
> Carecen de sentido para él y no puede entenderlas, porque sólo a
> la luz del Espíritu pueden ser discernidas» (1 Cor 2,14).

El hombre *mundano* (literalmente, *animal)* es el que se deja
guiar por sus instintos, pensamientos y deseos. Si no quitamos
este obstáculo y no superamos la fase de la «animalidad»·, no nos
vamos a enterar de nada. Para nosotros esos mundos que el
Espíritu revela a la mente quedarán cerrados para siempre. Dios
tendrá que seguir repitiendo con tristeza: «Mis planes no son como

---

22 CALVINO, *Instituciones de la religión cristiana,* I, 9, 3.

vuestros planes...» (Is 55,8). ¿Qué hacer, pues, para superar este obstáculo? Los Padres han resumido la respuesta en una palabra: ¡purificarse!

> «Purificados de la suciedad en la que estábamos envueltos a causa del pecado, y recuperada la belleza natural, como después de devolver a una imagen su antigua forma mediante la purificación, por fin podemos acercarnos al Paráclito... El hombre carnal, que no tiene su mente ejercitada en la contemplación, sino que la entierra como en un pantano con los pensamientos de la carne, no puede levantar los ojos a la luz espiritual de la verdad. Por eso el mundo -es decir, la vida esclava de las pasiones carnales- no recibe la gracia del Espíritu más que lo que un ojo enfermo pueda recibir la luz de un rayo de sol»[23].

Ésta es una idea constante en los Padres griegos cada vez que hablan de la iluminación del Espíritu. Cuando hablan de pureza, se refieren, en primer lugar, a la pureza de las pasiones de la carne. En esto son intérpretes del mejor pensamiento griego, que siempre había considerado el vínculo del alma con un cuerpo corruptible, propenso a la materia, como el mayor obstáculo para la contemplación de la verdad. El intelecto es por sí mismo afín a Dios y tiende naturalmente a la verdad; en cambio, es el cuerpo el que mantiene la mente atada a la tierra; por tanto, lo primero que hay que hacer es superar «los deseos de la carne», purificarse de los mismos. Entonces la mente podrá acoger la luz divina:

> «Si la inteligencia humana, una vez abandonada su vida turbia y manchada, es purificada por la fuerza del soplo del Espíritu, se vuelve luminosa y se une a la pureza verdadera y sublime, resplandeciendo como por transparencia y convirtiéndose ella misma en luz»[24].

Hay una relación muy estrecha entre pureza y conocimiento de Dios; se ha llegado incluso a afirmar: «A cada hombre se le da

---

[23] SAN BASILIO MAGNO, *Sobre el Espíritu Santo*, IX, 23; XXII, 53: PG 32. 109, 168.
[24] SAN GREGORIO DE NISA, *La Virginidad*, XI, 4: SCh 119, 390.

el conocimiento en función de su pureza»[25]. ¿Tenemos que ver en todo esto tan sólo el producto de un pensamiento dualista, ajeno al cristianismo? No. Es verdad que la oposición entre la carne y el espíritu, que con tanta frecuencia se repite en el Nuevo Testamento, no se puede reducir a la oposición griega entre el espíritu y la materia, pero sería grave olvidar que incluye también a ésta. El término «carne» no se refiere sólo a la esfera sexual, pero lo cierto es que ésta tiene un puesto importante en él. Antes que en los Padres, en la Biblia encontramos esta consideración:

> «El cuerpo corruptible es un peso para el alma, y esta tienda terrena oprime al espíritu que reflexiona» (Sap 9,15).

El grito de Pablo sobre el «cuerpo de muerte» es sin duda más que una simple denuncia de la herida infligida a la sexualidad humana, pero también incluye esto. Nuestro cuerpo, que ha sido creado bueno por Dios, como todo lo demás, una vez que ha perdido el equilibrio interno a causa del pecado, se ha convertido en un «cuerpo de carne» (Col 2,11), «cuerpo marcado por el pecado» (Rom 6,6). Pero el culpable no es el «hermano cuerpo». Vale para él, de un modo especial, lo que se dice de la creación entera: no por propio deseo se ve sometido a la caducidad, sino por deseo de la mente y, más todavía, de la voluntad, la cual, apartándose de la voluntad de Dios, lo ha sometido a ella (cfr. Rom 8,19-20). Ahora bien, la mente y la voluntad del hombre se ven obligadas a sufrir el chantaje del esclavo, al que ellas mismas han enseñado a rebelarse. La experiencia demuestra que el desorden en la esfera de la carne y de la sexualidad ofusca irremediablemente la razón, oscurece la mente y la hace refractaria a Dios que es espíritu.

¿Cuál es, entonces, la consecuencia práctica de todo esto? Si queremos tener parte en esas maravillosas iluminaciones del Espíritu de las que hemos hablado antes (sobre Dios, sobre Cristo,

---

[25] ARETA DE CESAREA, *El Apocalipsis*, 39: PG 106, 684 C; cfr. también ORÍGENES, *Contra Celso*, V, 42: SCh 147, 126); Ibíd. VII, 30: SCh 150, 82.

sobre las Escrituras, sobre nuestro destino), tenemos que tomar muy en serio la lucha por la pureza. «Dichosos los que tienen un corazón limpio, porque ellos *verán* a Dios» (Mt 5,8). Casi siempre que habla de pureza, el Apóstol la relaciona con el Espíritu Santo. El que se entrega a la fornicación -dice- peca contra su propio cuerpo, por eso peca contra el Espíritu Santo, del que el cuerpo es templo[26]. La pureza es uno de los secretos para conseguir el Espíritu Santo.

Pero sabemos lo delicada y difícil que es la lucha por la pureza. ¿Qué hacer para no sucumbir y rendirse? Junto con los muchos medios negativos (no hacer, no mirar, no tocar), la Escritura y los Padres nos han señalado un poderoso medio positivo, que con frecuencia ignoramos: enamorarnos de la verdadera belleza, elegir el «cuerpo» al que debemos unirnos. Es éste el medio que el Espíritu Santo nos impulsa a utilizar en nuestra situación actual, en la que ya no es posible confiar en los medios negativos. La «carne» ahora tiene sus escaparates en todas partes, nos acosa dentro y fuera de casa. Ya no bastan las pequeñas defensas, hacen falta medios poderosos, «drásticos». Yo encuentro uno de estos medios drásticos en las palabras del Apóstol:

> «Sabéis de sobra que quien se une a una prostituta se hace un solo cuerpo con ella... En cambio, el que se une al Señor se hace un solo espíritu con él» (1 Cor 6,16-17).

Hay una fuerza secreta en esta última frase. Siempre que la repetimos en nuestro interior en los momentos de dificultad, experimentamos su eficacia. Dios ha dispuesto, debido a nuestra propensión hacia la materia y los cuerpos, un remedio digno de su sabiduría: el cuerpo resucitado del Señor. Éste es el lugar donde ha sido definitivamente superada la tensión entre carne y espíritu, donde el cuerpo ha alcanzado ya esa liberación de la esclavitud de la corrupción, que toda la creación anhela. Es como un ancla de

---

[26] Cfr. 1 Cor 6,18-19; 1 Tes 4,8.

salvación lanzada al otro lado del campo de batalla. Y, sin embargo, es un verdadero cuerpo, aunque «espiritual»; a él podemos unirnos mentalmente con la fe, y realmente en la eucaristía. Él nos comunica su misma pureza. Los judíos, cuando en el desierto eran mordidos por las serpientes, se curaban mirando la serpiente de bronce; nosotros nos curamos de las mordeduras de la sensualidad contemplando aquel que, precisamente por esto, fue levantado para nosotros en la cruz (cfr. Jn 3,14-15).

Para eso no es necesario despreciar la belleza de los cuerpos o menospreciar la sexualidad humana; se trata más bien de ir «de la belleza a la Belleza». Decía uno de los antiguos Padres:

> «Sepa el hombre que su corazón ha llegado a la pureza, cuando ve cualquier belleza y nada le parece impuro»[27].

Una medida práctica que podríamos tomar, después de haber meditado, a lo largo de este capítulo, en la acción del Espíritu Santo sobre la mente humana, es la de consagrar nuestra mente al Paráclito. Consagrar significa entregar, ceder, reservar. Decidir que no queremos utilizar, a partir de ahora, nuestra mente si no es para el conocimiento de la verdad y para la gloria de Dios. A pesar de todo, ella sigue siendo lo mejor y más noble que tenemos, el reflejo más cercano de la inteligencia divina, lo que a Dios más le importa en este mundo. Deberíamos repetir esta consagración cada mañana.

Uno de los antiguos Padres decía que nuestra mente es como un molino: el primer grano que le echamos por la mañana, es el que seguirá moliendo durante todo el día. Hay que darse prisa en echarle, por la mañana temprano, el buen trigo de Dios -buenos pensamientos, palabras de Dios-, de lo contrario el demonio le echará su cizaña[28].

---

[27] SAN JUAN CLÍMACO, *La escala del Paraíso*, VII, 18: PG 88, 825 A.
[28] Cfr. JUAN CASIANO, *Conferencias*, I, 18: CSEL 13, 27.

Y terminamos invocando al Espíritu con las palabras de un himno que es algo posterior al *Veni creator* y que parece un comentario a nuestro verso:

Espíritu que a todo hombre iluminas,
de nuestra mente, oh Santo, tú disipa
la horrenda noche, pues eres amante
de todo pensamiento bueno y recto.

Úngenos, oh Piadoso, con tu espíritu.
Tú que siempre las culpas purificas,
limpia el ojo interior del ser humano
que está oscurecido por el mal;

a fin de que podamos ver al Padre
que sólo a los limpios de corazón
se les concede contemplar, testigo
la gran sabiduría de Jesucristo[29].

---

[29] NOTKER BALBULUS, *Para el día de Pentecostés:* PL 131, 1012ss.

XV

INFUNDE AMOR EN EL CORAZÓN

El Espíritu Santo nos ayuda
a dejar de amarnos a nosotros mismos para amar a Dios

1. *Luz y amor*

Cuanto más meditamos en esta cuarta estrofa del *Veni creator*, más descubrimos su extraordinaria profundidad, escondida bajo una sencillez extrema. Por una parte, nos presenta una visión global del hombre en las tres esferas de mente, corazón y cuerpo -es decir, inteligencia, voluntad y corporeidad-; por otra, nos ofrece una poderosa síntesis sobre la acción del Espíritu Santo en nuestra alma, presentándolo, juntamente, como el principio del conocimiento y del amor.

Con eso, el autor del himno ha captado un aspecto central de la revelación y de la tradición sobre el Espíritu que, como vemos, está presente en los mejores autores espirituales de la Edad Media. Para Guillermo de S. Thierry, el Espíritu Santo es aquel que «ilumina el intelecto y suscita el afecto»[1]. Otro autor escribe:

> «La virtud consiste toda en la verdad de la caridad y en la caridad de la verdad. Como verdad, ilumina para conocer; como caridad, inflama para amar. En efecto, así como sin la caridad la ciencia hincha, del mismo modo, sin el conocimiento la caridad se desvía.

---

[1] GUILLERMO DE S. THIERRY, *El enigma de la fe*, 100: PL, 180, 440 C.

En el ardor y fulgor del fuego es dado a los discípulos el Espíritu desde el cielo, a fin de que, como fulgor, les guíe hasta la verdad completa y, como ardor, les haga arder en la caridad total»[2].

El Espíritu Santo -dice otro autor- actúa «en la mente, dándole la inteligencia; en el corazón, dándole el amor; la inteligencia, contra la ignorancia; el amor, contra la concupiscencia; la inteligencia ilumina al hombre ciego, el amor sostiene al hombre enfermo»[3].

Esta visión es bíblica. En la Escritura encontramos dos grandes afirmaciones sobre Dios: «Dios es luz» (1 Jn 1,5) y «Dios es amor» (1 Jn 4,8.16). Pero se trata de una intuición que está presente, de una manera menos espiritual, también fuera del ámbito de la Biblia. Algunos han distinguido en la Grecia clásica dos tipos distintos de religiosidad: una hecha de orden y medida, llamada «apolínea» (de Apolo, dios del sol), y otra hecha de impulso, exceso, pasión, llamada «dionisíaca» (de Dionisos, dios de las bacantes); una que prefiere el lado racional de Dios, otra que prefiere el irracional o superracional.

He mencionado ya la sinfonía de Mahler, basada en el texto del *Veni creator,* en la cual él relaciona los dos versos de nuestro himno -«enciende tu luz en la mente, infunde amor en el corazón»- con los dos grandes motivos inspiradores del *Fausto* de Goethe: el deseo de conocimiento y la salvación a través del amor. A una primera parte basada en el *Veni creator,* sigue, en la misma sinfonía (con un acercamiento significativo, aunque discutible), una segunda parte basada en la última escena de la obra maestra de Goethe, como para señalar, en ésta, una especie de cumplimiento y de respuesta al grito lanzado en el *Veni creator.*

Estas dos características del Espíritu Santo no están presentes del mismo modo y en la misma medida en todos los autores y en todos los ambientes. Se ha observado, en el ámbito mismo del

[2] ISAAC DE LA ESTRELLA, *Discursos de Pentecostés,* I, 14: SCh 339, 72.
[3] GUALTIERO DE SAN VÍCTOR, *Discursos,* III, 1: CM 30, 27.

Nuevo Testamento, que, por parte de Juan, se pone más el acento en el «Espíritu de verdad», y, por parte de Pablo, en el «Espíritu de caridad»[4].

Estas visiones distintas se mantienen también en la Tradición. En efecto, es evidente -y vamos a verlo precisamente a lo largo de este capítulo- que la «neumatología» ortodoxa ha dado más importancia al Espíritu como «luz», mientras que la latina se la ha dado al Espíritu como «amor». Esta diferencia es clarísima, desde luego, en las dos obras que más han influido en el desarrollo de las respectivas teologías del Espíritu Santo. En el tratado *Sobre el Espíritu Santo* de san Basilio, el tema del Espíritu como «amor» no desempeña ningún papel, en cambio, tiene un papel fundamental el tema del Espíritu como «luz»; en el tratado *Sobre la Trinidad,* de san Agustín, el tema del Espíritu como «luz» no desarrolla ninguna función, mientras que tiene una determinante el del Espíritu como «amor».

Tampoco hay que tomar este dato en un sentido radical. Hemos visto que el tema del Espíritu como «luz» es frecuente también entre los latinos, sobre todo en el plano de la liturgia y la espiritualidad (la estrofa del *Veni creator* que estamos comentando es la mejor prueba de ello); se trata más bien de una cuestión de preferencias.

La misma distinción se encuentra, por lo demás, en cada una de las dos tradiciones. En el ámbito latino, a la *corriente tomista* - caracterizada por la búsqueda de la verdad y la primacía asignada al «don del intelecto», y que sitúa la bienaventuranza final del hombre en ver a Dios- se opone la *corriente franciscana* (y, más en general, la *agustiniana),* caracterizada por la primacía del amor y, con ello, del «don de la sabiduría», y que sitúa la bienaventuranza final del hombre en amar a Dios y gozar de él. De la primera procede la *mística de la luz* (como, por ejemplo, en los místicos renanos); de la segunda, la *mística del fuego y* de la «locura» de la cruz,

---

[4] Cfr. E. COTHENET, *Saint-Esprit:* en DBSup., fasc. 60 (1986) 377.

306 VEN, ESPÍRITU CREADOR

de los franciscanos. San Buenaventura caracteriza a las dos escuelas, diciendo que «los unos se preocupan principalmente por la especulación y, en segundo lugar, por la unción; los otros, principalmente por la unción y, en segundo lugar, por la especulación»[5]. Dante atribuye las dos actitudes diferentes a los respectivos fundadores, san Francisco de Asís y santo Domingo de Guzmán, diciendo que, de los dos,

> «el uno fue seráfico en su ardor;
> y el otro, su sapiencia derramando,
> de querúbica luz un esplendor»[6].

Por una parte, ardor; por otra, esplendor; por un lado, el simbolismo bíblico de los serafines; por otro, el de los querubines. Antaño se intentó muchas veces contraponer estas dos visiones, luchando por definir cuál era la más correcta. ¡Qué bonito es, a la luz de lo que el *Veni creator* nos está mostrando del Espíritu Santo, descubrir que se trata de dos manifestaciones complementarias e inseparables del mismo Espíritu! Como dos ojos que, mirando el mismo objeto desde un ángulo diferente, permiten captar mejor su profundidad.

Pero la riqueza y originalidad de estas dos maneras de acercarse a la realidad del Espíritu Santo se nos mostrarán claramente sólo después de que hayamos comentado el actual verso del *Veni creator* «Infunde amor en el corazón», que es lo que ahora nos disponemos a hacer.

2. *El amor, ley nueva del cristiano*

El verso del *Veni creator:* «Infunde amor en el corazón» se inspira claramente en la afirmación de Pablo:

---

[5] SAN BUENAVENTURA, *Hexameron*, XXII, 21: ed. Quaracchi, V, 440.
[6] DANTE ALIGHIERI, *Paraíso*, XI, 37-39.

«Al darnos el Espíritu Santo, Dios ha derramado su amor en nuestros corazones» (Rom 5,5).

Este versículo está estrechamente relacionado, en la tradición latina, con el tema del Espíritu Santo como ley nueva del cristiano. Para descubrir el por qué de esto, hay que remontarse una vez más al evento de Pentecostés. Hay un acercamiento intencionado entre el relato de la venida del Espíritu Santo y la teofanía del Sinaí. Eso se explica con el hecho de que, en la época en que Lucas escribía los Hechos de los Apóstoles, la fiesta judía de Pentecostés conmemoraba, precisamente, el don de la ley otorgada en el Sinaí y la alianza. Ya no era tanto una fiesta ligada al ciclo de la naturaleza (la ofrenda de las primicias de la cosecha), como una fiesta relacionada con la historia de la salvación. Bastaría esto para demostrar que el Espíritu Santo no está considerado por Lucas únicamente como «fuerza de la profecía o auxilio con vistas a la misión», sino que ya tiene una clara dimensión soteriológica, aunque, sin duda, menos evidente que en Pablo y en Juan. No sirve sólo para llevar la salvación hasta los confines de la tierra, sino que es él mismo la salvación, el principio que hace viva y operante la Nueva Alianza.

Este acercamiento entre el Sinaí y Pentecostés tiene raíces muy remotas en la Biblia. Cuando, en el libro del profeta Jeremías, Dios dice: «Pondré mi ley en su interior, la escribiré *en su corazón*» (Jr 31,33), está claro que lo que pretende es declarar ya la novedad de la ley de la Nueva Alianza con respecto a la del Sinaí, que, por el contrario, estaba «escrita *en tablas de piedra*» (Ex 31,18). Ezequiel dio un paso más, identificando la nueva ley con el mismo Espíritu de Dios: «Infundiré mi espíritu en vosotros» (Ez 36,27). Pablo completa y aclara la comparación. Él define a la comunidad de la Nueva Alianza como «una carta de Cristo... escrita no con tinta, sino con el Espíritu de Dios vivo; no en tablas de piedra, sino en tablas de carne, es decir, en el corazón» (2 Cor 3,3) y habla de la «ley del Espíritu que da la vida en Cristo Jesús» , o sea, de la ley que *es* el Espíritu (cfr. Rom 8,2).

San Agustín saca las conclusiones de todas estas premisas sobre la relación entre Sinaí y Pentecostés. Observa, en primer lugar, una coincidencia: cincuenta días después de la inmolación de la antigua Pascua y la salida de Egipto (la cifra se deduce de los cálculos de la propia Biblia), los judíos recibieron en el Sinaí la ley escrita por el dedo de Dios, sobre tablas de piedra y, basándose en esta ley, establecieron una alianza con Dios, y cincuenta días después de la celebración de la nueva Pascua y la inmolación de Cristo, viene el Espíritu Santo. ¿Qué ha querido decirnos con eso la palabra de Dios? Pues está bien claro: que el Espíritu Santo es la nueva ley, escrita verdaderamente por el dedo de fuego de Dios, pero esta vez no sobre tablas de piedra, sino en las tablas de carne que son los corazones de los hombres, purificados por la sangre de Cristo; que el Espíritu Santo es el principio que da vida a la Nueva Alianza[7].

Entendemos ahora la afirmación de san Ireneo:

«El Espíritu Santo bajó sobre los discípulos en Pentecostés con el poder de introducir a todas las personas en la vida y *abrirles el Nuevo Testamento*»[8].

El Espíritu Santo «abre» el Nuevo Testamento, en el sentido de que hace viva y operante la «nueva y eterna alianza» realizada en la Pascua de Cristo.

Esta profunda interpretación del acontecimiento de Pentecostés, se convierte en patrimonio común de la Iglesia y penetra en la liturgia, que después la mantendrá viva, incluso cuando desaparezca de la reflexión teológica. La liturgia latina nos hace leer, entre las lecturas de la vigilia de Pentecostés, el capítulo 19 del Éxodo que narra, precisamente, la teofanía del Sinaí. En algunas Secuencias medievales, el tema «Sinaí- Pentecostés» ocupa un puesto principal, como en ésta de Adán de San Víctor:

---

[7] Cfr. San Agustín, *Discursos*, 272 B, 2ss: PLS 2, 523ss; Id., *El Espíritu y la letra*, 16, 28ss.
[8] San Ireneo, *Contra las herejías*, III, 17, 2.

«Fue una ley dura y oscura / la que precedió en figura / a la luz del Evangelio.

Que el intelecto espiritual / rompa el plano de la letra, / y se muestre en pleno día.

Nos revela este proyecto / quién tendrá la primacía: / si es el don o el precepto.

Hubo clamor de trompeta, / una densa nube había, / con relámpagos y truenos

que inspiraban el temor, / pero la unción del Señor/ sólo fomenta el amor»[9].

También las liturgias orientales, bizantina y siria, señalan la relación entre la teofanía del Sinaí y Pentecostés, subrayando, sin embargo, los elementos afines que hay entre los dos acontecimientos, más que los contrastantes: «A la montaña corresponde la sala alta del cenáculo; a las llamas, las lenguas de fuego; al trueno y a la nube, el viento impetuoso»[10]. Pentecostés es el día en que «la ley viene de Sión»[11].

El autor del *Veni creator* tiene presente esta riquísima tradición sobre el tema «Sinaí-Pentecostés», en la forma que ha tomado en Occidente con san Agustín. Al comentar el título de «dedo de Dios», escribe: «La ley fue escrita con el dedo de Dios cincuenta días después de la inmolación del cordero, y cincuenta días después de la pasión de Cristo vino el Espíritu Santo»[12].

Lo que todo esto nos dice a propósito del amor que el Espíritu derrama en nuestro corazón, nos lo explica el propio Agustín:

«¿Qué es la ley de Dios escrita por él mismo en nuestros corazones, si no la propia presencia del Espíritu Santo, que es el dedo de Dios y que con su presencia derrama en nuestros corazones la

---

[9] ADÁN DE SAN VÍCTOR, *Pentecostés:* AHMA 54 (1915) 243.
[10] Cfr. *Pentecostaire,* obra cit., p. 422 (lunes de Pentecostés).
[11] Cfr. Ibíd., p. 404 (Maitines de Pentecostés); para la liturgia siria, cfr. E. P. SIMAN, *L'expérience de l'Esprit* (París 1971) 55.
[12] RÁBANO MAURO, *El universo,* I, 3: PL 111, 25.

310 VEN, ESPÍRITU CREADOR

caridad (Rom 5,5), que es el cumplimiento de la ley y su culminación?»[13].

La ley nueva, que es el Espíritu Santo, actúa, por tanto, a través de la caridad. Ésta no es sólo el resumen de toda la ley y los
profetas; es mucho más: es su realización, su cumplimiento. Sólo
el que ama pone en práctica verdaderamente la ley, porque es el
único que puede hacerlo. Ezequiel atribuía al don del corazón nuevo y del Espíritu la capacidad de observar todas las leyes de Dios
(cfr. Ez 36,27).

La caridad es a su vez una «ley», un principio directivo que nos
impulsa a luchar contra la carne, a hacer, o a no hacer, determinadas cosas; pero ya no actúa por *obligación,* con la amenaza de las
sanciones, como ocurría en la ley antigua y como ocurre con toda
ley externa y escrita, sino por *atracción.* El temor servil es sustituido por el amor filial como resorte de la actuación del cristiano.

> «Si uno observa el precepto de la ley por miedo al castigo y no
> por amor a la justicia, su manera de actuar no es libre, sino ser-
> vil, y esto no es observar el precepto... Cuando, por el contrario,
> es la fe la que actúa a través del amor, entonces ésta empieza a
> suscitar el placer de la ley de Dios en el interior del hombre»[14].

En lo más hondo del corazón humano se produce un cambio
radical. Si antes el hombre miraba a Dios con la mirada sospecho-
sa y hostil con la que el esclavo mira a su amo, ahora le mira como
a su aliado, su amigo, su Padre, y de sus labios sale el grito de
agradecimiento: «¡Abba, Padre!» (cfr. Rom 8,15). Es todo el com-
portamiento del cristiano lo que ha cambiado; llega a ser verdaderamente «divinizado», puesto que está movido por el Espíritu
Santo: «Los que se dejan guiar por el Espíritu de Dios, ésos son
hijos de Dios» (Rom 8,14). La vida cristiana está hecha para ser

---

[13] SAN AGUSTÍN, *El Espíritu y la letra,* 21, 36; cfr. 17,29.
[14] Ibíd., 14, 26.

vivida así, en el Espíritu Santo, regulada por el principio de la espontaneidad y la libertad. Es un vivir de «enamorados».

3. *El Espíritu Santo nos libera del amor propio*

Hemos visto que considerar al Espíritu Santo como «luz» nos hace tener una visión coherente de la vida cristiana. Tenemos que empezar por purificarnos de las pasiones (sobre todo de las pasiones impuras, que son las que con más fuerza nos atan a la materia y a la carne), porque oscurecen la mente y le impiden recibir la iluminación del Paráclito. Una vez purificado el ojo interior, no solamente podremos contemplar a Dios, sino que llegaremos a ser también transparentes a su luz, como cuerpos luminosos que hacen reverberar el rayo de sol que reciben. La ascesis se vuelve fecunda, el trabajo hecho sobre uno mismo redunda en beneficio de los demás.

Veremos ahora que también considerar al Espíritu Santo como «amor» nos ayuda a tener una visión muy profunda de la vida cristiana y un proyecto concreto de transformación interior; a tener, en definitiva, una espiritualidad. El mismo Espíritu Santo que, como luz, nos hace pasar de la ignorancia a la verdad, como amor nos hace pasar del egoísmo a la caridad.

¿En qué consiste, o dónde empieza, según san Agustín, el pecado del hombre? No tanto en abandonar a Dios para volverse hacia las *criaturas,* como, más exactamente, en abandonar a Dios para volverse hacia *uno mismo.* El pecado ha consistido en la famosa *curvitas* original, por la cual el hombre, que era «recto» -es decir, vuelto hacia lo alto, hacia Dios-, se volvió «corvo», o sea, vuelto hacia abajo, hacia sí mismo, replegado, «per-verso».

Hay aquí una sintonía profunda con el pensamiento de san Pablo. Para el Apóstol, las pasiones de la carne (que en el contexto describe con gran realismo) no son la causa por la cual «se ha oscurecido la mente de los hombres», sino más bien su efecto. Los hombres han dado la espalda a Dios, no lo han glorificado ni le han dado gracias, y se han puesto ellos en el lugar de Dios, pretendiendo, de forma idólatra, decidir sobre él, y no viceversa. Por eso Dios los ha entregado a su impureza (cfr. Rom 1,18ss).

A veces, se ha pretendido explicar la tendencia pesimista de la moral de san Agustín, atribuyéndola a su personal experiencia negativa con respecto a la carne. Pero aquí se demuestra más bien lo contrario. El fue más allá de este aspecto: captó el pecado en su raíz última que, por encima de la esfera sexual, está en una corrupción del amor, es decir, en la voluntad. Le da la razón san Francisco de Asís quien, con la intuición de los santos, sin razonamientos, decía: «Come del árbol de la ciencia del bien y del mal el que se apropia para sí su voluntad»[15].

En *La ciudad de Dios,* san Agustín hace de esta intuición el principio de interpretación de toda la historia humana:

> «Dos amores han fundado dos ciudades: el amor a uno mismo hasta el desprecio de Dios ha fundado la ciudad terrena; el amor a Dios hasta el desprecio de uno mismo ha generado la ciudad celeste»[16].

El amor a uno mismo puede ser bueno y sano, pero no es de esto de lo que estamos hablando. El amor a uno mismo se vuelve malo cuando pasa de ser social a ser *privado,* es decir, cuando se transforma de amor de comunión en amor egoísta, que se ama a sí mismo excluyendo a los demás:

> «Dos amores, de los cuales uno es social y el otro privado, han fundado y diferenciado en el género humano dos ciudades, la de los justos y la de los inicuos»[17].

---

[15] SAN FRANCISCO DE ASÍS, *Avisos,* 2: *Escritos, p.* 78; este mismo concepto está desarrollado con gran profundidad en un escrito del siglo XIV: *Teología alemana* (*Theologia Deutsch*), XVI.

[16] SAN AGUSTÍN, *La ciudad de Dios,* XIV, 28: CC 48, 451.

[17] ÍD., *El Génesis al pie de la letra,* XI, 15, 20: CSEL 28, I, 348).

Pero san Agustín no se detiene aquí. En otra obra, no menos importante, *El Espíritu y la letra,* explica cómo se produce el paso del uno al otro amor. ¡Es el Espíritu Santo el que nos hace pasar del amor a nosotros mismos al amor a Dios y al prójimo, el que nos libera del egoísmo! El Espíritu Santo es aquel que lleva a cabo la transformación o «rectificación» esencial en el hombre redimido. El modo en que esto se produce, lo hemos explicado, en parte, cuando hablamos del Espíritu Santo como «ley nueva» del cristiano. Al infundir en el corazón el amor -es decir, una nueva capacidad de amar a Dios y a los hermanos-, lo libera de la prisión del egoísmo; no impone sólo el *deber* de hacer la voluntad de Dios, sino que inculca también el *placer* de cumplirla, por lo que el hombre empieza a realizar gustosamente las cosas que Dios le manda, ya que él mismo se siente amado por Dios. Aquí se sitúa el paso decisivo desde la esclavitud del pecado hacia la libertad de la gracia.

Para llevar a cabo todo esto no basta el *libre albedrío* del hombre; no es suficiente el esfuerzo ascético de purificarse de las pasiones, ni el *conocimiento* de la verdad, saber lo que hay que hacer. Es necesario cambiar la misma voluntad, dar un vuelco a la orientación fundamental del corazón humano, y esto sólo lo hace el Espíritu Santo, suscitando en el alma el amor a Dios, y con eso el deseo de obedecerle en todo[18].

Situándose en una perspectiva ascética, uno de los Padres de Oriente escribió estas palabras:

> «Hasta que el hombre exterior no muera a los asuntos del mundo..., hasta que el hombre interior no muera a los inoportunos recuerdos de cosas malas; hasta que el impulso natural no sea humillado y el cuerpo medio muerto por las fatigas, de forma que ya no se agite en el corazón la dulzura del pecado, el Espíritu de Dios no puede infundir en el hombre su dulzura»[19].

---

[18] Cfr. ID., *El Espíritu y la letra,* 3, 5; cfr. LUTERO, *Lecciones sobre la carta a los Romanos,* 8, 3: WA 56, 356).

[19] ISAAC DE NÍNIVE, *Discursos ascéticos,* IV.

Situándose en la perspectiva de la gracia, san Agustín ha llegado a descubrir la otra parte de la verdad, la más importante:

> «Tras habernos justificado con su don, el Espíritu de Dios nos quita el gusto del pecado, y en eso consiste la libertad; lo mismo que antes, sin él, hallábamos placer en pecar, y en eso consistía nuestra esclavitud»[20].

Hasta que el hombre no haya hecho morir dentro de sí la dulzura del pecado -decía el asceta-, el Espíritu Santo no puede infundir en él la dulzura de Dios; hasta que el Espíritu Santo no haya infundido en el hombre el placer de amar a Dios -precisa el teólogo-, el hombre no puede hacer morir dentro de sí el placer de amarse a sí mismo. La gracia precede el esfuerzo y lo acompaña.

La profundización en la doctrina de la gracia hizo que la «neumatología» tuviera un avance decisivo, avance que no podemos ignorar sin privarnos de un dato fundamental para la comprensión del Espíritu Santo y de su forma de actuar en las almas. Antaño, la comparación entre la «neumatología» griega y la latina, siempre estuvo detenida en el problema de la procedencia del Espíritu Santo: si era sólo del Padre, o del Padre y del Hijo. Esto ha impedido, a veces, captar y valorar plenamente las diferencias y las recíprocas integraciones que existen en otros sectores. Hemos pasado más tiempo especulando sobre el modo en que el Espíritu Santo procede en Dios -cosa que para nosotros es inaccesible y sobre la cual la Escritura no dice prácticamente nada- que tratando de saber cómo nos hace renacer en Dios, cosa que para nosotros es vital y sobre la que la Escritura insiste mucho.

Lo que tenemos que hacer es no volver a caer en la tentación de contraponer las dos visiones entre sí: la que insiste en la purificación de las pasiones, para llegar a la contemplación de Dios, y la que insiste en renunciar a amarnos a nosotros mismos, para amar a Dios y al prójimo. Hemos visto que tanto la una como la

---

[20] SAN AGUSTÍN, *El Espíritu y la letra*, 16, 28.

otra tienen sólidos fundamentos bíblicos y que hay una segura circularidad entre ambas cosas: si la elección equivocada de uno mismo desencadena las pasiones de la carne, también es verdad que secundar las pasiones de la carne potencia en nosotros el egoísmo y la insensibilidad hacia Dios y el prójimo. Ninguna de las dos tradiciones puede prescindir de la otra. Luz y amor indican dos acciones igualmente importantes con las que el Espíritu crea al hombre nuevo, como dos «sanaciones de raíz». Además, las cos raíces del mal que hay en el hombre -ignorancia y egoísmo- se comunican entre sí, de modo que, atacando a una, se ataca a la otra.

4. Para que ya no vivamos para nosotros mismos

¿Cuál es la parte que nos corresponde en todo este proceso que lleva del amor a uno mismo al amor a Dios? Consiste en secundar al Espíritu, colaborar con la gracia mediante nuestra libertad. Debemos *erradicarnos* de nosotros mismos y *radicarnos* en Dios. Hay muchos árboles que tienen la llamada raíz madre, que se hunde perpendicularmente en el terreno, por debajo del tronco. Hasta que no se libera el terreno por todo alrededor y no se mete el hacha en esa raíz, aunque se corten todas las demás raíces laterales, el árbol no se mueve, nadie puede abatirlo. También el árbol de nuestra vida tiene una «raíz madre»: es el amor a nosotros mismos. Hasta que algo más fuerte que eso no viene a «suplantarlo», no se pasa del hombre viejo al hombre nuevo, de la vida según la carne a la vida según el espíritu. Esto es, como hemos visto, lo que hace el Espíritu Santo en nosotros; con nuestro esfuerzo, no podemos sustituir la acción sanadora del Espíritu, pero podemos secundarla.

Pablo describe este proceso como un dejar de vivir «para uno mismo» y empezar a vivir «para el Señor».

«Cristo ha muerto por todos, para que los que viven, no vivan ya para ellos, sino para el que ha muerto y resucitado por ellos» (2 Cor 5,15).

«Ninguno de nosotros vive para sí mismo ni muere para sí mismo; si vivimos, vivimos para el Señor; y si morimos, morimos para el Señor» (Rom 14,7-8).

Se trata de una especie de revolución copernicana: ya no es la tierra -es decir, el «yo»- la que está en el centro, mientras que el sol -o sea, Dios-, gira a su alrededor, como si fuera su satélite, su siervo, sino todo lo contrario. ¡El Espíritu Santo nos es dado para que no vivamos ya para nosotros mismos, sino para el Señor! Esta es la obra del Paráclito que corona todas las demás. En una de las nuevas plegarias eucarísticas, en el momento de la *epíclêsis,* decimos:

«Y para que no vivamos ya para nosotros mismos, sino para él, que por nosotros murió y resucitó, envió, Padre, al Espíritu Santo como primicia para los creyentes, a fin de santificar todas las cosas, llevando a plenitud su obra en el mundo»[21].

A fin de secundar esta acción del Espíritu en nosotros, es necesario, en primer lugar, saber distinguir y reconocer los deseos o impulsos que proceden del amor propio -la «carne»- de los que vienen del amor de Dios -el «Espíritu»-:

«La naturaleza sólo se preocupa de sus propias comodidades...
La gracia, en cambio, tiene en cuenta... lo que conviene a muchos...
La naturaleza ama el ocio y la quietud del cuerpo.
La gracia, en cambio, acepta gustosamente el esfuerzo.
La naturaleza quisiera tener cosas especiales y bonitas.
La gracia, en cambio, disfruta con las cosas sencillas y humildes.
La naturaleza se queja en seguida de lo que le falta o le molesta.
La gracia, en cambio, aguanta la pobreza con entereza.

---

[21] *Misal Romano,* Plegaria eucarística IV.

La naturaleza lo tuerce todo para su propio provecho, lucha y pelea a su favor.
La gracia dirige todas las cosas a Dios»[22].

Si decidimos dejar de vivir para nosotros mismos -es decir, para nuestra gloria, nuestro provecho, nuestra afirmación personal-, la gracia del Espíritu viene a nuestro encuentro de mil maneras. Nos ayuda a reconocer las oportunidades de vencer el amor propio, en cuanto se presenta alguna; nos impulsa o anima a hacerlo, de una manera indefinible; nos llena de alegría cuando lo hemos hecho, de tristeza y decepción cuando nos hemos negado a hacerlo, o hemos buscado mil disculpas para no hacerlo.

Nos ayuda también a no reaccionar y disculparnos en seguida cuando recibimos un reproche, una crítica o una palabra dura, que es el medio más eficaz para vencer el amor propio. Querer, en efecto, vencer el amor propio nosotros solos, sin ninguna intervención desde fuera, sería como pretender quitarnos solos un tumor. El Espíritu Santo nos impulsa también a invertir el orden en la lista de nuestros amigos: a considerar como verdaderos amigos y bienhechores, que tienen que ser particularmente queridos para nosotros, a quienes solemos relegar al punto más remoto de nuestro universo personal.

Nuestra colaboración puede expresarse también mediante la plegaria, diciendo, por ejemplo, al Espíritu Santo, con las palabras de la Secuencia de Pentecostés: «Doma el espíritu indómito», o, con otra plegaria de la liturgia: «Somete nuestras voluntades rebeldes a tu santa voluntad»[23]. Es así como actúa la gracia, con estos métodos sencillos, no a través de extraños mecanismos automáticos, o circunstancias extraordinarias.

---

[22] *Imitación de Cristo*, III, 54.
[23] *Misal Romano*, Plegaria sobre las ofrendas, sábado de la IV semana de Cuaresma.

5. *Una «neumatología» para la era de los ordenadores*

Quisiera concluir la reflexión sobre el Espíritu como «amor» con una observación que nos permita ver la extraordinaria actualidad de este tema. Nuestra civilización, dominada por la técnica, necesita un corazón para que el hombre pueda sobrevivir en ella, sin deshumanizarse del todo. No solamente hay personas religiosas, sino también agnósticas y no creyentes, que están convencidas de que debemos conceder más espacio a las «razones del corazón», si queremos evitar que la humanidad vuelva a hundirse en una era glacial.

En éste, a diferencia de muchos otros campos, la técnica nos sirve de muy poca ayuda. Se está trabajando desde hace tiempo en un tipo de ordenador que «piense», y muchos están convencidos de que se va a conseguir. Pero (¡afortunadamente!) hasta ahora nadie se ha planteado la posibilidad de un ordenador que «ame», que se emocione, que venga al encuentro del ser humano en el plano afectivo, ayudándole a amar, así como le ayuda a calcular las distancias entre las estrellas y el movimiento de los átomos, y a guardar los datos en la memoria... El hombre está proyectando relojes atómicos, cuyo margen de error sería de un segundo cada dos millones de años; conoce con precisión cuántos cientos de miles de años le harían falta para llegar a un determinado punto del universo, viajando a la velocidad de la luz, y olvida que a él le toca vivir sólo unas cuantas décadas. ¡La técnica supera la vida!

A la potenciación de la inteligencia y de las posibilidades cognoscitivas del hombre, no va unida la potenciación de su capacidad de amar. Es más, parece ser que esta última no cuenta para nada, y eso que sabemos de sobra que la felicidad o infelicidad en este mundo no depende tanto de conocer o no conocer, sino de amar o no amar, de ser amado o no ser amado. No es difícil comprender por qué estamos tan ansiosos de aumentar nuestros conocimientos y tan poco de aumentar nuestra capacidad de amar: porque el conocimiento se traduce automáticamente en poder, y el amor... en servicio.

Una de las modernas idolatrías es la del «CI», el «coeficiente de inteligencia». Se han puesto a punto numerosos métodos de medición del mismo, a pesar de que afortunadamente, hasta ahora, todos ellos están considerados, en buena parte, poco fiables. En la selección de embriones humanos, se considera casi únicamente este aspecto en los candidatos a donantes de semen. Quién se preocupa de tener en cuenta también el «coeficiente de corazón»? Y, sin embargo, sigue siendo verdad lo que decía san Pablo: «El saber envanece; sólo el amor es de veras provechoso» (1 Cor 8,2). La cultura laica ya no está dispuesta a admitir esta verdad en su aspecto religioso -en san Pablo-, pero sí la acepta en su versión literaria. Qué otra cosa quiere decir, en efecto, la tesis final del *Fausto* de Goethe de que sólo el amor redime y salva, mientras que la ciencia y la sed de conocimiento, por sí sola, puede condenar?

¿Quién, pues, podrá salvar nuestra civilización de esta ruina? San Agustín nos ha explicado antes que no basta el libre albedrío y tampoco el simple conocimiento del problema y de lo que se debe hacer. Necesitamos una ayuda «desde fuera»; una ayuda, por decirlo en lenguaje moderno, «extraterrestre», y esta ayuda es el Espíritu Santo que «infunde su amor en el corazón». Lo que necesitamos es abrirnos de nuevo y volver a recurrir al Espíritu, sentir nostalgia de Espíritu Santo. Sólo él podrá dar a la humanidad -ahora que ha aprendido a explorar, arriba, los espacios del cosmos, y abajo, las partículas subatómicas- ese suplemento de alma y corazón que le impedirá secarse a causa de sus mismos conocimientos, y la ayudará a utilizarlos, en cambio, para humanizar el planeta y mejorar la vida de todos.

El que hizo revivir, en la cristiandad occidental, el gran tema agustiniano del Espíritu Santo que conduce al hombre de amarse a sí mismo a amar a Dios y al prójimo, fue Lutero. Además de habernos dejado su traducción del *Veni creator* (a la que posteriormente Bach le puso música)[24], escribió otros dos himnos al

---

[24] Cfr. J. S. BACH, *Komm, Gott Schöpfer, heiliger Geist* (BWV 631).

Espíritu Santo, que constituyen parte del culto protestante. En uno de ellos retoma la antigua antífona de Pentecostés: «Ven, Espíritu Santo, llena los corazones de tus fieles y enciende en ellos la llama de tu amor»[25] y la desarrolla en una coral, de la que dijo un día que «había sido compuesta, palabras y música, por el propio Espíritu Santo». Inspirándose precisamente en la presente estrofa del *Veni creator,* reúne en ella los dos temas del Espíritu, «luz» y «amor». Vamos a rezarlo nosotros también, en unión con nuestros hermanos luteranos:

> *Ven, Espíritu Santo, Dios, Señor,*
> *y llena con tu benévola gracia*
> *el alma y la mente de tus fieles.*
> *En ellos de tu amor enciende el fuego.*
> *Con el esplendor de la eterna luz,*
> *tú congregaste en una sola fe*
> *un pueblo desde todas las naciones:*
> *nosotros te ensalzamos, Santo Espíritu.*
>
> *Tú eres santa luz, puerto seguro:*
> *explica a los creyentes la Palabra.*
> *Danos de Dios recto conocimiento*
> *y gozo pleno al llamarle Padre.*
> *Presérvanos, Santo, de los errores,*
> *para que Cristo sea nuestro maestro,*
> *creyendo en él con ortodoxa fe*
> *confiando en él con todo el corazón*[26].

---

[25] Cfr. *Corpus antiphonalium officii,* ed. R. J. Hesbert, III (Roma 1963) 528, n. 5327: «*Veni, Sancte Spiritus, reple tuorum corda fidelium, et tui amoris in eis ignem accende*».
[26] Lutero, *Komm, Heiliger Geist, Herre Gott:* WA 35, 165ss; 448-449.

XVI

FORTALECE CON TU ETERNO PODER LO QUE ESTÁ ENFERMO EN NUESTRO CUERPO

El Espíritu Santo prepara la redención de nuestro cuerpo

1. *Hermano cuerpo y hermana alma*

Volviendo a hablar a sus catecúmenos, una semana después, del Espíritu Santo, Cirilo de Jerusalén, refiriéndose a la catequesis anterior, decía:

> «Para no cansar a los oyentes, en aquella circunstancia tuvimos que reprimir nuestro entusiasmo, ya que del Espíritu Santo nunca se hablaría bastante»[1].

Antaño solíamos utilizar esta máxima para la Virgen; *de Maria nunquam satis,* se decía: de María nunca se habla bastante. Este mismo principio debemos afirmarlo también, y con más razón, respecto al Espíritu Santo. Procuraré imitar a este antiguo Padre, frenando yo también mi entusiasmo, para no alargar demasiado cada una de estas pequeñas catequesis modernas sobre el Espíritu Santo.

Tras habernos presentado al Espíritu en relación con la mente y el corazón del hombre, la presente estrofa del *Veni creator* nos lo presenta también en su relación con el cuerpo humano. ¡«El her-

---

[1] San Cirilo de Jerusalén, *Catequesis,* XVII, 1.

mano cuerpo», como lo llamaba san Francisco de Asís, no está excluido del gran banquete del Espíritu! Es más, participa en él con pleno derecho. El cuerpo no es para la Biblia un apéndice despreciable del ser humano; forma parte integrante del mismo. El hombre no *tiene* un cuerpo, *es* un cuerpo. El cuerpo ha sido *creado* directamente por Dios, hecho y plasmado con sus propias «manos», ha sido *asumido* por el Verbo en la encarnación y *santificado* por el Espíritu en el bautismo. Es nada menos que el «templo» del Espíritu Santo (cfr. 1 Cor 3,16; 6,19).

Si observamos superficialmente lo que el Nuevo Testamento, y en especial san Pablo, dice de la relación entre la carne y el Espíritu, corremos el peligro de caer en un error. Dicha relación no es sólo negativa, causa de inevitables conflictos, sino también positiva y de colaboración. La carne sirve al Espíritu y el Espíritu sostiene la carne. Es precisamente a través del cuerpo -es decir, el elemento que más íntimamente une el creyente a este mundo- como se manifiesta en él el Espíritu. El creyente está llamado a dar gloria a Dios con su cuerpo y con su carne mortal[2]. La obra del Espíritu es, por tanto, la de santificar la carne, no solamente la de combatirla; de promoverla, no de neutralizarla.

El primero que sintió la necesidad de aclarar este aspecto delicado de la revelación fue san Ireneo, a pesar de que en sus escritos se sigue notando una cierta oscilación entre el *espíritu* como elemento espiritual del conjunto humano, y el verdadero Espíritu Santo. Contra los gnósticos, que atribuían la misma existencia del cuerpo a un dios distinto e inferior al que Jesucristo había predicado, él escribe:

> «El hombre perfecto se compone de tres realidades: la carne, el alma y el Espíritu. El Espíritu salva y forma; la carne es salvada y formada. La tercera, que se encuentra entre estas dos -es decir, el alma-, a veces sigue al Espíritu, y gracias a él vuela; otras, obedece a la carne y cae en deseos terrenales»[3].

---

[2] Cfr. 1 Cor 6,20; Fil 1,20.
[3] San IRENEO, *Contra las herejías*, V, 9, 1

San Ireneo ilustra la relación entre el cuerpo y el Espíritu con la imagen del injerto: en la frágil carne ha sido injertado el Espíritu y, gracias a este principio nuevo, ella misma podrá dar frutos «espirituales»[4].

No son la carne y la sangre -explica san Ireneo- las que están excluidas de la posesión del reino de Dios (cfr. 1 Cor 15,50), sino sólo quien secunda *las malas inclinaciones* de la carne y la sangre. El mal no consiste en vivir *en la carne,* sino en vivir *según la carne.* Él llega a decir que «hacer que el cuerpo del hombre sea maduro y capaz de acoger la incorruptibilidad, es el fruto visible del Espíritu invisible»[5].

Esta relación positiva entre alma y cuerpo, entre espíritu y materia, era la que reinaba al principio, al menos en el proyecto de Dios; ahora eso está oculto bajo el conflicto, que es más llamativo; pero al final volverá a triunfar sobre todo antagonismo, en una reconciliación plena y definitiva. La hostilidad entre la carne y el espíritu del hombre está destinada a cesar, mientras que su unión persistirá eternamente. En el bien o en el mal.

> «Así el cuerpo y el alma son como dos manos juntas.
> Ambos entrarán juntos en la vida eterna.
> Y serán dos manos juntas.
> O bien, ambos se hundirán como dos muñecas atadas.
> Para una cautividad eterna»[6].

Gracias a la encarnación del Verbo la amistad originaria entre el cuerpo humano y el Espíritu de Dios ha sido restaurada después del pecado y tiene la esperanza de triunfar eternamente. La comunión con el cuerpo eucarístico de Cristo es el signo y la prenda de todo esto:

---

[4] Ibíd., V, 9, 2; 10, 1.
[5] Cfr. Ibíd., V, 12, 4.
[6] CH. PÉGUY, *El pórtico del misterio de la segunda virtud: en Oeuvres poétiques complètes* (Gallimard, París 1975) 580s.

«Nos da su cuerpo a fin de que, uniéndonos a él, podamos tener parte en el Espíritu Santo. En efecto, el motivo por el cual el Verbo de Dios vino a nosotros con un cuerpo y, como dice el Evangelio, se hizo carne (cfr. Jn 1,14), es que, ya que no podíamos tener parte en él como Verbo, pudiéramos tenerla como carne... Por esta comunión con el Espíritu de Cristo nuestros cuerpos han de ser tratados con santidad (cfr. 1 Tes 4,4), como los propios miembros de Cristo»[7].

2. El carisma de las curaciones

Pero vamos a ver lo que el *Veni creator* nos invita a pedir al Espíritu Santo para el cuerpo. La frase: «Fortalece con tu eterno poder lo que está enfermo en nuestro cuerpo», evoca claramente aquella otra que Jesús pronunció en Getsemaní: «El espíritu está bien dispuesto, pero la carne es débil *(infirma)*» (Mt 26,41). Puede que haya también una alusión al Espíritu que «viene en ayuda de nuestra flaqueza *(infirmitas)*» (cfr. Rom 8,26). Pero el autor, en este caso, no hace otra cosa que aplicar al Espíritu Santo dos versos que san Ambrosio, en su himno, había dedicado a Cristo en su encarnación[8].

La alusión, en este punto, al poder *(virtus)* del Espíritu Santo completa otra de las geniales síntesis presentes en esta estrofa del himno. San Buenaventura explica que el Espíritu Santo posee tres propiedades: él es, al mismo tiempo, *verdad infalible, generosa caridad* e *insuperable poder*. Como *suma verdad,* de él procede el esplendor de una inteligencia animada por la fe, que ilumina la facultad cognoscitiva del hombre; como *suma caridad,* de él procede el amor de una santa benevolencia, que rectifica la voluntad; como *sumo poder,* de él procede el vigor de una robusta firmeza

---

[7] *Homilía pascual,* atribuida a san Juan Crisóstomo: SCh 36, 91-93.
[8] SAN AMBROSIO, *Himno «Veni, redemptor gentium»:* en *Opera Omnia,* 22 (Milán 1994)50: «Infirma nostri corporis / virtute firmans perpeti».

que fortalece los actos[9]. Se trata de la misma tríada, exquisitamente bíblica, que el autor del *Veni creator* había evocado antes
que él, hablando del Espíritu Santo como luz para la mente, *amor*
para el corazón y *poder* para el cuerpo.

Dos cosas pedimos, principalmente, al Espíritu para el cuerpo, de acuerdo con el doble significado del término «enfermedad»
(infirmitas, en latín): la fuerza y la curación. El Espíritu Santo no se
limita a reforzar nuestra debilidad, a sanar las heridas y subsanar
los desgastes de nuestro organismo. Hace infinitamente más para
el «hermano cuerpo»: lo libera de su misma precariedad y prepara
su plena y definitiva redención (cfr. Rom 8,23). Aquí se abre el discurso sobre la escatología, el destino final:

> «Porque los que vivimos en esta tienda corporal suspiramos
> angustiados, pues no queremos quedar desnudos. sino más bien
> ser revestidos, para que lo mortal sea absorbido por la vida. Y el
> que nos ha preparado para ese destino es Dios, el mismo que nos
> ha dado en prenda el Espíritu» (2 Cor 5,4-5).

Con las palabras del *Veni creator,* pedimos al Espíritu Santo
que transfigure nuestro mísero cuerpo en un cuerpo glorioso como
el de Cristo (cfr. Fil 3,21); le pedimos que algún día haga revivir
nuestros cuerpos mortales (cfr. Rom 8,11).

Sin embargo, mientras vivimos en este mundo, la experiencia
que tenemos de nuestro cuerpo es bien distinta: es la de la debilidad y la enfermedad, y es ésta la situación a la que alude el *Veni
creator,* sobre todo cuando habla de *enfermedades.*

De nuevo, un amplio horizonte se abre ante nosotros, el de la
relación entre el Espíritu Santo y las curaciones físicas. Ya san
Ireneo, en el contexto recordado, mencionaba las curaciones y las
resurrecciones realizadas por Jesús, como demostración de que
también el cuerpo es capaz de recibir la acción del Espíritu de Dios:

---

[9] SAN BUENAVENTURA, *Sermón I sobre Pentecostés:* ed.Quaracchi, IX, 331.

«El Artífice del universo, el Verbo de Dios que al principio plasmó al hombre, habiendo hallado que su criatura había sido dañada por el mal, la curó de todas las maneras, o bien restaurando cada uno de sus miembros tal y como fueron plasmados al principio, o bien haciendo que el hombre llegara a ser sano y completo en un solo instante, preparándolo para la resurrección. ¿Por qué motivo iba a curar los miembros de la carne y restablecerlos en su forma anterior, si los miembros por él sanados no hubieran tenido que ser salvados?»[10].

Con estas palabras, san Ireneo revela la profunda dimensión teológica que se esconde tras las curaciones milagrosas, que en la actualidad algunos miran con malestar, cuando no con rechazo, como si, al igual que cualquier otro milagro, fueran la expresión de una religiosidad primitiva y poco evolucionada. Por tanto, vamos a «echar un vistazo» a este aspecto del ministerio de Cristo, para ver lo que nos dice a nosotros hoy.

Aproximadamente una tercera parte del Evangelio habla de Jesús curando enfermos o resucitando muertos. Él no cura principalmente para demostrar algo, sino porque ha venido a «salvar lo que estaba perdido» (Lc 19,10), porque tiene compasión de la gente, porque ama y quiere la vida, la libertad y la alegría de sus criaturas. Junto con el anuncio del Evangelio, la curación de los enfermos ocupa un puesto fijo en los discursos misioneros:

«Los envió a predicar el reino de Dios y a curar a los enfermos» (Lc 9,2).

En la Iglesia apostólica había un rito concreto (que más tarde llegaría a ser uno de los siete sacramentos) destinado a los enfermos, ya que se creía que «la oración hecha con fe salvará al enfermo» (St 5,15). Un factor importantísimo, en la «misión y propagación» del cristianismo, fue precisamente el hecho de que éste se preocupaba de la *salud* del cuerpo, además de la *salvación* del

---

[10] San Ireneo, *Contra las herejías*, V, 12, 6.

alma. A Jesús se le veía como «un médico hecho de carne y espí-ritu»[11], que estaba en condiciones, por tanto, de curar las almas y los cuerpos.

Ya en vida de Jesús, estas curaciones parece que se llevan a cabo por el poder del Espíritu Santo. El propio Jesús afirma que el Espíritu del Señor está sobre él, no solamente para anunciar la buena noticia a los pobres, sino también para «proclamar la liberación a los cautivos, dar vista a los ciegos y libertar a los opri-midos» (cfr. Lc 4,18). De él «salía una fuerza que los curaba a todos» (Lc 6,19) y, un poco antes, el propio evangelista explica en qué consiste dicha fuerza: no se trata de un fluido magnético, de una corriente hipnótica, de una fuerza de sugestión, y tampoco de una genérica «fuerza espiritual», sino de «la fuerza del Espíritu», que había venido sobre él en su bautismo (cfr. Lc 4,14).

De este convencimiento de que había una relación estrecha entre la fuerza del Espíritu y las curaciones, da testimonio san Pablo cuando habla de un carisma concreto destinado a ello:

«A otro (es concedido) el carisma de curar enfermedades. Todo esto lo hace el mismo y único Espíritu» (cfr. 1 Cor 12,9ss).

Prosiguiendo nuestro descenso a lo largo del «tiempo de la Iglesia», observamos una evolución, a propósito de este ministerio evangélico. El don de curar se va configurando cada vez más como un carisma extraordinario, que está ligado a la santidad de la persona que lo ejerce, y que hace de él un taumaturgo, un rea-lizador de milagros. Las curaciones milagrosas se convierten en prerrogativa de *personas* particulares -los santos- o de *lugares* especiales -los santuarios-.

En eso no hay nada extraño ni aberrante, ya que, a pesar de que se trata de dones gratuitos que Dios reparte «a quien quiere», para el bien de todos, sabemos que los carismas tienen algo que

---

[11] San Ignacio de Antioquia, *Carta a los Efesios*, 7, 2.

ver con la santidad. Cabe esperar que se manifiesten con más fuerza donde la caridad es más viva. Sin embargo, este hecho acabó por crear un convencimiento erróneo, en el que se había perdido la idea y función originaria del carisma. La relación entre curaciones y santidad, aunque sea fuerte, nunca es exclusiva, sobre todo si nos referimos a un tipo concreto de santidad, de rasgos extraordinarios.

Pero tal vez la razón principal de esta evolución se deba a que, muy pronto, empezó a faltar el ambiente natural en el que los carismas hallaban su espacio y se manifestaban en la Iglesia primitiva: esas asambleas abiertas, empapadas por un fuerte sentido de la presencia operante del Espíritu, y en las que cada creyente podía ejercer su propio carisma (cfr. 1 Cor 14,26). Al igual que algunas especies vivas, muchos carismas se han extinguido por la desaparición de su *hábitat* natural.

¿Acaso se había descuidado, en la iglesia, el mandato de Cristo: «Curad a los enfermos»? No, los cristianos han creado en todo tiempo toda clase de instituciones benéficas, destinadas a aliviar los sufrimientos de los enfermos: hospitales, leproserías, lazaretos, etc. Es éste un aspecto grandioso de la actividad de la Iglesia a lo largo de los siglos. Lo que ocurre es que el *carisma* de las curaciones se ha «institucionalizado», es decir, se ha convertido en *instituciones*. Hay algo en este proceso, por muy benéfico que sea, que se ha perdido. El hombre tiene dos medios para afrontar sus problemas, empezando por la enfermedad: la naturaleza y la gracia. La *naturaleza,* en este caso, indica la ciencia, la técnica, la medicina: en definitiva, todos los recursos que el hombre ha recibido de Dios en la creación y que ha desarrollado con su inteligencia; la *gracia* indica la fe y la oración, mediante la cual se consigue, a veces, si es la voluntad de Dios, la curación, más allá de los medios humanos. Fuera de estos dos caminos, queda excluido cualquier otro, como, por ejemplo, la magia y otros métodos ambiguos practicados por los llamados «curanderos» profesionales.

El cristiano, ante la enfermedad, no puede limitarse a utilizar la «naturaleza», es decir, a fundar hospitales, uniéndose al Estado para proveer asistencia y consuelo. Él tiene un poder propio, que le ha sido dado por Cristo: «Les dio *poder* para curar toda clase de enfermedades y dolencias» (Mt 10,1). No puede pecar de omisión, dejando de recurrir a este poder; tiene que dar una esperanza a quienes la ciencia niega toda esperanza.

Hoy la Iglesia ha vuelto a tomar conciencia de este poder que tiene. A raíz del Concilio, ha sido renovada la práctica del sacramento de la unción y plegaria para los enfermos. Ya no se administra sólo en punto de muerte, sino durante la enfermedad, y de él no se espera sólo «el perdón de los pecados», sino también, tal y como promete la Escritura, el restablecimiento del enfermo (cfr. St 5,15). Una plegaria sacada del antiguo ritual, hace mención explícita al Espíritu Santo a este respecto:

> «Te rogamos, Redentor nuestro, que cures, con la gracia del Espíritu Santo, la dolencia de este enfermo».

Pero lo más impresionante es la reaparición, en muchas Iglesias cristianas, del carisma de las curaciones, tal y como lo entendía san Pablo, o sea, como un don gratuito concedido a algunos creyentes, no necesariamente por su particular santidad, sino para el bien de todos y sobre todo por la fidelidad de Dios a la hora de cumplir las promesas hechas por Cristo. Se trata de un tema delicado, que se presta a manipulaciones y abusos de todo tipo; por tanto, en este caso, nunca se aprecia lo suficiente la prudencia y la vigilancia de la Iglesia, cuando éstas tienden a disciplinar, no a reprimir, este carisma. Una garantía de autenticidad es mantener ese equilibrio -que siempre vemos en el ministerio de Jesús- entre el anuncio del Evangelio y la curación de los enfermos. La plegaria para la curación nunca tiene que convertirse en un fin en sí misma, separada del anuncio, sino más bien en una ocasión para el mismo. Y, gracias a Dios, a menudo constatamos que esto se produce.

3. *De qué nos cura el Espíritu Santo*

Pero a nosotros no nos interesa sólo conocer la historia o la doctrina acerca de las curaciones: nos interesa obtener la curación. Es ésta la que pedimos al Espíritu Santo con las palabras: «Fortalece con tu eterno poder lo que está enfermo en nuestro cuerpo». En *nuestro* cuerpo, no solamente en el cuerpo de otros. Con este fin, vamos a mencionar ahora algunas de las principales «dolencias» del cuerpo, por si acaso entre ellas hubiera alguna que reconocemos como nuestra y de la que queremos pedir al Espíritu que nos cure.

Entre las enfermedades, hay algunas de las que no tenemos ninguna culpa: limitaciones físicas congénitas o adquiridas, alteración de algún órgano, taras hereditarias, traumas procedentes de ciertas dificultades en los primeros años de nuestra vida -cuando no incluso en el seno materno-; o bien enfermedades que se deben, simplemente, a las circunstancias de la vida y a nuestra condición humana.

Otras pueden ser, en parte, culpa nuestra, como, por ejemplo, las distintas «dependencias»: alcohol, droga, tabaco, desórdenes alimenticios, abusos en el campo de la sexualidad, etc.

Hay enfermedades que radican en el inconsciente y en la memoria, y que parecen, por tanto, enfermedades más del alma que del cuerpo, pero que inciden profundamente también en nuestra vida física: miedo a la muerte, trastornos derivados de una mala relación con un padre autoritario o una madre posesiva; complejos, agresividad, inseguridad, etc.

En esta estela se sitúan la falta de aceptación de uno mismo o de los demás; la depresión, el desaliento y la tristeza crónica; rencores, resentimientos viscerales, etc.

Por último, una cosa contra la que los psicólogos nos ponen en guardia -y con razón- es el apego a nuestra enfermedad. En efecto, puede que uno acabe por encontrar en su propia enfermedad, o neurosis, un refugio; que no sea capaz de concebir su vida en una situación distinta y de renunciar a la conmiseración de la que está siendo objeto. Jesús le pregunta al paralítico del estanque de Betesda: «¿Quieres curarte?» (Jn 5,6). Curiosa pregunta, o quizá no tanto...

Cuando se trata de enfermedades psicológicas profundas, en las que está involucrada, de algún modo, la libertad del enfermo, es necesario que éste colabore con la acción del Espíritu, eliminando ciertos obstáculos, sobre todo arrepintiéndose y perdonando, si tiene algo que perdonar. Es muy importante, en este campo, acercarse bien y con fe a los *sacramentos*. En ellos se nos concede, en la fe, volver a tocar la «orla del manto» de Jesús para quedar curados (cfr. Mt 9,21); del cuerpo eucarístico de Cristo sigue saliendo esa «fuerza que nos cura a todos» (Lc 6,19).

Pero también *la palabra de Dios* puede ser un poderoso instrumento de curación. Dice la Escritura, del pueblo de Dios en el desierto:

> «Ni hierba ni emplasto los curó, sino tu palabra, Señor, la que todo lo sana» (Sap 16,12).

Un hombre se encontraba en un estado avanzado de alcoholismo. Había hecho la vida imposible a su mujer y a sus hijos. Una tarde, lo invitaron a un encuentro donde se leía la Biblia. Al oír una determinada frase de la Escritura, notó como una oleada de calor que pasaba por su cuerpo, y se sintió curado. Posteriormente, cada vez que volvía a sentir la tentación del alcohol, iba corriendo a abrir la Biblia en ese punto concreto y siempre recibía nueva fuerza, hasta que quedó curado del todo. Cuando, al contar su experiencia, llegó a decir cuál había sido esa famosa frase, se le hizo un nudo en la garganta por la emoción. Se trataba del versículo del Cantar de los Cantares que dice: «Condúceme, rey mío, a tus estancias, para alegrarnos y gozar contigo, y celebrar tus amores más que el vino» (Cant 1,4).

4. ¿Y el que no se cura?

Pero aquí no podemos dar por terminado el discurso sobre la curación, nuestra y de otros, ya que quedaría incompleto y sería poco realista. ¿Qué ocurre con todos aquellos que, a pesar de la fe, la oración intensa, las «misas de sanación», no se curan? ¿De quién es la culpa? Los hay que contestan: «Es por falta de fe, de ellos o de quienes oran sobre ellos. Dios quiere curar siempre, a todos; la enfermedad es una consecuencia del pecado; es contraria a la voluntad de Dios...».

Pero si así fuera, habría que llegar a la conclusión de que los santos eran de los que menos fe tenían, ya que a menudo tuvieron que soportar todo tipo de enfermedades. La «sana doctrina» de la Iglesia afirma que el poder del Espíritu Santo no se manifiesta sólo de un modo -eliminando el mal, curando-, sino también dándonos la capacidad, y en ocasiones incluso la alegría, de llevar con Cristo nuestra dolencia, completando así «a favor del cuerpo de Cristo, que es la Iglesia, lo que aún falta al total de las tribulaciones cristianas» (cfr. Col 1,24). Cristo ha redimido el sufrimiento y la muerte; ésta ya no es signo del pecado y participación en la culpa de Adán, sino instrumento de redención y participación en la vida del Nuevo Adán.

No hay nada que no pueda entrar en esta escala de valores: ni las enfermedades físicas, ni las psicológicas. Cristo ha asumido el miedo a la muerte, la angustia. Hasta las neurosis pueden llegar a ser motivo de santificación, si constituyen un bagaje natural imposible de eliminar. ¡Las neurosis también se han cebado en algunos santos, y no les han impedido ser lo que han sido! Cuando se trata de enfermedades de este tipo, la fe y la acción del Espíritu Santo se manifiestan de otra forma: dando a la persona la capacidad de vivir su enfermedad de un modo nuevo, con más libertad; de convivir con ella, sin dejarse aplastar.

La razón profunda de esto es que Dios, en toda su obra, ha decidido derrotar el mal, no anulándolo con su omnipotencia, sino tomándolo sobre sí en Cristo, venciéndolo y transformándolo desde dentro: «Él tomó nuestras flaquezas y cargó con nuestras enfermedades» (Mt 8,17).

Tenemos un ejemplo magnífico en el apóstol Pablo. Había rogado tres veces al Señor que apartase de él un «aguijón clavado en su carne», y otras tantas el Señor le había dicho:

> «Te basta mi gracia, ya que la fuerza se pone de manifiesto en la debilidad» (2 Cor 12,9).

Entonces lanzó el grito de fe: «Seguiré presumiendo de mis debilidades... Me complazco en mis flaquezas... Cuando me siento débil, entonces es cuando soy fuerte» (cfr. 2 Cor 12,9-10). El poder del Espíritu Santo respecto a las dolencias de nuestro cuerpo se manifiesta aún más plenamente dándonos la fuerza de llevar con Cristo nuestro mal, que en sanarnos milagrosamente del mismo. San Máximo el Confesor dice que

> «en la debilidad de la carne cuando padece, se basa el eminente poder del Espíritu»[12].

Resumiendo, siempre *podemos* pedirle al Espíritu Santo que nos cure. Pero si no lo hace, no tenemos por qué pensar que nos falta fe, que Dios no nos ama, que nos castiga, sino tan sólo que quiere hacernos un don más valioso, aunque más difícil de aceptar. La salud recuperada, algún día se volverá a perder, pero el mérito de haber soportado con paciencia la enfermedad permanece eternamente.

Aun así, no obstante, el discurso sobre la curación tampoco está completo. Hay que añadir todavía una observación. Lo más importante, en el espíritu del Evangelio, no es pensar en nuestras enfermedades, sino en las de nuestro prójimo. Los santos aguantaban estar mal ellos, pero no que estuvieran mal otros a su alrededor. Eran reacios a orar por su propia curación, mientras que eran muy atrevidos cuando se trataba de la sanación de los demás.

---

[12] SAN MÁXIMO EL CONFESOR, *Capítulos varios*, IV, 93: PG 90, 1345.

El Evangelio habla de «cuatro personas» que un día levantaron una techumbre, abrieron un boquete y descolgaron una camilla; en una palabra, no descansaron hasta que consiguieron poner a su amigo enfermo delante de Jesús y oyeron de él la palabra: «Levántate, carga con tu camilla y vete» (cfr. Mc 2,1-12). Tenemos que imitar el celo de esos cuatro hombres.

5. *Una terapia espiritual*

Al terminar estas reflexiones, debemos ensanchar nuestra mirada. La fuerza sanadora del Espíritu Santo se manifiesta no solamente sobre el cuerpo, sino sobre todo el hombre, tal y como nos ha sido presentado en esta estrofa de nuestro himno: mente, corazón y cuerpo. El Espíritu Santo ha venido a salvar, curar, enseñar, aconsejar, fortalecer, consolar e iluminar, en primer lugar al que lo recibe, y después, por medio de él, a los demás[13]. El suyo es verdaderamente, como se suele decir hoy, un «acercamiento holístico», es decir, que tiene en cuenta, al mismo tiempo, todas las dimensiones de la persona y todas sus necesidades. No se ocupa de un dedo infectado, ignorando que la persona padece graves trastornos de corazón o de estómago, y que podría incluso verse perjudicada por la propia cura que le está practicando en el dedo. Él nos libera de todo el mal. Hay una plegaria litúrgica que dice:

> «Padre de misericordia, que la fuerza curativa de tu Espíritu en este sacramento sane nuestras maldades y nos conduzca por el camino del bien»[14].

San Ireneo decía que el Espíritu Santo es ese «mesonero» a quien Cristo, el buen samaritano, entrega a la humanidad herida,

---

[13] Cfr. SAN CIRILO DE JERUSALÉN, *Catequesis*, XVI, 16.
[14] *Misal Romano*, Domingo X del Tiempo Ordinario.

para que cuide de ella[15]. Oigamos lo que dice san Buenaventura al respecto:

> «El Espíritu Santo viene a nosotros, en primer lugar, como médico experto, dándonos la vida espiritual y corporal. ¡Oh, qué sabio es este médico! Él devuelve la vida a los que han muerto espiritual y físicamente, y cura toda dolencia, sin hierro, sin fuego, sin palabras mágicas, sólo por decisión de su voluntad»[16].

Esta vez, la aplicación de la enseñanza a la vida tiene que tomar una forma un poco distinta: la de una terapia. Debemos hacer una buena terapia de Espíritu Santo. Por analogía con la helioterapia, podemos llamarla «neumoterapia», tratamiento de Espíritu Santo. La helioterapia consiste en exponer, por ejemplo, en la playa, nuestro cuerpo a la luz del sol, rica en rayos ultravioletas; la «neumoterapia» consiste en exponer toda nuestra persona -mente, voluntad y cuerpo- a la luz invisible, pero poderosa, del Paráclito.

A partir de aquí, es más lo que hay que hacer que lo que hay que explicar y entender. Exponer la *mente* a la acción del Espíritu Santo, significa presentársela en oración, pidiéndole que nos cure de todas nuestras «enfermedades mentales»: la incredulidad, o, al revés, la superstición; el árido intelectualismo, el orgullo y la presunción. Significa consagrarle nuestra inteligencia, para que esté siempre al servicio de la verdad, y nunca de la mentira y del error. Significa tener «expuesta» nuestra mente a la palabra de la Escritura, en la que se manifiesta precisamente la luz del Espíritu. Exponer nuestra *voluntad* a la acción del Espíritu Santo, significa pedirle que cure también todas nuestras «enfermedades cardíacas»: la frialdad, la insensibilidad, la rebelión, el amor propio y la terrible voluntad de poder que tanto daño hace en el mundo. Decía Orígenes: «El Verbo y su fuerza sanadora *(therapeia)* son más fuer-

---

[15] SAN IRENEO, *Contra las herejías*, III, 17, 3.
[16] SAN BUENAVENTURA, *Sermón para el IV Domingo de Pascua:* ed. Quaracchi, IX, 309.

tes que todas las enfermedades del alma»[17], y lo mismo hay que decir del Espíritu Santo.

Sabemos lo que significa exponer a la acción del Espíritu el «hermano cuerpo», porque ya hemos enumerado las distintas enfermedades que se agazapan en nuestro *cuerpo*.

Hay un *espiritual* afroamericano en el que no se hace otra cosa que repetir continuamente estas pocas palabras:

«Hay un bálsamo en Gilead que cura las almas heridas».

Gilead, o Galaad, es una ciudad que aparece a menudo en el Antiguo Testamento, y es famosa por sus perfumes y ungüentos (cfr. Jr 8,22). Escuchar este canto es como oír a un vendedor ambulante que pasa por las calles pregonando el nombre y las virtudes de su mercancía.

Al final de esta catequesis sobre el poder sanador del Espíritu, quisiera ser yo también uno de estos vendedores ambulantes. El bálsamo, del que el de Galaad no era más que un símbolo, es el Espíritu Santo. Ese canto prosigue diciendo:

«A veces me desanimo y pienso que todo es inútil, pero viene el Espíritu Santo y vuelve a dar vida a mi alma»[18].

Por eso, yo también me atrevo a gritar: «Hay un bálsamo en la Iglesia que cura los espíritus abatidos y las almas enfermas por el pecado, que derrite los corazones de piedra. Venid, comprad vino y leche de balde. Tomad este aceite, que viene a vosotros a través de la palabra, los sacramentos, la oración. ¡Tomad este bálsamo en grandes dosis!».

Nuestro mundo, en efecto, necesita grandes dosis de Espíritu Santo...

---

[17] ORÍGENES, *Contra Celso*, VIII, 72: SCh 150, 340.

[18] «There is a balm in Gilead / to make the wounded whole. / Some times I feel discouraged / and think my work's in vain / but then the Holy Spirit / revives my soul again».

Hagamos nuestra, al final de esta meditación, la hermosa plegaria al Espíritu Santo que un autor medieval hace, comentando las primeras palabras de nuestro himno:

Ven, Espíritu Santo, llena los corazones de tus fieles.

Tú que viniste para hacernos fieles,
ven para hacernos bienaventurados.

Tú que viniste para, con tu ayuda,
poder gloriarnos en la esperanza
de la gloria de los hijos de Dios,
vuelve a venir para poder gloriarnos
también de poseer la misma gloria.

Tú eres quien confirma, consolida,
quien perfecciona y lleva a cumplimiento.

Nos ha creado el Padre, el Hijo es el
que nos ha redimido: cumple, pues,
aquello que a ti sólo pertenece.

Ven a introducirnos en la verdad,
para que gocemos del sumo Bien,
de la visión del Padre y la abundancia
de todas las delicias, y gocemos
de la alegría de las alegrías.
Amén[19]

---

[19] GUALTIERO DE SAN VÍCTOR, *Discursos*, VIII, 9: CM 30, 70.

XVII

¡ALEJA AL ENEMIGO DE NOSOTROS!

El Espíritu Santo nos asegura la victoria sobre el maligno

1. El Espíritu Santo y el combate espiritual

Con este capítulo entramos en la quinta estrofa del *Veni creator,* que dice:

> «Aleja al enemigo de nosotros,
> y pronto ven a traernos la paz.
> Así, si vas delante y nos conduces,
> podremos evitarnos todo mal».

En su majestuosa sencillez, el *Veni creator* se parece a una hermosa arquitectura románica. Como en los mejores edificios de este estilo, su belleza no reside tanto en la audacia de cada uno de los elementos, tomados por separado, cuanto en la armonía y proporción del conjunto. Por eso, es importante tener siempre presente, junto con el contenido de cada uno de los versículos, el plan general que a través de ellos se va desarrollando y que constituye una grandiosa y tal vez insuperada síntesis teológica y espiritual sobre el Espíritu Santo.

Veamos, pues, cuál es el sentido de la nueva estrofa sobre la que nos disponemos a meditar y cuál es su lugar dentro de la economía del himno. En ella seguimos contemplando la acción *personal* del Paráclito, la que él ejerce sobre cada *persona,* más que sobre el mundo, la historia o la Iglesia en general. Sin embargo, a diferencia de la estrofa anterior, aquí no se toma en consideración su acción sobre los distintos elementos constitutivos del ser humano (mente, cuerpo, corazón), sino sobre los actos y las situaciones concretas de la vida; no tanto sobre la esencia cuanto sobre la existencia. Desde la *estructura* de la persona, se pasa a la *dialéctica* de la vida.

Sin proponérselo -al menos no en estos términos-, el himno nos ofrece la oportunidad de bosquejar un análisis existencial sobre la actuación del Espíritu, y de traducir, por tanto, a un lenguaje actual, la fe en él, ayudándonos a perfilar una «neumatología» para el hombre del tercer milenio.

Sólo son evocadas dos situaciones existenciales que, sin embargo, resumen de algún modo toda la experiencia humana. La primera es la *lucha,* la segunda es la *elección.* Los dos primeros versos ilustran el papel del Espíritu Santo en el combate contra el mal; los dos últimos, su papel en el discernimiento, en las decisiones y, por tanto, en el avance espiritual. De los mismos dos primeros versos, uno nos transporta al clima dramático de la batalla («el enemigo»), el otro a la quietud y al premio de la victoria («la paz»).

Vamos a ver ahora el verso inicial, que va a ser objeto de esta meditación: *Hostem repellas longius,* «aleja al enemigo de nosotros». Entre los himnos sobre el Espíritu Santo que tienen una cierta importancia, el *Veni creator* es el único que destaca su acción en este aspecto de la experiencia cristiana, que es la lucha contra el espíritu del mal.

En las *Cuatro estaciones* de Vivaldi y en la sexta sinfonía de Beethoven, llamada *Pastoral,* llega un momento en que el ritmo y la andadura de la música se rompen, se oye como un silbido o un trueno: se ha creado la atmósfera de la «tormenta que está a punto de llegar». idéntica función tiene la palabra «el enemigo» *(hostem)* puesta en esa posición fuerte, abriendo la estrofa. El clima del himno cambia por completo, estamos entrando en la tormenta de la vida. El mismo Espíritu que «llevó» a Jesús al desierto para que el diablo lo pusiera a prueba, nos lleva ahora también a nosotros. Pero el mismo Espíritu que siguió a Jesús en el desierto y le ayudó a triunfar sobre el tentador, nos acompaña ahora también a nosotros, «para adiestrar nuestras manos para la batalla, nuestros dedos para el combate» (cfr. Sal 144,1).

También aquí, una sola palabra basta para evocar todo un mundo; páginas enteras de la Biblia se nos abren ante esta palabra, y no por una simple asociación de ideas, sino por la misteriosa ley interna de la palabra de Dios que la hace vibrar toda, se toque por donde se toque. No es difícil descubrir las fuentes bíblicas inmediatas de esta expresión. Las tenemos, ante todo, en la palabra de Pedro:

> «El diablo, vuestro enemigo, ronda como león rugiente buscando a quien devorar» (1 Pe 5,8).

Pero se nota también un eco de la palabra de Jesús: «Lo ha hecho un enemigo» (Mt 13,28). Que la palabra «enemigo» no se refiere sólo a las normales dificultades y contrariedades de la vida, sino a algo mucho más tenebroso, lo recuerda la misma Escritura, cuando dice:

> «Nuestra lucha no es contra adversarios de carne y hueso, sino contra los principados, contra las potestades, contra los que dominan este mundo de tinieblas, contra los espíritu del mal que tienen su morada en un mundo supraterreno» (Ef 6,12).

No obstante, sería igualmente erróneo reducirlo todo al enemigo personificado, el diablo. Aquí es evocado todo el frente del mal. Pablo llama «adversario» también al anticristo, es decir, al misterio de la iniquidad, al impío que actúa con el poder de Satanás, y dice que «Jesús, el Señor, lo hará desaparecer con el aliento de su boca» (¡en el texto de la Vulgata: «con el Espíritu de su boca»!) (cfr. 2 Tes 2,4-8).

El mismo Apóstol plantea el combate espiritual también como lucha entre carne y espíritu[1], y en una ocasión pone en contraste

---

[1] Cfr. Rom 8,5-13;Gal 5,16-23.

directo el «Espíritu que viene de Dios» con el «espíritu del mundo» (cfr. 1 Cor 2,12). La carne, el mundo, el demonio: el enemigo dentro de nosotros, el enemigo alrededor de nosotros, el enemigo por encima de nosotros. Es evocado el «pacto tripartito» de muerte. El verso: «aleja al enemigo de nosotros» ocupa, en la economía del *Veni creator,* el mismo puesto que ocupa el grito final: «¡Líbranos del mal!» en el *padre nuestro.* También en éste, la palabra «enemigo» indica, al mismo tiempo, tanto el «mal» como el «maligno».

2. *Yo expulso los demonios con el poder del Espíritu de Dios*

Vamos a recordar ahora brevemente lo que la Escritura y la Tradición nos dicen sobre el tema concreto: «El Espíritu Santo y la batalla contra el espíritu del mal». El dato más importante es lo que el Espíritu Santo hizo, al respecto, en la vida de Jesús. «El Espíritu llevó a Jesús al desierto, para que el diablo lo pusiera a prueba» (Mt 4,1). La iniciativa no es de Satanás, sino de Dios. No es que Jesús, yendo por el desierto, caiga, por así decirlo, en una trampa del diablo, sino que obedece a una inspiración del Espíritu. Este es el que está al comienzo y al final del episodio de las tentaciones. Una vez superada la prueba, «Jesús, lleno de la fuerza del Espíritu, regresó a Galilea» (Lc 4,14). No solamente la tentación no ha interrumpido esa presencia del Espíritu que se había manifestado sobre él en el bautismo, sino que la ha consolidado y acrecentado.

Jesús, en el desierto, se ha librado de Satanás y ahora puede liberar a otros. Es lo que los evangelistas destacan en las historias de liberación de endemoniados, empezando por la de la sinagoga de Cafarnaún (Mc 1,21ss). Durante una de estas liberaciones, ante sus adversarios que le acusan de expulsar a los demonios con el poder del príncipe de los demonios, Cristo hace la solemne declaración:

> «Si yo expulso los demonios con el poder del Espíritu de Dios, es que ha llegado a vosotros el reino de Dios» (Mt 12,28).

En Lucas, la misma frase suena así: «Yo expulso los demonios con *el dedo de Dios*» (cfr. Lc 11,20). No es fácil -ya lo hemos observado una vez- determinar cuál de las dos formulaciones sea la original, pero tampoco es indispensable, sabiendo ya que ambas expresiones, en cuanto a significado, son equivalentes en la Biblia. Lo que sí es importante destacar es la certeza que Jesús tenía de que su poder sobre el demonio era debido a la presencia y acción del Espíritu Santo en él. No sólo eso, sino que precisamente la victoria sobre Satanás era el signo de que, con él, el reino de Dios por fin había llegado a la tierra:

> «El diablo ha perdido su poder en presencia del Espíritu Santo»[2].

Otro dato evangélico, al respecto, es lo que Jesús dice, en el Evangelio de Juan, hablando del Paráclito:

> «Cuando él venga, pondrá de manifiesto el error del mundo en relación con el pecado, con la justicia y con la condena... Con la condena, porque el que tiraniza a este mundo ha sido condenado» (Jn 16,8.11).

Tras la muerte y resurrección de Jesús, el Espíritu Santo manifestará al mundo la derrota que Satanás ha sufrido. No se trata sólo de una acción reveladora, limitada a la esfera del conocimiento; el Paráclito hará mucho más: «convencerá» a los discípulos, tranquilizándolos en su interior, de que el demonio está vencido, y eso les dará confianza en la lucha.

Pasemos ahora a lo que nos dice, sobre este punto, la Tradición. No pretendemos, naturalmente, ser exhaustivos; sólo queremos saber de qué forma este dato bíblico se ha concretado en la experiencia anterior de la Iglesia, para ver cómo puede concretarse en su experiencia de hoy.

---

[2] San Basilio Magno, *Sobre el Espíritu Santo*, XIX, 49: PG 32, 157 A.

El dato evangélico según el cual el demonio es expulsado «con el poder del Espíritu de Dios» ha hallado su expresión, ante todo, en el bautismo, a través de unos ritos que varían según las regiones. En algunos rituales -como el romano, que estuvo en vigor hasta el Concilio Vaticano II-, en el exorcismo pre-bautismal se ordenaba: «Sal de este niño, espíritu inmundo, y deja el sitio al Espíritu Santo». La misma sucesión de las dos unciones -una con «aceite de exorcismo», y otra con «aceite perfumado»- significaba que en el bautismo se producía una sustitución de espíritus: el espíritu inmundo es sustituido, en el alma, por el Espíritu Santo.

> «Todo hombre es habitado por un espíritu: algunos, por el Espíritu Santo; otros, por un espíritu inmundo... No hay, en efecto, otro poder con el cual se pueda expulsar al espíritu inmundo, si no es por medio del puro y santo Espíritu de Dios»[3].

Esto se convierte en un punto firme de la Tradición: donde entra el Espíritu Santo, sale el espíritu maligno; los dos no pueden vivir juntos. Cuando surgió, a este respecto, una teoría contraria (la de los mesalianos), hubo una fuerte reacción:

> «Algunos se han figurado que en el intelecto de los bautizados se esconden juntos la gracia y el pecado, es decir, el Espíritu de la verdad y el espíritu del error. Yo, en cambio, de las divinas Escrituras y del propio sentido común, he aprendido que la gracia, antes del santo bautismo, desde fuera impulsa el alma hacia el bien, mientras que Satanás se agazapa en sus profundidades... En el mismo momento en que somos regenerados, sin embargo, el demonio sale fuera, y dentro está la gracia... También Satanás, por otro lado, actúa en el alma, tanto después como antes, y a menudo incluso más, pero no estando presente junto con la gracia -eso nunca-, sino destilando en el intelecto, a través de los humores del cuerpo, el deleite de los placeres irracionales. Y eso ocurre con el permiso de Dios, a fin de que el hombre, pasando por la tormenta, el fuego y la prueba, llegue, si quiere, a gozar del bien»[4].

---

[3] *Didascalia siria*, XXVI, ed. R. H. Connolly (Oxford 1969) 246.
[4] DIADOCO DE FOTICÉ, *Cien capítulos*, 76: SCh 5, 134.

La Iglesia ha recogido el mandato de Cristo: «Expulsad a los demonios» (Mt 10,8) y lo ha hecho con la práctica del exorcismo, de la que ya dan testimonio los Hechos de los Apóstoles. Para explicarnos esta práctica en la Iglesia de su tiempo, un Padre del siglo IV escribe:

> «Ha ocurrido que un demonio, que entre muchos no conseguían mantener encadenado, fue vencido por un hombre con las palabras de la plegaria, en virtud del Espíritu Santo que habitaba en él. El simple soplo del exorcista se convierte en un fuego para el espíritu maligno, aunque sea invisible»[5].

En la época de las persecuciones, el papel del Espíritu Santo en el combate espiritual se especifica como apoyo dado a los cristianos con vistas al martirio. Gracias al Espíritu Santo los mártires están en condiciones de resistir los tormentos[6]. Utilizando la terminología deportiva de su tiempo, Tertuliano dice que el Espíritu Santo es el «entrenador» de los mártires, y Jesús es el «presidente» de los juegos, que «unge a los suyos con Espíritu Santo», antes de enviarlos a la arena[7]. Una vez que ha pasado el tiempo de las persecuciones, la misma función de «entrenador» se le reconoce al Espíritu Santo en el combate ascético con vistas a la perfección cristiana. San Agustín acaba uno de sus discursos, enteramente dedicado al combate espiritual, exclamando:

> «El Espíritu Santo es, por tanto, aquel que adiestra nuestras manos para la batalla, nuestros dedos para el combate»[8].

Sin embargo, a pesar de estas sugestivas indicaciones, nos parece que el papel del Paráclito, en el combate espiritual, no ha recibido demasiada atención por parte de la Tradición. En ocasio-

---

[5] San Cirilo de Jerusalén, *Catequesis*, XVI, 19.
[6] Cfr. San Ireneo, *Contra las herejías*, V, 9, 2; San Cirilo de Jerusalén, *Catequesis*, XVI, 20.
[7] Cfr. Tertuliano, *A los mártires*, 3, 3-4: CC 1, 5.
[8] San Agustín, *Exposición sobre los Salmos*, 143, 7: CC 40, 2078.

nes, la psicología ha ganado a la «neumatología»; dicho de otra forma, se ha insistido más en las causas y en la dinámica de las tentaciones, que en el aliado y remedio en las mismas, que es el
Espíritu Santo. Las llamadas «homilías espirituales» atribuidas a
Macario el Egipcio constituyen una excepción. En ellas el Espíritu
Santo es señalado constantemente como el factor decisivo en la
guerra que los santos tienen que librar dentro y fuera de sí mismos.
Las sugestiones del enemigo, escribe el autor, se vencen «con la
ayuda del Espíritu Santo, acompañado por el esfuerzo personal en
todas las virtudes»; «sin las armas del Espíritu no se avanza en el
campo de batalla»[9].

3. ¿Existe aún «el enemigo»?

Llegados a este punto, vamos a hacernos la pregunta de rigor:
¿qué nos dice a nosotros, hoy, este aspecto de la doctrina sobre el
Espíritu Santo? ¿Qué tenemos que pensar cuando, en el canto del
Veni creator, llegamos al verso: «Aleja al enemigo de nosotros?» Y,
por último, la pregunta más radical: ¿Existe aún «el enemigo»?

Para contestar a estas preguntas, vamos a hablar primero de
la situación actual acerca de la creencia en el demonio. Tenemos
que distinguir bien, a este respecto, dos ámbitos: el de las creencias populares y el intelectual, representado por la literatura, la
filosofía y la teología.

En el *ámbito popular,* o de costumbre, nuestra situación
actual no es muy diferente a la de la Edad Media, o de los siglos
XIV-XVI, tristemente famosos por la importancia concedida a los
fenómenos diabólicos. Es verdad que ya no existen los procesos
de la Inquisición, las hogueras para endemoniados, la caza de brujas y cosas parecidas; pero las prácticas que se centran en el
demonio, sea éste exorcizado o adorado, están aún más extendidas que entonces, y no solamente entre las clases pobres y popu-

---

[9] *Homilías espirituales*, 21, 5: PG 34, 660 A; 23, 2: PG 34, 661B.

lares. Esto se ha convertido en un fenómeno social (y comercial) de proporciones gigantescas. Yo diría incluso que, cuanto más se intenta echar al demonio por la puerta, tanto más vuelve a entrar por la ventana; cuanto más se le excluye de la fe, tanto más se ceba en la superstición. La época de Orígenes en la antigüedad y la de Tomás de Aquino en la Edad Media (los dos mayores artífices de una verdadera «teología» sobre el demonio) fueron las épocas relativamente más libres de «demonismo».

Bien distintas están las cosas en lo que he dado en llamar el *ámbito intelectual y cultural*. Para lo que interesa a nuestro objetivo, podemos resumir el proceso que ha llevado a la situación actual en tres fases. El *primer paso*, en el proceso de distanciamiento de la visión tradicional, se produce en el campo estético. El demonio, que con demasiada frecuencia había sido representado en las artes figurativas y en la poesía (por ejemplo, en Dante) en clave grotesca o monstruosa, a partir de una fecha determinada empieza a ser representado como un ser hermoso, o, cuando menos, melancólico y poético. Algunos pintores (como ocurre, por ejemplo, con Lorenzo Lotto, en una de sus pinturas que se conserva en el museo de Loreto) pintan al demonio como un joven bellísimo, más «Lucifer» (es decir, astro luminoso) que «ángel de las tinieblas», con un san Miguel que lo echa del paraíso con una mano, mientras que con la otra parece casi querer protegerle. También en poesía, a partir de Milton, el demonio adquiere un aspecto de belleza perdida.

Si en esta fase el enemigo empieza a hacerse «simpático», en la *fase siguiente*, que llega a su grado más alto en el siglo XIX, los términos se invierten totalmente: el Espíritu Santo (el dios de los sacerdotes) es, si acaso, «el enemigo»; Satanás es el aliado y el amigo, aquel que está de parte del hombre. El mal para el ser humano no es la lucha, la guerra, el desasosiego, la curiosidad, sino la «paz». Al demonio se le identifica con Prometeo, aquel que, por amor al hombre, fue castigado por Dios y arrojado a la tierra. Satanás es un ser que «ha llorado y amado junto con el hombre, y ha escrito sus victorias con sangre». En este clima, se llegan a componer himnos y poemas para celebrar el rescate de Satanás.

Hay que reconocer que, en eso, no todo era «diabólico» y satanismo puro y duro. Existían razones culturales y religiosas que, cuando menos, habían facilitado esta involución. Así como no todo el ateísmo, bien mirado, es «ateo», del mismo modo, no todo el satanismo es satánico. Gran parte del ateísmo no era negación del Dios vivo de la Biblia, sino del ídolo que en su lugar se había introducido en muchos sectores del pensamiento y de la vida. Asimismo, gran parte del satanismo no era un culto al mal por sí mismo, sino a todo aquello que, según los respectivos autores (y no siempre, a decir verdad, sin fundamento), la Iglesia condenaba como mal y como «diabólico»: la ciencia, el amor a la libertad y la democracia: en definitiva, el espíritu «moderno». Se nota en estos famosos e ingenuos versos de Carducci:

> «Salve, Satanás,
> rebelión,
> fuerza vengadora
> de la razón»[10].

Y llegamos así a la *tercera fase*, la actual. Ésta se puede resumir de la siguiente manera: silencio sobre el demonio. Pero un silencio que no es laudable discreción, sino negación. El enemigo ya no existe. Mejor dicho, sí existe, pero se reduce a lo que san Pablo llamaba «la carne y la sangre», o sea, simplemente el mal que el hombre lleva dentro. El demonio es símbolo del inconsciente colectivo o de la alienación colectiva: una metáfora. El autor de la desmitificación escribió:

> «No se puede estar utilizando la luz eléctrica y la radio; no se puede recurrir, en caso de enfermedad, a medios médicos y clínicos, y al mismo tiempo creer en el mundo de los espíritus»[11].

---

[10] G. CARDUCCI, *Himno a Satanás.*
[11] R. BULTMANN, *Neues Testament und Mythologie* (Munich 1985) 16.

Éste no es ciertamente el lugar adecuado para seguir discutiendo estas posturas. Me limitaré a hacer algunas observaciones, necesarias para seguir reflexionando sobre el verso: «Aleja al enemigo de nosotros». ¿Por qué hoy en día a muchos intelectuales, incluso entre los teólogos, les resulta imposible creer en la existencia del demonio como entidad no sólo simbólica, sino real y personal? Yo creo que uno de los motivos principales es el siguiente: se busca al demonio en los libros, mientras que al demonio no le interesan los libros, sino las almas, y no se le encuentra frecuentando las universidades, las bibliotecas y las academias, sino, precisamente, las almas, sobre todo algunas almas.

La demostración más contundente de la existencia de Satanás no está en los pecadores o en los poseídos, sino en los santos. Es verdad que el demonio está presente y operante en ciertas formas extremas e «inhumanas» de mal y de maldad, pero aquí está en su casa y puede ocultarse detrás de mil personajes parecidos a él. Ocurre como con algunos insectos, cuya táctica consiste en el camuflaje: se posan sobre un fondo de su mismo color. Por este camino, es prácticamente imposible llegar, en los casos concretos, a la certeza de que se trata verdaderamente de él, ya que nosotros ignoramos hasta dónde puede llegar la capacidad de mal ínsita en el hombre.

Por el contrario, en la vida de los santos, se ve obligado a descubrirse, a ponerse «al trasluz»; su acción queda destacada, negro sobre blanco. En el propio Evangelio, la prueba más convincente de la existencia de los demonios no la tenemos en las numerosas liberaciones de poseídos (donde a veces es difícil distinguir el papel que desarrollan las creencias de la época sobre el origen de ciertas enfermedades), sino en el episodio de las tentaciones de Jesús. Quien más y quien menos, todos los santos y los grandes creyentes (algunos de los cuales son intelectuales de primer orden) dan testimonio de su lucha con esta oscura realidad, y no se puede honradamente suponer que todos hayan sido unos ilusos o simples víctimas de los prejuicios de su tiempo. San Francisco

de Asís acabó con casi todos los prejuicios de su tiempo, pero no
con éste; un día hizo esta confidencia a uno de sus compañeros
más íntimos:

> «Si supieran los hermanos cuántas y qué tribulaciones y afliccio-
> nes sufro de parte de los demonios, no habría ninguno que deja-
> ra de moverse a compasión y que no tuviera piedad de mí»[12].

Los que se fijan en los fenómenos que están tradicionalmente
considerados como diabólicos (posesión, pactos con el diablo, caza
de brujas, etc.), para después, triunfantes, llegar a la conclusión de
que todo eso es superstición y que el demonio no existe, se parecen
a ese astronauta soviético que acabó diciendo que Dios no existe,
porque él había dado una vuelta por el espacio y no lo había encontrado en ninguna parte. Ambos han buscado en el sitio equivocado.

En este campo hay que mencionar otra equivocación. Se dis-
cute sobre la existencia de Satanás entre filósofos, teólogos y hombres de cultura ateos, como si entre ellos hubiera una base común
para el diálogo. No se tiene en cuenta que una cultura «laica», que
se declara no creyente, no puede creer en la existencia del demonio; es bueno incluso que no crea en él. Sería trágico creer en la
existencia del demonio, y no creer en la existencia de Dios.
Entonces sí que habría que desesperarse. ¿Qué puede saber de
Satanás el que siempre y únicamente ha tenido que ver, no con su
realidad, sino con la idea y las representaciones que se han hecho
de él, con las tradiciones etnológicas que ha habido sobre él? Esos
tales suelen tratar el tema con mucha seguridad y superioridad y
lo resuelven todo con la etiqueta de «oscurantismo medieval». Pero
es una seguridad sin fundamento, como la de quien se vanagloria-
ra de no temer al león, sólo porque lo ha visto muchas veces en
pintura o en fotografía y nunca se ha asustado de él.

Algunos interpretan la línea de mayor discreción que el magisterio de la Iglesia ha adoptado, en este campo, como una prueba de

---

[12] *Espejo de perfección*, 99: *Escritos*, p. 771.

que también la Iglesia ha renunciado a creer en el demonio o que, cuando menos, ya no sabe muy bien qué hacer sobre este punto tradicional de su doctrina. Pero eso no es cierto. Pablo VI ha ratificado con fuerza la doctrina bíblica y tradicional acerca de este «agente oscuro y enemigo que es el demonio». Escribe, entre otras cosas:

> «El mal no es sólo una deficiencia, sino una eficiencia, un ser vivo, espiritual, pervertido y pervertidor. Terrible realidad. Misteriosa y aterradora»[13].

Es verdad que antaño muchas veces se ha exagerado hablando del demonio, se le ha visto donde no estaba, se han cometido muchas ofensas e injusticias, bajo el pretexto de combatirlo; es verdad que en este tema hay que tener mucha discreción y prudencia, para no caer precisamente en el juego del enemigo. Ver al demonio en todas partes no es menor desvío que no verlo en ninguna. Decía san Agustín:

> «Cuando se ve acusado, el diablo disfruta. ¡Es más, quiere que tú lo acuses; acepta gustoso todas tus recriminaciones, si esto sirve para que tú no hagas tu confesión!»[14].

Así y todo, sigue siendo válido, sin embargo, el dato bíblico que habla del demonio como de un poder «personal», dotado de inteligencia y voluntad, contra el cual Cristo ha luchado, al que ha vencido definitivamente en la cruz, al que «se le sigue permitiendo hacer guerra a los santos», para su purificación, y que trata por todos los medios de «seducir» a los hombres.

Se dice a veces que la creencia en el demonio es algo tardío y secundario en la Biblia, procedente del contacto con otras religiones. Nos olvidamos de que la idea de un «enemigo» y de una

---

[13] Cfr. PABLO VI, *Discurso sobre «líbranos del mal»*, 15 de noviembre de 1972, en *Insegnamenti di Paolo VI*, vol. X (Tipografia Poliglota Vaticana, Ciudad del Vaticano 1973) 1969.
[14] SAN AGUSTÍN, *Sermones*, 20, 2: CC 41, 264.

lucha sin cuartel entre él y la humanidad, hasta su derrota final (cfr. Gn 3,15) está presente desde la primera página de la Biblia, en el relato de la caída.

Pero también en este campo la desmitificación no ha pasado en vano, ni tampoco ha dejado de dar frutos positivos. Una vez disipada la polvareda que se había creado alrededor del demonio, quizá estemos hoy en una situación más ventajosa para volver a descubrir el verdadero núcleo bíblico de esta creencia y su profundo impacto existencial. Una vez sustraído al folclore, el demonio aparece como un elemento importante a la hora de explicar el misterio de la existencia humana. Son muchos hoy, incluso entre los intelectuales, los que admiten que habernos olvidado del demonio no ha hecho más serena y racional nuestra vida; al contrario, nos hace ser más obtusos y pasivos frente a los horrores del mal.

4. *El demonio y la angustia*

El demonio, por tanto, se ha «retirado», o ha sido desterrado del mundo intelectual. Pero ya había depositado en él su «huevo de serpiente», la larva que lo iba a reproducir bajo otra forma: la angustia. Es significativo que el primer tratado filosófico sobre la angustia, *El concepto de la angustia* de Kierkegaard, sea también el primer tratado filosófico sobre lo «demoníaco», y que ambos temas se repartan, a partes casi iguales, el espacio de la obra.

La angustia ha sido definida como «el mal del siglo». El grito del *Veni creator*: «Aleja al enemigo de nosotros», sigue teniendo, por tanto, un sentido; se puede entender también como: «¡Aleja la angustia de nosotros!». Hay un nexo seguro entre el demonio y la angustia, como se puede comprobar en la Escritura. La carta a los Hebreos dice que el diablo nos tenía esclavizados de por vida mediante el temor a la muerte (cfr. Heb 2,15). Y esto es algo que constituye el fundamento de todo tipo de angustia y su máxima expresión.

Muchas experiencias de santos y místicos dan testimonio de esta conexión entre el demonio y la angustia. La beata Ángela de Foligno tuvo un día una visión, se le apareció un santo. Aun antes de descubrir que se trataba de un engaño diabólico, advirtió una extraña inquietud que se apoderó de su espíritu durante diez días: «Mi alma se llenó de tristeza y turbación, y no conseguía orar ni recogerme»[15]. La angustia es el «elemento» del demonio, así como la paz lo es del Espíritu Santo. Por eso, a la invocación: «Aleja al enemigo de nosotros», le sigue, en nuestro himno, la plegaria: «Y ven pronto a traernos la paz».

En la época moderna, como decía, el nexo entre la angustia y lo demoníaco ha sido objeto de reflexión también filosófica, y es muy útil, a fin de dar un contenido actual a nuestro verso, aludir a algunas de las conclusiones alcanzadas. El concepto de angustia es definido partiendo del relato bíblico de la caída de Adán.

> «La angustia es la realidad de la libertad como posibilidad... La prohibición llena a Adán de angustia, porque despierta en él la posibilidad de la libertad»[16].

En su inocencia, Adán ignora que puede hacer el bien y el mal; ignora su libertad. Interviene la prohibición divina y he aquí que se pone en marcha la angustia. Ahora él sabe que podría, si quiere, hacer el mal. La angustia es ese estado por el cual una persona huye de aquello que la atrae y es atraída por aquello de lo que huye. Es el preludio del pecado, pero no es aún el pecado; entre la angustia y el pecado está el salto misterioso de la decisión y la culpa.

En el análisis filosófico, la categoría de lo «demoníaco» aparece más como un efecto que como una causa del pecado. Una vez que uno ha caído en la falsa libertad del pecado, el objeto de la angustia cambia: ya no es el mal, sino el bien. Y esto sería la esen-

---

[15] *Il libro della beata Angela da Foligno* (Quaracchi, Grottaferrata 1985) 260.

[16] S. KIERKEGAARD, *El concepto de la angustia*, I, 5: en *Obras*, ed. C. Fabro (Florencia 1972) 129.

cia de lo demoníaco. Es el estado de quien se siente angustiado por la posibilidad del bien. Por eso -se observa-, en los Evangelios los demonios se manifiestan sobre todo en presencia de Cristo, porque él representa la posibilidad del bien y de la salvación.

En este análisis, por otro lado tan penetrante, falta algo. En él no desempeña ningún papel la serpiente y la tentación. Se menciona este elemento del relato, pero para declararlo irrelevante, puesto que

> «Dios no incita a nadie a pecar. Cada uno es incitado a pecar por su propia pasión» (St 1,13ss).

Pero en este pasaje la Escritura excluye que el hombre pueda ser incitado a pecar por Dios, no que pueda ser tentado por el *diablo*. El mismo Santiago dice, un poco después: «Resistid al diablo, que huirá de vosotros» (St 4,7) y ¿cómo podemos resistir, si no es porque somos atacados?

No se puede tomar el relato bíblico como base para la definición de la angustia, omitiendo aquello que, para la Biblia, es un elemento central del episodio, es decir, la tentación. «Por envidia del diablo entró la muerte en el mundo» (Sap 2,24), comentará más adelante la Escritura. Lo que llena a Adán de angustia y despierta en él la posibilidad de la transgresión no es, por tanto -al menos según la Biblia-, la prohibición divina en sí, sino la interpretación que, de dicha prohibición, insinúa el tentador; de modo que no es sólo la prohibición, sino también la instigación.

La aparición del demonio en el horizonte suscita en los santos la más terrible de las angustias, precisamente por eso: porque hace presente y concreta la posibilidad de rebelarse ellos también, si quisieran, como hizo él. Y puesto que, para los santos, perder a Dios significa perderlo todo, volver a caer en algo más aterrador que la nada, su reacción se manifiesta en forma de angustia. Satanás despierta en ellos la «posibilidad de perder a Dios». Con su sola presencia, abre de par en par ante sus ojos el abismo de la nada, crea el vértigo de la libertad. Lo mismo que un barco grande, al hundirse, arrastra consigo, en su vórtice, todo aquello que está a su alrededor, así hace Satanás, que siempre está «hundiéndose en el abismo».

Todos aquellos que han intentado explorar el concepto de la angustia en clave existencial, han intuido su relación estrechísima con el sentido del vacío y de la nada. Sería de gran ayuda, en este campo, tener en cuenta la experiencia de angustia descrita por los místicos que han pasado por «la horrenda y espantosa» noche oscura del espíritu[17]. Ésta, en efecto, no solamente confirma este misterioso vínculo entre la angustia y la nada, sino que nos ayuda también a comprender por qué la perspectiva de la nada llena al ser humano de tanta angustia. El motivo es que la nada no es en absoluto -como pretende cierta filosofía existencialista- «el fundamento mismo» del ser, aquello de lo que el hombre procede y a lo que vuelve como a su destino natural; por el contrario, es el resultado de la pérdida del Todo, es el «fracaso» de la criatura. Sólo los santos, y entre ellos de un modo particular los místicos, saben verdaderamente lo que es la angustia. Es la sensación del que cree haber perdido a Dios de forma irremediable y por su propia culpa.

Admitir la existencia de un tentador y de la tentación no significa hacer vana la libertad humana, porque es cierto que cada uno es tentado «por su propia pasión», o sea, por sí mismo.

También Adán tuvo la causa principal de su culpa en sí mismo, no en el tentador; de lo contrario, no tendría sentido la condena pronunciada por Dios también contra él y contra Eva, no sólo contra la serpiente. Ninguna tentación, por sí sola, puede inducir al mal, sin la participación de la libertad. A la pregunta: «¿Qué es lo que pueden hacernos los demonios?», uno de los Padres del desierto contestó con una fábula:

> «Los cedros del Líbano dijeron un día: "¡A nosotros, que somos tan altos y fuertes, nos abate un trocito de hierro! Pero si no le

---

[17] SAN JUAN DE LA CRUZ, *La noche oscura*, I, 8, 2.

damos nada nuestro, ni siquiera eso podrá abatirnos". En efecto, ha sido por medio de la madera como los hombres han fabricado las hachas con las que han abatido los árboles. Los árboles son las almas, el hierro del hacha es el demonio y el mango es nuestra voluntad. Esta es la que nos hace caer»[18].

Después de la venida de Cristo,

«el demonio está atado, como un perro a la cadena; no puede morder a nadie, excepto a quien, desafiando el peligro, se le acerca... Puede ladrar, puede solicitar, pero no puede morder, excepto a quien se deja. En efecto, él no hace daño obligando, sino persuadiendo; no nos arrebata el consentimiento, sino que lo solicita»[19].

5. El Espíritu Santo nos libera de la angustia

Y finalmente hemos llegado al gozoso anuncio, que tampoco falta en este capítulo, sobre un tema tan oscuro: ¡el Espíritu Santo nos libera de la angustia! Es la esperanza de nuestra «época de angustia». También hoy, Jesús sigue expulsando a los demonios «con el dedo de Dios», es decir, con el Espíritu Santo. Uno de los documentos más significativos del Concilio Vaticano II empieza hablando de las «alegrías y esperanzas, tristezas y angustias» de los hombres de hoy, a los que ve «atormentados entre la esperanza y la angustia»[20]. Gracias a la presencia del Espíritu, nosotros sabemos cuál de estos dos frentes opuestos -el de la esperanza y el de la angustia- será el más fuerte y al final triunfará.

El Espíritu es el gran «liberador». La liberación de la angustia por obra del Espíritu Santo es declarada de manera casi oficial por el Apóstol con estas palabras:

[18] Vidas de los Padres, VII, 25, 4: PL 73, 1049.
[19] SAN CESAREO DE ARLÉS, Discursos, 121, 6: CC 103, 507.
[20] Gaudium et spes, nn. 1.4.

«Vosotros no habéis recibido un Espíritu que os haga esclavos, de nuevo bajo el temor, sino que habéis recibido un Espíritu que os hace hijos adoptivos y os permite clamar: "Abba", es decir, "Padre"» (Rom 8,15).

El Espíritu realiza esta transformación interior, dando testimonio a nuestro espíritu de que somos hijos de Dios (cfr. Rom 8,16). Nos convence en nuestro interior de que Dios es nuestro padre y aliado, no un enemigo de nuestra alegría y realización humana, como el tentador, desde siempre, trata de insinuar. Antaño «el pecado» (y, a través de él, Satanás) tomaba como pretexto el precepto («¡haz!») o, respectivamente, la prohibición («¡no hagas!») para despertar en el hombre toda clase de malos deseos y, con ellos, la angustia (cfr. Rom 7,7ss). Ahora, con la venida de la gracia de Cristo, el pretexto le ha sido quitado, porque Dios no se limita a decirle al hombre que haga o no una determinada cosa, sino que la hace con él.

Por eso, «donde está el Espíritu del Señor hay libertad» (2 Cor 3,17). Ya no es aquella libertad «inocente», basada en la «ignorancia» del bien y del mal, anterior al pecado (y precisamente por eso expuesta a la angustia); es de otra calidad: es libertad redimida. Quizá la obra más profunda del Paráclito en nosotros ya hemos tenido la oportunidad de destacarlo, hablando del Espíritu que «infunde amor en el corazón»- sea la de hacernos pasar de un estado en el que predomina la atracción del mal, a un estado en el que predomina la atracción del bien. O sea, de la esclavitud del pecado a la libertad de la gracia. Para expresarnos con el lenguaje del filósofo ya citado: de la demoníaca «angustia del bien» a la angustia «que salva mediante la fe»[21].

De esta fe en la gracia nace la «certeza» cristiana de la victoria sobre el «enemigo», que nunca sería segura si de nosotros dependiera, aunque nuestro cuerpo llegara a estar «agotado por las

---

[21] Cfr. S. KIERKEGAARD, El concepto..., obra cit., V, 193ss.

fatigas». Uno de los Padres del siglo IV expresaba así esta seguridad que viene del Espíritu Santo:

> «Tenemos de parte de Dios a un gran aliado y protector, el gran doctor de la Iglesia, nuestro gran defensor. No temamos, pues, ni a los demonios ni al diablo, porque más grande que ellos es aquel que lucha con nosotros»[22].

La vida cristiana es un combate espiritual. La experiencia carismática del Espíritu no eleva al creyente por encima de este conflicto ni lo aparta del mismo; al contrario, se lo agudiza, porque le hace vivir entre dos mundos igualmente reales, pero en tensión entre sí; le exige vivir «según el Espíritu», estando «en la carne».

Nuestra confianza en medio de esta lucha, gracias al Paráclito, es tal que no desfallece ni siquiera ante la derrota. Se lee en las historias de los Padres del desierto que un monje caía con frecuencia, por la noche, en el pecado de la carne, pero no por eso dejaba de rezar y gemir, después de cada caída. Una vez que, tras cometer la culpa, se había levantado inmediatamente a rezar maitines, el demonio «estupefacto por su confianza», se le apareció, preguntándole si no le daba vergüenza ponerse en la presencia de Dios en ese estado. El monje contestó: «Juro que no me cansaré de orar a Dios contra ti, hasta que dejes de hacerme la guerra, y vamos a ver quién gana, si tú o Dios». El demonio dejó inmediatamente de tentarle, para no aumentar, de ese modo, su corona[23].

La experiencia demuestra que la batalla contra el espíritu del mal se gana como la ganó Jesús en el desierto: a golpe de palabra de Dios. Ésta es de verdad «la espada del Espíritu» (Ef 6,17). Si alguien está tentado por el espíritu de orgullo, intente repetir: «Yo no vivo preocupado por mi honor» (Jn 8,50), o «¿Qué tienes que no hayas recibido?» (1 Cor 4,7); si está tentado por el espíritu de

---

[22] SAN CIRILO DE JERUSALÉN, *Catequesis*, XVI, 19.
[23] *«Apotegmas»* del manuscrito Coislin 126, n. 582, en L. CREMASCHI, *Detti inediti dei Padri del deserto* (Qiqajon, Comunità di Bose 1986) 226ss.

impureza, haga resonar en su interior la palabra de Cristo: «Dichosos los que tienen un corazón limpio» (Mt 5,8), o «El Espíritu es quien da la vida, la carne no sirve para nada» (Jn 6,63), o bien otra palabra que alguna vez le haya venido bien, con tal de que siempre sea la misma. Constatará que se trata verdaderamente de un arma infalible.

Y terminamos con la vibrante invocación de un gran cantor del Espíritu Santo procedente del Oriente cristiano, Simeón el Nuevo Teólogo, que destaca, como nuestro himno, la acción poderosa del Paráclito contra el enemigo:

Ven, luz verdadera.
Ven, eterna vida.
Ven, misterio escondido.
Ven, tesoro sin nombre.
Ven, inefable realidad.
Ven, tú que escapas a la comprensión humana.
Ven, gozo perenne.
Ven, luz sin sombra.
Ven, esperanza de los salvados.
Ven, resurrección de los muertos.
Ven, solo hacia el solo.
Ven, mi aliento y mi vida.
Ven, consuelo de mi alma.
Ven, mi alegría, mi gloria,
mi perenne delicia.
Túnica refulgente
que quemas a los demonios,
purificación que me lavas
con incorruptas y santas lágrimas.
Quédate, oh Soberano,
no me dejes solo:
para que, cuando venga el enemigo

que siempre intenta devorar mi alma,
al encontrarte en mí huya al instante
y nada pueda contra mí, viéndote a ti,
de todos el más fuerte, aposentado
en la casa de mi pobre alma[24].

---

[24] SAN SIMEÓN EL NUEVO TEÓLOGO, *Himnos de los amores divinos:* SCh 156, 150-152.

XVIII

Y PRONTO VEN A TRAERNOS LA PAZ

El Espíritu Santo nos concede la gran paz de Dios

1. *La paloma de la paz*

El tema de esta meditación es el verso en el que se pide al Espíritu Santo la paz: «Y pronto ven a traernos la paz» *(pacemque dones protinus).*

La palabra «paz» es de las palabras de la Biblia y del cristianismo que más se repiten y que son más densas de significado. La misa está llena, de principio a fin, de la palabra «paz»: «En la tierra paz a los hombres que ama el Señor»; «la paz os doy»; «danos la paz» ; «podéis ir en paz». Toda vida cristiana empieza, en el bautismo, con el saludo de la paz, y acaba con el deseo: «Descanse en paz» *(Requiescat in pace).* «En paz», o «en la paz de Cristo», es la inscripción que aparece con más frecuencia sobre los antiguos sarcófagos cristianos y sobre las tumbas.

Pero «paz» es también la palabra que expresa uno de los anhelos más universales y profundos de todo ser humano. Así como «la tempestad busca su fin en la paz, aunque luche contra ella con toda su furia»[1], del mismo modo, la historia humana, a través de todas sus alteraciones y sus guerras, persigue la paz. Un antiguo pensador cristiano afirmaba ya este movimiento de todas las

---

[1] R. TAGORE, *Gitanjali*, 38.

cosas, sin excepción, hacia la paz. A quien oponía a eso el hecho de que muchos son contrarios a la paz y disfrutan con las contiendas, los furores, los cambios y las sediciones, contestaba que ellos también tienen un oscuro deseo de paz, sólo que pretenden realizarlo de un modo equivocado[2].

La paz ocupa, en la visión cristiana, un puesto análogo al que ocupa el *nirvana* en la religión budista: indica la meta final de todo, el logro supremo de la aventura terrena. Sería instructivo ahondar en esta comparación, respetando, por supuesto, el universo religioso particular e irreductible del que cada uno de los dos conceptos forma parte. El *nirvana* es interpretado como la negación y el fin del sufrimiento, como el agotamiento de la pasión; en cambio, la *paz* (que procede de la misma raíz de *apaciguamiento),* no indica la extinción, sino la realización de todos los deseos; es afirmación, no negación. Sin embargo, ambos ideales no son necesariamente incompatibles entre sí ni tienen por qué excluir una fecunda comparación. El *nirvana* indica el aspecto negativo de la paz, y la *paz* cristiana indica el aspecto positivo del nirvana.

El *Veni creator,* con este verso sencillo, afirma que hay un nexo entre la paz que todos buscamos y el Espíritu Santo, y nos invita, como siempre, a explorarlo a través de la Biblia y la Tradición. Otro ámbito importante, no solamente de la fe, sino también de la vida humana, es reconducido así bajo la acción universal del Paráclito e iluminado por su luz. No deja de tener sentido que el Espíritu Santo y la paz compartan el mismo símbolo: la paloma. Escribía Tertuliano:

> «Después de aquella especie de bautismo del mundo que supuso el diluvio, cuando fue lavada la antigua maldad humana, la paloma, que había sido enviada desde el arca y volvió con la ramita de olivo, fue la mensajera que anunció la paz al mundo y el fin de la cólera divina: un símbolo de paz que más tarde se convirtió en

---

2 Cfr. Pseudo-Dionisio Areopagita, *Nombres divinos,* XI, 5: PG 3, 953 A.

algo familiar también entre las naciones. Con la misma disposición, pero en sentido espiritual, la paloma del Espíritu Santo,
enviada por el cielo sobre la iglesia, prefigurada en el arca, se
posa ahora sobre aquellos que salen del baño bautismal donde
han depositado los pecados de su vida pasada, trayéndoles la paz
de Dios»[3].

Dice el salmista: «¡Quién me diera alas de paloma para volar
y hallar reposo!» (Sal 55,7). Y, ¿cómo no asociar también esta
paloma al Espíritu Santo que conduce el alma hacia la paz?
Escribe un autor espiritual de la antigüedad:

> «Cuando Dios creó a Adán, no le dio alas materiales, como a los
> pájaros, pero le preparó las alas del Espíritu Santo, para elevarle
> y hacerle descansar donde al Espíritu guste... Pidamos a Dios que
> nos dé las alas de la paloma que es el Espíritu Santo para volar y
> hallar descanso en él»[4].

En la fase más antigua de la revelación, como, por ejemplo,
en el Libro de los jueces, al Espíritu Santo a veces se le relaciona
con empresas bélicas y acciones violentas. El Espíritu de Dios viene sobre alguien, y éste declara una guerra y derrota a sus enemigos[5]. Pero estos pasajes «no solamente presentan unos conflictos
bélicos claramente defensivos, sino también manifiestamente no
queridos, y hechos inevitables por situaciones de extrema necesidad»[6]. Tampoco en esta fase arcaica, por tanto, al Espíritu Santo
se le puede considerar de ningún modo como «un espíritu guerre-
ro», sino en todo caso como un Espíritu que socorre *incluso* en
situaciones de guerra.

Además de la velada alusión a la paloma de la paz, no es difícil reconstruir el fondo bíblico inmediato al que el autor del *Veni*

---

[3] TERTULIANO, *El Bautismo*, 8, 4: CC 1, 283.
[4] *Homilías espirituales*, atribuidas a Macario, 2, 3; 6, 11: PG 34, 465 A; 516 C; cfr.
también 30, 6; 47, 2: PG 34, 725 B; 797 B.
[5] Cfr. Jue 3,10; 6,34; 11,29.
[6] M. WELKER, *Gottes Geist* (Neukirchen-Vluyn 1993) 65.

creator hace referencia cuando pide al Espíritu Santo la paz. Es el mismo del verso anterior. El Evangelio de Marcos dice que Jesús, después de haber superado las pruebas del diablo, «estaba con las fieras y los ángeles le servían» (Mc 1,13), queriendo indicar con eso que en él se realizaba el ideal mesiánico de la vuelta a la paz paradisíaca (cfr. Is 11,6-9). Cuando decimos: «Aleja al enemigo de nosotros y pronto ven a traernos la paz», pedimos, por tanto, al Espíritu Santo que realice, en nuestra vida, aquello que realizó en Cristo. Que nos ayude a superar la lucha, la tentación, y nos haga gustar, ya en esta vida, alguna primicia de aquella paz eterna que nos espera en el cielo.

La paz que pedimos al Espíritu no es, evidentemente, la de una vida tranquila, esa falsa paz que Jesús dice que ha venido a quitar, no a traer, a la tierra (cfr. Mt 10,34). Es más bien la paz durante la prueba y después de la misma, «descanso de nuestro esfuerzo» *(in labore requies),* como dice la Secuencia de Pentecostés. Tampoco es una paz meramente individual, sino eclesial:

> «Esa ramita y ese arca eran el símbolo de la paz y de la Iglesia, ya que, incluso entre las ruinas del mundo, el Espíritu Santo trae a su Iglesia una paz profunda»[7].

2. *Los frutos del Espíritu*

La referencia a la paloma de la paz y a las tentaciones de Jesús en el desierto, no es la única que hay en este verso. Los títulos y las palabras del *Veni creator* tienen una apertura máxima; abarcan, cada vez, todo lo que la Biblia dice sobre un tema concreto. El autor tiene en su mente todos esos pasajes bíblicos que relacionan la paz con el Espíritu Santo:

> «Sentir según los propios apetitos lleva a la muerte; sentir conforme al Espíritu conduce a la vida y a la paz» (Rom 8,6).

---

[7] San Ambrosio, *Comentario al Evangelio de Lucas*, II, 92: CC 14, 74.

«El reino de Dios... consiste en la fuerza salvadora, en la paz y la alegría que proceden del Espíritu Santo» (Rom 14,17).

«Los frutos del Espíritu son: amor, alegría, paz, tolerancia, amabilidad, bondad, fe, mansedumbre, y dominio de sí mismo» (Gal 5,22).

En todos estos pasajes, la paz es presentada como «fruto del Espíritu», y esto nos brinda la oportunidad de tocar también este tema, tan relevante para la vida cristiana y el conocimiento de la obra del Espíritu. En qué consisten «los frutos del Espíritu», lo descubrimos precisamente analizando el contexto en el que esta idea se repite. Tanto en la carta a los Gálatas como en la carta a los Romanos, el contexto es el de la lucha entre la carne y el espíritu, es decir, entre el principio que regula la vida del hombre viejo, lleno de concupiscencias y deseos terrenales, y el que regula la vida del hombre nuevo, conducido por el Espíritu de Cristo.

El Apóstol enumera las manifestaciones que son propias del uno y del otro. Llama a las primeras «obras de la carne» y a las segundas «frutos del Espíritu». En realidad el texto dice «el fruto», en singular, y algunos piensan que eso está hecho a propósito, como para afirmar que la vida según el Espíritu es una actitud unitaria y coherente, en la que todo procede de la única raíz de la caridad, mientras que la vida según la carne está caracterizada por una multiplicidad caótica de vicios[8]. Pero no se trata de insistir demasiado en este detalle, dado que en otro pasaje, para designar la misma realidad, el Apóstol utiliza expresiones en plural, como «los deseos del Espíritu», o «las armas de la luz» (cfr. Rom 13,12).

La lista de los frutos del Espíritu tiene un valor meramente ilustrativo y no pretende ser exhaustiva. En otra parte, en contextos similares, se mencionan otras virtudes, como, por ejemplo, la pureza[9]. La misma expresión «frutos del Espíritu» es una de las muchas imágenes que han sido utilizadas para la misma realidad.

---

[8] Cfr. J.-P. LEMONON, *Saint Esprit:* en DBSupl. fasc. 60 (1986) 252s.
[9] Cfr. 2 Cor 6,6; St 3,17.

Otras veces, la misma oposición entre obras de la carne y frutos del Espíritu, se expresa como oposición entre «las obras de las tinieblas» y «las armas de la luz».

Esto nos disuade de querer buscar a toda costa una justificación teórica de dicha imagen, basándonos en el hecho de que «el fruto, en el orden natural, indica el producto de la planta llegado a su perfección y agradable al gusto»[10]. Es más útil la similitud con el dicho de Jesús sobre el árbol bueno que da frutos buenos y el árbol malo que da frutos malos (cfr. Mt 7,16ss). La carne sería, en este caso, el árbol malo que no puede dar más que frutos malos; y el Espíritu, el árbol bueno que no puede dar más que frutos buenos.

La cuestión teológica más importante que se plantea acerca de los frutos del Espíritu es otra: es si se tienen que identificar o no con las virtudes. Santo Tomás de Aquino dice que son *actos* y no *hábitos;* por tanto, se diferencian de las virtudes. En efecto, no proceden de la recta razón, como las virtudes, sino de un principio más alto que es el mismo Espíritu Santo. En ese caso hay que considerarlos como operaciones del Espíritu[11]. Pero una mejor comprensión del pasaje bíblico hoy nos obliga a revisar esta tesis. En la expresión «frutos del Espíritu», la palabra «Espíritu» no indica tanto el Espíritu Santo en sí, cuanto el comienzo de la nueva vida, o también el hombre que se deja guiar por el Espíritu (sería, pues, igualmente correcto escribir «espíritu» con la letra inicial minúscula). Es como si el Apóstol dijera: éstas son las obras del que vive según la carne, y éstos son los frutos del que vive según el Espíritu.

El sujeto es sin duda el Espíritu Santo, pero no solo él. A diferencia de *los carismas,* que son obra exclusiva del Espíritu, que los da a quien quiere y cuando quiere, los *frutos* son el resultado de una colaboración entre la gracia y la libertad. Son los productos que la tierra de nuestra libertad engendra cuando acoge el rocío del Espíritu. Son, pues, precisamente lo que hoy entendemos por

---

[10] Cfr. SANTO TOMÁS DE AQUINO, *Summa theologica*, I-II, q. 70, a. 1, ad 2.
[11] Ibíd.

virtudes, si damos a esta palabra el sentido bíblico de un habitual obrar «según Cristo» , o «según el Espíritu», en lugar del sentido filo-sófico aristotélico de un obrar habitual «según la recta razón». La intención de Pablo, en los contextos evocados, es precisamente la de exhortar a los cristianos a las virtudes: la caridad, la humildad, la pureza, la obediencia (cfr. Rom 12,12-14).

Otra cosa más: a diferencia de los dones del Espíritu que son distintos de una persona a otra, los frutos del Espíritu son idénticos para todos. No todos en la Iglesia pueden ser apóstoles, profetas, evangelistas; en cambio, todos, sin distinción, desde el primero hasta el último, pueden y deben ser caritativos, pacientes, humil-des, pacíficos.

Dicen que los frutos del Espíritu son frutos «cristológicos», es decir, tienen una relación muy estrecha con Cristo. Jesús dijo: «El que permanece unido a mí, como yo estoy unido a él, produce mucho fruto» (Jn 15,5), y otra vez: «Mi Padre recibe gloria cuando producís fruto en abundancia» (Jn 15,8). Para Pablo, mostrar los frutos del Espíritu, tener «los mismos sentimientos que correspon-den a quienes están unidos a Cristo Jesús» (Flp 2,5) y revestirse de Jesucristo (cfr. Rom 13,14), son expresiones que indican todas la misma realidad fundamental. Jesús es la *vid,* el Espíritu Santo es la *linfa* gracias a la cual los discípulos, que son *los sarmientos,* producen mucho fruto. Cristo, dice un antiguo autor espiritual, cul-tiva el alma para que produzca «los buenos frutos del Espíritu». Con el instrumento de la cruz, roturó el alma árida e inculta, y plantó en ella el ameno jardín del Espíritu que produce toda clase de frutos agradables y exquisitos para Dios[12].

3. ¡La paz es Dios!

Tras estas premisas sobre los frutos del Espíritu en general, podemos pasar a reflexionar más directamente sobre la paz.

---

[12] Cfr. *Homilías espirituales,* atribuidas a Macario, 28, 2: PG 34, 712 B.

¿Qué es la paz? La definición que nos ha dado san Agustín se ha convertido en clásica: «La paz es la tranquilidad del orden»[13]. En esta definición se basa santo Tomás de Aquino al comentar la palabra de Cristo: «Os dejo la paz, os doy mi propia paz. Una paz que el mundo no os puede dar» (Jn 14,27):

> «En el hombre hay tres clases de orden: el del hombre consigo mismo, el del hombre con Dios, y el de cada hombre con el prójimo. De modo que para el hombre existen tres formas de paz: la paz interior, con la que el hombre está en paz consigo mismo, sin perturbación de sus facultades; la paz con la que el hombre está en paz con Dios, sometiéndose plenamente a sus disposiciones, y la paz para con el prójimo, con la que se vive "en paz con todos"»[14].

La paz que da Jesús se distingue de la del mundo desde muchos puntos de vista: en la *intención,* porque la paz del mundo tiende al disfrute tranquilo y pacífico de los bienes temporales, mientras que la paz de los santos tiende a los bienes eternos; en la *realidad,* porque la paz del mundo es sólo externa y engañosa, mientras que la paz de Cristo es verdadera y garantiza tanto la quietud externa como la interna[15].

Hoy tenemos que integrar esta visión de la paz -por muy rica que sea- que nos ha transmitido la Tradición con algunas aportaciones nuevas procedentes de la exégesis. En la Biblia, la palabra «paz» *(shalom)* dice algo más que la simple tranquilidad del orden. Indica sin duda el estado del hombre que vive en armonía con Dios, con las cosas y consigo mismo, pero también bienestar, descanso, seguridad, éxito, gloria. A veces señala incluso la totalidad de los bienes mesiánicos y es sinónimo de salvación y de bien:

---

[13] SAN AGUSTÍN, *La ciudad de Dios,* XIX, 13: CC 48, 679.
[14] Cfr. SANTO TOMÁS DE AQUINO, *Comentario al Evangelio de Juan,* XIV, lecc. 7, n. 1962.
[15] Ibíd., n. 1964.

> ¡Qué hermosos son sobre los montes
> los pies del mensajero
> que anuncia la paz,
> que trae la buena nueva
> y proclama la salvación!» (Is 52,7).

La Nueva Alianza se llama: «Alianza de paz» (Ez 37,26); la Buena Nueva: «Evangelio de la paz» (Ef 6,15); como si en la palabra paz se resumiera todo el contenido de la alianza y del Evangelio.

En el Antiguo Testamento, la palabra *paz* va unida muchas veces a *justicia* (cfr. Sal 72,7; 85,11) y en el Nuevo Testamento a *gracia*. «Gracia y paz» aparecen casi invariablemente juntas en los saludos iniciales de las cartas apostólicas, para indicar la misma realidad fundamental: los bienes que proceden de la redención de Cristo. Cuando Pablo escribe: «Quienes mediante la fe hemos sido puestos en camino de salvación, estamos en paz con Dios» (Rom 5,1), está claro que «en paz con Dios» tiene el mismo significado intenso que «en gracia de Dios».

Pero la Escritura nos invita a descubrir un significado de paz aún más elevado, cuando nos habla de la «paz de Dios» (Fil 4,7) y del «Dios de la paz» (Rom 15,33). La paz no indica aquí sólo lo que Dios *da*, sino también lo que Dios *es*. La paz es propiamente lo que reina en Dios. En uno de sus himnos, la Iglesia llama a la Trinidad «océano de paz», y no es sólo una frase poética. Casi todas las religiones que han surgido alrededor de la Biblia, conocen mundos divinos que están en guerra en su interior. Los mitos cosmogónicos babilónicos y griegos hablan de divinidades que se hacen la guerra y se destrozan entre ellas. En algunas mitologías, los elementos del mundo serían precisamente el resultado de dichas luchas, el lugar de exilio de las divinidades derrotadas y expulsadas del cielo, o incluso miembros de divinidades asesinadas y dispersadas por el universo. En la misma gnosis herética cristiana, no hay unidad y paz entre los eones celestes, y la existencia del mundo material sería precisamente el fruto de un accidente y de una desarmonía producida en el mundo superior.

Sobre este fondo religioso, se puede captar mejor la novedad y alteridad absoluta de la doctrina de la Trinidad, como perfecta unidad de amor en la pluralidad de las personas. El que mejor ha sabido celebrar esta paz divina que viene de más allá de la historia, ha sido el Pseudo-Dionisio Aeropagita. Para él, «paz» es uno de los «nombres de Dios»:

> «Ea, pues, alabemos la paz divina, principio de unión, con himnos pacíficos. Ella, en efecto, lo reúne todo, y genera y realiza la concordia y el acuerdo de todas las cosas. Por eso, todas las cosas aspiran a ella, que convierte en unidad total su multitud divisible, y une en una coexistencia uniforme la guerra intestina de todo el universo... Dios es autor de la paz en sí»[16].

Esta paz divina no preside sólo la quietud, sino también el movimiento. También las cosas que se mueven y la misma vida son empujadas por el deseo de ella. La misma paz realizada por Cristo en la cruz está considerada, desde esta perspectiva cósmica, como recapitulación de la paz divina en el universo[17].

A pesar de ser propiedad de toda la Trinidad, la paz lo es, de un modo especial, del Espíritu Santo. Paz es «tranquilidad del orden» en la relación entre varias personas, y el Espíritu Santo es precisamente aquel que hace de muchos un solo corazón y una sola alma. Es la con-cordia personificada. De la multitud de personas que hay en la iglesia, él hace una sola «mística persona» y, en la Trinidad, él es «el vínculo de la paz» entre el Padre y el Hijo.

> «No es por una intervención externa, sino por su propia esencia; no es por un don que viene de fuera, sino por el don suyo propio,

---

16 PSEUDO-DIONISIO AEROPAGITA, *Nombres divinos*, XI, 1ss: PG 3, 948ss.
17 Ibíd., XI, 5: PG 3, 953.

que el Padre y el Hijo conservan la unidad del Espíritu mediante el vínculo de la paz»[18].

Cuando la Escritura nos exhorta a «conservar, mediante el vínculo de la paz, la unidad que es fruto del Espíritu» (Ef 4,3), nos exhorta a conservarla mediante el Espíritu Santo.

4. *En su voluntad está nuestra paz*

Podemos considerar la paz descrita hasta aquí como una paz *objetiva,* dado que es una realidad que existe fuera del hombre y que le es comunicada. Esta paz que precede a todo mérito humano es la que cantan los ángeles en el momento del nacimiento de Cristo:

«En la tierra paz a los hombres que gozan de su amor» (Lc 2,14).

Ya sabemos que la «buena voluntad» *(eudokia),* de la que procede la paz, no es la buena voluntad de los hombres, sino la de Dios, su divino beneplácito.

Cuando la paz de Dios, o paz de Cristo, es recibida por el creyente, se conjuga, al igual que la gracia, con su libertad y actúa con ella, como ocurre con todo «fruto del Espíritu». Nace así la paz *subjetiva,* la paz como «virtud», o cualidad estable, que distingue al hombre manso y pacífico. Es la paz que depende también de nosotros. Se la conoce como la paz del corazón, o paz del alma, o paz interior. De ella habla ya la Escritura cuando exhorta a las mujeres a «preocuparse del interior del corazón humano, del adorno inmarchitable de un espíritu apacible y sereno» (cfr. 1 Pe 3,4).

Más tarde, este tema acompañará toda la historia de la espiritualidad cristiana, no sólo occidental, sino también oriental. La

---

[18] GUILLERMO DE S. THIERRY, *El enigma de la fe,* 98: PL 180, 139 C.

gran tradición ortodoxa del hesicasmo (de *hesychia*, quietud, tranquilidad), si bien con distintos medios y bajo distintas formas, persigue, en efecto, el mismo ideal, que es la búsqueda de la paz interior mediante la vigilancia sobre los pensamientos, el silencio y la
sobriedad. A la «dulce *hesychia*» se la define como «el estado bien-
aventurado del alma sin fantasía», que se obtiene persiguiendo con
todas las fuerzas «la virtud de la atención, que es custodia del intelecto, vigilancia y perfección en el corazón»[19]. También aquí, sin
embargo, junto con el esfuerzo, se subraya la acción indispensable
del Espíritu:

> «Como el agua del mar, cuando es movida, suele aquietarse si se
> le echa aceite encima..., así también nuestra alma se tranquiliza
> dulcemente, cuando se unta con la bondad del Espíritu Santo»[20].

Este estado de la *hesychia*, o paz del corazón, según dicen los
expertos, es algo que se puede experimentar pero no describir. No
depende de la ausencia de toda contrariedad, tentación y lucha. Se
sitúa, en efecto, a un nivel más profundo que todas estas cosas. La
paz y las tribulaciones son anunciadas juntas por Jesús:

> «Os he dicho todo esto, para que podáis encontrar la paz en vues-
> tra unión conmigo. En el mundo encontraréis dificultades y ten-
> dréis que sufrir, pero tened ánimo, yo he vencido al mundo» (Jn
> 16,33).

La verdadera naturaleza de la *paz* del Espíritu puede ser mal
interpretada, como lo ha sido a veces la *libertad* del Espíritu. El
cristiano que es habitado por el Espíritu no está exento de experimentar luchas, tentaciones, malos deseos, sentimientos de rebelión, porque sólo posee «las primicias del Espíritu» (Rom 8,23). La
diferencia entre él y el hombre «carnal» es que el primero «no se
siente a gusto» con todos esos sentimientos, mientras que el otro
ni siquiera se preocupa ni se atormenta por ellos.

---

[19] HESYQUIO PRESBÍTERO, *A Teódulo*, II, 13: PG 93, 1116 B.
[20] DIADOCO DE FOTICÉ, *Cien capítulos*, 35: SCh 5, 104.

«Para el mundo la paz consiste en que el mal sea arrancado y separado de la persona... Pero Cristo no da una paz de este tipo; él arranca a la persona del mal, no el mal de la persona»[21].

La paz del Espíritu es también, la mayoría de las veces, una «calma después de la tormenta», en el sentido de que, como le ocurrió a Jesús en el desierto, se experimenta sobre todo después de haber superado alguna tentación o ataque fuerte. La alegría y la tristeza pueden alternarse, ir y venir, también en el justo y en el santo, pero no la paz profunda del corazón. Ésta es como una corriente submarina que se mueve lentamente, en profundidad, resguardada de los oleajes que se producen en la superficie. Los justos se sienten, en estos casos, acosados por todas partes pero no abatidos; en apuros, pero no desesperados (cfr. 2 Cor 4,8).

El enemigo de Dios es capaz de imitar casi todos los movimientos y estados del alma, incluso las visiones de Cristo y de los ángeles, y los éxtasis. Lo único que no consigue de ningún modo imitar es la paz del corazón; tanto es así, que ver si una cosa concreta da o quita la paz, se convierte en el criterio más seguro para hacer un discernimiento. La paz es el signo más inconfundible de la presencia de Dios.

Lo más importante, acerca de la paz del corazón, es descubrir cómo se obtiene y de qué modo se puede aumentar. A este respecto, hay una infinidad de consejos prácticos que nos han dado los autores espirituales[22]. Pero podemos reducirlos todos a dos grandes medios, a saber: la adhesión a la voluntad de Dios y la imitación de Cristo. El Espíritu Santo nos conduce al lugar de nuestro descanso, que es la voluntad de Dios. Él mismo es ese lugar:

«Nuestro descanso es nuestro lugar. El amor nos levanta a allí... Nuestra paz está en tu buena voluntad. El cuerpo, por su peso,

21 LUTERO, *Homilía de Pentecostés:* WA 12, 576.
22 Cfr. *Imitación de Cristo*, II, 3; III, 25.28.

tiende a su lugar... Mi peso es mi amor; él me lleva doquiera soy llevado»[23].

El secreto de la paz está en encontrar el lugar de nuestro descanso, nuestro punto de quietud. Para el alma humana, este lugar de descanso es Dios. Él, en efecto, nos ha hecho «para sí», con una fuerza de gravedad que nos atrae hacia él, razón por la cual estamos *in-quietos,* sin paz, hasta que descansemos en Dios[24]. Un poco como la piedra, que no se para en su movimiento, hasta que no alcanza el punto más cercano posible al centro de la tierra; y como el agua, hasta que no alcanza el nivel del mar.

Dante Alighieri sintetizó todo esto en ese verso que algunos consideran como el más bello de toda la *Divina Comedia:*

«Y nuestra paz de su deseo nace»[25].

De todo esto se deduce que la paz interior, o subjetiva, existe en la medida en que, ya desde esta vida, en la fe y en la entrega, nos adhiramos a la voluntad de Dios. Por eso, cuando en el *Veni creator* pedimos al Espíritu Santo que nos dé la paz, implícitamente le estamos pidiendo que nos ayude a adherirnos, en cada momento y en todas las cosas, a la voluntad del Padre, como hacía Jesús. Todo *fiat* a la voluntad divina se traduce en un aumento de la paz.

«Está firme su ánimo, mantiene la paz, porque ha puesto en ti su confianza» (Is 26,3).

La paz es hija de la confianza en Dios. El Salmo 131 canta la paz del alma que descansa tranquila y serena en la santa voluntad de Dios, «como un niño en el regazo de su madre».

Este gran «camino de la paz», que es la adhesión a la voluntad de Dios, se ha hecho para nosotros más concreto y accesible gracias a la vida de Jesús. Hacer la voluntad de Dios significa ya imi-

---

23 SAN AGUSTÍN, *Confesiones,* XIII, 9, 10.
24 Ibíd., I, 1, 1.
25 DANTE ALIGHIERI, *Paraíso,* III, 85.

tar a Jesucristo: «Aprended de mí, que soy sencillo y humilde de corazón, y hallaréis descanso para vuestras vidas» (Mt 11,29). El resultado es siempre el mismo: el descanso, la paz.

En una estela que ha sido hallada en Asia Menor, el emperador Augusto celebraba la paz por él establecida, definiéndola como «fruto de victorias» *(parta victoriis pax)*. También Jesús nos enseña que la paz es fruto de victorias: pero no de victorias sobre los enemigos, sino sobre uno mismo. Se obtiene negándonos a nosotros mismos, venciendo nuestro orgullo, nuestra violencia y nuestra ira. En la cruz nos ha enseñado de un modo definitivo cómo se hace la paz:

> «Él ha restablecido la paz, destruyendo en sí mismo la enemistad» (cfr. Ef 2,15ss).

> ¡Destruyendo «la enemistad», no el enemigo; destruyéndola «en sí mismo», no en los demás!

5. *Dichosos los que construyen la paz*

Pero, ¿no corremos así el riesgo de reducir la paz a un asunto privado, íntimo; es decir, de reducirla simplemente a la paz del corazón? Otra de las aportaciones nuevas que, como decía antes, ha venido a enriquecer el tema tradicional de la paz, se refiere precisamente a la dimensión social de la paz bíblica. Esta atañe a toda la humanidad, es «paz en la tierra»: o sea, paz para toda la tierra; más aún, para toda la creación, como gusta decir hoy, uniendo entre sí la paz y la ecología.

A este tipo de paz ha dedicado su atención el magisterio de la Iglesia en algunas famosas encíclicas, en los mensajes para la Jornada Mundial por la Paz al comienzo del año y en muchas otras ocasiones. En estos documentos se insiste justamente en el nexo entre esta paz social y la justicia, según la palabra de Isaías que define la paz como «fruto de la justicia» (cfr. Is 32,17). Éste es, sin duda, el horizonte integral de la paz bíblica, y el Espíritu Santo actúa sobre todo este amplio horizonte. También la paz social es un «fruto del Espíritu», en el sentido de que es el resultado conjunto de la libertad de todos, estimulada e impulsada por la acción del Espíritu. Dondequiera que se alcance la paz, o se ponga fin a un *apartheid,* allí está actuando, de algún modo, el Espíritu Santo. Pero precisamente para que llegue esta paz a gran escala, tenemos que empezar por nuestro corazón. La paz como «fruto del Espíritu» desemboca en la bienaventuranza evangélica de «los que construyen la paz» (Mt 5,9).

Billones de gotas de agua sucia jamás harán un mar limpio, y billones de corazones en guerra jamás harán una humanidad en paz. «¿De dónde proceden los conflictos y las luchas que se dan entre vosotros? -se pregunta Santiago- ¿No es precisamente de esas pasiones que os han convertido en un campo de batalla?» (St 4,1).

La paz no se hace como la guerra. Para hacer la guerra, hacen falta largos preparativos, formar grandes ejércitos, hacer planes, preparar estrategias y después, compactos, lanzarse al ataque. ¡Ay de aquel que se atreviera a empezar el primero, solito y por separado! Se expondría a una derrota segura. La paz, en cambio, se hace justo al revés. No limitándonos a buscar un gran número de adhesiones alrededor de un programa o un método de paz, para después emprender juntos su realización. No, porque mientras tanto habrían surgido decenas de posturas diferentes y de divergencias sobre el modo de entender dicho programa, y habría que volver a empezar siempre desde el principio.

No, la paz se hace precisamente por separado, empezando inmediatamente, nosotros los primeros, estemos donde estemos.

Así como bastan dos criaturas humanas, un hombre y una mujer, para generar una vida, mientras que no bastan infinidad de libros y personas discutiendo sobre ella alrededor de una mesa, del mismo modo, bastan dos personas para generar una paz. La paz no viene como la guerra, pero en su desarrollo se parece a una avalancha. La avalancha, mientras avanza, va engordando hasta arrollarlo todo. Pero, ¿cómo ha empezado? Con un puñado de nieve que, al ponerse en movimiento en lo alto de una montaña, ha empezado a arrastrar consigo toda la nieve que encontraba en su camino.

Hemos llegado así a la tercera dimensión de la paz. La paz, además de ser un *don de Dios* y un *fruto del Espíritu,* es también, en el Evangelio, una *bienaventuranza;* no se sitúa sólo en la línea de la *gracia* y las *virtudes,* sino también en la línea de las *obligaciones* y compromisos:

> «Dichosos los que construyen la paz, porque serán llamados hijos de Dios» (Mt 5,9).

¿Cómo se construye la paz? Un medio muy importante es no difundir el mal; no ser agentes del acusador, de aquel que siembra cizaña; no dar a conocer el mal. Ser unas «terminales» para las malas palabras, los juicios hostiles, las críticas. La terminal es el lugar donde un medio de transporte termina su carrera. Ser, para el mal, como una vorágine que todo lo engulle y no le permite continuar su carrera. Construir la paz significa más cosas, sin duda: tomar iniciativas de paz, promover la justicia, etc. Pero no hay que descuidar este ámbito más limitado y cotidiano que está abierto delante de todos.

San Francisco de Asís es la demostración de lo que un solo hombre puede hacer por la paz. Según una plegaria atribuida a él, le habría pedido al Señor: «Señor, haz de mí un instrumento de tu paz», y Dios le hizo de verdad un instrumento o, mejor dicho, un canal de su paz. A su paso florecía la paz: entre ciudades, entre facciones de una misma ciudad, entre autoridades civiles y autoridades religiosas; incluso entre los hombres y el resto de la creación. A sus frailes aconsejaba:

> «Que la paz que anunciáis de palabra, la tengáis, y en mayor medida, en vuestros corazones»[26].

---

[26] *Leyenda de los tres compañeros,* 58: *Escritos,* p. 562.

Quería que todos saludaran con estas palabras: «El Señor te dé paz». Y puesto que muchos se reían de ellos por ese saludo tan insólito por aquel entonces, a uno de los frailes que se quejaba de eso con él, contestó con estas palabras que se revelarían proféticas: «Yo te aseguro, hermano, que hasta los nobles y príncipes de este mundo ofrecerán sus respetos a ti y a los otros hermanos por este modo de saludar»[27]. *Pax et bonum*, «Paz y bien», se ha convertido en el lema de su orden. El propio Asís ha llegado a ser, gracias a él, una encrucijada de paz, sobre todo desde que el papa Juan Pablo II lo ha elegido como sede del primer Encuentro de Paz entre las religiones en la historia del mundo.

Un capítulo importante sobre la paz lo constituye hoy precisamente la paz entre las religiones y, aún antes, entre las iglesias cristianas. Es la Iglesia, en su conjunto, la que tiene que ser la gran encrucijada de paz entre las naciones. Pero, ¿cómo puede anunciar la paz al mundo una Iglesia desgarrada en su interior por luchas y divisiones que de pacíficas no tienen nada? En la cruz, Jesús se convirtió en nuestra paz, «destruyendo el muro de enemistad que los separaba... uniéndolos a los dos en un solo cuerpo» (cfr. Ef 2,14ss). «Los dos» eran entonces los judíos y los gentiles. Con todo, ese muro, que ha sido destruido de derecho -a pesar de los pasos que últimamente se han ido dando-, aún no lo ha sido de hecho y, por si fuera poco, otros muros se han levantado. Esta vez, entre los mismos cristianos.

El inicio del tercer milenio podría ser una oportunidad única para dar un vuelco a esta situación e iniciar un movimiento de reconciliación precisamente alrededor de la cruz de Cristo. ¡Qué maravilloso regalo para Jesús, si los grandes cismas y las divisiones entre los cristianos se terminaran al comienzo del milenio! En la Edad Media, en ciertas ocasiones extraordinarias, se solían hacer las fogatas de las *vanidades,* en las que toda una ciudad quemaba públicamente los instrumentos del vicio. Dispon-

---

[27] *Leyenda perusina: Escritos*, p. 668.

gámonos a hacer una fogata de las *hostilidades*. No podemos «quemar» todas las divergencias doctrinales, que se han de resolver pacientemente en las sedes apropiadas, pero sí podemos empezar a quemar las hostilidades. La experiencia reciente ha demostrado que las diferencias doctrinales se allanan mucho más fácilmente, cuando se ha quitado de en medio la hostilidad. A veces caen por sí solas. Nos damos cuenta de que sólo se debían a nuestra incapacidad para entendernos y comprendernos.

La paz del corazón es un fruto del Espíritu; es decir, como ya hemos dicho, es el resultado a la vez de la acción del Espíritu y de nuestra libertad. Pero nuestra libertad no se manifiesta sólo a través del esfuerzo personal o colectivo a favor de la paz. Nosotros tenemos siempre una segunda arma: la oración. En la Misa, antes de la comunión, la liturgia pone en los labios del sacerdote esta sentida invocación por la paz:

> «Señor Jesucristo, que dijiste a tus apóstoles: "La paz os dejo, mi paz os doy", no tengas en cuenta nuestros pecados, sino la fe de tu iglesia, y conforme a tu palabra dale la paz y la unidad, tú que vives y reinas por los siglos de los siglos».

Ese mismo Jesús que, en el cenáculo, se despidió de sus apóstoles diciendo: «La paz os dejo, mi paz os doy», ha resucitado, está vivo. Sigue ofreciendo su paz con el mismo movimiento incesante con el que sigue soplando sobre los discípulos y les dice: «Recibid el Espíritu Santo» (cfr. Jn 20,22).

Cuando es Jesús el que dice: «La paz esté con vosotros» (cfr. Jn 20,19), no se trata de un simple saludo. Son palabras eficaces: producen lo que significan *(significando causant)*. En su boca, la palabra «paz» ya no es una intención piadosa, es una realidad activa y creadora. Es una paz que puede «quedarse» con quien la escucha, si lo merece, o volver a quien la ha ofrecido (cfr. Mt 10,13). Es algo muy concreto, casi palpable y material.

Desde luego, mientras estemos en este mundo, no podemos esperar una paz total y definitiva. San Pablo escribía a los cristianos de Roma:

«Haced lo posible, en cuanto de vosotros dependa, por vivir en paz con todos» (Rom 12,18).

No siempre, por tanto, es posible, ni depende de nosotros vivir en paz con todos. La paz, como la santidad y la unidad, es un bien escatológico, pertenece a la Jerusalén celeste, que uno de los himnos de la Iglesia -refiriéndose a la supuesta etimología del nombre- llama «bienaventurada visión de paz» *(beata pacis visio)*[28].

Aquí abajo podemos «comprender los caminos de la paz» (cfr. Lc 19,42), podemos «dirigir nuestros pasos hacia el camino de la paz» (Lc 1,79). Podemos, en algún momento de gracia, tener un gusto anticipado de aquella paz que nos espera en el cielo. Santa Teresa de Ávila, en una fiesta de Pentecostés, tuvo un arrobamiento: vio una paloma posarse sobre su cabeza, y sus alas eran como conchas de nácar que despedían un gran resplandor. Pero lejos de turbarse, como solía ocurrir en esos casos, su espíritu, dice ella, «sosegóse... y comenzó la quietud con el gozo»[29]. La paz llega al alma en presencia del Espíritu como la calma sobre un campo de batalla tras la fuga del ejército enemigo.

Y terminamos con la plegaria dirigida a obtener «la paz del corazón», que aparece al final de una de las obras clásicas sobre este tema:

Dios bueno, cuyo reino en nosotros es todo amor y paz, crea tú mismo en nuestra alma ese silencio que necesitas para comunicarte a ella.

---

[28] *Urbs Jerusalem beata*, Vísperas del común de la Dedicación de la iglesia.
[29] SANTA TERESA DE JESÚS, *Libro de la vida*, 38, 9-10.

Obrar tranquilo, deseo sin pasión, celo sin agitación: todo esto no puede venir sino de ti, sabiduría eterna, actividad infinita, descanso inalterable, principio y modelo de la verdadera paz Tú nos has prometido esta paz por boca de los profetas, la has hecho venir por medio de Jesucristo, nos la has garantizado con la efusión de tu Espíritu.

No permitas que la envidia del enemigo, la turbación de las pasiones, los escrúpulos de la conciencia nos hagan perder este don celeste, que es la prenda de tu amor, el objeto de tus promesas, el premio de la sangre de tu Hijo. Amén[30].

---

[30] AMBROISE DE LOMBEZ († 1778), *Traité de la paix interieure* (Blois 1952) 303ss.

XIX

ASÍ, SI VAS DELANTE Y NOS CONDUCES, PODREMOS EVITARNOS TODO MAL

El Espíritu Santo nos conduce en el discernimiento espiritual

Después de la lucha contra el mal, el otro gran frente evocado en esta estrofa del *Veni creator* es, como decíamos, el de la decisión y la elección. La elección reviste una importancia determinante en el concepto moderno del hombre. El hombre, una vez que ha rechazado la existencia de un modelo y proyecto humano definido por la palabra de Dios, se convierte en algo que tiene que ir haciéndose, un proyecto completamente abierto. Al igual que un río se cava solito, mientras avanza, el lecho sobre el que tiene que correr. El hombre es lo que se hace con el ejercicio de su autónoma libertad. De ahí también la angustia que acompaña esta visión secularizada del ser humano. Elegir, en efecto, significa renunciar y, si no se tiene un criterio objetivo de valoración, toda elección se convierte en fuente de angustia.

Pero todo esto vale también, de distinta forma, en el campo espiritual, para el hombre de fe, y la atención que últimamente se está concediendo al tema de la elección puede ayudarnos, como siempre, a captar algo nuevo en la misma palabra de Dios. Incluso cuando ya hemos averiguado el proyecto de Dios sobre nosotros y hemos decidido amoldar a él nuestra vida, siempre se nos plantea el problema de discernir aquello que es conforme a ese proyecto y lo que es contrario, o menos conforme, al mismo. De eso depende el avance espiritual.

Por eso la catequesis apostólica insiste tanto sobre este punto. En la carta a los Hebreos, leemos: «El alimento sólido es para los perfectos, los que por el hábito han aprendido a distinguir el bien del mal» (Heb 5,14). Pablo quiere que sus fieles sean «sagaces para el bien y sin trastienda para el mal» (Rom 16,19); los exhorta, por tanto, a examinarlo todo y quedarse con lo bueno (cfr. 1 Tes 5,21), de modo que sepan siempre discernir lo que mas convenga[1].

Estos dos versículos de nuestro himno nos ayudarán a descubrir cuál es el papel que desarrolla el Espíritu Santo en este camino hacia la madurez cristiana. Si Jesucristo es el camino (*odòs*) que conduce hasta el Padre (cfr. Jn 14,6), el Espíritu Santo es «la guía en el camino» (*odegòs*)[2]. San Ambrosio saluda al Espíritu con unas palabras que recuerdan los dos versos de nuestro himno:

> «Éste es el Espíritu, nuestro jefe y guía *(ductor et princeps)*, que dirige la mente, confirma el afecto, nos atrae hacia donde quiere y dirige hacia lo alto nuestros pasos»[3].

1. *El Espíritu como «guía», en la Escritura y en la Tradición*

El tema del Espíritu Santo como «guía» ha sido expresado en la tradición cristiana con un símbolo sugerente: el de la «nube luminosa», o «columna de fuego», que acompañaba al pueblo elegido en su camino hacia la Tierra de promisión[4]. En el Tabor, la nube luminosa, que es el propio Espíritu Santo, ha alcanzado finalmente la meta hacia la cual había estado guiando a su pueblo: Cristo[5].

---

[1] Cfr. Flp 1,10; Rom 2,18.
[2] San Gregorio de Nisa, *La fe:* PG 45, 124; *Homilías espirituales*, atribuidas a Macario, I, 3: PG 4, 453 A; cfr. Pseudo-Atanasio, *Diálogo contra los macedonios*, I, 12: PG 28, 1308 C.
[3] San Ambrosio, *Apología de David*, 15, 73: CSEL 32, 2, 348.
[4] San Ambrosio, *Sobre el Espíritu Santo*, III, 4, 21; cfr. Íd., *Los sacramentos*, I, 6, 22; Íd., *Los misterios*, 3, 13.
[5] Cfr. Theophanes Cherameus, *Homilía 59 sobre la Transfiguración:* PG 132, 1037 A.

El mismo título de guía, *ductor,* aparece ligado a esta tradición. Escribe un autor medieval:

> «Símbolo de este misterio fue esa columna de fuego, que precedía al pueblo de Dios en su camino hacia Jerusalén, y con la cual se designa al Espíritu Santo, guía (*¡ductor!*) de aquellos que van hacia Cristo»[6].

Esta sugestiva tradición patrística tiene un fundamento bíblico, aunque indirecto. En el libro del profeta Isaías todo el camino del pueblo en el desierto es atribuido a la guía del Espíritu. «El espíritu del Señor los condujo al reposo» (Is 63,14); Dios infundió en el interior de Moisés su santo espíritu, que los israelitas entristecieron con sus rebeliones (cfr. Is 63,10ss). Pablo dice que «todos fueron bautizados... bajo la nube y al atravesar el mar» (1 Cor 10,2). Ahora bien, ¿en qué sentido la nube es asociada al bautismo, y cómo se explica la expresión «bautizados *bajo la nube»,* si no es pensando en el bautismo «en agua y espíritu» o «en Espíritu Santo y fuego»? Más adelante, el propio Apóstol dice que «todos... hemos recibido un mismo Espíritu en el bautismo» (1 Cor 12,13).

Más allá del símbolo de la nube, en el Nuevo Testamento la función de guía es atribuida explícitamente al Paráclito. El propio Jesús fue «llevado *(ductus)* por el Espíritu al desierto» (cfr. Mt 4,1); los cristianos ya no están bajo el dominio de la ley, si se dejan guiar por el Espíritu (cfr. Gal 5,18).

Los Hechos de los Apóstoles transmiten la misma idea de forma descriptiva, mostrándonos una Iglesia que es, paso a paso, «conducida por el Espíritu». El mismo planteamiento de Lucas, de hacer seguir al Evangelio los Hechos de los Apóstoles, tiene esta intención: mostrar de qué modo el mismo Espíritu, que guió a Jesús minuto a minuto en su vida terrena, ahora guía a la Iglesia, como Espíritu «de Cristo». Cuando Pedro se dirige hacia Cornelio y los

---

[6] Pascasio Radberto, *Comentario a Mateo,* II, 2: CM 56, 153.

paganos, es el Espíritu quien se lo ordena (cfr. Hech 10,19; 11,12); cuando, en Jerusalén, los apóstoles tienen que tomar decisiones importantes, es el Espíritu quien las ha sugerido (Hech 15,28).

La guía del Espíritu no funciona sólo en las grandes decisiones, sino también en las cosas pequeñas. Pablo y Timoteo quieren predicar el Evangelio en la provincia de Asia, pero «el Espíritu Santo se lo impide»; intentan dirigirse a Bitinia, pero «el Espíritu de Jesús no se lo permite» (Hech 16,6ss). Se entiende el porqué de esta guía tan apremiante: el Espíritu Santo impulsaba de este modo a la Iglesia naciente a salir de Asia y a asomarse a un nuevo continente: Europa (Hech 16,9). El Apóstol llega a definirse, en sus decisiones, como alguien «forzado» por el Espíritu (cfr. Hech 20,22).

El Concilio Vaticano II recoge esta íntima persuasión de la Biblia y de la Tradición cuando habla de la Iglesia como del «pueblo de Dios, movido por su fe de que el Espíritu del Señor le *guía*»[7].

2. *Dónde se manifiesta la guía del Espíritu: la conciencia y la Iglesia*

¿Dónde se manifiesta este papel de guía del Paráclito? ¿Cuáles son, por así decirlo, los órganos de esta función? El primer ámbito, u órgano, es la *conciencia*. Hay una relación muy estrecha entre conciencia y Espíritu Santo, relación que quizá no haya sido todavía lo suficientemente explorada. Pero, ¿qué es la famosa «voz de la conciencia», si no una especie de «repetidor a distancia», a través del cual el Espíritu Santo habla a cada ser humano? «Mi conciencia me lo atestigua, guiada por el *Espíritu Santo*» (cfr. Rom 9, l), exclama Pablo hablando del amor que siente por sus compatriotas judíos.

---

7 *Gaudium et spes*, n. 11.

A través de este «órgano», la guía del Espíritu Santo se extiende también fuera de la Iglesia, a todos los hombres. Los paganos demuestran que «llevan los preceptos de la ley escritos en su corazón, como lo atestigua su conciencia» (Rom 2,15). Precisamente porque el Espíritu Santo habla a todo ser razonable a través de su conciencia, decía Máximo el Confesor:

> «Vemos a muchos hombres, incluso entre los bárbaros y nómadas, tender hacia una vida decorosa y buena, y despreciar las leyes salvajes que desde los orígenes habían dominado entre ellos»[8].

La conciencia es a su vez una especie de ley interna, no escrita, distinta e inferior a la que existe en el creyente por la gracia, pero no en desacuerdo con ella, ya que procede del mismo Espíritu. El que no posee más que esta ley «inferior», pero la obedece, está más cerca del Espíritu que quien posee la ley superior que procede del bautismo, pero no vive de acuerdo con ella.

En los creyentes, esta guía interna de la conciencia está potenciada y elevada por la unción que «enseña todas las cosas, es fuente de verdad y no de mentira» (1 Jn 2,27); o sea, es una guía infalible, si la escuchamos. Precisamente comentando este pasaje, san Agustín ha formulado la doctrina del Espíritu Santo como «maestro interior». ¿Qué significa -se pregunta- «No tenéis necesidad de que nadie os enseñe»? ¿Acaso cada cristiano lo sabe ya todo por su cuenta y no necesita leer, ni instruirse, ni escuchar a nadie? Si así fuera, ¿para qué habría escrito el Apóstol esta carta? La verdad es que debemos escuchar a los maestros y predicadores, pero sólo aquel a quien hable el Espíritu Santo en su interior comprenderá y aprovechará lo que ellos dicen. Esto explica por qué muchos oyen la misma homilía y la misma enseñanza, pero no todos comprenden del mismo modo[9].

---

[8] SAN MÁXIMO EL CONFESOR, *Capítulos varios*, I, 72: PG 90, 1208 D.
[9] Cfr. SAN AGUSTÍN, *La primera carta de Juan*, 3, 13; 4, 1: PL 35, 2004ss.

¡Qué seguridad más consoladora nos da todo esto! La palabra que una vez se dijo en el Evangelio: «El Maestro está aquí y te llama» (Jn 11,28), es válida para todo cristiano. El mismo Maestro de entonces, Cristo, que ahora habla a través de su Espíritu, está dentro de nosotros y nos llama. Tenía razón san Cirilo de Jerusalén al definir al Espíritu Santo como «el gran "didáscalo" -es decir, maestro- de la Iglesia»[10].

En este ámbito, íntimo y personal, de la conciencia, el Espíritu Santo nos instruye con las «buenas inspiraciones» o las «iluminaciones interiores» que todos hemos experimentado alguna vez en la vida. Se trata de estímulos a seguir el bien y a huir del mal, atracciones y propensiones del corazón que no se pueden explicar de forma natural, porque con frecuencia van en dirección contraria a la que quisiera la naturaleza. Luces y anhelos que se encienden al escuchar la palabra de Dios, o ante un buen ejemplo. En esto, sobre todo, es donde se experimenta el Espíritu como viento que sopla donde quiere; oyes su rumor, pero no sabes ni de dónde viene ni a dónde va (cfr. Jn 3,8). Sólo más adelante, por los frutos, te das cuenta de que era él, el Espíritu Santo.

Éste es el primer ámbito en el que el Espíritu Santo ejerce su guía: el de la conciencia. Hay un segundo, que es la *Iglesia*. El testimonio interno del Espíritu Santo se tiene que conjugar con el externo, visible y objetivo, que es el magisterio apostólico. En el Apocalipsis, al final de cada una de las siete cartas, escuchamos la siguiente advertencia:

> «El que tenga oídos, que escuche lo que el Espíritu dice a las iglesias» (Ap 2,7ss).

El Espíritu habla también a las Iglesias y comunidades, no sólo a los individuos. Pedro, en los Hechos de los Apóstoles, reúne ambos testimonios -interno y externo, personal y público- del

---

[10] SAN CIRILO DE JERUSALÉN, *Catequesis*, XVI, 19.

Espíritu Santo. Habla a las multitudes de Cristo muerto y resucitado, y sus palabras les llegan «hasta el fondo del corazón» (cfr. Hech 2,37); hace el mismo discurso ante los jefes del sanedrín, y ellos se ponen furiosos (cfr. Hech 4,8ss). El mismo discurso, el mismo predicador, pero el efecto es del todo diferente. ¿A qué se debe? La explicación está en estas palabras que Pedro pronuncia en aquella circunstancia:

> «Nosotros y el Espíritu Santo que Dios ha dado a los que le obedecen somos testigos de todo esto» (Hech 5,32).

Dos testimonios tienen que unirse para que pueda brotar la fe: el de los apóstoles, que proclaman la palabra, y el del Espíritu, que permite acogerla. La misma idea está expresada en el Evangelio de Juan cuando, hablando del Paráclito, Jesús dice:

> «Él dará testimonio sobre mí. Vosotros mismos seréis mis testigos» (Jn 15,26ss).

En el caso de los jefes del sanedrín, falta el testimonio interno del Espíritu, y esto es así porque ellos no están dispuestos a «obedecer a Dios».

Querer prescindir de cualquiera de las dos guías del Espíritu, es igualmente fatal. Cuando se descuida el testimonio interno, se cae fácilmente en el «legalismo» y en el autoritarismo; cuando se descuida el testimonio externo, apostólico, se cae en el subjetivismo y en el fanatismo. En la antigüedad, los gnósticos rechazaban el testimonio apostólico, oficial. Contra ellos, san Ireneo escribió estas conocidas palabras:

> «A la Iglesia ha sido confiado el Don de Dios, como el soplo al hombre creado... De él no participan los que no acuden a la Iglesia... Separados de la verdad, se agitan en toda clase de errores, dejándose sacudir por éstos; cambian continuamente de opinión sobre los mismos argumentos, y nunca tienen un pensamiento estable»[11].

---

[11] SAN IRENEO, *Contra las herejías*, III, 24, 1-2.

Cuando todo se reduce a la escucha personal y privada del Espíritu, se abre el camino a un imparable proceso de divisiones y subdivisiones, porque cada uno cree estar en lo cierto, y la misma división y multiplicación de las denominaciones y sectas, con frecuencia en contraste entre ellas sobre puntos esenciales, demuestra que no puede ser el mismo Espíritu de verdad que hable en todos, ya que de lo contrario estaría en contradicción consigo mismo.

Sabemos que éste es el peligro al que más expuesto está el mundo protestante, habiendo erigido el «testimonio interno» del Espíritu Santo en único criterio de verdad, en contra de todo testimonio externo, eclesial, que no sea el de la Palabra escrita[12]. Algunos sectores llegarán hasta el punto de separar la guía interna del Espíritu incluso de la palabra de la Escritura; tendremos entonces los distintos movimientos de «entusiastas» e «iluminados» que han marcado la historia de la Iglesia, tanto católica como ortodoxa y protestante. El resultado más frecuente de esta tendencia, que concentra toda su atención en el testimonio interno del Espíritu, es que el Espíritu, poco a poco, pierde la mayúscula y acaba por coincidir con el simple espíritu humano. Es lo que ha ocurrido con el racionalismo.

Sin embargo, tenemos que reconocer que existe también el riesgo contrario: el de «absolutizar» el testimonio externo y público del Espíritu, ignorando el testimonio individual que se produce a través de la conciencia iluminada por la gracia. En otras palabras, existe el riesgo de reducir la guía del Paráclito únicamente al magisterio oficial de la Iglesia, empobreciendo así la acción múltiple del Espíritu Santo. En este caso, fácilmente prevalece el elemento humano, «organizativo» e institucional; se fomenta la pasividad del cuerpo y se abre la puerta a la marginación de los seglares y a una excesiva «clericalización» de la Iglesia.

El Concilio Vaticano II ha afirmado el valor prioritario de la libertad de conciencia, y por tanto, de manera indirecta, de la

---

[12] Cfr. J. L. WITTE, *Esprit-Saint et Églises séparées:* en Dict.Spir. 4, col. 1318-1325.

escucha, también personal, del Espíritu. Por otra parte, la Iglesia siempre ha creído que existe un *sensus fidelium:* un sentido sano, por parte de los creyentes sencillos, en las cosas de fe, una capacidad de juicio que se debe precisamente a esa unción interna de la que habla el evangelista Juan. Sólo que, en la práctica, este «sentido de los fieles» siempre ha sido marginado, o reducido a un necesario y supuesto acuerdo con el magisterio de la Iglesia.

También en este caso, como siempre, debemos buscar la totalidad, la síntesis, que es el criterio verdaderamente «católico». Lo ideal es encontrar un sano equilibrio entre escuchar lo que el Espíritu dice a cada uno personalmente y escuchar lo que dice a la Iglesia en su conjunto y, a través de ella, a las personas. Tiene que haber una escucha recíproca, por la cual la persona esté dispuesta a escuchar lo que el Espíritu le dice a través de la Iglesia, y la Iglesia esté dispuesta a escuchar lo que el Espíritu le dice a través de la persona. A ser posible, sin tener que esperar hasta su muerte.

3. *El Espíritu ayuda a discernir los signos de los tiempos*

Una vez aclarados estos principios, vamos a tratar ahora de aplicarlos a la vida. ¿Cómo podemos reconocer, en nuestra vida y en la del mundo, los auténticos movimientos del Espíritu Santo, distinguiéndolos de los falsos, o de otros espíritus?

Pablo menciona un carisma especial al respecto: se llama «discernimiento de los espíritus» (1 Cor 12,10). Esta expresión, en su origen, tiene un sentido muy concreto: indica el don que permite distinguir, entre las palabras inspiradas o proféticas pronunciadas durante una asamblea, las que proceden del Espíritu de Cristo de las que proceden de otros espíritus, a saber: del espíritu humano, del espíritu demoníaco, o del espíritu del mundo.

También para Juan éste es el sentido fundamental. El discernimiento consiste en «ver si las inspiraciones vienen de Dios» (1 Jn 4,1). Para Pablo, el criterio fundamental de discernimiento es con-

fesar a Cristo como «Señor» (cfr. 1 Cor 12,3); para Juan, es reconocer que Jesucristo «es verdadero hombre» (cfr. 1 Jn 4,2), o sea,
la encarnación. Con él, el discernimiento empieza a utilizarse ya en
clave teológica, como criterio para discernir las doctrinas verdade-
ras de las falsas, la ortodoxia de la herejía, lo cual llegará a ser de
capital importancia más adelante.

Así como existen dos ámbitos en los que el Espíritu Santo
ejerce su guía, del mismo modo existen, coherentemente, dos
campos en los que se tiene que manifestar este don del discernimiento de la voz del Espíritu: el eclesial y el personal.

En el campo eclesial, el discernimiento de los espíritus lo ejerce, de forma autorizada, el magisterio, que, no obstante, ha de tener
en cuenta, entre otros criterios, también el «sentido de los fieles». En
la situación actual, caracterizada por el diálogo pacífico entre las
distintas religiones, el discernimiento es muy importante, ya que
nos permite distinguir, entre las diferentes teorías y tesis teológicas
corrientes, la que salva el criterio apostólico del «Señorío» de Cristo
y de la verdadera «encarnación» del Hijo de Dios, y la que no. Nos
permite, en el campo de la religiosidad y de la vivencia cristiana,
distinguir cuándo la religiosidad popular, las nuevas devociones, las
revelaciones privadas, son de Dios y constituyen un enriquecimiento de la vida de fe, y cuándo, por el contrario, la ponen en peligro
con demasiados elementos dispersivos y secundarios.

Pero quisiera detenerme sobre un punto en particular: el discernimiento de los signos de los tiempos. El Concilio ha declarado:

> «Incumbe a la Iglesia, ya desde siempre, el deber de escrutar a
> fondo los signos de los tiempos e interpretarlos a la luz del
> Evangelio; sólo así podrá responder, en la forma que se acomo-
> de a cada generación, a los perennes interrogantes humanos
> sobre el sentido de la vida presente y futura, y sobre la mutua
> relación entre una y otra»[13].

---

[13] *Gaudium et spes,* n.4.

Un factor importante para llevar a cabo esta tarea es la «colegialidad» de los obispos, que el propio Concilio ha destacado enormemente. Ésta consiente «resolver en común todas las cuestiones más importantes ponderándolas según el parecer de muchos»[14]. El ejercicio efectivo de la «colegialidad» aporta al discernimiento y a la solución de los problemas la variedad de las situaciones locales y de los puntos de vista, las luces y los distintos dones que cada Iglesia y cada obispo tiene.

Tenemos una conmovedora demostración de ello precisamente en el primer «concilio» de la Iglesia, el de Jerusalén. Allí se dio cabida a los dos puntos de vista contrastantes, el de los judaizantes y el de los partidarios de la apertura a los paganos; hubo una «larga discusión», pero al final consiguieron anunciar sus decisiones con aquella extraordinaria fórmula: «Hemos decidido el Espíritu Santo y nosotros...» (Hech 15,28).

Vemos, pues, cómo el Espíritu guía a la Iglesia de dos modos diferentes: a veces, de manera directa y carismática, mediante la revelación y la inspiración profética; otras, de forma colegiada, a través de la paciente y difícil confrontación -e incluso del arreglo- entre las distintas partes y los puntos de vista divergentes. El discurso de Pedro, el día de Pentecostés y en casa de Cornelio, es muy diferente al que hará después, para justificar su decisión (cfr. Hech 11,4-18; 15,14).

Es una característica intrínseca del Espíritu Santo la de obrar el consenso entre personas libres y distintas, la de crear «el acuerdo», la de hacer que las personas «piensen y sientan lo mismo» (cfr. Hech 4,32). No se trata de un acuerdo impuesto, mecánico y pasivo, sino engendrado en la libertad y la participación. No hay acorde, si no está formado por sonidos diferentes. Esta característica procede de la propiedad personal del Espíritu dentro de la Trinidad. Él es -al menos en la visión occidental- «una persona hecha de dos

---

[14] *Lumen gentium*, n.22.

personas» (a diferencia de Jesucristo, que es una persona hecha de dos *naturalezas);* es una especie de «Nosotros» divino en el que se encuentran unidos el Padre y el Hijo.

Por tanto, hay que tener confianza en la capacidad que el Espíritu tiene de llevar a cabo el acuerdo, aunque a veces pudiera parecer que todo el asunto se nos escapa de las manos. Cada vez que los pastores de las Iglesias cristianas, en un ámbito local o universal, se reúnen para hacer discernimiento o tomar decisiones importantes, debería haber en el corazón de cada uno la confiada certeza que el *Veni creator* ha encerrado en nuestros dos versos: «Así, si vas delante y nos conduces, podremos evitarnos todo mal».

4. *El discernimiento en la vida personal*

Como carisma aplicado a las personas, el discernimiento de los espíritus ha tenido a lo largo de los siglos una notable evolución. En un principio, como hemos visto, el don tuvo que servir para discernir las inspiraciones de los demás, de los que hablaban o profetizaban en la asamblea; más adelante, sirvió sobre todo para discernir las inspiraciones *personales*. Esta evolución no es arbitraria; se trata, en efecto, del mismo don, aunque aplicado a objetivos distintos. Gran parte de lo que los autores espirituales han escrito acerca del *«don* de consejo», se aplica también al *carisma* del discernimiento. Ambas cosas, en todo caso, no pertenecen a dos géneros distintos: uno al ámbito santificante, otro al carismático. Por medio del don -o carisma- de consejo, el Espíritu Santo ayuda a valorar las situaciones y orientar las decisiones, no sólo según criterios de sabiduría y prudencia humana, sino también a la luz de los principios sobrenaturales de la fe.

El primero y fundamental discernimiento de espíritus es el que permite distinguir «el Espíritu que viene de Dios» del «espíritu del mundo» (cfr. 1 Cor 2,12). Pablo nos da un criterio objetivo de discernimiento, el mismo que nos había dado Jesús: el de los frutos.

Las «obras de la carne» revelan que uno tiene los apetitos desordenados del hombre viejo; en cambio, «los frutos del Espíritu» revelan que uno procede del Espíritu (cfr. Gal 5,1922).

> «Porque esos apetitos actúan contra el Espíritu y el Espíritu contra ellos» (Gal 5,17).

A veces, sin embargo, este criterio objetivo no es suficiente, porque la elección no es entre el bien y el mal, sino entre un bien y otro bien, y se trata de ver qué es lo que Dios quiere, en una circunstancia concreta. Fue sobre todo para responder a esta exigencia para lo que san Ignacio de Loyola desarrolló su doctrina sobre el discernimiento. Él nos invita a observar ante todo una cosa: nuestras disposiciones internas, las intenciones (los «espíritus») que están detrás de una determinada elección. En esto se inserta en una tradición ya afirmada. Un autor medieval había escrito:

> «¿Quién puede averiguar si las inspiraciones vienen de Dios, si Dios no le ha dado el don de discernimiento, para que pueda analizar exactamente y con recto juicio los pensamientos, las disposiciones, las intenciones del espíritu? El discernimiento es como la madre de todas las virtudes, y todos lo necesitan para que guíe su vida y la de los demás... Este es, pues, el discernimiento: la unión del recto juicio y de la intención virtuosa»[15].

San Ignacio de Loyola nos ha sugerido unos medios prácticos para aplicar estos criterios[16]. Uno es el siguiente: cuando estamos ante dos elecciones posibles, conviene detenerse primero en una, como si tuviéramos que seguirla a la fuerza, y permanecer en ese estado durante un día o más; después, valorar las reacciones del corazón ante dicha elección: ver si hay paz, si eso armoniza con el resto de nuestras elecciones; si algo dentro de ti te anima a ir en

---

[15] BALDUINO DE CANTERBURY, *Tratados*, 6: PL 204, 466.
[16] Cfr. SAN IGNACIO DE LOYOLA, *Ejercicios espirituales*, IV semana (BAC, Madrid 1963) 262ss.

esa dirección, o, por el contrario, si la cosa deja un velo de inquietud... Repetir el proceso con la segunda hipótesis. Y todo en un clima de oración, de entrega a la voluntad de Dios, de apertura al
Espíritu Santo.

En el fondo, se trata de poner en práctica el antiguo consejo
que Jetró dio a Moisés: presentar los asuntos a Dios y aguardar en
oración su respuesta (cfr. Ex 18,19). Una habitual disposición a
hacer, en cualquier caso, la voluntad de Dios, es la condición más
favorable para un buen discernimiento. Jesús decía:

> «Mi juicio es justo, porque no pretendo actuar según mi voluntad,
> sino que cumplo la voluntad del que me ha enviado» (Jn 5,30).

El peligro, según algunas formas modernas de interpretar y
practicar el discernimiento, consiste en acentuar hasta tal punto
los aspectos psicológicos, que nos olvidemos del agente primario
de todo discernimiento, que es el Espíritu Santo. También san
Ignacio de Loyola recuerda que en determinados casos es sólo la
unción del Espíritu Santo la que permite discernir lo que conviene
hacer[17]. Hay una profunda razón teológica en todo esto. El Espíritu
Santo es él mismo la voluntad sustancial de Dios, y cuando entra
en un alma «se manifiesta como la voluntad misma de Dios para
aquel en el que se encuentra»[18].

Esta renovada atención al papel del Espíritu Santo es la nota
más nueva que el movimiento pentecostal y carismático ha aportado en el campo del discernimiento de espíritus. Es volver, al
menos en parte, a su sentido originario. En el fondo, el discernimiento no es ni un arte ni una técnica: ¡es un carisma, es decir, un
don del Espíritu! Los aspectos psicológicos tienen una gran importancia, pero «secundaria», o sea, vienen en segundo lugar. Uno de
los antiguos Padres escribía:

---

[17] Íd., *Constituciones*, 141, 414: ibíd., 452, 503).
[18] Cfr. GUILLERMO DE S. THIERRY, *El espejo de la fe*, 61: SCh 301, 128.

«Purificar el intelecto sólo es del Espíritu Santo... Por tanto, hay que procurar, por todos los medios, sobre todo con la paz del alma, que el Espíritu Santo "descanse" sobre nosotros, para tener siempre encendida a nuestro lado la lámpara del conocimiento. Si ella resplandece sin interrupción en lo más íntimo del alma, no solamente los mezquinos y tenebrosos ataques de los demonios se hacen manifiestos al intelecto, sino que también pierden su fuerza, al verse desenmascarados por esa luz santa y gloriosa. Por eso el Apóstol dice: "No apaguéis la fuerza del Espíritu"» (1 Tes 5,19)[19].

El Espíritu Santo no suele difundir su luz en el alma de un modo milagroso y extraordinario, sino de manera muy sencilla, a través de la palabra de la Escritura. Los discernimientos más importantes de la historia de la Iglesia se han producido así. Fue escuchando la palabra del Evangelio: «Si quieres ser perfecto...», como san Antonio comprendió lo que tenía que hacer y dio comienzo al monacato. Fue del mismo modo como san Francisco de Asís recibió la luz para iniciar su movimiento de vuelta al Evangelio; de hecho, leemos en *su Testamento:* «Después que el Señor me dio hermanos, nadie me mostraba qué debía hacer, sino que el Altísimo mismo me reveló que debía vivir según la forma del santo Evangelio». Se lo reveló mientras escuchaba, durante una misa, el pasaje evangélico en el que Jesús dice a los discípulos que vayan por el mundo sin llevar «para el camino ni bastón ni alforjas, ni pan ni dinero, ni dos túnicas» (Lc 9,3)[20].

Recuerdo yo mismo un pequeño caso de ese tipo. Un hombre vino a mí, durante una misión, a presentarme su problema. Tenía un niño de once años que aún no estaba bautizado. Me decía: «Si lo bautizo, va a haber un drama en la familia, porque mi mujer es testigo de Jehová y no quiere oír hablar de bautizarlo en la Iglesia; si no lo bautizo, no tengo la conciencia tranquila, ya que cuando nos casamos éramos católicos ambos». Un caso clásico de discer-

---

[19] DIADOCO DE FOTICÉ, *Cien capítulos*, 28: SCh 5, 87ss.
[20] TOMÁS DE CELANO, *Vida primera*, IX, 22: *Escritos*, p. 154s.

nimiento. Le dije que volviera al día siguiente, para que yo tuviera el tiempo de rezar y reflexionar. Al día siguiente, veo que viene a mi encuentro radiante y me dice: «He encontrado la solución, padre. ¡He leído en mi Biblia el episodio de Abrahán y he visto que cuando él se llevó a su hijo Isaac para inmolarlo, no le dijo nada a su mujer!». La palabra de Dios lo había iluminado mejor que cualquier consejero humano. Yo mismo bauticé al muchacho, y fue un gran gozo para todos.

A veces es lícito, después de haber rezado y si uno se siente interiormente impulsado a hacerlo, abrir la Biblia al azar, en busca de una respuesta de Dios. Muchas veces Dios ha hablado por este medio. Pero no podemos convertirlo en una costumbre porque, antes o después, nos exponemos a desagradables consecuencias. Los dones del Espíritu nunca tienen que convertirse en un hábito mecánico. También la práctica de «poner un vellón ante el Señor» (cfr. Jue 6,36-40), es decir, pedir a Dios una señal concreta, a veces puede dar buenos frutos, si va acompañada por sentimientos de humilde sumisión a Dios. Pero también este medio se ha de usar con discreción, para que no acabemos por tentar a Dios.

5. *Dejarnos guiar por el Espíritu Santo*

El fruto concreto de esta meditación, tiene que ser una renovada decisión de abandonarnos en todo a la guía interior del Espíritu Santo, como si fuera una especie de «dirección espiritual». Está escrito que «los israelitas se ponían en marcha cuando la nube se levantaba de la morada. Si la nube no se levantaba, no partían» (Ex 40,36-37). Tampoco nosotros debemos emprender nada si no es el Espíritu Santo, de quien la nube era figura, quien nos mueve y sin haberlo consultado antes de cada acción. La misma vida de Jesús es el ejemplo más luminoso que tenemos. Él nunca emprendió nada sin el Espíritu Santo. Con el Espíritu Santo anduvo en el desierto; con la fuerza del Espíritu Santo regresó y dio comienzo a su predicación; dio sus instrucciones «bajo la acción del Espíritu Santo» a los apóstoles que había escogido (cfr. Hech 1,2); por el Espíritu eterno se ofreció a Dios (cfr. Heb 9,14).

Hemos recordado al comienzo el proyecto del hombre moderno secularizado de «dirigirse» a sí mismo, como el río que, avanzando, se cava su propio lecho. Un gran filósofo ha ilustrado, con una alegoría, adónde lleva este proyecto. Un hombre rico compró dos magníficos caballos de raza que quería amaestrar personalmente. Pero, dado que no era un experto en caballos, los conducía como ellos querían ser conducidos, y así, en poco tiempo, esos dos caballos llegaron a tener el aspecto más deplorable que uno se pueda imaginar: tenían el ojo lánguido y soñoliento y una ambladura sin nobleza, estaban llenos de caprichos y no aguantaban nada, siempre estaban cansados y a punto de detenerse. Finalmente decidió entregarlos al mismo cochero del rey. Al cabo de un mes, no había en todo el país una pareja de caballos que tuviera una ambladura tan hermosa, una cabeza tan altiva, una mirada tan llena de fuego, y que fuera capaz de lanzarse a una carrera de siete millas sin parar. El otro era un experto, y guiaba los caballos como hay que guiarlos, no como ellos quieren ser guiados.

Los caballos son las facultades del ser humano; el propietario es el hombre que pretende dirigirse por sí mismo; el cochero del rey es el Espíritu Santo. «¡Si los hombres comprendieran la suerte que tienen cuando el cochero del rey toma las bridas en sus manos!»[21]

Pero los «creyentes» debemos tener cuidado también con otra tentación: la de querer dar consejos al Espíritu Santo, en lugar de recibirlos.

«¿Quién ha medido el espíritu del Señor?
¿Qué consejero lo ha instruido?» (Is 40,13).

---

[21] Cfr. S. KIERKEGAARD, *Para examinarnos a nosotros mismos*, III, para el día de Pentecostés: en *Obras*, ed. C. Fabro (Florencia 1972) 938-940.

El Espíritu Santo dirige a todos, y nadie le dirige a él; guía, pero no es guiado. Hay un modo muy sutil de sugerir al Espíritu Santo lo que debería hacer con nosotros y cómo debería guiarnos. A veces, incluso, tomamos ciertas decisiones por nuestra cuenta y se las atribuimos resueltamente al Espíritu Santo. Santo Tomás de Aquino habla de esta dirección interior del Espíritu como de una especie de «instinto propio de los justos»:

> «Así como en la vida física el cuerpo no es movido sino por el alma que lo vivifica, del mismo modo, en la vida espiritual, cualquier movimiento que hagamos debería proceder del Espíritu Santo»[22].

Es así como funciona la «ley del Espíritu»; esto es lo que el Apóstol llama «dejarse guiar por el Espíritu» (Gal 5,18).

Una vez, pregunté a una niña de cinco años lo que significaba para ella obedecer, y pensé que me diría: «obedecer a mamá y a papá»; en cambio, recibí una respuesta inesperada: «La obediencia es así: el Espíritu Santo le dice a Jesús: "¡Vamos a hacer esto!", y Jesús contesta: "¡De acuerdo!" El Espíritu Santo te dice a ti: "¡Vamos a hacer esto!", y tú contestas: "¡De acuerdo!"». Nunca supe quién le había sugerido estas palabras, pero lo cierto es que son el secreto de la verdadera obediencia «espiritual», a imitación de Jesús.

Debemos entregarnos al Espíritu Santo como las cuerdas del arpa a los dedos de quien las mueve. Como buenos actores, estar atentos a la voz del apuntador que está escondido, para representar fielmente nuestro papel en la escena de la vida. Es más fácil de lo que nos imaginamos, porque nuestro apuntador nos habla por dentro, nos lo enseña todo, nos instruye en todo. A veces basta una simple mirada interna, un movimiento del corazón, una plegaria. De un santo obispo del siglo II, Melitón de Sardes, se lee este bonito elogio, que ojalá pudieran hacerlo de cada uno de nosotros

---

[22] SANTO TOMÁS DE AQUINO, *Sobre la carta a los Gálatas*, c. V, lecc. 5, n. 318; lecc. 7, n. 340; cfr. también: *Comentario a Juan*, VI, 5.3.

después de la muerte: «En su vida, todo lo hizo en el Espíritu Santo»[23].

Pidamos al Paráclito que dirija nuestra mente y toda nuestra vida, con las palabras llenas de unción de un autor medieval:

Espíritu Santo, dirige las mentes,
llena los corazones y las bocas
abiertas a ti.
Tú que mandas tocar el festivo timbal
y entonar el salmo,
Santo de los santos,
Dios de los dioses,
gozo, luz, remedio y vida:
alabado seas con el Padre y con el Hijo.
Espíritu que das la vida (¡Spiritus alme!)
Amén[24].

---

[23] EUSEBIO DE CESAREA, *Historia eclesiástica*, V, 24, 5.
[24] RUPERTO DE DEUTZ, *Himno I al Espíritu Santo*, 13 (CM 29, p. 380).

XX

HAZ QUE EN TI CONOZCAMOS AL PADRE

El Espíritu Santo nos infunde el sentimiento de la filiación divina

1. *De la historia a la Trinidad*

Con esta meditación vamos a afrontar la última estrofa del *Veni creator,* y con ella el trecho final de nuestro camino tras las huellas del Espíritu. La estrofa dice así:

«Haz que en ti conozcamos al Padre,
asimismo al Hijo conozcamos,
en ti, que eres Espíritu de ambos,
haz que creamos eternamente».

Se abre un horizonte nuevo, esta vez vertical, no horizontal. La mirada ya no se dirige ni a la historia, ni a la Iglesia; ya no se habla de enemigos, de peligros, de decisiones que tomar, etc... En la última estrofa pasamos de la que los Padres llamaban la *oikonomía,* es decir, la historia de la salvación, a la *theologia,* o sea, el plano trinitario, la vida íntima de Dios. De lo que el Espíritu Santo *hace* en la historia, pasamos a lo que *es* dentro de la Trinidad.

Nuestro himno no sigue el orden del ser del Espíritu, sino el de su manifestación a nosotros. En la *realidad,* primero está el Espíritu en sí, en sus relaciones trinitarias, y después su acción, en la creación y en la historia; en nuestro *conocimiento,* en cambio, primero está la acción del Espíritu -tal y como la hemos conocido en la historia-, y sólo después, a partir de ésta, llegamos al descubrimiento del Espíritu dentro de la Trinidad. El *Veni creator* sigue este orden histórico, que es también el que se observa en la Biblia. En esto, la elección del autor se revela particularmente «moderna».

Pero la novedad del *Veni creator* es que tampoco estamos ausentes en este horizonte trinitario; se mantiene el carácter orante y con él nuestra profunda implicación en las relaciones entre las tres divinas Personas. «Haz que en ti *(nosotros)* conozcamos al Padre», «asimismo *(nosotros)* al Hijo conozcamos». Se trata de relaciones triangulares: el Espíritu Santo, nosotros y el Padre; el Espíritu Santo, nosotros y el Hijo. Ni siquiera en esta última estrofa el discurso sobre el Espíritu Santo se reduce a una especulación fría y abstracta.

Lo que le pedimos al Espíritu Santo es lo que, por la Escritura, sabemos que, de hecho, realizó en los albores de la fe. ¿Cómo llegó, en efecto, la primitiva comunidad cristiana, a creer en la Trinidad? Según algunas teorías, eso se produjo bajo el influjo determinante del helenismo, por tanto la Trinidad sería un producto, en su origen, ajeno a la Biblia. Pero eso es totalmente falso. La fe trinitaria nace de la *experiencia* que los creyentes hacen de Dios, como Padre, y de Jesús, como Señor, gracias al Espíritu. Fue él quien, enseñándoles desde dentro a llamar a Dios *Abba,* Padre, y a Jesucristo *Kyrios,* Señor, les impulsó a abrirse a la nueva idea de Dios como comunión de amor entre Padre, Hijo y Espíritu Santo[1]. Dicha experiencia no surge de la nada, sino que se desarrolla a partir de la revelación sobre el Padre y sobre el Paráclito hecha por Jesús. En este sentido, Juan completa a Pablo y ambos se complementan.

También hoy asistimos al mismo fenómeno. Allá donde el Espíritu Santo se hace presente de un modo nuevo y fuerte, como, por ejemplo, en el llamado «bautismo del Espíritu», se vuelve a descubrir indefectiblemente la Trinidad. No de una manera abstracta, teológica, sino vital. La oración se hace trinitaria: el Padre nos

---

[1] Cfr. J. D. G. DUNN, *Jesus and the Spirit* (Londres 1975) 326.

remite al Hijo, el Hijo nos vuelve a enviar al Padre, y el Espíritu Santo nos enseña de nuevo -como si fuéramos personas que, por algún motivo, han olvidado su lengua materna- a decir: *Abba* y *Marana-tha*. Uno tiene la sensación de ser introducido en una familia donde unas personas que se aman se apresuran a presentarse mutuamente, y cada uno tiene una infinidad de cosas que decir del otro. Es una experiencia que conmueve, y que todos hacen, de manera distinta, bajo la unción del Espíritu.

El objetivo de las tres últimas meditaciones que vamos a hacer, pretende ser precisamente el de entregarnos al Espíritu, para que nos introduzca en esa viva y palpitante realidad que es la Trinidad. Pero nosotros, como decía san Gregorio Nacianceno hablando del Padre y del Hijo, «afrontamos una larga travesía con unas barcas pequeñas, y nos dirigimos hacia el cielo sirviéndonos de pequeñas alas»[2]. Necesitamos cada vez más la ayuda del Espíritu.

2. *El Espíritu Santo nos da a conocer a Dios como «Padre de su Hijo Jesucristo»*

El Nuevo Testamento distingue claramente los dos significados de la palabra «padre», cuando es aplicada a Dios: «Padre nuestro» y «Padre de nuestro Señor Jesucristo»; «Padre mío y Padre vuestro», según el modo de expresarse de Jesús (Jn 20,17). Ambos significados están presentes en el verso del *Veni creator*. Con ello, pedimos al Espíritu que haga las dos cosas: que nos haga conocer a Dios como Padre de nuestro Señor Jesucristo, como «Padre eterno», y que nos haga conocer a Dios como nuestro «Papá»; es decir, que nos infunda el sentimiento tierno de la filiación divina. Estos dos significados de Padre están relacionados

---

[2] San Gregorio Nacianceno, *Poemas teológicos*, 1: PG 37, 397.

entre sí; no pueden separarse pero tampoco confundirse. Por tanto, vamos a reflexionar primero sobre uno, y después sobre otro,
empezando por la acepción trinitaria.

En el Nuevo Testamento, el conocimiento del Padre es la prerrogativa por excelencia del Hijo: «Yo conozco al Padre», repite Jesús
en varias ocasiones (cfr. Jn 7,29; 8,55; 10,15), y dice también que
«al Padre no le conoce más que el Hijo, y aquel a quien el Hijo se lo
quiera revelar» (Mt 11,27). Entonces, ¿cómo es que pedimos al
Espíritu Santo que nos haga conocer al Padre, en lugar de pedírselo
directamente a Cristo? ¡Porque el Espíritu Santo nos hace conocer,
precisamente, la revelación del Hijo acerca del Padre! Nos hace
comprender lo que Jesús dijo del Padre. Hace de la revelación
«externa», hecha de palabras, una revelación «interna», experimental.

Esta respuesta está contenida ya en el Evangelio, y la
Tradición no ha hecho otra cosa que expresarla claramente.
Cuando Jesús afirma que el Paráclito «se lo explicará todo» a los
discípulos, que hará que recuerden «lo que él les ha enseñado» (cfr.
Jn 14,26), es evidente que alude, en primer lugar, a lo que él ha
dicho acerca del Padre. Hay una frase particularmente significati-
va: «Llega la hora en que... os hablaré del Padre claramente» (Jn
16,25). ¿Cuándo les va a hablar claramente del Padre, si éstas son
las últimas palabras que él les dirige en la tierra? ¡Les hablará «claramente» del Padre, a través de su Espíritu, después de la Pascua!
Lo afirma en el mismo contexto:

> «Tendría que deciros muchas más cosas, pero no podríais enten-
> derlas ahora. Cuando venga el Espíritu de la verdad, os ilumina-
> rá para que podáis entender la verdad completa» (Jn 16,12-13).

También aquí vemos que «la verdad completa» se refiere ante
todo a la plena revelación sobre el Padre. El conocimiento que el
Paráclito da del Padre es de una calidad muy particular; no solamente nos hace «conocer» al Padre, sino que nos hace «estar» en el
Padre: «En esto conocemos que permanecemos en él, y él en nos-

otros: en que él nos ha dado su Espíritu» (1 Jn 4,13). Conocer al Padre de este modo significa la «vida eterna» (cfr. Jn 17,3).

También Pablo habla de este papel del Espíritu en relación con el conocimiento de Dios, aunque en otros términos:

> «El Espíritu lo escudriña todo, incluso las profundidades de Dios. ¿Quién conoce lo íntimo del hombre a no ser el mismo espíritu del hombre que está en él? Del mismo modo, sólo el Espíritu de Dios conoce las cosas de Dios. En cuanto a nosotros, no hemos recibido el espíritu del mundo, sino el Espíritu que viene de Dios, para que conozcamos lo que Dios gratuitamente nos ha dado» (1 Cor 2, 10b-12).

Entre estas «profundidades» y «secretos» de Dios, es difícil no divisar el secreto por excelencia, que es la misma vida íntima de Dios, el secreto trinitario. Dice el Apóstol que hay una zona inviolable de nuestro ser en la que nadie puede entrar, por ningún medio, a no ser que nosotros le abramos libremente la puerta desde dentro. Es así también para Dios: su secreto íntimo es conocido y revelado sólo por el Espíritu que está en él.

Veamos ahora de qué modo este papel del Espíritu en relación con el conocimiento del Padre ha sido comprendido y vivido en la Tradición. Escribe san Ireneo: «El Espíritu prepara al hombre para el Hijo de Dios, y el Hijo lo conduce después al Padre»[3]. San Basilio retoma y desarrolla esta idea, que orientará toda la reflexión posterior de la Iglesia:

> «El camino del conocimiento de Dios procede del único Espíritu, a través del único Hijo, hasta el único Padre; viceversa, la bondad natural, la santificación según la naturaleza, la dignidad regia, se difunden desde el Padre, por medio del Unigénito, hasta el Espíritu»[4].

---

[3] San Ireneo, *Contra las herejías*, IV, 20, 5.
[4] San Basilio Magno, *Sobre el Espíritu Santo*, XVIII, 47: PG 32, 153.

A veces, esta idea bíblica adquiere el tinte platónico propio del ambiente en el que viven los Padres. Se nota en el mismo san Basilio, cuando escribe:

> «El Paráclito, adueñándose, como un sol, del ojo que se ha vuel-to puro, te mostrará en sí mismo la imagen del invisible y, en la bienaventurada contemplación de la imagen, verás la indecible belleza del Arquetipo»[5].

En esta visión filosófica, el Espíritu constituye, por excelencia, el movimiento de retorno al Uno; por tanto, de él depende el conocimiento del Padre. Las criaturas «reciben de Dios el Espíritu con el que conocen a Dios»[6].

En esta línea de la Tradición, seguida en Occidente por san Hilario, san Ambrosio y otros[7], se inserta el autor del *Veni creator* con el verso que estamos comentando. También en este punto, sin embargo, las palabras del himno se revelan como «estructuras abiertas». Si, por un lado, recogen y sintetizan toda una tradición bíblica y patrística, por el otro se prestan a acoger nuevas opciones.

¿Qué pedimos nosotros, hoy, al Espíritu Santo cuando le suplicamos que nos haga conocer al Padre? Nuestras preocupaciones ya no son las de san Basilio y de los otros Padres, para quienes el principal problema era el de demostrar la unidad de naturaleza de las tres divinas Personas y la divinidad del Espíritu Santo. (Si puede darnos a conocer al Padre, es porque tiene la misma naturaleza que el Padre.) Hoy el problema es más radical: consiste en conservar o no el horizonte trinitario en la fe cristiana. En teología hay unas fuertes tendencias, bastante extendidas, a marginar la dimensión trinitaria, bajo el pretexto de su presunta procedencia helenística, o para facilitar el diálogo con las otras religiones monoteístas.

---

[5] Ibíd., IX, 23: PG 32, 109.
[6] MARIO VICTORINO, *La carta a los Gálatas*, II, 4, 9: CSEL 83, 2, 146.
[7] Cfr. SAN HILARIO, *La Trinidad*, II, 1, 35: CC, 62, 71; SAN AMBROSIO, *Sobre el Espíritu Santo*, II, 12, 130.

El despertar del Espíritu en el cristianismo es también un despertar trinitario. Más aún, éste es el criterio más seguro para calibrar la calidad de una «neumatología»: si abre o cierra el horizonte trinitario. La doctrina sobre el Espíritu de algunas pequeñas Iglesias y sectas cristianas, a veces parece delatar, al menos en la práctica y en el lenguaje, un latente binitarismo: Jesucristo, su Espíritu, y punto. El Padre queda prácticamente fuera del horizonte.

Hoy tenemos otro problema acerca del Padre, que el Espíritu Santo puede ayudarnos a resolver pacíficamente, y es el uso mismo del término «padre» referido a Dios. Sabemos que este uso está siendo enérgicamente impugnado en el ámbito de las teologías influenciadas por el movimiento feminista. Como siempre, si sabemos interpretarlo, este signo de los tiempos puede llegar a ser una oportunidad de enriquecimiento de la teología, en lugar de acabar en una estéril polémica. Nos ayuda, cuando menos, a purificar el término de ese resto de machismo que la cultura dominante había inevitablemente depositado en él. Hoy comprendemos mejor que el término «padre» no se debe tomar «al pie de la letra». Si existiera, o pudiera inventarse, un término único para decir «padre» y «madre» (como los griegos inventaron un término único, *kalokagathos,* para designar a una persona que es, al mismo tiempo, «hermosa» y «buena»), nada nos impediría, en principio, traducir con él el término bíblico de «padre». Dios es anterior a la distinción padre/madre; tampoco es la *síntesis,* sino en todo caso la *fuente,* de ambas realidades.

El Espíritu Santo, sirviéndose también del movimiento feminista, guía, por tanto, a la Iglesia en su incesante caminar hacia «la verdad completa» acerca del Padre. Aparte del problema de si es necesario u oportuno sustituir el término bíblico de *Padre* (la evolución del sentimiento cristiano lo decidirá), lo que sí es cierto es que al «traducir», o interpretar, este término, ya no podemos dejar de tener en cuenta la evolución que se ha producido en la cultura moderna, sin traicionar el sentido originario y profundo del término.

San Juan se dirigía a los cristianos diciendo:

«Os escribo a vosotros, hijos,
porque habéis conocido al Padre.
Os escribo a vosotros, padres,
porque habéis conocido al que es desde el principio» (1 Jn 2,14).

Éste era para el Apóstol el regalo más hermoso que pudiera hacerse a los jóvenes y a los adultos, a los hijos y a los padres humanos: conocer al Padre por excelencia, aquel «de quien procede toda familia en los cielos y en la tierra» (cfr. Ef 3,15). Esto es lo que, con las palabras del *Veni creator,* pedimos al Espíritu Santo que siga haciendo en los padres y en los hijos de hoy. Es a él a quien ahora tenemos que hacer la petición que Felipe le hizo a Jesús durante su vida: «Señor, muéstranos al Padre; eso nos basta» (Jn 14,8).

3. El Espíritu Santo nos da a conocer a Dios como «Padre nuestro»

En el centro, o en el vértice, de toda descripción de la nueva vida que brota de la Pascua de Cristo, san Pablo sitúa la obra que el Espíritu Santo realiza en las profundidades del corazón humano, cuando le hace descubrir a Dios como Padre y a sí mismo como hijo de Dios:

«Y la prueba de que sois hijos es que Dios envió a nuestros corazones el Espíritu de su Hijo que clama: "Abba", es decir, "Padre"»[8].

En esto, el Espíritu Santo no hace más que continuar la obra que antes había llevado a cabo con Jesús de Nazaret. Fue en el Espíritu Santo, en efecto, como Jesús, como hombre, fue descubriendo y experimentando cada vez con más claridad su relación filial con el Padre. En el bautismo del Jordán, la proclamación de Jesús como «Hijo amado» del Padre se produce al mismo tiempo que

---

[8] Gal 4,6; cfr. Rom 8,15-16.

el Espíritu Santo baja sobre él como una paloma (Mt 3,1617). Era el Espíritu el que cada vez suscitaba de las profundidades del corazón humano de Cristo el grito *Abba*, como nos asegura una vez el propio Evangelio: «El Espíritu Santo llenó de alegría a Jesús, que dijo: "Yo te alabo, Padre, Señor del cielo y de la tierra..."» (Lc 10,21).

El Espíritu Santo sigue, pues, desarrollando en los miembros lo que hizo en la cabeza, pero con una importante novedad: en los miembros, esta experiencia de la paternidad de Dios no es paralela a la de Cristo, sino dependiente de ella, mediada por ella. En otras palabras, los creyentes experimentan a Dios como su Padre, por ser el Padre de Jesús, porque participan, en el Espíritu, de la filiación del Hijo. El que actúa en ellos ya no es simplemente el «Espíritu de Dios», sino el «Espíritu de su Hijo».

¿Cómo es que el Espíritu, al venir a nosotros, grita: *Abba*? ¿Cómo puede él, que no es «engendrado» por el Padre, sino que sólo «procede» del Padre, llamarle Padre? ¿Esto no menoscaba toda nuestra doctrina de la Trinidad? El motivo es muy sencillo: él grita *Abba* porque, con la encarnación, se ha convertido en el Espíritu del Hijo, se ha «acostumbrado» y, por así decirlo, «ambientado» a los hombres, y ahora viene a nosotros desde la Pascua de Cristo. Él se porta

> «como una madre que enseña a su niño a decir "papá"; y repite este nombre con él, hasta que el niño se acostumbra a llamar al padre hasta en sueños»[9].

La madre, por sí misma, no podría decir «papá», porque es la esposa, no la hija, del marido, pero se identifica con su niño, lo educa, lo impulsa. Lo mismo hace el Paráclito con nosotros.

El conocimiento del Padre que el Espíritu Santo confiere de este modo es algo muy especial. Es lo que se entiende por «conocimiento» en la Biblia, no en el mundo griego.

---

[9] DIADOCO DE FOTICÉ, *Cien capítulos*, 6: SCh 5, 121.

«Mientras que para los griegos el conocimiento de Dios significa contemplación pura en su grado más elevado de abstracción, para los judíos consiste esencialmente en una relación concreta y recíproca con Dios: experimentar en el tiempo lo que él siente por los hombres, escuchar y obedecer sus mandatos»[10].

El conocimiento de Dios como Padre consiste, por tanto, en reconocer, sentir y experimentar a Dios como nuestro padre. Sabemos el sentido que tiene este término en expresiones como «conocer a la esposa», «conocer la pérdida de los hijos» (cfr. Is 47,8). Aquí se trata de algo muy similar. En el ámbito natural, es la voz de la sangre la que impulsa a un niño a reconocer a su padre entre mil; en el ámbito espiritual, es la voz del Espíritu. Es un conocimiento que suele ir acompañado por un ímpetu de «júbilo», un arrebato de todo el ser, como sabemos -por el pasaje que hemos citado antes- que le ocurría a Jesús.

«¡Bienaventurados los que conocen al Padre!», exclamaba Tertuliano, al explicar las primeras palabras del *padre nuestro*[11]. Éste, en efecto, es un conocimiento que nos hace dichosos, felices, que nos infunde seguridad, que nos hace sentirnos invencibles. Cambia de raíz la idea que uno tiene de sí mismo, le confiere una nueva identidad, la verdadera, la de hijo o hija de Dios. Tenemos un ejemplo conmovedor en la vida de santa Margarita de Cortona. A raíz de su conversión, pasó un período de terrible desolación. Dios parecía enojado con ella y, de vez en cuando, le traía a la memoria, uno por uno, todos los pecados que había cometido, hasta en los más mínimos detalles, lo cual le hacía desear desaparecer, aniquilarse. Un día, después de comulgar, de repente se levantó una voz en su interior: «¡Hija mía!». Ella, que había sido capaz de aguantar la visión de todas sus culpas, no pudo soportar la dulzura de esa voz y cayó en éxtasis. Durante el éxtasis, los tes-

---

[10] C. H. DODD, *The Interpretation of the Forth Gospel* (Cambridge 1953) 152.
[11] TERTULIANO, *La oración*, 2, 3: CC 1, 258.

tigos que se hallaban presentes la oían repetir, fuera de sí por el
asombro y la alegría:

> «Soy su hija, él me lo ha dicho. ¡Oh, qué infinita dulzura la de mi
> Dios! ¡Oh palabra durante tanto tiempo deseada! ¡Tan insistente-
> mente pedida! ¡Palabra cuya dulzura supera toda dulzura!
> ¡Océano de gozo! ¡Hija mía! ¡Me lo ha dicho mi Dios! ¡Hija mía!»[12].

Esto nos ayuda a comprender lo que significa la experiencia de
la filiación de Dios, si es vivida en toda su potencialidad. Los santos nos hacen ver, como en aumento y a cámara rápida, aquello
que, de un modo más débil y más lento, ocurre en cada creyente.

Ya una vez, hablando del Espíritu Santo como «ley nueva»,
hemos tenido ocasión de ilustrar cómo esta operación del Espíritu
se explica desde el punto de vista teológico. Mientras el hombre
vive en régimen de pecado, bajo la ley, Dios le parece un amo
severo, alguien que se opone a la satisfacción de sus deseos terrenales con esos mandatos perentorios: «¡Harás... no harás!». En este
estado, el hombre va acumulando en el fondo de su corazón un
sordo rencor contra Dios, lo ve como un adversario de su felicidad
y, si de él dependiera, le gustaría que no existiera[13].

Lo primero que hace el Espíritu Santo, cuando viene a nosotros, es mostrarnos un rostro distinto de Dios, su verdadero rostro.
Nos lo hace descubrir como aliado, amigo; como aquel que, por
nosotros, «no perdonó a su propio Hijo» (cfr. Rom 8,32); en definitiva, como un Padre absolutamente tierno. Brota entonces el sentimiento filial que se traduce en el grito: ¡*Abba*, Padre! Es como decir:
«Yo no te conocía, o sólo te conocía de oídas; ahora te conozco, sé
quién eres, sé que me quieres de verdad, que eres favorable a mí».
El hijo ha sustituido al esclavo, el amor al temor. Esto es lo que significa, en el plano subjetivo y existencial, «renacer del Espíritu».

---

[12] Giunta Bevegnati, *Vida y milagros de la Beata Margarita de Cortona*, II, 6 (Vicenza,
1978) 19ss.
[13] Cfr. Lutero, *Sermón de Pentecostés:* WA 12, 569.

414 VEN, ESPÍRITU CREADOR

Hoy se abre un campo nuevo y difícil a esta acción secreta del Espíritu Santo. El «sordo rencor» contra Dios ha vuelto a aparecer entre los hombres a escala mundial. Ya no es por la *ley* que Dios da al ser humano, sino por el *sufrimiento* que permite. Para muchos, ya no tenemos derecho a hablar de Dios «Padre» después de lo de Auschwitz. Sólo una acción poderosa del Espíritu Santo podrá ayudar al hombre moderno a superar este obstáculo que ningún razonamiento teológico parece capaz de eliminar. Es la más grande de las curaciones que debemos esperar del renovado soplo pentecostal del Espíritu. El hombre de hoy no tiene solamente un pensamiento «débil» respecto a Dios, sino también un pensamiento rebelde, hostil.

Ya empezamos a adivinar de qué forma el Espíritu Santo responde a esta nueva exigencia: ¡revelando a los creyentes que también Dios sufre! Al revelarnos a un Dios que es esencialmente amor, la Biblia nos revela también que «Dios padece una pasión de amor»[14]. Su sufrimiento es debido a la naturaleza misma del amor, que es la de ser vulnerable: «No se vive en amor sin dolor»[15].

Se trata de un capítulo nuevo de la teología, que no puede ir separado de la acción del Paráclito; es el modo en que éste ejerce hoy su misión de llevar a los creyentes a la «verdad completa» acerca del Padre. Es significativo el hecho de que la primera alusión al tema del «sufrimiento de Dios», en los documentos del magisterio, se encuentre precisamente en una encíclica sobre el Espíritu Santo, y que su revelación sea atribuida explícitamente a la acción del Paráclito que «convence al mundo de pecado»[16].

El Espíritu Santo no se limita a corregir nuestro conocimiento del Padre, que ha sido distorsionado por el pecado, y hoy también por la experiencia del dolor inocente. Hace mucho más: nos permite acceder al misterio íntimo de Dios; nos introduce, de algún

---

[14] Orígenes, *Homilías sobre Ezequiel*, 6, 6: GCS 1925, 384).
[15] *Imitación de Cristo*, III, 5.
[16] Juan Pablo II, Encíclica *Dominum et vivificantem*, n. 39.

modo, en el círculo mismo de la vida íntima de Dios. Nos esconde «con Cristo en Dios» (cfr. Col 3,3). Nos lo aseguran los místicos[17], y hoy nos lo confirma la experiencia de personas sencillas que no sabían absolutamente nada de estas doctrinas tan elevadas. Una de ellas ha escrito lo siguiente, utilizando, sin saberlo, símbolos clásicos del Espíritu Santo (el aliento, el rocío, el perfume), y también algunos símbolos nuevos:

> «Estando en oración, vi con mi ojo interior al Espíritu Santo como un Señor excelso, grande. Tenía las semblanzas de una persona, como si fuera un ser humano, pero majestuoso, fuerte, grande. No se puede describir. A continuación, vi al mismo Espíritu Santo transformarse en un hacha luminosa y resplandeciente, que iba cortando todas las cuerdas, pequeñas y grandes, que formaban el cordón umbilical del mundo. El mundo era como una parturienta que se retorcía, fea y dolorida, y el hacha luminosa iba cortando a su alrededor todas las cuerdas que la enredaban. Acto seguido, el Espíritu Santo hizo un agujero en la tierra y metió en él una minúscula semilla. La cubrió, sopló sobre ella, y en seguida la semilla germinó. Él tomó entre las palmas de sus manos la semilla que germinaba y la apretó contra sí con mucha ternura, como para engullirla, y la introdujo en su infinito corazón en el que estaban, no sé cómo, también el Padre y el Hijo. Los brazos del Padre, del Hijo y del Espíritu Santo se cruzaban apretando la pequeña semilla que penetraba en ellos. Me di cuenta de la necesidad que tenemos del aliento de Dios, y le dije: "Espíritu Santo, danos este aliento para que podamos salir a la luz y germinar en ti". Y mientras orábamos para recibir al Espíritu Santo, vi un frescor, como gotas de rocío que caían sobre nuestras cabezas, exhalando perfume».

4. ¡Danos a conocer el amor del Padre!

En resumen, ¿qué pedimos al Espíritu con las palabras: «Haz que en ti conozcamos al Padre»? Sobre todo una cosa: «¡Danos a conocer

---

[17] Cfr. SAN JUAN DE LA CRUZ, *Cántico espiritual*, A, 38.

el amor del Padre!». Ésta es la misión por excelencia del Paráclito: derramar en nuestro corazón el amor de Dios; darnos, de él, no sólo un conocimiento abstracto, sino el sentimiento vivo. No hay plegaria más importante que podamos dirigir al Espíritu que ésta: ¡Danos a conocer el amor que el Padre nos tiene, y eso nos basta!

Como hemos visto, conocer a Dios en el lenguaje bíblico significa siempre satisfacer también sus exigencias, obedecer a sus mandatos. Por tanto, cuando decimos al Espíritu: «Danos a conocer al Padre», le decimos también: «¡Danos a conocer *la voluntad del Padre!*». Es precisamente mediante el Espíritu Santo, en efecto, como Dios nos da a conocer sus planes más secretos (cfr. Ef 1,9):

> «El misterio de la voluntad de Dios es el más elevado de todos los misterios... No es sólo algo divino; es el propio Dios, ya que es el Espíritu Santo mismo, el cual es la voluntad sustancial de Dios... El Espíritu Santo, pues, cuando entra en alguien, se manifiesta como la voluntad misma de Dios para aquel en el que se manifiesta, sin manifestarse en ningún otro lugar, sino donde está presente»[18].

No hay nadie en este mundo que conozca, por tanto, la verdadera voluntad de Dios sobre mí, excepto el Espíritu Santo que me es dado, y es de él de donde tengo que sacarla, a pesar de tener en cuenta todos los criterios, subjetivos y objetivos, que se requieren para el discernimiento espiritual.

Cada uno de los aspectos de nuestra relación con Dios Padre -no solamente la obediencia a su voluntad- es plasmado por la acción del Espíritu Santo. Si la obediencia se convierte en una obediencia en el Espíritu, el sufrimiento se convierte en un sufrimiento en el Espíritu, la adoración en una adoración en el Espíritu, la contemplación en una contemplación en el Espíritu, la oración en una oración en el Espíritu.

Podríamos preguntarnos, a propósito de la oración, cómo es que entre las cosas que le pedimos a Dios en el *padre nuestro* no

---

18 GUILLERMO DE THIERRY, *El espejo de la fe*, 61: SCh 301, 128.

figura el Espíritu Santo. La laguna es tan evidente que en la antigüedad se intentó remediarla poniendo, en lugar de «venga a nosotros tu reino», la frase: «Que tu Espíritu Santo venga sobre nosotros y nos purifique», como atestiguan algunos manuscritos y Padres de la Iglesia.

Pero la explicación es más sencilla: ¡el Espíritu Santo no está entre las cosas que pedimos porque es él quien pide todas las cosas! Pablo nos dice que el Espíritu Santo, cuando viene a nosotros, grita: ¡*Abba, Padre!* Y ¿qué es esto, sino el comienzo del *padre nuestro*? Por tanto, es el Espíritu Santo el que entona en nosotros el *padre nuestro,* cada vez que lo rezamos.

Él es el único que puede hacernos penetrar en el misterio de esta plegaria, haciéndonos ir más allá de las palabras. En nuestra primera meditación hemos contemplado al Espíritu de Dios como el misterio «terrible y fascinante», lleno de fuerza y de ternura. A través del *padre nuestro,* él nos hace sentir a Dios Padre del mismo modo: como misterio de trascendencia y cercanía. Las dos primeras palabras, *padre nuestro,* nos hacen sentir a Dios como un papá lleno de ternura, al que podemos dirigirnos con toda la libertad y el atrevimiento de los hijos, pero las palabras que siguen: «Que estás en el cielo», nos lo hacen sentir también como el Dios todopoderoso, grande, santo, que dista de nosotros como el cielo de la tierra, y con el cual, por tanto, podemos sentirnos absolutamente protegidos, a salvo. Padre, pero todopoderoso; todopoderoso, pero padre: éste es el verdadero y completo concepto cristiano de Dios. ¡Un Dios «paternal», pero nada blando ni melindroso!

Es lo que el Espíritu Santo hacía experimentar al propio Jesús, cuando le impulsaba a exclamar: «Yo te alabo, Padre, Señor del cielo y de la tierra...» (Lc 10,21). ¡«Padre», pero también «Señor del cielo y de la tierra»! El *padre nuestro* no es más que la onda de la plegaria de Jesús que se propaga a lo largo de los siglos, desde la cabeza a lo largo del cuerpo. En el *padre nuestro* está encerrado todo el conocimiento del Padre que, con las palabras del *Veni creator,* pedimos al Espíritu Santo que nos dé.

San Ignacio de Antioquía, mientras iba a Roma a recibir el martirio, escribió: «Siento dentro de mí un agua viva que borbota diciendo: ¡Ven al Padre!»[19]. Es así como el Espíritu Santo lleva a cabo el «regreso a Dios» de todas las criaturas: atrayéndonos hacia el Padre, suscitando en nosotros la nostalgia de él, poniendo en el corazón de los redimidos un deseo ardiente de ver su rostro. El Espíritu Santo es «la escalera para ascender a Dios»[20].

Y terminamos con este magnífico elogio del Espíritu, del mismo autor medieval que hemos citado antes, donde se insiste de un modo particular en el papel del Espíritu Santo en el conocimiento de Dios:

Date prisa en ser partícipe del Santo Espíritu.
Él se hace presente cuando se le invoca,
y si se le invoca es que ya está presente.
Es el río impetuoso que alegra la ciudad de Dios.
Él te revelará lo que Dios Padre
ha ocultado a los sabios
y prudentes de este mundo.
Dios es espíritu y es necesario
que los que lo adoran,
lo adoren en espíritu y verdad;
asimismo los que quieren comprenderlo y conocerlo
busquen sólo en el Espíritu Santo
la inteligencia de la fe y la verdad pura y sencilla.
Porque en las tinieblas
y en la ignorancia de esta vida,
para los pobres de espíritu, él es:
luz que ilumina, amor que arrastra,
dulzura que conmueve,
acercamiento del hombre a Dios,
amor de amante, devoción, piedad[21].

---

[19] SAN IGNACIO DE ANTIOQUÍA, *Carta a los Romanos*, 7, 2.
[20] SAN IRENEO, *Contra las herejías*, III, 24, 1.
[21] GUILLERMO DE THIERRY, *El espejo de la fe*, 71ss (SCh 301, p. 138).

XXI

ASIMISMO AL HIJO CONOZCAMOS

El Espíritu Santo nos enseña a proclamar a Jesús «Señor»

En las Sagradas Escrituras el Espíritu Santo no proclama nunca su propio nombre, sino siempre el del Padre o el del Hijo. ¡No nos enseña a decir: *Ruah,* que es su nombre, sino *Abba,* es decir, Padre, y *Marana-tha,* es decir, Señor Jesús! Se revela revelando a las otras Personas. Desconocido, él es quien da a conocer todas las cosas. En esto, los símbolos del viento y de la luz resultan particularmente idóneos para expresar la propiedad de su Persona. No se ve el viento en sí mismo, sino los efectos que produce: dobla los árboles, susurra entre las frondas, levanta las olas del mar. Lo mismo ocurre con la luz: ilumina las cosas, permaneciendo ella misma oculta. Vemos bien los objetos, si tenemos la luz detrás de nosotros; en cambio, si la tenemos delante, nos ciega.

El Espíritu Santo es, por así decirlo, el «Dios entre bastidores», el apuntador, el que revela y se queda aparte. Pero es precisamente así como se da a conocer por lo que es. San Basilio lo explica basándose en la profunda observación de que aquello que permite ver, es visto junto a lo que se ve. Al mostrarnos al Hijo -que es la imagen de Dios y el resplandor de su gloria-, el Paráclito se revela a sí mismo:

> «Es imposible ver la imagen del Dios invisible si no es bajo la iluminación del Espíritu. Y para quien se fija en la imagen, es imposible separar de ella la luz, porque aquello que permite ver, nece-

sariamente es visto junto a lo que se ve. Asimismo, es gracias a la iluminación del Espíritu por lo que podemos ver de un modo preciso y claro el resplandor de la gloria de Dios»[1].

Con las palabras: «Asimismo al Hijo conozcamos», pedimos al Espíritu que siga cumpliendo con nosotros su función de iluminar ante nuestros ojos el rostro de Cristo.

1. *Él dará testimonio sobre mí*

Vamos a ver, en primer lugar, lo que nos dice el Nuevo Testamento acerca del Espíritu como principio del conocimiento de Cristo. Antes que de afirmaciones explícitas y reflejas, este papel del Espíritu se desprende de los hechos. La venida del Espíritu Santo en Pentecostés se traduce en una repentina iluminación de toda la obra y la persona de Cristo, que es proclamado por Pedro, «con certeza», Señor y Mesías (cfr. Hech 2,36).

Pablo afirma que Jesucristo es constituido «Hijo poderoso de Dios según el Espíritu santificador» (Rom 1,4), es decir, por obra del Espíritu Santo. Nadie puede decir: «Jesús es Señor», si no está movido por el Espíritu Santo (cfr. 1 Cor 12,3). En la carta a los Efesios, Pablo atribuye al Espíritu Santo el conocimiento del misterio de Cristo que le ha sido revelado, como a todos los santos apóstoles y profetas (cfr. Ef 3,4-5). Sólo si están «robustecidos por la fuerza del Espíritu», los creyentes podrán comprender cuál es «la anchura, la longitud, la altura y la profundidad del amor de Cristo; un amor que supera todo conocimiento» (Ef 3,18-19).

En el Evangelio de Juan, el propio Jesús anuncia esta obra del Paráclito con respecto a él. Todo lo que éste dé a conocer a los discípulos, lo recibirá de él; hará que recuerden todo lo que él les ha enseñado; les iluminará para que puedan entender la verdad com-

---

[1] San Basilio Magno: *Sobre el Espíritu Santo*, XVI, 64: PG 32, 185.

pleta sobre su relación con el Padre; dará testimonio sobre él. Es más, éste será, de ahora en adelante, el criterio para reconocer si se trata del verdadero Espíritu de Dios y no de otro espíritu: si impulsa a reconocer que Jesucristo es verdadero hombre (cfr. 1 Jn 4,2).

En el Nuevo Testamento se perfilan ya dos tipos de conocimiento de Cristo, o dos ámbitos en los que el Espíritu desarrolla su acción. Hay un conocimiento objetivo de Cristo, de su ser, de su misterio y de su persona, y hay un conocimiento más subjetivo, funcional, personal e interior, que tiene como objetivo lo que Jesús «hace por mí», más que lo que él «es en sí». Las dos esferas son inseparables y a menudo coinciden; no obstante, la diferencia existe. En Pablo prevalece todavía el interés por conocer lo que Cristo ha hecho por nosotros, por la obra de Cristo y en particular su misterio pascual; en Juan, empieza a prevalecer el interés por lo que Cristo es: el *Logos* eterno que estaba junto a Dios, que se ha encarnado y que es una sola cosa con el Padre (cfr. Jn 10,30).

Pero es sólo a partir de los desarrollos sucesivos cuando estas dos tendencias aparecerán claramente. Vamos a hablar de ellas lo más brevemente posible porque esto nos ayudará a comprender el don que el Espíritu Santo hace hoy, en este campo, a la Iglesia.

En la época patrística, el Espíritu Santo aparece sobre todo como garante de la tradición apostólica acerca de Jesús, contra las innovaciones de los gnósticos. Afirma san Ireneo: «A la Iglesia se le ha confiado el Don de Dios que es el Espíritu; de él no participan quienes, con sus falsas doctrinas, se separan de la verdad predicada por la Iglesia»[2]. Tertuliano dice que las Iglesias apostólicas no pueden haber errado al predicar la verdad; pensar lo contrario equivaldría a decir que «el Espíritu Santo, enviado por Cristo con este fin, solicitado al Padre como maestro de verdad, él que es el vicario de Cristo y su administrador, habría faltado a su cometido»[3].

---

[2] Cfr. SAN IRENEO, *Contra las herejías*, III, 24, 1-2.
[3] TERTULIANO, *La prescripción de los herejes*, 28, 1: CC 1, 209.

En la época de las grandes controversias dogmáticas, al
Espíritu Santo se le considera el guardián de la ortodoxia cristológica. En los concilios, la Iglesia tiene la firme certeza de estar «inspirada» por el Espíritu al formular la verdad acerca de las dos naturalezas de Cristo, de la unidad de su persona, de la plenitud de su
humanidad. Por tanto, aquí se pone claramente el acento en el
conocimiento objetivo, dogmático y eclesial de Cristo.

Esta tendencia va a predominar, en teología, hasta la
Reforma. Pero con una diferencia: los dogmas, que en el momento de ser formulados eran cuestiones vitales, fruto de una viva participación, y que estaban relacionados con el resto de la vida de la
Iglesia, en especial con la liturgia, una vez ratificados y transmiti-
dos, suelen dejar de tener garra, se convierten en fórmulas. «Dos
naturalezas, una sola persona», es una fórmula hecha, más que la
culminación de un proceso largo y doloroso. Sin duda no han faltado, en todo este tiempo, magníficas experiencias de un conocimiento íntimo y personal de Cristo, llenas de cálida devoción; pero
no han influido mucho en la teología. También hoy, se habla de
ellas en la historia de la espiritualidad, no en la de la teología.

Los reformadores protestantes dan un vuelco a esta situación
y dicen:

«Conocer a Cristo significa reconocer sus beneficios, no indagar
en sus naturalezas y en su forma de encarnarse»[4].

El Cristo «para mí» se sitúa en primer plano. Al conocimiento
objetivo, dogmático, se opone un conocimiento subjetivo, íntimo;
al testimonio externo de la Iglesia y de las mismas Escrituras sobre
Jesús, se antepone el «testimonio interno», que el Espíritu Santo da
sobre Jesús en el corazón de cada creyente. Cuando esta novedad
teológica, más tarde, tienda a transformarse, a su vez, dentro del
protestantismo oficial, en «ortodoxia muerta», surgirán periódica-

---

4 F. MELANCHTHON, *Loci theologici*, en *Corpus Reformatorum*, XXI (Brunsvigae 1854) 85.

mente movimientos como el pietismo y el metodismo para devolverle la vida. El ápice del conocimiento de Cristo coincide, en estos ambientes, con el momento en que, movido por el Espíritu Santo, el creyente toma conciencia de que Jesús ha muerto «por él», precisamente por él, y lo reconoce como su Salvador personal:

«Por primera vez,
con todo el corazón creí;
creí con fe divina,
y en el Espíritu Santo obtuve el poder
de llamar mío al Salvador.
Sentí la sangre de expiación de mi Señor
directamente aplicada a mi alma»[5].

Vamos a completar esta rápida mirada a la historia, mencionando una tercera fase en el modo de concebir la relación entre el Espíritu Santo y el conocimiento de Cristo: la que ha caracterizado los siglos de la Ilustración, de la que nosotros somos los herederos directos. Vuelve a estar en auge un conocimiento objetivo, distante; pero ya no de tipo ontológico, como en la época antigua, sino histórico. En otras palabras, no interesa saber *quién es en sí* Jesucristo (la preexistencia, las naturalezas, la persona), sino *quién ha sido en la realidad de la historia*. ¡Es la época de la búsqueda del llamado «Jesús histórico»!

En esta fase, que es la del racionalismo, el Espíritu Santo ya no tiene ningún papel en el conocimiento de Cristo; está totalmente ausente. El «testimonio interno» del Espíritu Santo se ha empezado a identificar con la razón y con el espíritu humano. El «testimonio externo» es el único importante, pero para eso ya no hace falta el testimonio apostólico de la Iglesia, sino únicamente el de la historia, comprobado con los diferentes métodos críticos. Este esfuerzo implicaba que, para encontrar al verdadero Cristo, había

---

[5] CH. WESLEY, Himno «Gloria a Dios, alabanza y amor» (*Glory to God and Praise and Love*).

que buscar fuera de la Iglesia, quitarle a Cristo «las vendas del dogma eclesiástico».

Sabemos cuál ha sido el resultado de toda esta búsqueda del
Jesús histórico: el fracaso, a pesar de que eso no significa que no
haya traído también muchos frutos positivos. Había, y sigue habiendo, al respecto, una equivocación fundamental. Jesucristo (y, con
él, en menor grado, otros grandes de la historia, como san
Francisco de Asís) no se ha limitado a *vivir* en la historia, sino que
ha *creado* una historia, y ahora vive en la historia que ha creado,
como un sonido permanece en la onda que ha provocado. El
esfuerzo encarnizado de los historiadores racionalistas, parece ser
el de separarlo de la historia que ha creado, para devolverlo a la historia común y universal, como si se pudiera percibir mejor un sonido en su originalidad, separándolo de la onda que lo transporta. La
historia que Jesús ha iniciado, o la onda que ha emitido, es la fe de
la Iglesia, animada por el Espíritu Santo. Eso no impide que sea
legítima también la normal investigación histórica sobre él, pero
ésta debería ser más consciente de sus limitaciones y reconocer
que con ella no se agota todo lo que se puede saber de Cristo.

2. *El sublime conocimiento de Cristo*

La teología del siglo XX se ha caracterizado, en la primera
mitad, por el abandono del llamado Jesús histórico, en nombre del
Cristo del dogma y de la Iglesia (Barth), o del Cristo «para mí» del
kerigma (Bultmann) y, en la segunda mitad, por el esfuerzo de volver a encontrar la continuidad entre ambas cosas, entre el Jesús
de la historia y el Cristo de la fe. Todos han identificado la causa
principal de las dificultades en la debilidad de la «neumatología»,
que debería sustentar e iluminar la «cristología». Pero lo difícil era
encontrar el remedio para ello.

Al final de su obra clásica sobre la historia de la exégesis cristiana, De Lubac acababa diciendo, con cierta tristeza, que los

hombres modernos no tenemos condiciones para poder resucitar una lectura espiritual como la de los Padres; nos falta esa fe llena de ímpetu, ese sentido de la plenitud y la unidad de las Escrituras que tenían ellos. Querer imitar hoy en día su audacia sería exponernos casi a la profanación, ya que nos falta el espíritu del que brotaban esas cosas[6]. Sin embargo, no ha cerrado del todo la puerta a la esperanza, y en otra obra dice que «si se quiere volver a encontrar algo de lo que fue, en los primeros siglos de la Iglesia, la interpretación espiritual de las Escrituras, hay que repetir, ante todo, un movimiento espiritual»[7].

Lo que De Lubac observaba a propósito de la inteligencia espiritual de las Escrituras, se aplica, con más razón, al conocimiento espiritual de Cristo. No basta con escribir nuevos y más actualizados tratados de «neumatología». Si falta el soporte de una experiencia viva del Espíritu, análoga a la que acompañó, en el siglo IV, la primera elaboración de la teología del Espíritu, lo que se diga quedará siempre al margen del verdadero problema. No tenemos las condiciones necesarias para situarnos en el plano en el que opera el Paráclito: el ímpetu, la audacia y esa «sobria embriaguez del Espíritu» de la que hablan casi todos los grandes autores de ese siglo. No se puede presentar a un Cristo en la unción del Espíritu, si no se vive, de algún modo, en esa misma unción.

Ahora bien, precisamente aquí es donde se ha realizado la gran novedad auspiciada por De Lubac. En nuestro siglo ha surgido y ha ido ensanchándose cada vez más un «movimiento espiritual», que ha creado las bases para una renovación de la «neumatología» a partir de la experiencia del Espíritu y de sus carismas. El fenómeno pentecostal y carismático es reconocido hoy como el movimiento espiritual de más grandes proporciones y más rápido crecimiento de toda la historia de la Iglesia. En menos de noventa años ha pasado de cero a cientos de millones de personas. A la luz de este

---

[6] Cfr. H. DE LUBAC, *Eségèse médiévale*, II, 2 (París 1964) 79.
[7] ÍD., *Histoire et esprit* (París 1950) 394-395.

hecho, es difícil no reconocer el carácter profético de las palabras
escritas por la sierva de Dios y gran mística mejicana Conchita, en
los años 1916-1918, cuando nadie había empezado a hablar todavía de un nuevo Pentecostés. Es el Hijo, Jesús, el que habla:

> «Al enviar al mundo un como segundo Pentecostés quiero que
> arda, quiero que se limpie, ilumine e incendie y purifique con la
> luz y el fuego del Espíritu Santo. La última etapa del mundo debe
> señalarse muy especialmente por la efusión de este Santo
> Espíritu. Quiere reinar en los corazones y en el mundo entero;
> más que para su gloria, para hacer amar al Padre y dar testimo-
> nio de Mí, aunque su gloria es la de toda la Trinidad».

> «Yo lo enviaré otra vez de una manera patente en sus efectos, que
> asombrará e impulsará a la Iglesia a grandes triunfos»[8].

Antes que ella, otra mujer, la beata Elena Guerra, escribió que,
así como «antaño Jesús manifestó a los hombres su Corazón, ahora quiere manifestar su Espíritu»[9].

En los primeros cincuenta años, este movimiento, surgido
como reacción a la tendencia racionalista a la que hemos aludido
antes, ignoró la teología a propósito y fue, a su vez, ignorado por
la teología. Sin embargo, cuando empezó a penetrar en Iglesias
provistas de una amplia instrumentación teológica y a recibir una
acogida de fondo por parte de las respectivas jerarquías, la teología ya no pudo ignorarlo. En un volumen titulado *Volver a descubrir el Espíritu. Experiencia y teología del Espíritu Santo,* los más
conocidos teólogos del momento, católicos y protestantes, se
pusieron a analizar el significado del fenómeno pentecostal y carismático para la renovación de la doctrina del Espíritu Santo[10].
Congar dedica a ello toda una sección de su obra sobre el Espíritu

---

8 M. M. PHILIPON, *Una vida, un mensaje. Concepción Cabrera de Armida* (Desclée de Brouwer 1974) 233s.
9 B. ELENA GUERRA, Mss X, 566, en D. M. ABBRESCIA, *Elena Guerra. Profetismo e rinno-vamento* (Brescia 1970) 63.
10 A.V., *Erfahrung und Theologie des Heiligen Geistes* (Munich 1974).

Santo[11]. Lo mismo han hecho, en distinta medida, casi todos los que han escrito sobre «neumatología» en los últimos años[12], por no hablar de los innumerables escritos salidos de las filas del propio movimiento.

Todo esto nos interesa, en este momento, sólo desde el punto de vista del conocimiento de Cristo. ¿Qué conocimiento de Cristo va emergiendo en esta nueva atmósfera espiritual y teológica? El acontecimiento más significativo no es el descubrimiento de algo nuevo -nuevas inspiraciones, nuevas perspectivas o nuevas metodologías-, sino el hecho de haber vuelto a descubrir un dato bíblico elemental: ¡que Jesucristo es el Señor!

San Pablo habla de un conocimiento «superior», y hasta «sublime», de Cristo, que consiste en conocerlo y proclamarlo «Señor» (cfr. Flp 3,8). Es la proclamación que, unida a la fe en la resurrección de Cristo, nos salva (cfr. Rom 10,9). Y este conocimiento lo hace posible sólo el Espíritu Santo:

> «Nadie puede decir: "Jesús es Señor", si no está movido por el Espíritu Santo» (1 Cor 12,3).

Cualquiera puede decir estas palabras con los labios, incluso sin el Espíritu Santo, pero entonces no sería eso tan grandioso que acabamos de decir; no nos salvaría.

¿Qué es lo que hay de especial en esta afirmación, que la hace ser tan determinante? Podemos explicarlo desde distintos puntos de vista, objetivos o subjetivos. La *fuerza objetiva* de la frase: «Jesús es Señor» está en el hecho de que hace presente la historia y en particular el misterio pascual. Es el resultado de dos eventos: Cristo ha muerto por nuestros pecados; ha resucitado para nuestra justificación; *por tanto* es el Señor.

> «Para eso murió y resucitó Cristo: para ser Señor de vivos y muertos» (Rom 14,9).

---

[11] Y. CONGAR, *Je crois en l'Esprit Saint,* II (París 1979).
[12] Cfr. J. MOLTMANN, *Der Geist des Lebens,* cit.; M. WELKER, *Gottes Geist,* cit.

Los acontecimientos que lo han preparado están como encerrados en esta conclusión y en ella se hacen presentes y operantes. En este caso, la palabra es verdaderamente «la casa del ser».
«Jesús es Señor» es la semilla de la que se ha desarrollado todo el
kerigma y el sucesivo anuncio cristiano. Con esta proclamación,
Pedro concluye su discurso el día de Pentecostés (cfr. Hech 2,36).

Desde el punto de vista *subjetivo* -es decir, en lo que depende
de nosotros- la fuerza de esa *proclamación* está en que supone
también una *decisión*. Quien la pronuncia decide sobre el sentido
de su vida. Es como si dijera: «Tú eres *mi* Señor; yo me someto a
ti, te reconozco libremente como mi salvador, mi jefe, mi maestro,
aquel que tiene todos los derechos sobre mí».

Éste, para mí, es el motivo por el cual los demonios, en los
Evangelios, no tienen dificultad en proclamar a Jesús como «Hijo
de Dios» y «Santo de Dios», pero jamás dicen: «Sabemos quién
eres: ¡eres el Señor!». En el primer caso, no hacen otra cosa que
reconocer un dato de hecho que no depende de ellos y que no pueden cambiar; en el segundo, llegarían a someterse a Cristo, cosa
que no pueden hacer.

El aspecto de decisión ínsito en la proclamación de Jesús
como «Señor», adquiere hoy una actualidad muy particular. Algunos creen que es posible, e incluso necesario, renunciar a la tesis
de la unicidad de Cristo, para favorecer el diálogo entre las distintas religiones. Ahora bien, proclamar a Jesús como «Señor» significa precisamente proclamar su unicidad. San Pablo escribe:

> «Existen, en verdad, quienes reciben el nombre de dioses, tanto
> en el cielo como en la tierra -y ciertamente son muchos esos dio-
> ses y señores-; sin embargo, para nosotros no hay más que un
> Dios: el Padre de quien proceden todas las cosas y para quien
> nosotros existimos; y un Señor, Jesucristo, por quien han sido
> creadas todas las cosas y por quien también nosotros existimos»
> (1 Cor 8,5-6).

El Apóstol escribía estas palabras en el momento en que la fe
cristiana se asomaba, casi recién nacida, a un mundo dominado

por cultos y religiones fuertes y prestigiosas. El valor que hay que tener hoy para creer que Jesús es «el único Señor» no es nada comparado con el que había que tener entonces. Pero el «poder del Espíritu» no se concede sino a quien proclama a Jesús «Señor», en esta fuerte acepción original. Es un dato sacado de la experiencia. Sólo después de que un teólogo haya decidido apostarlo todo, absolutamente todo, también desde el punto de vista intelectual, con Jesucristo como «único Señor», es cuando experimenta una nueva certeza en su vida.

3. «...para que yo pueda conocerle»

Este nuevo y luminoso descubrimiento de Jesús como Señor es, como decía, la novedad y la gracia que Dios ha concedido, en nuestros tiempos, a su Iglesia. Cuando se interroga la Tradición sobre casi todos los temas y las palabras de la Escritura, los testimonios se acumulan en la mente; pero cuando se intenta interrogarla sobre este punto, se queda prácticamente muda. A partir del siglo III, el título de Señor deja de ser comprendido en su significado *kerigmático*. Se considera como el título utilizado por quien sigue estando en la fase del «siervo» y del temor, inferior, por tanto, al título de Maestro que es propio del «discípulo» y del amigo[13].

Ciertamente se sigue hablando de Jesús como «Señor», pero eso se ha convertido en un nombre de Cristo como los demás, constituyendo incluso casi siempre uno de los elementos del nombre completo de Cristo: «Nuestro *Señor* Jesucristo». «Toda lengua proclame que el *Señor Jesucristo* está en la gloria del Padre»: así era como la Vulgata traducía la frase de Flp 2,11. ¡Pero una cosa es decir: «El Señor Jesucristo», y otra es decir: «Jesucristo es el Señor»!

¿Dónde está, en todo esto, el salto cualitativo que el Espíritu Santo nos hace dar en el conocimiento de Cristo? ¡Está en el hecho

---

[13] ORÍGENES, *Comentario al Evangelio de Juan*, I 29: SCh 120, 158.

de que la proclamación de Jesús como Señor es la puerta que nos introduce en el conocimiento del Cristo resucitado y vivo! Ya no es un Cristo *personaje*, sino *persona;* ya no es un conjunto de tesis y de dogmas (y de correspondientes herejías); ya no es sólo objeto de culto y de memoria, sino realidad viva en el Espíritu. El Cristo resucitado «vive en el Espíritu»; fuera del Espíritu, por tanto, sólo se puede llegar a un Cristo «muerto». La búsqueda del Jesús históri-co, prescindiendo deliberadamente de toda referencia al Espíritu Santo, sólo podía llegar a un Jesús de la historia «muerto», como de hecho ha ocurrido.

Sobre este punto, tengo que aportar mi pequeño testimonio personal. Me anima a hacerlo ese gran cantor del Espíritu que fue Simeón el Nuevo Teólogo. Si un hombre rico da una limosna a un mendigo, y éste va a anunciarlo a otros para que acudan a recibir ellos también como él, ese hombre se irritaría; el Señor, por el contrario, se irrita si quien ha recibido su don no se lo dice a todos, para que acudan a recibir ellos también como él[14].

Yo, pues, estaba enseñando Historia de los Orígenes Cristianos en la Universidad Católica de Milán. Mi tesis doctoral en teología estuvo basada en la «cristología» de Tertuliano, y el estu-dio de las antiguas doctrinas cristológicas nunca dejó de ser mi principal interés de investigación y enseñanza. Sin embargo, nota-ba en mí un cierto malestar. Cuando hablaba de Jesús en el aula de la universidad, él se convertía en objeto de investigación. Al igual que en toda investigación histórica, el investigador tiene que «dominar» el objeto de su investigación, manteniéndose neutral frente al mismo. Pero, ¿cómo podía yo «dominar» este objeto, y cómo podía permanecer neutral frente a él? ¿Cómo conciliarlo con el Jesús que invocaba en la plegaria y que recibía, cada mañana, en la Eucaristía?

El descubrimiento de Jesús como «Señor», que coincidió con mi bautismo en el Espíritu, operó en mí un gran cambio que yo

---

14 Cfr. San Simeón el Nuevo Teólogo, *Catequesis,* 34: SCh 113, 276.

solo jamás hubiera sido capaz de realizar. Me pareció intuir lo que había detrás de la experiencia de Pablo cuando empieza a considerar todas las «ganancias» de su vida como «pérdida» y «estiércol» comparadas con el conocimiento de Cristo; percibía la infinita gratitud, orgullo y alegría que se esconden detrás de esa expresión suya en singular: «Cristo Jesús *mi* Señor».

Yo conocía muchas cosas sobre Jesús: doctrinas, herejías, explicaciones antiguas y modernas. Pero cuando leía la exclamación del Apóstol en ese pasaje: «De esta manera le conoceré a *él*» (Flp 3,10), ese simple pronombre personal «él» me parecía contener infinitas más cosas que todos los libros que había leído o escrito. «Él» significa, en efecto, el Jesús vivo, «en carne y hueso», el resucitado que vive en el Espíritu; no teorías y doctrinas *sobre* Jesús, sino *el propio* Jesús.

Más tarde, reflexionando sobre esta experiencia, me acordé de aquello que dice santo Tomás de Aquino: «La fe no termina en los enunciados, sino en la cosa»[15]. Me acordé también del programa que a comienzos de siglo fue lanzado en filosofía: «¡Volver a las cosas!». En este caso, la «cosa», o la realidad, a la que hay que volver es el Cristo que vive en el Espíritu, la única realidad que verdaderamente «existe». Al leer la famosa página en la que se describe la repentina revelación de la existencia de las cosas que deja «sin aliento»[16], comprendí que hay que pasar por una experiencia de este tipo con respecto a Cristo, para conocerlo verdaderamente. Darse cuenta de que Jesús existe, que es un ser vivo. Y esta experiencia es precisamente la que el Espíritu Santo está operando hoy en día en muchos corazones sencillos. Entre este Jesús vivo y el de los libros y las discusiones doctas sobre él, se da, precisamente, la misma diferencia que hay entre el cielo de verdad y un cielo dibujado en el papel.

---

[15] Santo Tomás de Aquino, *Summa theologica*, II-II, q. 1, a. 2, ad 2.
[16] Cfr. J. P. Sartre, *La náusea* (Madrid 1981) 163s.

Este conocimiento espiritual y existencial de Jesús como Señor, no induce a descuidar el conocimiento objetivo, dogmático y eclesial de Cristo, al contrario, lo revitaliza. El Espíritu Santo se revela verdaderamente, como decía uno de los antiguos Padres, la «luz de los dogmas». Gracias al Espíritu Santo, la verdad revelada, al igual que un «depósito precioso contenido en un vaso de gran valor, rejuvenece siempre y hace rejuvenecer también el vaso que la contiene»[17]. Yo mismo, a raíz de aquella experiencia, volví a estudiar los dogmas cristológicos antiguos con ojos nuevos en un libro titulado *Jesucristo, el Santo de Dios*.

El Espíritu Santo que hace nuevas todas las cosas, puede y quiere hacer nuevos también los dogmas de la Iglesia. El no hace cosas nuevas, hace nuevas las cosas; no crea nuevos dogmas sobre Cristo, renueva y hace actuales y operantes los dogmas antiguos. Kierkegaard escribe:

> «La terminología dogmática de la Iglesia primitiva es como un castillo encantado, donde descansan en un sueño profundo los príncipes y las princesas más hermosas. Basta con despertarlos, para que se levanten en toda su gloria»[18].

El Espíritu Santo es el único que puede despertarlos de su sueño secular.

4. *Dónde el Espíritu Santo nos da a conocer al Hijo*

Para hacer aún más «práctica» nuestra reflexión, antes de terminar, tenemos que localizar los lugares y medios en que el Espíritu Santo nos concede, hoy, este conocimiento vivo de Cristo.

---

[17] SAN IRENEO, *Contra las herejías*, III, 24, 1.
[18] S. KIERKEGAARD, *Diario*, II A, 110.

Uno de ellos, el más común, es la *palabra escrita,* la Biblia. El Espíritu Santo nos ayuda a descubrir, por nosotros mismos, aquello que los Padres siempre afirmaron: que toda la Biblia nos habla de Cristo, que el Verbo de Dios aparece en todas las páginas de la Escritura. Nos enseña la lectura espiritual de la Biblia, que consiste, precisamente, en leerla toda en referencia a Cristo que es su cumplimiento. Una vez, en un encuentro de oración, después de haberse leído el pasaje sobre Elías, que es arrebatado al cielo y que deja a Eliseo las dos terceras partes de su espíritu, oí a una mujer hacer la siguiente plegaria: «Yo te doy gracias, Jesús, porque, al subir al cielo, no nos has dejado solamente una parte, o las dos terceras partes, de tu Espíritu, sino todo tu Espíritu. ¡Te doy gracias, porque no se lo has dejado a un solo discípulo, sino a todos los hombres!». ¡Ésta sí que es una lectura espiritual y cristológica de la Biblia, y de la mejor calidad, aprendida únicamente en la escuela del Espíritu Santo!

En la *oración,* el Espíritu Santo no se limita a darnos a conocer a Jesús, sino que (lo hemos visto en el capítulo anterior) pone en nosotros su misma oración, nos comunica sus estados de ánimo, sus intenciones y sentimientos. Nos «transforma» en Cristo. Es el Espíritu del Hijo el que ora en nosotros. El mejor modo de iniciar un tiempo de oración es el de pedirle al Espíritu Santo que nos una a la oración de Jesús. El Evangelio nos presenta a Jesús orando a todas horas: al amanecer, al atardecer, por la noche. Si nos hallamos rezando en cualquiera de estas horas, podemos «unirnos» al Jesús orante y dejar que su Espíritu siga alabando y bendiciendo al Padre en nosotros. Hay una fuerza secreta en todo esto, que se aprende esforzándose por ponerlo en práctica.

En la oración, sobre todo en la contemplativa, ocurre que

> «reflejando como en un espejo la gloria del Señor, nos vamos transformando en esa misma imagen cada vez más gloriosa, *como corresponde a la acción del Espíritu del Señor*» (2 Cor 3,18).

En esta línea, sin embargo, el momento más fuerte nos lo da la *eucaristía.* El Espíritu Santo que hace presentes sobre el altar el cuerpo y la sangre de Cristo, es también el que los hace presentes en nuestro espíritu; que nos hace comprender, sin necesidad de palabras, que ésa es la sangre derramada «por mí»; que nos enseña a «discernir» el cuerpo del Señor, a penetrar en el misterio inagotable de la redención que cada vez se produce en nosotros. San Ireneo dice que el Espíritu Santo es «nuestra misma comunión con Cristo»[19].

Y terminamos con la plegaria de un autor medieval que ya conocemos y cuyas últimas palabras evocan las de nuestro himno. En ella pedimos al Espíritu Santo que nos ayude a comprender todo el misterio de Cristo, que él mismo ha inspirado y realizado en la historia:

Espíritu Santo, Señor y Dios mío
tuyo es el consejo de la salvación.

A Dios tú trajiste de lo alto del cielo
de María al seno, tú eres el amor
por el cual a Dios se unió nuestra carne.

Tú edificaste al Hijo de Dios
dentro de su madre una casa firme
con siete columnas, que son siete dones.

De una raíz, raíz de Jesé,
brotaba una flor sobre la que tú
ibas a posarte. Con nuestros oídos
lo hemos escuchado de nuestros mayores
que nos han contado las obras que hiciste:
en lenguas de fuego, del trono divino
aquí descendiste a darnos el cielo.

---

[19] SAN IRENEO, *Contra las herejías*, III, 24, 1.

Y ahora nosotros, hijos de adopción,
por el mundo entero gritamos a Dios,
gritamos por ti: ¡Abba, Padre!, grandes,
grandes son, Señor, tus misericordias.

Lleno de esperanza, por ellas te invoco:
sello de la fe, consuelo del fiel,
tú, luz, fuego y fuente de la luz, escucha
a quienes te invocan, Espíritu, ven.

Si tú vas delante, el rostro del Padre
nosotros veremos, y junto el del Hijo
a ti te veremos que emanas de ellos,
fuente de la vida, río de la paz[20].

---

[20] RUPERTO DE DEUTZ, *Oración al Espíritu Santo:* CM 29, p. 422ss.

XXII

EN TI, QUE ERES ESPÍRITU DE AMBOS, HAZ QUE CREAMOS ETERNAMENTE

El Espíritu Santo nos ilumina sobre el misterio de su persona

El *Veni creator* se abre con una profesión de fe en la *naturaleza* divina del Espíritu Santo (¡el Espíritu «creador»!) y se cierra con una profesión de fe en él como *persona* distinta; empieza aclarando «lo que es» el Espíritu Santo y acaba explicando «quién es» el Espíritu Santo. Ahora tenemos que elevarnos en un esfuerzo supremo por alcanzar, no alguna operación del Paráclito, sino al propio Paráclito, en su misterio más íntimo e inaccesible. Alcanzarlo, no con nuestra mente, lo cual sería imposible, sino con nuestra fe. ¡De hecho, no decimos: haz que *comprendamos,* sino: haz que *creamos!*

Este último va a ser un capítulo un tanto distinto y más comprometido que los demás, por la presencia de conceptos teológicos. Pero con la ayuda del Espíritu que nos ha conducido hasta aquí, nadie debería sentirse excluido y renunciar a escalar los últimos metros que faltan para llegar a la cima.

1. *El problema del Filioque*

Los dos últimos versos sobre los que nos disponemos a meditar, aparentemente tan sencillos y familiares, son, en cambio, los más cargados de problemas de todo el himno. A este respecto, tenemos que desembarazar en seguida el terreno de un error que comprometería la comprensión no solamente de estos dos versos, sino de todo el himno. Para hacerlo, es necesario aludir someramente a la famosa cuestión del *Filioque.*

La fe de la Iglesia en el Espíritu Santo fue definida, como sabemos, en el concilio ecuménico de Constantinopla del 381 con las siguientes palabras:

> «... y (creo) en el Espíritu Santo, Señor y dador de vida, que procede del Padre, que con el Padre y el Hijo recibe una misma adoración y gloria, y que habló por los profetas»[1].

Bien mirado, esta fórmula contiene la respuesta a las dos preguntas fundamentales acerca del Espíritu Santo. A la pregunta: *«¿Quién es* el Espíritu Santo?», se contesta que es «Señor» (es decir, pertenece a la esfera del Creador, no de las criaturas), que procede del Padre y es, en la adoración, igual al Padre y al Hijo; a la pregunta *«¿Qué hace* el Espíritu Santo?», se contesta que él «da la vida» (lo cual resume toda la acción santificadora, interior y renovadora del Espíritu) y que «habló por los profetas» (lo cual resume la acción carismática del Espíritu Santo).

Sin embargo, a pesar de estos elementos de gran valor, hay que decir que la fórmula refleja una fase aún provisional, si no de la fe, al menos de la terminología acerca del Espíritu Santo. La laguna más evidente es que en ella no se atribuye aún al Espíritu Santo, al menos de manera explícita, el título de «Dios». Esto refleja la actitud de san Basilio y de otros que, aun admitiendo plenamente la divinidad del Espíritu Santo, se abstenían de llamarle abiertamente «Dios», por prudencia. El primero en lamentar esta reticencia fue san Gregorio Nacianceno que, por su cuenta y riesgo, rompió el hielo y escribió:

> «Pues bien, ¿el Espíritu es Dios? ¡Por supuesto! Entonces es consustancial (*homoùsion*)? Desde luego, si es verdad que es Dios»[2].

---

[1] DS 150.
[2] SAN GREGORIO NACIANCENO, *Discursos,* XXXI, 10: PG 36, 144.

Al terminar el Concilio, no dudó en manifestar su contrariedad por una fórmula que él consideraba fruto de un arreglo, y puede que incluso de presiones por parte del poder imperial, que quería la paz a toda costa con el partido contrario, el de los macedonianos[3]. Esta laguna fue colmada, de hecho, en la práctica de la Iglesia, que, una vez superados los motivos contingentes que hasta entonces la habían retenido, no dudó en atribuir al Espíritu el título de «Dios» y en definirlo «consustancial» con el Padre y el Hijo.

La «laguna» que hemos señalado no era la única. También desde el punto de vista de la historia de la salvación, muy pronto tuvo que resultar extraño que la única obra atribuida al Espíritu fuera la de haber «hablado por los profetas», omitiendo todas las demás obras suyas y sobre todo su actividad en el Nuevo Testamento, en la vida de Jesús. También en este caso, la fórmula dogmática fue completada espontáneamente en la vida de la Iglesia, como lo demuestra esta *epíclesis* de la liturgia llamada de Santiago, donde al Espíritu se le atribuye también el título de «consustancial» (las frases sacadas del Símbolo están en cursiva):

«Envía a tu santísimo *Espíritu, Señor y dador de vida, que está sentado contigo, Dios y Padre, y con tu Hijo unigénito;* que reina, consustancial y coeterno. Él habló en la Ley, en los Profetas y en el Nuevo Testamento; bajó en forma de paloma sobre nuestro Señor Jesucristo en el río Jordán, posándose sobre él, y bajó sobre los santos apóstoles el día del santo Pentecostés»[4].

Otro punto sobre el que la fórmula conciliar no decía nada era la relación entre el Espíritu Santo y el Hijo y, por consiguiente, entre «cristología» y «neumatología». La única alusión en este sentido consistía en la frase: «Se encarnó por obra del Espíritu Santo de María

[3] Cfr. A. M. RITTER, *Das Konzil von Konstantinopel und sein Symbol* (Gottinga 1965) 189-191.
[4] A. HÄNGGI – I. PAHL, *Prex Eucharistica* (Friburgo 1968) 250.

Virgen», que probablemente se hallaba en el Símbolo de fe que el concilio de Constantinopla adoptó como base de su credo[5].

Sobre este punto, la integración del Símbolo se produjo de manera menos unívoca y pacífica. Algunos Padres griegos expresaron la relación eterna entre el Hijo y el Espíritu Santo, diciendo que el Espíritu Santo procede del Padre «a través del Hijo», o llamando al Espíritu, con una expresión que les es peculiar, «Imagen del Hijo», del mismo modo que el Hijo es llamado «Imagen del Padre»[6].

Cuando la discusión sobre el Espíritu Santo pasó al mundo latino, para expresar esta relación se acuñó la frase según la cual el Espíritu Santo procede «del Padre *y del Hijo*». Las palabras «y del Hijo» en latín se dicen *Filioque,* de ahí el sentido con el que esta palabra se ha ido cargando en el debate trinitario y en las disputas entre Oriente y Occidente. Algunos han escrito que ésta sería «una herejía introducida en teología por san Agustín»; pero esto, aparte de la calificación teológica de herejía, no es exacto ni siquiera históricamente. Bien es verdad que san Agustín dio a la expresión *Filioque su* justificación teológica, que, más adelante, ha caracterizado toda la «pneumatología» latina. Pero el primero en formular la idea de que el Espíritu Santo procede «del Padre y del Hijo» fue san Ambrosio[7]. San Agustín sigue utilizando expresiones muy matizadas, como, por ejemplo, «de ambos» (*de utroque*)[8], y desde luego no sitúa al Padre y al Hijo en la misma línea, con respecto al Espíritu Santo, como se puede observar en la conocida afirmación:

[5] Cfr. R. CANTALAMESSA, *Incarnatus de Spiritu Sancto ex María Virgine,* en CinSS I (1983) 101ss.
[6] Cfr. SAN ATANASIO, *Cartas a Serapio,* I, 24: PG 26, 585s; SAN CIRILO DE ALEJANDRÍA, *Comentario al Evangelio de Juan,* XI, 10: PG 74, 541 C; SAN JUAN DAMASCENO, *La fe ortodoxa,* I, 13: PG 94, 856 B.
[7] SAN AMBROSIO, *Sobre el Espíritu Santo,* I, 120: «Spiritus quoque Sanctus, cum procedit a Patre et a Filio, non separatur».
[8] SAN AGUSTÍN, *La Trinidad,* XV, 26, 45.

«El Espíritu Santo principalmente procede del Padre (de Patre principaliter) y, por el don que el Padre hace al Hijo, sin ningún intervalo de tiempo, de ambos a la vez»[9].

El que utilizó, por primera vez, la expresión literal Filioque para indicar que el Espíritu Santo procede «del Padre y del Hijo», fue Fulgencio de Ruspe que, también en otros casos, se ha encargado de fijar fórmulas anteriores, que eran todavía elásticas, de la teología latina[10]. Omite la afirmación de Agustín según la cual el Espíritu Santo procede «principalmente» del Padre y, en cambio, insiste en decir que «procede del Hijo como (sicut) procede del Padre», «enteramente (totus) del Padre y enteramente del Hijo», nivelando así las dos relaciones originales[11]. Es en esta versión indiferenciada como la doctrina de la procedencia, por parte del Espíritu Santo, del Padre y del Hijo entrará en las definiciones eclesiales, a partir del III concilio de Toledo, del año 589[12]. Es muy significativo que más tarde, cuando, como veremos en seguida, Carlomagno trate de imponer oficialmente el uso del Filioque en el Credo, se alegue, bajo el nombre de san Agustín, un texto sobre el Filioque que en realidad es de Fulgencio de Ruspe[13].

Se cree que san Ambrosio, que fue el primero en formular la idea de la procedencia del Espíritu Santo «del Padre y del Hijo», pudo ser influenciado por la tradición latina y en particular por Tertuliano. Pero san Ambrosio es el único escritor latino de relieve que no ha conocido a Tertuliano, o al menos nunca lo ha citado, mientras que se conoce su dependencia, casi literal, en la doctrina

---

[9] Ibíd., 47.

[10] FULGENCIO DE RUSPE, Epístolas, 14, 21: CC 91, 411; ID., De fide, 6, 54: CC 91 A, 716.747): «Spiritus Sanctus essentialiter de Patre Filioque procedit» ID.: Liber de Trinitate, passim:CC 91 A, 633ss.

[11] ID., Epístolas, 14, 28: CC 91, 420.

[12] DS 470. En el Símbolo del I concilio de Toledo del 400 (DS 188), Filioque es una añadidura posterior.

[13] Cfr. Libellus Smaragdi, en Monumenta Germaniae Historica, Concilia Carol., t. I, p. 1 (1906) 238: PL 98, 923: el texto en cuestión es el De fide, 6, de Fulgencio de Ruspe, citado.

sobre el Espíritu Santo, de san Basilio, y más aún de san Atanasio
y de Dídimo de Alejandría.

Yo opino que san Ambrosio no pretendió hacer otra cosa que
asumir y dar forma a lo que, según él, era el sentido obvio de ciertas expresiones que leía en sus fuentes griegas, á saber: el Espíritu
Santo procede «*a través* del Hijo», es «*imagen* del Hijo», «procede
del Padre y *recibe del Hijo*», es el «rayo» que se difunde del sol (el
Padre) y de su resplandor (el Hijo), el arroyo que procede del
manantial (el Padre) y del río (el Hijo). Todas estas expresiones
señalaban una cierta relación, aunque misteriosa y no aclarada,
existente entre el Hijo y el Espíritu Santo, en su común origen del
Padre. Si «a través del Hijo» quiere decir algo, y no se reduce a una
especie de complemento «de lugar», sin un sentido concreto, este
«algo» es lo que san Ambrosio ha pretendido expresar con las palabras «y del Hijo».

Éste podría ser también hoy el punto de partida común, en el
que basarnos con vistas a un acuerdo respecto al secular problema que divide a orientales y latinos. Era, en cualquier caso, el punto en el que estaban de acuerdo todos los Padres del siglo IV, griegos y latinos. Al leer, uno tras otro, sus escritos sobre el Espíritu
Santo, tenemos la impresión de que hay una consonancia fundamental y una continuidad mucho mayor que la que se encuentra
en las tesis contrapuestas que más tarde se han ido elaborando
sobre los mismos, respectivamente, en Oriente y en Occidente.

El acuerdo, gracias a Dios, ya no parece tan lejano. Un documento del Pontificio Consejo para la unidad de los cristianos de
1995, solicitado por el propio Papa y muy bien acogido por expo-
nentes de la teología ortodoxa, ha dicho todo cuanto, por parte
católica, se podía decir, en el estado actual, para allanar el camino
hacia un acuerdo ecuménico[14]. El resto depende más de la trans-

---

[14] Cfr. *Les traditions Greque et Latine concernant la procession du Saint-Esprit,* en
«Service d'Information du Conseil Pontifical pour la promotion de l'unité des
Chrétiens», n. 89 (1995) 87-91.

formación de los corazones y de las relaciones generales entre las dos Iglesias, que del cambio de las ideas y fórmulas teológicas.

¿Cuál es la relación del *Veni creator* en relación con el problema del *Filioque*? Un estudioso ha afirmado que el himno fue compuesto, por deseo de Carlomagno, precisamente para apoyar el uso de dicha expresión y su inserción en el Credo, contra el parecer contrario del Papa León III[15]. Pero la tesis es inaceptable porque la posición del autor del *Veni creator* es claramente la misma del papa del tiempo. Él creía, como todos los latinos, en la procesión del Espíritu Santo «del Padre y del Hijo»[16], pero se abstiene de utilizar el controvertido término de *Filioque* en un himno destinado al uso litúrgico, escogiendo, en su lugar, la expresión *utriusque Spiritus*, aceptable para ambas partes. Tanto los Padres latinos como los griegos admiten en efecto, que la Escritura habla del Paráclito unas veces como «Espíritu de Padre», otras como «Espíritu del Hijo» o «Espíritu de Cristo»[17]. El *Veni creator* no fue compuesto con intenciones polémicas para defender una visión del Espíritu Santo contra otra, sino para celebrar la fe común de la Iglesia en la Tercera Persona de la Trinidad, como himno litúrgico para Pentecostés.

2. *Nuevas perspectivas respecto al Espíritu Santo en su procedencia del Padre*

Precisamente porque están sacadas de las Escrituras, y por eso nunca «se agotan», las palabras del *Veni creator* no nos obligan -ya lo hemos dicho muchas veces- a seguir encerrados en problemas y puntos de vista que pertenecen a una época pasada y no responden a nuestras necesidades actuales. Esto es válido también

---

[15] Cfr. Excursus «El Veni creator y la doctrina del Filioque», al final de este volumen.
[16] Cfr. RÁBANO MAURO, *De universo*, I, 3: PL 111, 23.
[17] S. ATANASIO, *Cartas a Serapio*, III, 1 PG 26, 625; S. AGUSTÍN, *La Trinidad*, XV, 26,45.

444   VEN, ESPÍRITU CREADOR

para los dos últimos versos. La doctrina del Espíritu Santo ha quedado encallada en las discusiones acerca del *Filioque* y de la procedencia del Espíritu Santo; unas discusiones que, además, se han
visto agravadas por factores ajenos a la teología. Es urgente
desencallarla.

La novedad más grande en la «pneumatología» no puede, por
tanto, consistir simplemente en llegar a un acuerdo sobre el
Filioque: tiene que brotar de una nueva lectura de la Biblia, hecha
con un espectro de preguntas mucho más amplio. De esta nueva
lectura, que ya se ha puesto en marcha desde hace tiempo, ha
emergido un dato muy concreto: el Espíritu Santo, en la historia de
la salvación, no es sólo *enviado por el* Hijo, también es *enviado
sobre el* Hijo; el Hijo no es sólo el que *da* el Espíritu, es también el
que lo *recibe.* En el ya citado documento del Pontificio Consejo
para la unidad de los cristianos, hay un hermoso pasaje que resume todas estas intervenciones del Espíritu «sobre» Jesús:

> «El Espíritu Santo orienta, mediante el amor, toda la vida de Jesús
> hacia el Padre en el cumplimiento de su voluntad. El Padre envía
> a su propio Hijo (Gal 4,4) cuando María lo concibe por obra del
> Espíritu Santo (Lc 1,35). Éste manifiesta a Jesús como Hijo del
> Padre en el bautismo posándose sobre él (cfr. Lc 3,21-22; Jn
> 1,33). Impulsa a Jesús hacia el desierto (cfr. Mc 1,12) del que él
> regresa "lleno del Espíritu Santo" (Lc 4,1). Se siente lleno de ale-
> gría en el Espíritu y alaba al Padre por su benévolo designio (cfr.
> Lc 10,21). Da sus instrucciones "bajo la acción del Espíritu
> Santo" a los apóstoles que había escogido (Hech 1,2). Expulsa
> los demonios con el poder del Espíritu de Dios (Mt 12,28). Se
> ofrece al Padre "por el Espíritu eterno" (Heb 9,14). En la cruz
> «encomienda su espíritu» a las manos del Padre (Lc 23,46). "En
> él" baja a los infiernos (1 Pe 3,19); por él es resucitado (cfr. Rom
> 8,11) y "constituido Hijo poderoso de Dios" (Rom 1,4)»[18].

---

[18] *Las tradiciones...*, cit., p. 90.

El momento del paso de una fase a otra de la historia de la salvación -del Jesús que recibe al Espíritu, al Jesús que lo envía- lo constituye el evento de la cruz[19].

Una mirada global a las relaciones entre Jesús y el Espíritu Santo muestra, mejor que cualquier razonamiento, la reciprocidad de su relación. Primero, en la encarnación, el Espíritu nos da a Jesús, ya que éste fue concebido «por la acción del Espíritu Santo» (Mt 1,18); después, en el misterio pascual (según Juan, ya en la propia cruz), Jesús nos da el Espíritu Santo. Esta relación se realiza en la Eucaristía: primero, en la consagración, el Espíritu Santo nos da a Jesús (ya que por el poder del Espíritu Santo el pan se convierte en el Cuerpo, y el vino en la Sangre de Cristo); después, en la comunión, Jesús nos da el Espíritu Santo, porque «el que se une al Señor se hace un solo espíritu con él» (1 Cor 6,17).

Esta relación de reciprocidad, que se verifica en el plano histórico, no puede evitar reflejar, de algún modo, la relación que existe dentro de la Trinidad. De la reseña de pasajes que acabamos de hacer, el mismo documento saca la siguiente conclusión:

> «La labor que el Espíritu realiza en lo más íntimo de la existencia humana del Hijo de Dios, brota de una relación trinitaria eterna por la cual el Espíritu, en su misterio de don de amor, caracteriza la relación entre el Padre, fuente del amor, y el Hijo predilecto»[20].

Pero, ¿cómo concebir esta reciprocidad en el ámbito trinitario? Éste es el campo que se abre a la reflexión actual de la teología del Espíritu. Lo que más nos anima es que en esta dirección se están moviendo juntos, en un diálogo fraterno y constructivo, teólogos de todas las grandes iglesias cristianas: la ortodoxa, la católica y la protestante. Una solución propuesta por distintas partes consistiría en hacer recíproca la fórmula *Filioque,* añadiéndole la fórmu-

---

[19] Cf JUAN PABLO II, Enc. *Dominum et vivificantem,* nn. 13; 24; 41; J.MOLTMANN, *El Espíritu de la vida,* cit., p.85 ss.
[20] *Les traditions...,* cit., pp. 90s.

la *Spirituque.* Con esto se llegaría a decir que, si es verdad que el Espíritu Santo procede «del Padre y del Hijo», también es verdad que el Hijo procede «del Padre y del Espíritu». Pero esta solución tiene un punto débil, que notan aquellos mismos que la utilizan[21].

Más satisfactorio parece ser otro modo de expresarse, que hace uso de la preposición tradicionalmente utilizada para hablar del Espíritu Santo, y que no es «de» sino «in»: «El Hijo nace del Padre *en el* Espíritu»[22]. Esta solución ha sido retomada y profundizada de manera sistemática en el reciente ensayo de un teólogo católico, donde se encuentra la documentación más completa sobre estas nuevas perspectivas que se están abriendo a la «pneumatología». Es «en el Espíritu» como Cristo grita: *Abba,* en la tierra (cfr. Lc 10,21), y es «en el Espíritu» como el Hijo pronuncia su *Abba* eterno en la generación del Padre. También aquí, lo que se produce en la historia es un reflejo de lo que ocurre dentro de la Trinidad[23].

Así es como, en mi opinión, se puede formular esta nueva propuesta de solución. Uno de los puntos firmes de los que partía (y de los que estuvo condicionada) la reflexión de los Padres, y en particular de san Agustín, era la falta de reciprocidad entre el Espíritu Santo y las otras dos personas divinas. Podemos llamar -decían- al Espíritu Santo «Espíritu del Padre», pero no podemos llamar al Padre «Padre del Espíritu»; podemos llamar al Espíritu Santo «Espíritu del Hijo», pero no podemos llamar al Hijo «Hijo del Espíritu»[24].

Éste es el obstáculo que quizá podamos superar. Es verdad que no podemos llamar a Dios «Padre del Espíritu», pero podemos

---

[21] Cfr. Y. Congar, *Je crois en l'Esprit Saint,* III (París 1980) prim. parte, cap. 2; J. Moltmann, *Der Geist des lebens,* cit., p. 80ss; L. Boff, *A Trindade e a sociedade* (Petropolis 1987).

[22] O. Clément, *Les mystiques chrétiens des origines* (París 1982) cap. 4.

[23] Cfr. T. G. Weinandy, *The Father's Spirit of Sonsbip. Reconceiving the Trinity* (Edimburgo 1995).

[24] San Agustín, *La Trinidad,* V, 12, 13.

llamarle «Padre *en el* Espíritu»; es cierto que no podemos llamar al Hijo «Hijo del Espíritu», pero podemos llamarlo «Hijo *en el* Espíritu». Con esto no solamente hemos hallado una fórmula ingeniosa; supone una manera del todo nueva de concebir las relaciones trinitarias. El Verbo y el Espíritu proceden simultáneamente del Padre. Hay que renunciar a toda idea de prioridad, no sólo cronológica, sino también lógica, entre los dos. Esta prioridad se basaba en el principio de que el Verbo procede del Padre por el *conocimiento,* y el Espíritu Santo por el *amor,* y el conocimiento precede lógicamente al amor. Pero no estamos seguros de la validez de este principio, ni siquiera en el ámbito humano (es verdad que sólo amamos aquello que antes hemos conocido; ¡pero también es verdad, a un nivel más profundo, que sólo conocemos verdaderamente aquello que amamos!). ¿Cómo podemos, pues, estar seguros de su validez en el plano divino?

Así como es única la naturaleza que constituye las tres divinas Personas, del mismo modo es única la operación que tiene su fuente en el Padre y que hace del Padre «Padre», del Hijo «Hijo» y del Espíritu «Espíritu». El Hijo y el Espíritu Santo no han de verse el uno detrás del otro, o el uno al lado del otro, sino «el uno en el otro». La generación y la procedencia no son «dos actos aislados», sino dos aspectos, o resultados, de un mismo acto[25].

¿Cómo concebir y expresar este acto abismal del que florece, toda junta, la rosa mística de la Trinidad? Aquí se plantean distintas propuestas, pero el discurso sigue abierto; es más, está destinado a permanecer siempre así. En efecto, nos hallamos ante el núcleo más íntimo del misterio trinitario que es más fácil intuir, por encima de cualquier concepto y analogía humana, que describir. Una de las posibilidades sería la de revalorizar, bajo esta nueva luz, la fórmula agustiniana de *amante, amado y amor*[26], que ha demos-

---

[25] Cfr. J. MOLTMANN, *Der Geist des Lebens,* cit., p. 85; T. G. WEINANDY *The Father's...* obra cit., pp. 53-85.
[26] SAN AGUSTÍN, *La Trinidad,* VIII, 14.

trado su perenne fecundidad, a través de todos los cambios de clima teológico. Esto es lo que hace Durrwell que, sin embargo, añade a esta tríada la de *generador, generado y generación*: «Son tres: un Generador, un Generado y la Generación, que es el Espíritu Santo»[27].

3. *La unción eterna del Verbo en el Espíritu Santo*

Me parece más convincente la idea que ofrece al respecto el teólogo ortodoxo Clément, que habla de una «unción eterna» del Hijo por parte del Padre mediante el Espíritu[28]. Ésta es, en cualquier caso, la idea que yo mismo querría sacar adelante, sobre todo mostrando la confirmación que la fórmula: «El que unge, el que es ungido y el que es la unción» encuentra en la más antigua teología de los Padres. San Ireneo escribió:

> «En el nombre "Cristo" se sobrentiende aquel que ungió, aquel que fue ungido y la misma unción con que fue ungido. En efecto, el Padre ungió y el Hijo fue ungido, en el Espíritu que es la unción»[29].

San Basilio retomó al pie de la letra esta afirmación, repetida a su vez por san Ambrosio[30]. En un principio, se refería directamente a la unción histórica de Jesús en su bautismo del Jordán; más tarde, esta unción se consideró realizada ya en el momento de la encarnación[31]. Pero ya en la época de los Padres se empezó a remontar atrás. Justino, Ireneo, Orígenes hablaron de una «unción cósmica» del Verbo, es decir, una unción que el Padre confiere al

---

[27] F. X. DURRWELL, *Le Père. Dieu dans son mystère* (París 19939 cap. 6.
[28] Cfr. O. CLÉMENT, *Les mystiques,* cit., cap. 4.
[29] SAN IRENEO, *Contra las herejías,* III, 18, 3.
[30] SAN BASILIO MAGNO, *Sobre el Espíritu Santo,* XII, 28: PG 32, 116 C; SAN AMBROSIO, *Sobre el Espíritu Santo,* I, 3, 44.
[31] Cfr. R. CANTALAMESSA, *Incarnatus de Spiritu Sancto...* obra cit., p. 120ss.

Verbo con vistas a la creación del mundo, ya que «por medio de él, el Padre ha *ungido* y dispuesto todas las cosas»[32]. Eusebio de Cesarea va aún más allá, ya que ve realizada la unción en el mismo momento de la generación.

> «La unción consiste en la generación misma del Verbo, por la cual el Espíritu del Padre pasa al Hijo, a modo de divina fragancia»[33].

El testimonio de Eusebio, al parecer, no es suficiente para dar a esta afirmación el crisma de la autoridad patrística, debido a la postura poco clara de este autor sobre la consustancialidad del Hijo. Esta autoridad la tenemos, en cambio, con san Gregorio de Nisa, que dedica todo un capítulo a ilustrar la unción del Verbo mediante el Espíritu Santo, en su generación eterna del Padre. Parte del presupuesto de que el nombre «Cristo» -Ungido- pertenece al Hijo desde la eternidad:

> «El aceite de júbilo significa el poder del Espíritu Santo, con el que Dios es ungido por Dios, o sea, el Unigénito es ungido por el Padre... Ya que el justo no puede, al mismo tiempo, ser injusto, tampoco el ungido puede no ser ungido. Ahora bien, aquel que nunca es no-ungido, es sin duda el ungido desde siempre. Y todo el mundo tiene que admitir que el que unge es el Padre y el ungüento es el Espíritu Santo»[34].

La unción de Jesús, en el bautismo del Jordán, habría proporcionado a la tesis del de Nisa una base bíblica seguramente más convincente que la referencia al Salmo 45,8, en el que se basa en este texto; pero no es eso lo que nos interesa ahora. La imagen de la *unción* (porque siempre se trata de una imagen) añade algo nuevo que no está expresado por la imagen más usual de la *ema-*

---

[32] SAN IRENEO, *Demostración de la predicación apostólica*, 53: SCh 62, 114; los textos de estos autores están ampliamente comentados por A. ORBE, *La unción del Verbo* (Analecta Gregoriana vol. 113, Roma 1961) 501-568.
[33] ORBE, obra cit., p. 578.
[34] SAN GREGORIO DE NISA, *Contra Apolinar*, 52: PG 45, 1249ss.

nación. En Occidente, solemos repetir que el Espíritu se llama así porque es *espirado* y porque *espira.* En la breve paráfrasis del *Veni creator,* contenida en una obra que se atribuye a san Buenaventura, se dice:

> «El Espíritu Santo se llama Espíritu, en sentido activo, porque espira, como dice Juan: "El viento sopla donde quiere" (Jn 3,8), en cuyo sentido el nombre es común a las tres Personas y conviene al Espíritu Santo por apropiación; en sentido pasivo, porque es espirado, en cuyo sentido el nombre es propio del Espíritu Santo que procede a modo de espiración»[35].

Desde este punto de vista, el Espíritu Santo desarrolla una labor «activa» sólo fuera de la Trinidad, ya que *inspira* las Escrituras, los profetas, los santos, mientras que en la Trinidad sólo tendría la cualidad pasiva de ser *espirado* por el Padre y el Hijo. Pero esta ausencia de un papel activo en el interior mismo de la Trinidad, hoy se considera, con razón, como quizá la laguna más grande de la «neumatología» tradicional. En la perspectiva de la reciprocidad entre el Hijo y el Espíritu, esta laguna está superada. En efecto, si al Hijo se le reconoce un papel activo respecto al Espíritu, expresado por la imagen de la *espiración,* también al Espíritu Santo se le reconoce un papel activo respecto al Hijo, expresado con la imagen de la *unción.* No se puede decir, del Verbo, que es «el Hijo del Espíritu», pero sí se puede decir que es «el Ungido del Espíritu».

Bajo esta luz, cabe preguntarse si no habría que hacer recíproco también el apelativo de «Nosotros», que algunos dan a la persona del Espíritu Santo[36], aunque esto pudiera parecer problemático a primera vista. Si el Espíritu Santo es el «Nosotros» divino, en cuya *espiración* se encuentran unidos el Padre y el Hijo, el Hijo

---

[35] Pseudo-Buenaventura, *Compendio de la verdad teológica,* 10 (*Opera Omnia* de san Buenaventura (París 1866) 68; cfr. también San Isidoro de Sevilla, *Etimologías,* VII, 3, 2: PL 82, 268.

[36] Cfr. H. Mühlen, *Der Heilige Geist als Person. Ich - Du - Wir* (Münster 1963); H. V. von Balthasar, *Spiritus Creator* (Einsiedeln 1967) p. 115.

sería, en este caso, el «Nosotros» divino en cuya *generación/unción* se encuentran unidos el Padre y el Espíritu Santo. Sin esta «reciprocidad», la brillante intuición de Mühlen queda inevitablemente ligada al *Filioque*, y por tanto sólo es válida dentro de la teología latina.

Ahora, sin embargo, hay que evitar reproducir, en el otro sentido, el inconveniente señalado, dejando en la sombra la parte activa que también el Hijo tiene en la procedencia del Espíritu. De ahí la conveniencia de no elegir entre espiración y unción, sino de seguir utilizando, en teología, ambas cosas. La imagen de la espiración, en efecto, es la que mejor se sigue prestando a poner en claro esa participación activa del Hijo, sobre todo si se la entiende como *con-spiración* del Padre y del Hijo, con todos los matices de intimidad, reserva, santa complicidad y entendimiento, que dicha palabra evoca cuando está tomada en sentido positivo.

Si hay un límite ante el cual debemos detenernos, a la hora de afirmar la plena reciprocidad entre el Hijo y el Espíritu Santo (y que justifica, por tanto, el orden tradicional con el que se suelen nombrar las tres divinas Personas), es el que atañe a la *misión*. En la historia de la salvación encontramos que el Espíritu es enviado sobre el Hijo, pero nunca que envía al Hijo. Lo que los Evangelios relatan es un *impulso* del Espíritu Santo sobre Jesús (como cuando lo «impulsa» hacia el desierto), o un *acompañamiento* de Jesús, más que un verdadero *envío*. Leemos que el Espíritu Santo es enviado «en el nombre» del Hijo Jesucristo (cfr. Jn 14,26), pero nunca que el Hijo es enviado «en el nombre» del Espíritu Santo o *por el* Espíritu Santo.

4. *Hijo y Espíritu Santo, una única economía de salvación*

Quisiera ahora explicar brevemente hasta qué punto estos nuevos desarrollos de teología trinitaria responden efectivamente a problemas actuales de la Iglesia. Con ellos, el dogma deja de ser un resto histórico y un arma despuntada para convertirse, en cambio, como está en su naturaleza, en guía luminosa para la Iglesia, un auténtico «anticuerpo», listo para entrar en acción, a fin de evitar que la fe vuelva a contraer enfermedades que ya han sido afrontadas y superadas. Al mismo tiempo, esto servirá también para poner en guardia contra el riesgo que puede haber en las nuevas aperturas al dogma trinitario que acabamos de mencionar.

La tesis de la reciprocidad entre el Hijo y el Espíritu Santo, y de la simultaneidad de su origen, muestra claramente que el Hijo no puede existir sin el Espíritu, así como no puede existir el Espíritu Santo sin el Hijo. El uno es inseparable del otro. En la antigüedad, esta inseparabilidad era menoscabada por la tesis de Orígenes, según la cual el ámbito de acción del *Logos,* representado por las criaturas racionales, se extiende más allá del ámbito de acción del Espíritu Santo, que es dado por las criaturas santificadas[37], y el Hijo, como *Logos,* opera allí donde aún no opera el Espíritu de santificación, por ejemplo en los filósofos paganos. La Tradición, como sabemos, ha descartado esta idea.

Hoy cometeríamos un error igual y contrario si atribuyéramos al Espíritu Santo un campo de acción más amplio que el del Hijo Jesucristo. Y este peligro existe. La peor consecuencia de un posible abandono del *Filioque* y de la renovada certeza de la relativa autonomía del Espíritu, sería la de llegar a la conclusión de que, entonces, puede haber un ámbito (como, por ejemplo, el de las otras religiones) en el que esté operando el Espíritu de Dios, sin que esto suponga ninguna relación de dependencia del misterio pascual de Cristo, o ninguna orientación, ni siquiera implícita, hacia la iglesia.

Una tesis semejante mina en la raíz una de las certezas bíblicas y teológicas más claras: la de la unicidad del plan divino de salvación. Se repetiría, para el Espíritu Santo, la crisis producida por Marción y los gnósticos, que separaban la economía del Hijo de la del Creador, y habría que volver a empezar desde el principio

---

[37] ORÍGENES, *Los principios,* I, 3, 5-7: SCh 252, p. 152ss.

la secular lucha de Ireneo y otros Padres, para restablecer la verdad de que «uno solo es el cuerpo y uno solo el Espíritu, como también es una la esperanza» (cfr. Ef 4,4).

Es curioso que a veces se utilice, en este contexto, la imagen del Hijo y del Espíritu como «las dos manos de Dios», para afirmar justo lo contrario de lo que tanto importaba a Ireneo, es decir, la unicidad de acción de Dios en el mundo, la «coherencia» fundamental de la obra divina[38]. Como si también en Dios se verificara el dicho: «Que no sepa tu mano izquierda lo que hace la derecha» (cfr. Mt 6,3).

Un desarrollo en este sentido acabaría por partir en dos no sólo la unidad del plan de salvación, sino el mismo Espíritu Santo. Tendríamos dos acciones independientes del Espíritu, y por tanto dos Espíritus Santos: uno, llamado genéricamente «Espíritu de Dios», que actuaría sobre toda la creación, y otro llamado «Espíritu de Cristo», que sería activo en la Iglesia, en los sacramentos, etc. La Escritura llama al mismo Espíritu, a veces con un nombre y otras con el otro; por tanto, hay que hablar más bien de dos modos diferentes de actuar y de ser acogido del mismo Espíritu de Dios y de Cristo, dentro y fuera de la Iglesia, en el orden natural y en el de la gracia.

El antiguo y venerable himno *Veni creator* puede llevar a cabo magníficamente, al final del milenio que lo vio nacer y en el comienzo de otro, esta tarea de desplegar ante nuestra mirada la magnificencia y la unidad profunda de todo el plan de la salvación, desde la creación hasta el regreso final de todas las criaturas a Dios. En ella, el Paráclito es visto, al mismo tiempo, como Espíritu de la creación (*creator Spiritus*) y como Espíritu de la redención y de la gracia (*imple superna gratia*), que, bajo formas evidentemente distintas, opera tanto en el mundo como en la Iglesia.

---

[38] Cfr. San Ireneo, *Contra las herejías*, IV, 20, 1; cfr. también IV, 6, 7.

5. ¡Gracias, Espíritu Santo!

Y para terminar, volvamos ahora a los dos versos de nuestro himno de los que hemos partido para esta larga reflexión: «Te utriusque Spiritum credamus omni tempore». ¿Qué sonido nos traen estas palabras, escuchadas en la inmensa caja de resonancia que es la Tradición en ellos recogida y por ellos transmitida? Ellas no significan: «Haz que creamos que tú eres el Espíritu del Padre y del Hijo», sino más bien: «Haz que creamos en ti, que eres el Espíritu del Padre y del Hijo». El objeto no es una doctrina (la procedencia, por parte del Espíritu Santo, del Padre y del Hijo), sino una Persona, el mismo Espíritu Santo. Esto es lo que sugiere la analogía con los versos anteriores, en los que el objeto son, respectivamente, la persona del Padre y la del Hijo. Es verdad que para expresar la fe en las divinas Personas se suele utilizar la preposición «en»: creer *en el* Espíritu. Pero creo que la falta de dicha preposición está suficientemente justificada, en el texto latino, por las exigencias de la métrica.

¡Creer en el Espíritu Santo! ¿Qué significa esto a la luz de todo el himno? No sólo creer en su existencia abstracta, creer que el Espíritu Santo «existe»; ni siquiera creer únicamente en su concreta relación de origen, según la concepción latina del Espíritu. Afirmar que el Paráclito es «el Espíritu de ambos», para un fiel discípulo de san Agustín como era el autor del *Veni creator,* significaba creer que él es el amor mutuo entre el Padre y el Hijo, el beso, el abrazo recíproco, lleno de júbilo y felicidad, y que, gracias a él, el ser humano se halla incluido, de algún modo, en este abrazo y este beso del Padre y del Hijo.

Esto es lo que hoy debería significar también para nosotros decir: «¡Creo en el Espíritu Santo!». No sólo creer en la *existencia* de una tercera Persona en la Trinidad, sino también creer en su *presencia* en medio de nosotros, en nuestro mismo corazón. Creer en la victoria final del amor. Creer que el Espíritu Santo está conduciendo a la Iglesia hacia la unidad completa, del mismo modo que la está conduciendo hacia la verdad completa. Creer en la unidad final de todo el género humano, aunque se nos antoje muy lejana y tal vez sólo escatológica, porque es él quien guía la historia y preside el «regreso de todas las cosas a Dios».

Creer en el Espíritu Santo significa, pues, creer en el sentido de la historia, de la vida, en el cumplimiento de las esperanzas humanas, en la total redención de nuestro cuerpo y del cuerpo más grande que es todo el cosmos, porque es él quien lo sostiene y lo hace gemir, como entre los dolores de un parto.

Creer en el Espíritu Santo significa adorarlo, amarlo, bendecirlo, alabarlo y darle gracias, como queremos hacer ahora, para cerrar estas páginas en las que hemos emprendido la aventura de una «inmersión total», de un nuevo bautismo, en sus aguas benditas:

Gracias, Espíritu creador, porque transformas continuamente nuestro caos en cosmos; porque has visitado nuestras mentes y has llenado de gracia nuestros corazones.

Gracias porque eres para nosotros el consolador, el don supremo del Padre, el agua viva, el fuego, el amor y la unción espiritual.

Gracias por los infinitos dones y carismas que, como dedo poderoso de Dios, has distribuido entre los hombres; tú, promesa cumplida del Padre y siempre por cumplir.

Gracias por las palabras de fuego que jamás has dejado de poner en la boca de los profetas, los pastores, los misioneros y los orantes.

Gracias por la luz de Cristo que has hecho brillar en nuestras mentes, por su autor que has efundido en nuestros corazones, y la curación que has realizado en nuestro cuerpo enfermo.

Gracias por haber estado a nuestro lado en la lucha, por habernos ayudado a vencer al enemigo, o a volver a levantarnos tras la derrota.

Gracias por haber sido nuestro guía en las difíciles decisiones de la vida y habernos preservado de la seducción del mal.

Gracias, finalmente, por habernos revelado el rostro del Padre y enseñado a gritar: ¡Abba!

Gracias porque nos impulsas a proclamar: «¡Jesús es Señor!».

Gracias por haberte manifestado a la Iglesia de los Padres y a la de nuestros días como el vínculo de unidad entre el Padre y el Hijo, objeto inefable de su «con-spiración» de amor, soplo vital y fragancia de unción divina que el Padre transmite al Hijo, engendrándolo antes de la aurora.

Simplemente porque existes, ahora y para toda la eternidad, Espíritu Santo, ¡te damos gracias!

EXCURSUS

El *Veni creator* y la doctrina del *Filioque*

En un estudio, lleno de datos históricos y filológicos muy útiles (que todos los «amigos» del *Veni creator* siempre agradecerán al
autor), se formula, por desgracia, una tesis del todo infundada, que
compromete la comprensión de todo el himno. La tesis es la
siguiente: Rábano Mauro, el supuesto autor del himno, vivió entre
el año 780 aproximadamente, y el año 856. Ahora bien, en esa
época, en Aquisgrán se celebró un sínodo, por voluntad de
Carlomagno, para patrocinar la introducción del *Filioque* en el
Símbolo Niceno Constantinopolitano que, en algunas iglesias, se
estaba empezando a cantar en la Misa. Tras la clausura del mismo,
una delegación fue a ver al papa León III con el objeto de ganarle
para esta causa. Pero el Papa, a pesar de que compartía plenamente la doctrina del *Filioque,* no consideró oportuno introducirla
en el Símbolo, y mantuvo con firmeza su decisión[1]. En esto seguía
la misma línea de conducta de la Iglesia griega, en la que se habían producido, como hemos visto, importantes integraciones y pro-
fundizaciones del artículo sobre el Espíritu Santo, sin necesidad de
cambiar, por eso, el texto del Símbolo. Según el Papa, no hacía falta introducir en el Símbolo y en las fórmulas litúrgicas todas las
implicaciones que la teología iba descubriendo, cada vez más, en
los dogmas[2].

---

[1] Noticias y documentos relacionados con el sínodo y el coloquio entre León III y los
delegados del emperador, en *Monumenta Germaniae Historica,* Concilia Carol., t. II,
p. II (1906) 235-244, y en PL 102, 971- 976.

[2] Uno de los signos de una cierta resistencia, por parte de la liturgia, a aceptar el
Filioque podría ser la antífona del *Sacramentarium Gellonense* del siglo VIII (CC 159,
p. 139), todavía vigente en la liturgia latina de Pentecostés: «Que el Paráclito que
procede de ti, Señor, ilumine nuestras mentes y nos conduzca, tal y como prometió
tu Hijo, a la verdad completa» (*qui a te procedit,* no: *qui a te Filioque procedit*).

El erudito al que aludía ha relacionado la composición del *Veni creator* con este momento histórico. Rábano Mauro habría escrito el himno para apoyar la postura del emperador. Se trataría, por tanto, de «un himno de batalla». ¡El enemigo del que se habla en la penúltima estrofa («Aleja al enemigo de nosotros») no sería el demonio, sino los enemigos eclesiásticos del *Filioque,* es decir, en definitiva, el Papa! Las palabras: «Así, si vas delante y nos conduces, podremos evitarnos todo mal», pretenden decir: evitaremos falsas decisiones en el inminente sínodo, evitaremos caer víctimas de la malicia que a menudo se desencadena en reuniones de este tipo. Y así sucesivamente.

Dentro de este marco, ¿qué significan los dos últimos versos: «*Te utriusque Spiritus credamos omni tempore*»? Literalmente, significarían: «Haz que creamos para siempre que tú eres el Espíritu del Padre y del Hijo»; pero el verdadero sentido que se sobrentiende sería: «Haz que tu procedencia del Padre y del Hijo sea introducida oficialmente en el Símbolo de fe»[3].

Esta reconstrucción no se sostiene por los siguientes motivos: en el año 809, Rábano Mauro, suponiendo que sea verdaderamente él el autor, tenía unos treinta años: una edad inverosímil, si se piensa en la gran madurez intelectual y en el excepcional dominio de los escritos de los Padres, del que da prueba en nuestro himno. Por otra parte, el *Veni creator* revela una espiritualidad tan amplia y universal, que descarta totalmente una interpretación polémica tan reducida.

Pero el motivo principal es otro. Estos dos versos, sobre los que se basa toda la elaboración que acabamos de mencionar, no contienen en absoluto la tesis que el erudito sostiene. Sería muy extraño que el autor del himno quisiera patrocinar la introducción del *Filioque* en el *Credo,* cuando resulta que él mismo lo evita. Si

³ H. LAUSBERG, «Der Hymnus „Veni creator Spiritus"»: *JAWG* (1969) 26-58; una síntesis del mismo autor en *Nachrichten del Akademie der Wissenschaften zu Göttingen* I. Philol.-hist. Klasse (1976) 389-394.

hubiera querido, no habría tenido la menor dificultad en insertar en la doxología final dicha expresión, como ocurre en himnos dedicados al Espíritu Santo de épocas posteriores, cuando el *Filioque* había entrado en el *Credo, y* ya no era objeto de discusión[4].

El autor del *Veni creator,* como vemos, se adhiere, al pie de la letra, a la postura del Papa. Él cree, como todos los latinos, en la procedencia del Espíritu Santo «del Padre *y del Hijo*»[5], pero se abstiene de introducir el término en discusión -el *Filioque*-, en un escrito destinado a su vez al uso público y litúrgico, y, en cambio, utiliza una frase sobre la que todos estaban perfectamente de acuerdo.

No hay duda de que, en la época en la que fue compuesto nuestro himno, la expresión *utriusque Spiritus* -Espíritu *de* ambos- era entendida como equivalente a *Spiritus ab utroque* -Espíritu *procedente de* ambos-, y por tanto en línea con la doctrina del *Filioque*. Pero de por sí es un dato bíblico; tal vez el dato bíblico más cierto que tengamos sobre el Espíritu Santo. San Agustín lo deduce de la Escritura:

> «La Sagrada Escritura nos dice, en efecto, que es el Espíritu de ambos (Spiritus amborum)»[6].

A esta afirmación sigue inmediatamente la cita de los pasajes bíblicos en los que al Espíritu Santo se le llama ora «Espíritu de Dios» o «Espíritu del Padre», ora «Espíritu del Hijo» o «Espíritu de Cristo»[7]. Por tanto, no es la expresión *utriusque Spiritus* la que deriva de la doctrina del *Filioque,* sino más bien lo contrario: es la doctrina del *Filioque* la que se basa en la afirmación bíblica del *utriusque Spiritus.*

---

[4] Cfr., por ejemplo, ADÁN SAN VICTOR, *Himno de Pentecostés*: AHMA 54 (1915) 241: «Qui procedis ab utroque».

[5] Cfr. RÁBANO MAURO, *El universo,* I, 3: PL 111, 23.

[6] SAN AGUSTÍN, *La Trinidad,* XV, 26, 45.

[7] Cfr. Mt 10,20; Hech 16,7; Gal 4,6; Rom 8,9; 8,14; 1 Cor 2,11.

Pero aún hay más. Acerca del tema del Paráclito, como Espíritu del Padre y del Hijo, se produce un acuerdo total entre autores griegos y latinos. San Atanasio fue el primero en escribir:

«En toda la Escritura hallarás que el Espíritu Santo, que es llamado "del Hijo", es llamado también "de Dios"»[8].

En esta línea, le siguen san Basilio (Espíritu «procedente de Dios» y Espíritu «de Cristo»)[9] y sobre todo Cirilo de Alejandría, que llama repetidas veces al Espíritu Santo «el Espíritu del Padre y del Hijo»[10].

¿Cómo es posible pensar, entonces, que el autor del *Veni creator* haya pretendido defender a ultranza al emperador contra los opositores del *Filioque* y haya querido presionar al Papa, utilizando la expresión más «inofensiva» que podía existir y sobre la que todos estaban perfectamente de acuerdo? Hubiera sido como derribar una puerta abierta. Por tanto, debemos rechazar el castillo de hipótesis que se ha construido sobre estos dos versos y sobre la estrecha relación de nuestro himno con la polémica acerca del *Filioque* entre el Papa y el Emperador. Cuando ni siquiera estamos seguros del autor del *Veni creator,* ¿cómo se puede determinar con tanta precisión el año y las circunstancias de su nacimiento?

Tal vez influenciados por la interpretación que acabo de ilustrar, en Alemania se pensó elaborar un «texto ecuménico» del *Veni creator,* para poder utilizarlo durante encuentros en los que estén presentes también los hermanos ortodoxos. Nuestros dos versos quedan así: «Ayúdanos, Santo Espíritu / a experimentarte a ti / que eres el Dios en nosotros»[11]. Ahora bien, no hay nada que nos impida, desde luego, cambiar el texto, con tal de no herir los sentimientos

---

[8] SAN ATANASIO, *Cartas a Serapio,* III, 1: PG 26, 625.
[9] SAN BASILIO MAGNO, *Sobre el Espíritu Santo,* XVIII, 46: PG 32, 152.
[10] SAN CIRILO DE ALEJANDRÍA, *Comentario al Evangelio de Juan,* IX: PG 74, 257 A; ÍD., *Diálogo sobre la Trinidad,* VI: PG 75, 1056 A.
[11] *Gotteslob. Katholisches Gebet-und Gesangbuch* (Stuttgart 1975): «Und dich erfahren, Gott in uns / dazu hilf uns, o Heiliger Geist».

de los hermanos ortodoxos. No obstante, antes de hacerlo deberíamos estar seguros de que, entendidos en su verdadero significado, estos dos versos del *Veni creator* les ofenden realmente.

El *Veni creator* es ya «ecuménico» tal y como está, y no solamente porque no canoniza de por sí ninguna tesis particular sobre el origen del Espíritu Santo, sino sobre todo por la amplitud de miras y el soplo universal que lo distingue y que lo ha hecho ser tan popular entre los cristianos de Occidente hasta el día de hoy. En él la aportación de los Padres griegos no es inferior a la de los latinos, aunque mediada por estos últimos. El *Veni creator* no es un «himno de guerra», sino un himno de paz; no es un himno «de circunstancias», es un himno ligado a una fiesta litúrgica concreta (en este caso, Pentecostés), como lo son otros himnos atribuidos al mismo autor.

ÍNDICE DE AUTORES CITADOS

ÍNDICE ANALÍTICO

ÍNDICE